城市更新

法律实务与政策研究

主　编◎魏济民
副主编◎周礼仙

中国法制出版社
CHINA LEGAL PUBLISHING HOUSE

序一

《城市更新法律实务与政策研究》一书发轫于2020年3月23日华瑞兴律师事务所公司事业部周礼仙律师发给我的一个"书籍工作安排"的邮件，原名是《城市更新法律实务与案例解析》。2021年1月6日，经华瑞兴全体成员会议讨论，由于城市更新（"三旧"改造）落地执行的案例项目不多，故更改定书名为《城市更新法律实务与政策研究》。这样一算，本书已经筹备了一年多，并初现雏形。2020年9月9日，广州市委市政府颁布的《中共广州市委广州市人民政府关于深化城市更新工作推进高质量发展的实施意见》（穗字〔2020〕10号）提出了广州市"老城市新活力"的城市更新目标，涵盖3年83条村、5年183条村、10年400条村的改造计划，涉及广州大约600平方公里的城中村改造面积。继而2020年11月，《中共中央关于国民经济和社会发展第十四个五年规划和二〇三五年远景目标》提出："推进以人为核心的新型城镇化，实施城市更新行动。"中共中央将城市更新纳入"十四五"规划，标志着广东省各地区城市更新（"三旧"改造）的先试先行经验得到了国家层面的认可，并向全中国推广和借鉴广东城市更新的经验和政策，说明城市更新发展不是一个短期与局部的地方政策，而是中国城乡发展的一项历史性改革。

2010年，杨箕村成为广州市政府纳入重点改造的九条"城中村"之一。2012年8月，华瑞兴律师事务所接受广州市天河区天河南街股份合作经济联社委托，成为城中村改造专项法律顾问，参与杨箕村涉及拆迁补偿法律服务工作。华瑞兴在广州城市更新的城中村改造法律服务工作已经近十年，累计参与了十多条城中村改造项目工作。作为一名执业20多年专注建筑地产、PPP项目、城市更新（"三旧"改造）的老律师，华瑞兴又重新找到了其核心业务方向——以"重点立足广州、加大发展广东、积极开拓全国"的空间布局，最终实现提供优质城市更新法律服务的目标。

《城市更新法律实务与政策研究》主要包括城市更新概况、城市更新操作流程、城市更新法律服务流程、城市更新案例分析、城市更新十大协议、城市更新融资模式、城市更新政策热点研究七个章节和3个附录，即附录1华瑞兴城市更新（三旧改造）中心简介、附录2城市更新专项法律服务合同、附录3广州市城市更新政策汇编，通过华瑞兴近20年的涉及城市更新（“三旧”改造）相关案例，从城中村改造中参与的“三个书记十个主体”暨县（区）书记、镇（街道办）书记、村委会书记和市政府、县（区）政府、镇（街道办）、村委会（经济合作社）、村民、平台公司（前期服务公司）、房地产商、金融机构、施工单位、中介机构，到我总结城中村改造二十四字经：政府机构主导、村民投票表决、社会资本投资、咨询机构服务，让读者通俗易懂、快速简单地理解城中村改造的参与主体与流程。本书出版时正是中国房地产商的融资困难时期，城市更新融资模式需要一种创新模式。为了给予读者更多的干货，华瑞兴将本所经办的城市更新十大协议向大家公开，如城中村改造前期阶段我们区分了村集体与前期服务公司的《服务协议》、房地产商与承担前期服务职能主体的《合作协议》（两种合作方式）、村集体和房地产商的《意向合作协议》四个版本。另外，针对城中村改造表决主体是村委会还是经济合作社的法律问题，我写了一篇《论城市更新关于城中村改造表决适格主体》的文章，提出目前广东省大多用经济合作社股东代表代替村委会村民表决存在的问题，建议国家立法或制定政策时应进一步研究如何保障村民自治的民主表决，及哪种表决形式更能保证城中村改造的公平正义。

作为华瑞兴创始合伙人，一名专注城市更新领域的老律师，本人现已出版了数本书籍：《建设工程法律实务与案例精选》《房地产法律实务与案例解析》《中国特色PPP法律实务与案例精选》《法国PPP的立法与实践》《建筑地产专业化律师事务所公司化改革之路》。《城市更新法律实务与政策研究》是我组织撰写的第六本书。2020年是中国及全球疫情横行的一年，华瑞兴是当年提出创建中国公司化管理的综合性律师事务所。作为华瑞兴从专业律师事务所转型综合性律师事务所的过渡期，本书为华瑞兴的梦想实现增加了新的力量源泉，我代表华瑞兴律师事务所感谢全体公司化团队的辛苦付出，同时也感谢为本书作序的广州市城市更新协会会长郑洪伟、广东省旧城镇旧厂房旧村庄改造协会秘书长庚来顺、广东建设报总编辑谢孝国、龙光地产助理总裁金定华、广州花都区新华街新街村党总支部书记曾超波。

最后，此序正逢2021年春节之际，我希望疫情的冬天早日过去，希望《城市更新法律实务与政策研究》一书在2021年7月1日建党100周年前完成出版，本书是华瑞兴献给党100岁生日的宝贵礼物，同时祝愿华瑞兴同仁及各位关心与支持华瑞兴的朋友新年快乐，牛年吉祥！

华瑞兴律师事务所管委会主任

魏济民

2021年大年初四

序二

作为改革的前沿之地，2008年12月国土资源部与广东省人民政府签署了《共同建设节约集约用地试点示范省合作协议》，启动部省合作建设节约集约用地试点示范省工作，拉开了广东省的“三旧”改造工作序幕，在“存量”中找“增量”，节约集约高效利用存量土地。作为广东省的省会城市，广州市的城市更新已经迎来它的第12个年华，形成了一套具有自身特色的城市更新体系。近年来，广州市加快推进城市更新的步伐，树立400条村改造计划的远大目标，多项改造政策紧锣密鼓，频频落地，各个区域改造计划被提上日程。行业内外对广州旧改市场也是持续加码，各路房企也开始厉兵秣马，准备大展身手。在完善的政策支持下，城市更新多方利益主体的共同携手，必将为广州城市的高质量发展谱写新篇章。

城市更新可以说是时代趋势，是保持城市活力的来源，是推动城市高质量发展的必然要求。作为城市发展引擎之一的城市更新，是助力城市发展新老动能转换的重要路径，城市更新成为2021年两会和地方大大小小发展论坛的热词，已然证明城市更新是当今城市发展的主旋律。广东省省长马兴瑞曾在政府常务会议强调“要深入落实党中央、国务院关于建设粤港澳大湾区的战略部署，以‘三旧’改造为重要抓手，深入推进土地供给侧结构性改革，优化土地资源要素供给，助力粤港澳大湾区建设世界级城市群，促进我省经济高质量发展”。广州市作为城市更新的先驱者，肩负着“改革试验区”和“粤港澳大湾区”创建的双重使命，任重而道远。

华瑞兴律师事务所是一家成立了近19年的公司化管理的综合性律师事务所，在工程地产领域颇有建树。广州市城市更新协会是以广州市住房和城乡建设局为业务指导单位，以提速广州市城市更新、加快推动更新项目落地为目标的协会，会员单位186家，涵盖地产、评估、中介、设计、研究、金融、法律等各行业，华瑞兴作为广州市城市更新协会理事单位，在旧村改造、旧厂改造中有着较为丰富的实务经验。

华瑞兴团队撰写的《城市更新法律实务与政策研究》是对城市更新法律实务的总结，更是对城市更新的保驾护航，华瑞兴团队以其实务案例反映城市更新中的问题，结合城市更新的政策，为广州城市更新规范发展树立旗帜。该书从城市更新实务操作角度出发，以城市更新理论、政策、融资、税务、法律分析及示范文本指引，系统地介绍了城市更新的整个过程，并对城市更新案例针对性地进行了分析与解构，指引着“城更人”合法合规地进军广州市城市更新。

广州市城市更新协会会长

郑洪伟

序三

南粤大地，春意盎然。

2021 年 3 月 5 日，十三届全国人大四次会议开幕，国务院总理李克强作政府工作报告，明确提出“实施城市更新行动”。大会表决通过了《关于国民经济和社会发展第十四个五年规划和 2035 年远景目标纲要》，其中提出“加快转变城市发展方式，统筹城市规划建设管理，实施城市更新行动，推动城市空间结构优化和品质提升”。城市更新上升为国家新型城镇化建设的重要战略抓手。而在此前，全国首部省级“三旧”改造政府规章——《广东省旧城镇旧厂房旧村庄改造管理办法》以广东省人民政府第 279 号令形式公布，自 3 月 1 日起施行，这标志着广东省“三旧”改造（城市更新）工作从试点阶段迈入常态化、有法可依的规范发展阶段。以上重大决策，为行业带来重大发展机遇，是对城市更新相关从业者的极大鼓舞。

追本溯源，2008 年广东省人民政府和国土资源部合作共建节约集约用地试点示范省，广东自此开启了“三旧”改造（城市更新）的实践探索。在各方的共同努力下，至 2016 年，广东“三旧”改造（城市更新）工作已取得令人瞩目的阶段性成果，国土资源部将广东试点政策上升为国家城镇低效用地再开发政策，在全国范围内推广。而随着工作的深入推进和市场环境的变化，旧改项目推进难度越来越大，亟须整合各方资源、搭建行业交流合作平台，在政策研究、项目对接及改造实效上寻求突破。广东省旧城镇旧厂房旧村庄改造协会（以下简称省“三旧”改造协会或协会）应运而生，于 2018 年 5 月 30 日召开了第一次会员大会和理事会，于同年 6 月 14 日登记成立，闪亮登场。不到三年时间，协会已产生广泛影响，得到社会各界的普遍认可。

为了给会员企业提供专业的旧改政策和法律服务，省“三旧”改造协会于 2019 年 4 月成立了政策与法律专业委员会（以下简称政专委）。协会理事单位华瑞兴律师事务所的魏济民主任凭借其专业的素质能力，当选受聘为协会政专委副主任委员（同时当选旧村改造与土地整备专业委员会委员）。在他的带领下，华瑞兴律师事务所在“三旧”改造（城市更新）法律服务专业化的道路上行稳致远，为协会发展和我省旧改工作提供了宝贵的法律事务经验，其参与的“广州市越秀区城市更新改造补短板项目”还被协会评选为“2020年广东省‘三旧’改造优秀案例”。2021年1月，广东省旧城镇旧厂房旧村庄改造协会聘任华瑞兴管委会主任魏济民律师为专家库成员。

当前，“三旧”改造（城市更新）的政策法规体系还不够完善，需要巩固已有成果，不断创新发展，并保持相对稳定。这离不开业界专业人士出谋划策，贡献力量。

本书将“三旧”改造（城市更新）理论探讨与实践案例相结合，对项目实施涉及的各个方面的法律问题进行了梳理和总结，特别是对其中争议较大、难以解决的历史遗留法律问题和前沿法律问题展开了深入的研究和分析，体现出作者对行业的高度敏感性和敏锐洞察力，书中内容很有参考借鉴价值。广东是改革开放的热土，市场化程度高，广东人敢为人先，我们期待有越来越多跟本书作者一样的专业人士一起来探索，一起来加快推动行业的发展，建设我们更高品质的城市，助力我省新型城镇化高质量发展。

夏天将至，是为序。

广东省旧城镇旧厂房旧村庄改造协会秘书长
庚来顺

序 四

无疑，之于城市更新，政府出台的法规和政策是一只刚性的手，掷地有声！

但之于城市更新，政府还有另一只手——只能高高地举起，轻轻地放下……

一座城，就是一个故事。我们要改编她，既要尊重她的历史细节和现实机制，更要有诗意的手法。

诚然，当下我国城市更新有如乡村振兴，是我国城市发展到此时——城市经济和城市管理必然要求的变革，既不能用市场经济的法则听之任之，也不能由政府规划大包大揽，政府是调色师，城市更新所涉的利益主体，在其中扮演什么样的角色，有且只有政府才能为之配料调色。

著名城市规划专家简·雅各布斯在其名著《美国大城市的死与生》中曾言："只有所有人参与建设的前提下，城市才能为所有人提供一些东西。"古村的祠堂连同祠堂旁边晒太阳的老人，珠江边上的码头连同码头边上"操着"地道粤语的渔人，逼仄的出租屋连同从出租屋走出操着南腔北调的年轻人……这些鲜活的城市个体，却凝聚成珠三角城市的灵魂。

英国一位建筑哲人说，城市不只是空间上的一个地方，她还是一场与时间有关的戏剧。城市，连同她的历史和现在、矗立其中的建筑物和生活其中的人，组成一个完整的生命体，无论是维修、更新和重生，都是一个生命的延续和升华。面对她，政府之手高举不得、粗暴不得、敷衍不得，只有怀着一颗虔诚敬畏之心，轻拂她、爱护她！

广州在城市更新执行上的"快手"，却在这些地方慢了下来：萝峰村的文脉风俗，文冲村的古朴建筑，深井村的女红，横沙村的水秀书香……一草一木，一砖一瓦，一风一物，都在这样的誓言下，回归"慢手"。

旧改是带有温度和感情的，不仅仅是商业化……

城市更新过程中，保护历史的真实性、传统风貌的完整性和生活的延续性至关重要……

这是在广州去年城市更新中，政府执行者和开发商说过的话，他们也是这样做的。

美国一位建筑师曾经面对他的学生这样描述20世纪90年代中国珠三角的快速城

市化:“中国，在不到一个星期的时间里，设计师能用电脑将一个40层楼高的建筑设计完毕”;中国著名建筑师、普利兹克奖获得者王澍曾说，“我们花了30年的时间，破坏自己的传统城市”。如今，面对城市更新，我们有了财力，我们有了人才，我们有了技术，我们更要有这样的理智:快的地方必须快起来，慢的地方必须慢下来!

诗人的执着，诗人的创意，尤其诗人的大爱和情怀，是政府在城市更新之中的另一只手，它诗意地存在，才能庇护城市生生不息的灵魂。

广东建设报总编辑

谢孝国

序五

进入21世纪，我国进入经济转型升级阶段，城市空间拓展从“新区开发增量发展”转向“城市中心重构的存量挖潜”。21世纪的城市更新工作不仅仅是要满足人们的幸福感，更重要的是通过城市更新激活城市中心，为城市提供全新的产业和功能载体。这与龙光集团“打造城市综合服务商，形成4+N战略”的战略升级不谋而合。

华瑞兴律师事务所为龙光集团城市更新项目提供过优质、高效的法律咨询。多年来，华瑞兴律师事务所一直扎根在建筑房地产法律服务领域，是最早服务广州市城市更新项目的律所之一，为多家大型知名房地产企业开展过法律服务。因此，他们有丰富的实务经验，如今将积累多年的经验汇集成书，并与各位仁人志士交流分享，是一件值得肯定的事情。本书以大量的实务案例为基础，从法律实操案例和理论研究的不同角度，对城市更新中涉及的法律问题及法律风险提供了解决思路，为亟待解决的城市更新法律问题提出了自己的观点，是凝聚了华瑞兴整个律师团队的智慧和汗水而成的，具有较强的实用性、可操作性和可读性。

本书体现出华瑞兴律师团队扎实的法律理论功底和丰富的城市更新领域的法律服务实践经验，内容翔实、案例丰富，相信对致力于从事城市更新工作的同行有很强的参考、学习和借鉴意义。城市更新是一项长期工作，希望未来有更多志同道合的朋友加入进来，共同为我国城市化进程添砖加瓦。

龙光集团有限公司助理总裁

金定华

序

六

2020年是广州市城市更新政策制定的元年，2021年是广州城市更新全面推动、政策具体实施的元年。适逢华瑞兴律师事务所管委会主任魏济民委托为《城市更新法律实务与政策研究》一书作序。拜读之后感慨良多。

作为扎根在旧村全面改造一线的村委会领导者，我切实感受到了旧改的不易。城市更新政策的制定是宏观的、概括的，否则便不能在全市范围普遍适用。但实际的旧改中，村民的需求、村集体的需求却是复杂的、多元的。诸如村民房产的继承、小产权房的交易、集体物业清退等事项。这些基层事务中的疑点、难题，华瑞兴均做出了正面的回应。尤其是本书中的城市更新非诉案例部分，更是对旧村改造的典型问题进行了介绍、解答，每每阅读收货颇丰。

城市更新的工作主要集中在对集体土地的改造上。省、市城市更新政策文件中多次指出城市更新不是新一轮的房地产开发，更要注重产业引入、配套建设以及改造范围内的职住平衡。我作为村集体干部的代表切实感受到了这些政策不仅仅是政府的文件精神，更是基层群众的切实需求。在旧改前期阶段，村民们最为关切的问题是改造能不能顺利推进，改造后的村集体收益是否会降低，改造范围内现有基础的、原生的稳定的社会生活形态能否在林立的高楼之间恢复。本书中针对这些具体诉求的解答也可谓入木三分。

目前，广州市的城市更新工作十分火热，各个律所、中介机构纷纷投入城市更新的服务之中抢占市场份额。在这嘈杂、喧闹的市场氛围中，华瑞兴能够潜心研究旧改所涉问题、著书立说为城市更新解难、为旧改同行造福，实为难能可贵。本人所在的新街村也有幸能够邀请到华瑞兴提供法律服务。针对“旧改”法律问题的解答，华瑞兴展示出了高超的专业水准。在群众问题的协调、处理上，华瑞兴也表现出了良好的沟通、宣传能力。因为华瑞兴的助力，我们村的旧改正在稳步推进。

最后，向关注城市更新的各位读者诚挚推荐本书。作为一本城市更新介绍性、实务性的书籍，本书十分适合城市更新从业者以及利益相关者阅读。

广州花都区新华街新街村党总支部书记

曾超波

目录

第一章 | 城市更新概况

第二章 | 城市更新操作流程

第三章 | 城市更新法律服务流程

第四章 | 城市更新案例分析

第五章 ┃ 城市更新十大协议

第六章 ┃ 城市更新融资模式

第七章 ┃ 城市更新政策热点研究

1

CHAPTER

第一章

城市更新概况

一、导论

改革开放40余年以来，中国社会发生了翻天覆地的改变。城市的样貌、规模也在这40余年中发生了惊人的变化。改革开放初期，城市采取的是粗放式的发展方式，城市的规划、设计让位于经济的发展。随着我国城市对居住条件、自然环境、产业升级等方面要求的提升，城市更新不仅仅是房屋的建设，更是对城市历史文化的传承以及未来发展的规划。因此，厘清城市更新的起源，尤其是我国城市更新的发展历程，辨明城市发展过程中各项政策的关联以及异同就显得尤为重要。本书将对广东省，尤其是广州市的城市更新政策进行解读，并从城市更新实务操作经验的角度出发，对广州市城市更新特别是广州市城中村改造的操作流程、实践案例以及相关的政策热点问题做出分析。

（一）城市更新起源

自人类形成规模化的城市聚居生活形态以来，城市形态的变更就已经发生。城市是一个有机的生命体，城市建筑和各类设施承载了生活在当地的人的记忆。当城市在发展的过程中逐渐老化、陈旧，城市更新的必要性也就越发凸显出来：一方面，随着经济发展，老旧的房屋、公共设施已经无法满足人们追求更高生活质量的需求；另一方面，城市的改造更新涉及众多人群的经济利益、庞大的费用投入、资源的重新分配。

城市更新活动是城市发展过程中必然经历的，其内容主要包括土地资源的充分利用、居住环境的提升改造、配套基础设施的完善、城市产业升级等。同时，城市更新又是一个系统性工程，城市更新的顺利推进离不开系统的、完善的法律政策和制度支持。城市更新法律制度建设和完善不是一蹴而就、千篇一律的，而是需要在实践中不断探索完善，根据不同城市的风土人情，因地制宜地设计出符合当地城市实际情况的更新模式和更新制度。城市更新相关的政策法规研究系我国城市化过程中就城乡发展、土地制度等问题所做的积极探索。

目前主流的观点认为我国城市更新分为六个阶段：第一个阶段是新中国成立初期至1977年，主要是发展生产；第二个阶段是改革开放以来至2000年，主要为城市扩张期；第三个阶段是2001年至2008年，现代意义的城市更新初现雏形；第四个阶段是2009年至2014年，城市更新改造由大规模改造向微改造转变；第五个阶段为2015年至2016年，城市更新制度和政策的制定，各地城市更新专门机构的成立；第六个阶段是2017年至今，城市的高质量发展成为城市更新的新内涵。

（二）城市更新理论体系

为了解决城市发展过程中碰到的建筑物陈旧、居住环境恶劣等问题，城市更新的理论在实践中逐渐形成。目前学术界主要的理论体系包含有机更新理论、系统更新理论、可持续发展理论。

有机更新理论是将城市当作人体，城市各个不同的地区当作人体的细胞单元，以一种“新陈代谢”的方式通过小规模整治与逐步改造实现城市更新。所谓的有机更新就是把不适应城市发展的部分进行更新改造，使整个城市的发展协调、统一。这种改造是小规模、分阶段的，也是一项长期、持续性的任务。

系统更新理论指城市更新应当走一条全面系统的规划道路。有学者指出我国的城市更新面广、量大，矛盾众多，传统的城市规划难以担当此任，需要建立起一套目标更为广泛、内容更加丰富、执行更加灵活的规划体系。要从整体上对旧城区进行全面的研究，制定系统的全面改造规划。

可持续发展理论强调城市发展除了要追求经济效益，还要注重城市生态环境的保护、历史古建筑物的保护、城市配套设施的优化、城市功能的完善等，以实现城市多方面的综合发展。可持续发展理论对我国的城市更新工作具有重要的指导意义。

（三）城市更新的特点

1. 内容的多样性

城市更新不仅仅是经济发展的需求，同样也是社会、政治、文化发展多方面的需求。城市的发展有赖于城市功能的定位、产业的规划，地理上表现为城市更新应当以国土空间规划为依据进行规划建设。但是，我们不应当只着眼于“建设”而忽略建设的根本目的是统筹、协调城市经济、政治、文化的全方面发展。在城市更新中，尤其且应当首先要避免的思想便是“城市更新是新一轮的房地产发展”。

2. 发展的可持续性

城市更新不是城市发展的终点，而是城市发展的新起点。虽然，商住用地开发在城市更新中占有非常重要的地位，但纵览城市发展到衰败的历史经验，我们应当在城市更新中更多地着眼于对城市未来发展的投资，既包括基础设施的建设，也包括产业的导入以及规划片区内职住平衡等多方面因素的统筹规划。

3. 更新手段的多样性

城市的发展与生活在城市中的每一个人息息相关，城市更新涉及城中村的更是需要村集体、村民的参与。因此，城市更新的方式可以是多样性的，既可以是政府主导，也可以是村集体主导，根据项目投入资本的需要也可以引入社会主体参与改造。另外，根据不同片区发展程度的不同，更新方式既可以是大修大补式的全面改造，也可以是局部调整式的微改造。城市更新的参与主体众多以及不同片区发展程度的不同也决定了城市更新手段的多样性。

（四）城市更新的意义

在全球化的经济发展大趋势下，城市经济成为各国经济发展的主旋律，但在城市长期自然发展的过程中也给社会带来各种弊端，如人口膨胀、可利用土地匮乏、基础设施残旧等社会问题。因此，只有全方位地合理规划才能挖掘城市自身的潜力，促使城市空间拓展资源整合，提高城市竞争力，实现城市可持续发展的目标。

第一，产业结构的升级以及结构调整是城市经济发展过程中的重要任务。历史上的城市发展经历了农业时代到工业时代的产业转型，为实现人口聚集下的经济发展，第三产业的发展几乎成了解决现代城市发展问题的必然要求。随着改革开放的不断深入，第三产业的规划与发展也衡量着城市更新的成败。

第二，城市更新是城市化发展的重要因素。我国实行的是城乡土地二元的政策。历史上这一政策在一定程度上促进了我国经济的发展，但随着城市规模的扩大，城乡边界的模糊不清以及城乡土地二元化的政策成为城市发展地理上的壁垒。同时，我国对于耕地实行的是严格保护的政策，城市建设用地扩张长期以来受到严格的限制。然而，城市扩张过程中产生的一系列城乡问题，诸如城市土地供给、城乡平衡发展等都未能得到妥善解决。城市更新的重要意义之一便是解决城市发展过程中因城乡土地二元政策所积累的资源分配、社会平等等诸多问题。

第三，城市更新是历史遗留问题的处理，未来发展规划的转折点。城市更新所要面对的是多年以来粗放式的城市发展所遗留的积弊。在发展的过程中，需要正视、处理这些遗留问题。解决历史问题的同时，对于城市的发展做出统筹规划，为城市的未来预留空间。处理不好历史问题，过去就会成为阴影伴随着城市未来发展的历程。规划不好未来，更新本身就无从谈起。因此，城市更新是将党和国家对于未来发展的期许注入城市的一个关键节点，也是人民群众改善生活环境，提升居住幸福感的重要里程碑。

二、城市更新主要类型

广义上的城市更新，是指为满足生产生活发展的需求，对城市建成区的空间形态和功能进行可持续改善的建设活动，它有多种表述的形式：城市复苏、城市复兴、城市改造、城市再开发、城市重建等，它伴随城市不断发展而始终存在，是长期持续且内容不断演变的过程。狭义上的城市更新，这里参考《广州市城市更新办法》的定义，城市更新是指由政府部门、土地权属人或者其他符合规定的主体，按照“三旧”改造政策、棚户区改造政策、危破旧房改造政策等，在城市更新规划范围内，对低效存量建设用地进行盘活利用以及对危破旧房进行整治、改善、重建、活化、提升的活动。本章仅就自2008年以来广东省所进行的城市更新进行简要介绍。实务操作常见的城市更新主要有以下几类：

（一）旧村庄改造

旧村庄改造是城市更新改造中的重要类型之一，因其周期长、涉及利益复杂，而饱受关注。旧村庄改造是推进郊区城市化的一项重要内容，是实现农村现代化、加快城乡一体化发展的客观要求，也是促进农村可持续发展的重要途径。由于各地对城市更新政策和法规的差异，旧村庄改造的定义也有相应的差异。

《广州市旧村庄更新实施办法》第二条规定，“本市行政区域范围内，符合旧村庄改造政策且纳入城市更新（三旧改造）数据库的旧村庄的更新改造，以及经市政府同意，旧村庄与其他存量建设用地、零星农用地统筹整理进行成片更新改造，适用本办法”。适用上述实施办法的旧村庄改造包括两类：一类是对旧村庄的更新改造。该类改造须具备一定的前提条件，即在本市行政区域范围内，符合旧村庄改造政策且纳入城市更新（“三旧”改造）数据库；另一类是对旧村庄与其他存量建设用地、零星农用地统筹整理进行成片更新改造。该种情形须经市政府同意方可进行。

旧村庄改造模式亦分为两种：一种是旧村庄全面改造，另一种是微改造。微改造我们在后面会专门作为一种类型介绍，这里不再赘叙。旧村庄全面改造是指按照国土空间规划的要求，难以通过局部改造改善居住环境、完善城市基础设施，须以整体拆除重建为主实施的更新方式，主要包括征收储备、自主改造、合作改造三种模式。

1.征收储备

征收储备是指由政府整理土地，负责村民住宅和村集体物业复建安置补偿，整理的土地纳入储备后实施公开出让或用于市政公用设施建设，村集体经济组织不参与土地出让收益分成的改造模式。

2. 自主改造

自主改造是由村集体经济组织根据批复的项目实施方案自行拆迁补偿安置，由村集体经济组织或其全资子公司申请以协议出让方式获得融资地块开发融资。

3. 合作改造

合作改造是由村集体经济组织根据批复的项目实施方案和制订的拆迁补偿安置方案，通过市公共资源交易中心公开招标引进开发企业合作参与改造，村集体经济组织可申请将融资地块协议出让给原农村集体经济组织与市场主体组成的合作企业；或者通过融资地块公开出让引入合作企业进行改造。

（二）旧厂房改造

对城市旧厂房的改造旨在完善城市功能、优化产业结构、统筹城乡发展、推进城市有机更新。为了有序推进城市旧厂房改造，首先需要明确旧厂房的定义和范围。《广州市旧厂房更新实施办法》（修改征求意见稿）第二条明确了纳入旧厂房改造的范围：

"市辖区内2009年12月31日前建成的"退二"企业用地及低效利用的旧厂房、旧仓储、旧站场、旧市场等（以下统称旧厂房）建设用地，符合以下条件之一的可列入改造范围：

经划拨、出让、资产划转、转让等方式合法取得国有土地使用权的土地、符合登记确权条件（含1987年1月1日前已使用）的历史国有土地；

已取得合法集体建设用地使用权的旧厂房用地；

按照省'三旧'政策完善历史用地手续的原集体旧厂房用地。2007年6月30日后建成或取得土地使用权的旧厂房项目，2007年6月30日前取得国有土地使用权的旧厂房，其用地未按照土地划拨决定书或土地出让合同约定进行建设的，不适用本办法。2009年12月前已列入我市'退二进三'目录并已签订补偿协议取得部分或全部补偿款的旧厂房用地，不适用本办法。"

按照旧厂房土地处置方式划分，旧厂房改造方式分为政府收储、自行改造以及政府收储和自行改造结合三种。国有土地上的旧厂房改为保障性住房外的居住用地的，应当由土地储备机构收购，政府组织公开出让。国有土地上的旧厂房符合以下条件可以申请自行改造：1. 独立分散、未纳入成片连片收储范围；2. 国土空间详细规划为非居住用地（保障性住房除外）。

（三）旧城镇改造

《广州市旧城镇更新实施办法》第二条规定："本办法适用于本市行政区域内由政府依照城乡规划法等有关规定组织实施的对旧城镇危破旧房集中、基础设施落后等地段进行更新、保育、活化的活动。"旧城镇改造主要集中在对于城市中的危破旧房、基础设施落后地段的旧房等进行改造、更新。

旧城镇更新改造分为全面改造、微改造以及全面改造与微改造结合三类。全面改造是指对危破房分布相对集中、土地功能布局明显不合理或公共服务配套设施不完善的区域，应当以改善人居环境、完善公共服务配套、提升基础设施能力和优化城市功能布局为目的，按照现行国土空间规划和节约集约高效用地的要求实施成片重建改造。对于规模较大的旧城镇全面改造项目，可由政府先建设安置房后启动改造拆迁，并探索零星自愿申请改造、成片协商收储改造与国有土地上房屋征收相结合的更新方式。

根据《广州市旧城镇更新实施办法》的规定，全面改造项目中有两轮需要征求改造区域居民的意见：第一轮，征询改造范围内房屋及土地权属人意愿，同意改造房屋及土地权属人的比例达到90%以上（含90%）的，方可启动改造，并办理地块改造前期手续；第二轮，征询改造范围内房屋及土地权属人对补偿安置方案的意见，在规定时间内，签订附生效条件的房屋补偿安置协议的房屋及土地权属人达到2/3 以上（含2/3）的，方可具体实施拆迁。

（四）微改造

微改造是广州市独具城市更新特色的城市更新方式。微改造是指在维持现状建设格局基本不变的前提下，通过建筑局部拆建、建筑物功能置换、保留修缮，以及整治改善、保护、活化，完善基础设施等办法实施的更新方式，主要适用于建成区中对城市整体格局影响不大，但现状用地功能与周边发展存在矛盾、用地效率低、人居环境差的地块。

1. 村级工业园单独改造

随着城市发展，许多城市范围内出现了村级工业园。村级工业园存在布局分散、形态破旧、产值税收低、利用效率低等问题，为了给城市高质量发展腾出空间、优化城市空间结构调整、建设现代化经济体系提供重要支撑，需要对村级工业园进行全面的升级改造。

广州市于2019年8月8日出台了《广州市人民政府办公厅关于广州市村级工业园整

治提升的实施意见》（穗府办规〔2019〕9号），该文件对村级工业园的定义进行了明确。村级工业园是指纳入广州市村级工业园整治提升年度计划，分布于广州行政范围内的村集体经济组织所有权土地上（包括使用权为村集体的国有土地），现状或历史上主要为工业、仓储物流等用途的工业集中区块。

广州市提出对村级工业园进行分类整治，实施“三个一批”，即淘汰关停一批、功能转换一批、改造提升一批。其中改造提升一批是指对于适宜保留产业发展功能的村级工业园，结合其区位条件、用地规划、产业现状等实际情况，引导完善用地、规划、建设、环保等手续；采取拆除重建或综合整治的方式进行“工改工”（不改变现有工业用地性质，继续保留工业发展用途的改造模式）、“工改新”（为适应创新型企业发展和创新人才的空间需求，利用现有工业用地，用于发展研发、创意、设计、中试、检测、无污染生产等环节及其配套设施的改造模式）；结合市区重点产业发展方向，积极开展产业转型升级。

2. 国有土地旧厂房微改造

旧厂房微改造不同于全面改造，是在不拆除主体框架结构的基础上，以综合改造为目标，实施改造装修的改造方式，通过对旧工业区的环境、功能进行提升、完善，从而达到升级目的。由于整体拆除涉及方方面面规划建设的审批程序，且投资较大，所以更多旧工业区改造主要采用微改造的模式。旧厂房微改造尤其适合于文化创意产业园、企业孵化器等。虽然是微改造，但实操过程中的升级改造并不像“穿衣戴帽”这样简单，每一个项目都涉及前期市场调研、定位策划、招商及后期运营。容易出现的问题有：因对市场调研不充分导致定位、决策失误；因对所涉及的法律条文、城市规划条例、赋税规定等理解不足而造成投资收益减损等。另外，无论是微改造还是全面改造，由于涉及多方利益、项目投资周期长、建设后招商空置期收益锐减，这些潜在风险都会对相关方产生较大的影响。

一些老厂房、老设备、老车间，承载着工业文明和城市的历史记忆，书写着社会现代化发展的进程，属于珍贵的非物质文化遗产。旧厂房微改造一方面可以保护好这些工业遗产，另一方面可以创新性地更新这些工业遗产，增加其活力。

3. 旧村庄综合整治

旧村庄综合整治规划是指以经批准的市城市总体规划、分区规划、其他上层规划以及市总体规划纲要为依据，对规划编制区内城中村（旧村）改造项目的目标、原则、措施、基础设施以及空间环境等做出的规划。城中村综合整治的总体目标：坚持以人为本的科学发展观，按照建设现代化、国际化城市总目标的要求，通过各项设施与环境的新建、改善和完善构建资源节约、环境友好的和谐社区。工作是以消除重大安全隐患、完善市政基础设施为重点，逐步改善公共服务设施和景观面貌，促进城中村居住环境和生活品质的提升。

4. 老旧小区微改造

2017年12月22日，住建部发布《住房城乡建设部关于推进老旧小区改造试点工作的通知》，通知要求坚持先民生后提升的原则，改造内容指向水、电、气、道路等市政设施，无障碍设施和配套设施、建筑本体和小区环境。2016年起实施的《广州市城市更新办法》创造性地提出“微改造”的城市更新模式，明确不再对老城区大拆大建，改为循序渐进地修复、活化、培育，让其保留生机，让老城老而不衰、魅力常在。老旧小区微改造的目的就是从源头上解决老城居民生活难题，改善老百姓的生活状况，同时改善城市面貌，是重要的民生工程和民心工程。坚持以人为本，遵循创新、协调、绿色、开放、共享的新发展理念，是一种切合民生、贴合民意、有温度的城市更新方式。

旧城镇微改造又可以分为整饰修缮和历史文化保护性整治两大类。整饰修缮是指针对零散分布的危破房或部分结构相对较好但建筑和环境设施标准较低的旧住房，可结合街区综合整治，采取原状维修、功能置换、拆除违法搭建、强化安全防护措施等多种方式予以改造。老旧小区改造重点是对2000年年底前建成、市政配套设施不完善、社区服务不健全、居民改造意愿强烈的小区，消除居住安全隐患，完善公共基础设施、各种生活设施，整体改善小区人居环境。历史文化保护性整治，即以历史文化保护为主要目的，并对周边环境进行品质提升的项目。对历史文化街区、历史文化名镇、历史文化名村、历史风貌区、传统村落、历史建筑及线索、传统风貌建筑及线索，应当严格按照“修旧如旧”的原则进行保护利用。探索采取出售历史建筑、传统风貌建筑及线索使用权或产权的方法，引进社会资金建立保护历史建筑、传统风貌建筑及线索的新机制。

根据广州的实际情况，可以将老旧小区划分为街巷型、单位大院型和商品房型3种基本类型。街巷型老旧小区大多建于1980年之前，以居民个体为主，基于原有城市机制进行改（扩）建而形成；单位大院型老旧小区主要形成于计划经济时期和改革开放初期，以单位为核心，依赖单位集体住房分配体制建造形成；商品房型老旧小区多建于20世纪80年代之后，由开发商投资建设，通过商品住房市场交易集聚居住人群。开展现状情况调查，是老旧小区微改造前期的必要工作。通过此一系列的现状实地调查，登记、建立各小区公共部分和楼房现状基础数据库，为微改造方案编制提供扎实的客观数据支持。

（五）城市更新单元

城市更新单元的概念首次出现在2009年的《深圳市城市更新办法》中，深圳市城市更新实行城市更新单元规划制度，城市更新单元规划作为规划管理核心要素，是管理城市更新活动的基本依据。

对于城市建成区中具有《深圳市城市更新办法》第二条所规定的情形，需要进行城市更新的区域，应当在保证基础设施和公共服务设施相对完整的前提下，按照有关技术规范，综合考虑道路、河流等自然要素及产权边界等因素，划定相对成片的区域作为城市更新单元，制定城市更新单元规划。一个城市更新单元可以包括一个或者多个城市更新项目。

（六）拆除重建

拆除重建更多的是体现城市更新的一种方式，随着城市经济转型升级，各类人才快速流入，而房价高企，住房供需矛盾及供房压力日益突出。为吸引人才、留住人才，为城市发展注入源泉动力，老旧住宅小区拆除重建改造增量供应，是人才住房与保障性住房的重要来源之一。拆除重建不仅可以实现产业聚集和提升，更可以辐射和带动周边区域的高新技术产业发展，对城市发展的意义重大。

1.城市建成环境方面

改变了原来楼房密集、小巷狭窄、街道凌乱、居室昏暗的建成环境，协调了各区的整体环境关系。重建后该片区往往会拥有集零售、餐饮、娱乐、休闲、文化于一体的超大型购物中心，高档写字楼群，不同档次组合的高品质酒店群，以及新型现代化居住社区，将大大提升被改造区域的整体城市空间品质。

2.土地集约节约利用方面

可通过新的规划重新合理确定土地开发强度，高效、集约利用土地，充分发挥土地潜在效能；改变村民独门独户的住宅形式，鼓励住宅公寓化，使旧村建设走向多层和高层的集合型住宅模式；调整用地结构，提高现有土地综合利用价值，促进片区可持续发展。完善片区公共及市政配套设施及道路交通组织，提高居住生活质量。

3.经济发展方面

旧改之后片区集体物业可能囊括写字楼、酒店、还迁自住区、体育馆等，集体物业的租金相比旧改前会有较大幅度的提升，集体经济实力将大大增强，村民个人也因单位面积物业租金提升而提高收益，国家税收方面将带来较大的增长。与此同时，随着商户的进驻和企业的入驻，将直接或间接带动就业人口增长。社会效益方面，拆除重建将彻底改变该片区未来的经济模式和生活观念，极大地丰富居民的物质文化生活。

三、旧村改造重要概念

（一）标图建库

标图建库，是指对符合条件、拟纳入“三旧”改造项目进行整体利用的地块，在国土空间规划“一张图”上逐块标绘，纳入国土空间基础信息平台统一管理，形成“三旧”改造地块数据库。

广州的旧改流程都是从标图建库开始的，可以说，申请标图建库就是开展旧改的第一步工作。标图建库是判断一个地块能否进行“三旧”改造的前提条件，也是判断地块后续能否通过协议出让的必要条件。标图建库又可拆分为“标图”“建库”两个步骤。“标图”是指每宗拟改造地块在卫星影像图、土地利用现状图、土地利用规划图上进行标注。“建库”是指各地级以上市将标图成果报送省国土资源技术中心，录入省国土资源信息库，建立“三旧”改造地块数据库。标图建库完成后，就形成了平常所说的三旧图斑，会得到一个类似身份证的标图建库号。标图建库的成果是后续基础数据调查、片区策划方案以及实施方案编制的基础。

（二）集体用地转国有用地

集体用地转为国有用地，也称“集转国”，农村集体建设用地，简称为“集建地”，又叫乡（镇）村建设用地或农村集体土地建设用地，是指乡（镇）村集体经济组织和农村个人投资或集资，进行各项非农业建设所使用的土地。从土地用途的分类来看，集体建设用地包括宅基地、经营性用地和公益性公共设施用地。国有建设用地是指建造建筑物和构筑物的土地，包括城市住宅和公共设施用地、工矿用地、交通水利设施用地、旅游用地和军事设施用地等所有权为国有的土地。集体用地转为国有用地是指经政府部门征收或土地所有权人的申请，土地性质由集体土地转为国有土地进入市场流通的方式。实践中，并不是每个旧村改造都会进行“集转国”的，“集转国”是需要通过召开本村集体经济组织成员大会（或成员代表会议），经2/3以上人员同意后才可以进行的。在旧村改造报批层面，“集转国”手续需在项目改造实施方案批复后才可启动。

（三）旧村改造成本

旧村庄全面改造成本核算标准是旧村全面改造政策体系的核心内容，直接关系到企业的成本、收益问题。自2016年以来，广州市城市更新部门相继出台了《广州市旧村庄全面改造成本核算办法》（穗更新规字〔2016〕2号）和《广州市旧村庄全面改造成本核算办法》（穗更新规字〔2017〕3号）。广州市机构改革后，原城市更新局大部分职能并入广州市住建局，为了进一步保障旧村庄全面改造成本认定的科学性、规范性、有效性，11月5日，广州市住建局印发了《广州市旧村庄全面改造成本核算办法》（穗建规字〔2019〕13号）（以下简称13号文）。

旧村改造成本的构成主要包含两个方面：第一，相关政策文件中明确规定可计入改造成本的项目；第二，经政府部门确认，由合作企业支出可纳入改造成本的项目。同时，改造成本的认定对合作企业的利益影响巨大，其影响也主要体现在两个方面：第一，改造成本的认定直接影响到融资地块可开发建设量；第二，改造成本可以按照一定比例抵扣合作企业所需承担的土地增值税。因此，旧改过程中，政府、村集体以及合作企业三方利益博弈的一个重要战场便是旧村改造成本。

（四）合作意向企业与合作企业

合作意向企业是指采取“全面改造—合作改造”方式的旧改项目在前期服务阶段通过法定程序引入具有成为合作企业意向的市场主体。合作企业则是指通过正式的公开招商程序，最终由村民投票选择的正式参与旧村改造的市场主体。合作意向企业与合作企业内涵完全不同。合作意向企业是旧改政策历史的产物，早期的旧改没有体系化、系统性的规定，合作意向企业主要承担的职能是前期服务商的职能。随着前期服务由越来越多的平台公司来承担，合作意向企业的定位也逐渐变得尴尬。目前，广州市各区对于合作意向企业的态度分歧很大，有的区将意向合作企业招取的门槛提高，将其当作准合作企业对待。有的区则认为，合作企业的过早介入会在数据调查阶段滋生诸多问题，影响项目后期开展，刻意回避合作意向企业问题。

（五）实施方案

实施方案是旧村改造项目进行改造的主要依据，其主要内容包含改造范围、改造主体及改造方式，复建安置总量及改造成本核算，融资楼面地价和融资建筑面积，控规要求、土地处置方式以及实施计划等内容。实施方案的编制过程较长、流程复杂，是旧改项目推进过程中至关重要的一个环节。

（六）拆迁补偿协议

旧改中的拆迁补偿协议不同于因国家公共利益而进行土地征收，相关政府部门与被征收人签订的拆迁补偿协议。旧改中的拆迁补偿协议是指根据政府批准通过以及村集体表决通过的拆迁补偿方案，由项目改造主体与权利人就改造范围内不动产征收、补偿、安置等问题签订的协议。拆补协议的签署进度是旧改项目推进的关键要素。

（七）融资地块

融资地块一般是指政府最终批准（以项目公司签署的《国有建设用地使用权出让合同》为准）的项目公司可获得的用于开发建设、运营及销售的经营性国有土地使用权。

（八）保证金

保证金一般是指旧改项目在引入合作意向企业及公开选择合作企业过程中，按照招商文件以及相关法规政策规定的要求，需由报名企业缴纳的投标保证金、履约保证金、复建安置资金等各项保证金的统称。

四、征收拆迁、棚户区改造、“三旧”改造的异同

本书主要介绍的是自2008年12月国土资源部与广东省政府签订《共同建设节约集约用地试点示范省合作协议》以来，在广东省范围内开展的城市更新，属于狭义上的城市更新。而“征收拆迁”“棚户区改造”从广义的角度来看，本质上也是一种城市更新，但是“征收拆迁”“棚户区改造”与“三旧”改造（城市更新）在实操中存在较大的差异，具体如下。

（一）征收拆迁

征收拆迁是指因国家公共利益的需要，在符合法定事由的情况下，以补偿为前提，按照法定程序强制取得单位或个人不动产所有权的行为。征收拆迁是公权力机关依法行使行政强制权的行为，征收拆迁必须基于公共利益方可实施，其主要法律依据是《土地管理法》《土地管理法实施条例》《国有土地上房屋征收与补偿条例》等。

（二）棚户区改造

棚户区改造是我国为提升居民生活质量而进行的重大民生工程。棚户区改造最早于2004年在辽宁省作为试点开展。2008年年底，在全国范围内推行各项棚户区改造工作。2007年，国务院《政府工作报告》中明确指出，政府将持续进行棚户区改造工作，完成棚户区住房改造600万套。2013年，国务院发布《关于加快棚户区改造工作的意见》（国发〔2013〕25号），将进一步推进的棚户区改造描述为“住房简陋，环境较差，安全隐患多，改造难度大”。同时该文区分了棚户区的类型，将棚户区分为城市棚户区、国有工矿棚户区、国有园林棚户区、国有垦区棚户区四种。各地应将在城市规划边界以内的其他棚户区、城中村改造，统一纳入城市棚户区改造范围。可见，广义的棚户区改造包含狭义的城市棚户区改造、城中村改造。2015年，国务院发布《关于进一步做好城镇棚户区和城乡危房改造及配套基础设施建设有关工作的意见》（国发〔2015〕37号），该意见将城市危房改造纳入棚户区改造的范围。

由以上棚户区改造的政策制定、实施过程可以知晓，棚户区改造系住房简陋、环境较差、安全隐患的城镇居住环境保障性安居工程。广义的棚户区改造还包含上述四种棚户区、城中村、城市危房等。

（三）征收拆迁、棚户区改造、“三旧”改造之间的异同

“三旧”改造与征收拆迁、棚户区改造在法律依据、改造模式以及流程等诸多方面的不同。

第一，土地性质方面的不同。“三旧”改造，尤其是旧村自主改造与合作改造，改造范围内涉及的土地性质多数为农村集体土地。在“三旧”改造实施的过程中，无论是合作改造的市场主体还是政府部门都需要尊重村集体对于集体土地权利的使用及处分。棚户区改造虽部分涉及城中村改造，但主要的改造对象仍为国有土地上住房简陋、环境较差、安全隐患多的住房。征收拆迁主要根据是否涉及公共利益做出，土地性质进行划分并非做出征收拆迁的上位法依据，只要是出于公共利益的考量且通过合法程序决定征收拆迁，无论是国有土地还是集体土地均应根据相应的补偿标准进行拆迁。

第二，政策法规的适用范围不同。棚户区改造最早于辽宁省开展实施，后推广至全国成为全国性的政策法规。基于公共利益的需要进行的征收拆迁则是《土地管理法》中明确规定的，具有普遍适用性，并不因地区差异而区别适用。“三旧”改造政策系广东省特有的政策规定，在全国范围内并不具有普遍适用性。除此之外，因“三旧”改造涉

及城市发展过程中农村城市化的问题，作为城乡发展探索的“三旧”改造政策也具有一定程度上的探索性。

第三，市场主体的参与程度不同。除去特殊项目的PPP合作模式，征收拆迁涉及的项目开发建设由政府主导，市场主体的参与主要集中在工程方面，如政府通过招投标或购买服务的方式招取社会主体进行拆除、建设。棚户区改造同样主要基于公共利益的考量由政府主导改造、建设，市场主体的参与程度较低。然而，“三旧”改造的市场参与程度要远高于前两者。农村集体土地所有权归村集体所有，因此，在“三旧”改造中，政策赋予了村集体较大的自主权，村集体可以通过自主改造或合作改造的方式进行项目开发，实际开发建设的项目公司也可以通过协议出让的方式取得土地使用权。由此可见，“三旧”改造政策赋予了市场主体较大的参与空间，更多的市场主体能够通过“三旧”改造政策参与到城市发展、更新的历史进程之中。

图 1-1　华瑞兴兼职法律顾问单位：广州市人民政府

2

CHAPTER

第二章

城市更新操作流程

一、旧村庄改造流程

广州市城市更新旧村庄改造流程分为5个阶段，12个步骤（见图2-1）。5个阶段分别为计划申报阶段、实施方案编制阶段、实施方案审核审定阶段、实施方案批复阶段、实施方案批后实施阶段，下面主要就各个阶段具体流程一一解释。

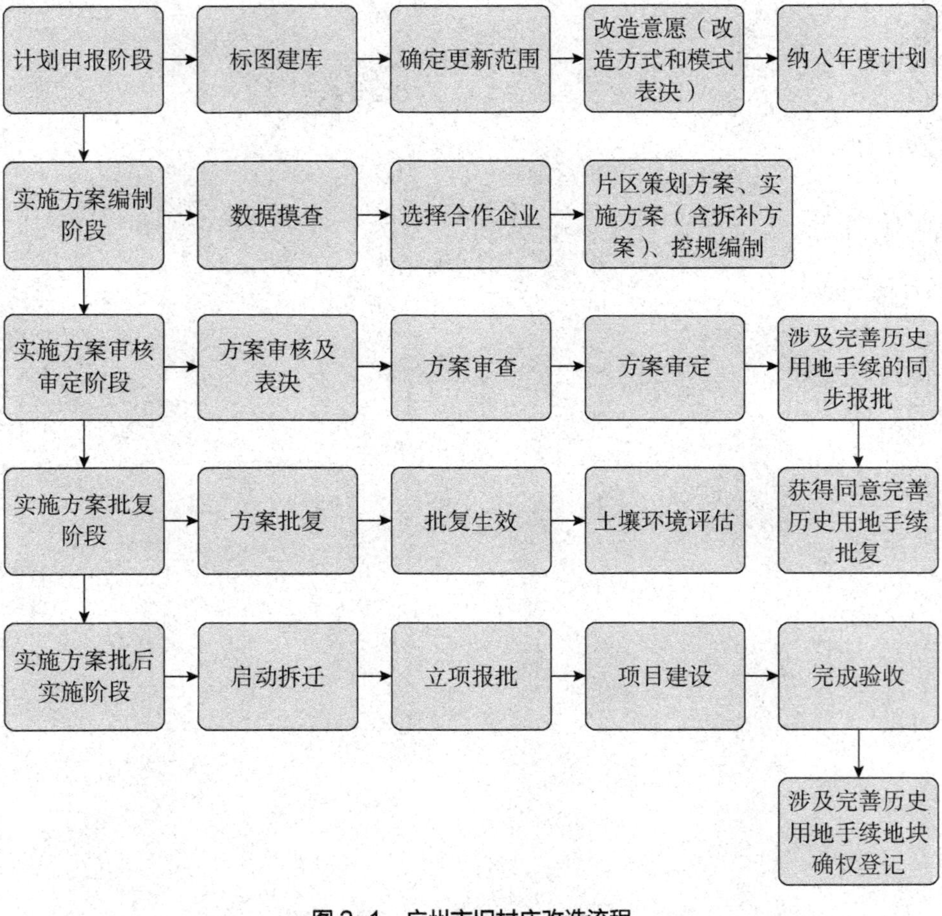

图2-1　广州市旧村庄改造流程

广州市旧村庄改造的依据是《广州市城市更新办法》、《广州市旧村庄更新实施办法》、《广东省农村集体经济组织管理规定》（广东省人民政府令第109号）、《广州市人民政府关于提升城市更新水平促进节约集约用地的实施意见》（穗府规〔2017〕6号）、《广州市住房和城乡建设局关于印发广州市旧村庄全面改造成本核算办法的通知》（穗建规字〔2019〕13号)、《广州市人民政府办公厅关于印发广州市深入推进城市更新工作实施细则的通知》(穗府办规〔2019〕5号)、《广东省国土资源厅关于印发深入推进“三旧”改造工作实施意见的通知》(粤国土资规字〔2018〕3号)、《广州市住房和城乡建设局关于印发关于进一步规范旧村合作改造类项目选择合作企业有关事项的意见的通知》(穗建规字〔2020〕16号)、《广州市城市更新基础数据标准与调查工作指引》、《广州市住房和城乡建设局关于印发广州市旧村庄全面改造项目复建安置资金监管办法》(穗建规字〔2020〕21号)等相关文件。

(一)计划申报阶段

计划申报阶段主要包括标图建库、改造意愿、年度计划、片区策划方案编制4个流程。

1.标图建库

标图建库是旧改的第一步，这一步主要包括“标图”和“建库”两个工作。“标图”是指将用地红线套到土规、2009年现状图、影像图里面得到重叠部分，即图斑范围；“建库”则指的是标图完成后，将图像结果录入省国土资源信息库，建立“三旧”改造的数据库。

根据现行有效的政策规定，标图建库需满足6个条件：一是布局散乱、利用不充分、用途不合理的低效建设用地；二是2019年12月31日前已建设的低效存量用地；三是符合土地利用整体规划；四是调和最新土地利用现状图认定的建设用地；五是上盖物基地面积原则上须占入库单元地块面积比例达30%以上；六是原则上应以宗地为基本单位。

标图建库的负面清单包括4种情形：一是不属于布局散乱、利用不充分、用途不合理、规划确定改造的低效存量建设用地，以及生态修复类等项目用地；二是改造后用途不符合土地利用总体规划所确定的用途；三是已经认定为闲置用地；四是无上盖物或上盖物为2009年12月31日之后建成使用的。标图建库主要是由区城市更新主管部门指导村集体经济携“三旧”改造地块范围调整报告、“三旧”改造地块图斑统计表、“三旧”改造地块动态调整附带材料申请纳入。

2.改造意愿征集

在标图建库的同时可以进行改造意愿征集，改造意愿征集是旧村改造的重要程序之一，需要合法合规地开展，对表决过程建议进行拍照与录像，以确保程序合法合规。改造意愿表决包括是否同意进行旧村改造以及以哪种方式进行改造，该流程一是村集体经济组织需要充分征求村民意见，就改造意愿、改造方式和改造模式形成初步意见；二是意见需要经过村民代表大会2/3以上代表表决通过；三是经过所属街道办事处同意后，向区政府更新主管部门提出改造申请；四是区城市更新工作领导小组审议同意之日起60天内，由村集体经济组织依法组织成员大会或成员代表大会进行表决，对于纳入广州市三年实施计划、五年行动方案的城中村改造项目，获得三分之二以上表决同意的，便可开展下一阶段工作。

关于村民表决，农村集体经济组织的最高权力机构是成员大会，凡涉及成员切身利益的重大事项，必须提交成员大会或成员代表大会讨论决定，成员大会或者成员代表会议实行“一人一票制”或者“一户一票制”等表决方式，具体由组织章程确定。因此，旧村改造意愿和改造模式表决方式还要结合该村组织章程规定。农村集体经济组织成员大会，应当有本组织具有选举权的成员的半数以上参加，或者有本组织2/3以上的户的代表参加，所作决定应当经到会人员的半数以上通过。农村集体经济组织召开成员代表会议，应当有本组织2/3以上的成员代表参加，所作决定应当经到会代表2/3以上通过。

3. 申请纳入年度改造计划

广州市城市更新年度计划包括片区计划、项目计划（正式项目、预备项目、续建项目）和资金计划，城市更新年度计划中涉及旧村庄、旧城镇、集体旧厂房（含村级工业园）项目的需经属地区政府同意，由区政府或者区城市更新机构结合各项目成熟程度统筹上报市城市更新主管部门，市空港经济区范围内的城市更新年度计划由市空港委征求项目属地区政府意见后申报。广州市城市更新主管部门根据各区申报的项目，征求各区政府、市空港委、城市更新领导小组成员单位及相关部门意见后，提交市城市更新领导小组审议。原则上优先标图建库、改造意愿表决完成、已经开展数据摸查或提供项目实施方案较为成熟的项目。纳入城市更新年度计划的有效期限是3年，若在3年内未启动项目，需重新申报。

4. 编制片区策划方案

区政府（更新机构）负责统筹组织编制片区策划方案（包含控调方案），具体编制一般由具备乙级及以上城市规划设计资质的规划编制单位承担。片区策划方案一般包含城市更新片区的目标定位、更新项目划定、更新模式、土地利用、开发建设指标、公共配套建设、道路交通、市政工程、城市设计、利益平衡以及分期实施等内容。片区策划方案编制应先依据现有数据编制前期研究，提交广州市城市更新更新部门，审定通过后，依次开展基础数据调查、方案编制、征求意见、公示公开、专家论证、审核、上会审议和控制性详细规划调整等程序。审定后片区策划方案（包含控规方案）公示不少于30日，控调方案审议通过后，由市更新部门报市政府批准，批准之日起30日内向社会公告。

（二）实施方案编制阶段

实施方案编制需要经历4个流程：第一，引入合作意向企业；第二，基础数据调查；第三，选择合作企业；第四，实施方案编制。

1. 引入合作意向企业

引入合作意向企业具体流程：一是村集体经济组织就是否引入合作意向企业组织成员代表大会表决通过；二是村集体经济组织在征求村民意见通过的基础上，制定招商文件，报镇人民政府（街道办事处）审核，镇人民政府（街道办事处）应征求区域城市更新部门意见，并抄送区政府；三是发布招商文件公告和资格审核，经过审核后，组织成员大会或组织成员代表大会表决。表决结果在村域范围内公示5日以上；四是经过公示无异议的，村集体经济组织与合作意向企业签订《合作意向协议》；五是合作意向协议签订之日起30日内，将合作意向企业及合作意向协议按程序抄报区政府，并将合作意向企业在村域范围内公布。

2. 基础数据调查

基础数据调查是编制方案的数据支撑，这些数据一方面来源于政府职能部门之间的共享，另一方面是通过外业调查和测绘的方式获取的。

这些数据包括城市更新范围的土地、房屋、人口、经济、产业、文化遗产、古树名木、公建配套及市政设施等现状基础数据。基础数据调查一般由区政府牵头组织基础数据调查工作；属地街道办事处组织村集体经济组织委托有资质的勘测机构对现状土地、房屋进行测量；区国土规划、住房建设、科工商信等行政主管部门应与区城市更新部门建立数据共享机制；区更新主管部门组织对基础数据进行核查，其中房屋调查和房产测绘抽查比例不少于30%，若误差比例小于或等于5%的，认定合格，误差比例大于5%的，予以修正；由区城市更新局会同属地街道办事处指导村集体及经济组织对经认定的数据，需在改造项目所在地以及区政府官网进行公示15日以上。

3. 选择合作企业

基础数据经区政府审核公布后，村集体经济组织可以引入合作企业。一般来说，旧改有三种改造模式：征收储备、自主改造以及合作改造。

目前，合作改造模式是旧村改造最常见也是最复杂的改造模式。下面详细说明选择合作企业模式的一般操作：村集体组织制定项目招商文件，内容包括合作企业资格、保证金金额、改造对象的基本情况、合作协议主体框架、评审办法及标准等信息；招商文件按程序征求街（镇）、区城市更新部门、区政府意见；按照《广东省农村集体经济组织管理规定》，村集体应组织招商文件表决、公示；村集体经济组织委托政府公共交易平台公开招商；符合招商文件要求的企业报名，并按招商文件要求缴纳保证金；村集体与选中企业签订合作协议，并将招商结果在区政府、市城市更新局官方网站上公示；开具复建安置资金监管账户。以下为广州市及各区对合作企业的要求，后续可能随着政策的变更会调整：

表 2–1　广州市及各区的合作企业的要求

区域	条件
天河区《天河区全面改造类旧村改造工作实施细则（征求公众意见稿）》	（一）近 3 年内无不良诚信记录； （二）企业注册资本不少于 1 亿元； （三）具备旧村全面改造经验的企业； （四）具有二级或以上资质的房地产开发企业； 各村（社）可选择联合体作为合作企业，组建联合体的企业均应符合上述条件。
海珠区《海珠区住房和建设局关于印发〈广州市海珠区旧村庄更新改造项目公开引入合作企业及合作意向企业工作指引〉的通知》（海建局规字〔2021〕1 号）	合作企业及合作意向企业所具备的资质和要求如下： 1. 实缴注册资本不低于 5 亿元（以验资报告为准）。 2. 具有二级资质及以上房地产开发资质，具备与改造地块相匹配的开发能力。从事房地产开发经营 3 年以上；有职称的建筑、结构、财务、房地产及有关经济类的专业管理人员不少于 20 人，其中具有中级以上职称的管理人员不少于 10 人，持有资格证书的专职会计人员不少于 3 人；工程技术、财务、统计等业务负责人具有相应专业中级以上职称。 3. 近三年房屋建筑面积累计竣工 15 万平方米以上；在北京、上海、广州、深圳等国家一线城市完成或正在推进至少 1 个城市更新全面改造项目。 4. 资金实力：改造范围内现状建筑面积小于 60 万平方米的项目，企业总资产不低于 200 亿元；现状建筑面积大于等于 60 万平方米的项目，企业总资产不低于 300 亿元。企业净资产不低于 50 亿元。 5. 具备与改造地块相匹配的产业布局和产业导入能力，符合《广州市城中村改造合作企业引入及退出指引》（穗建规字〔2021〕1 号）第八条的规定。 6. 企业诚信信誉好，社会责任感强，银行信用记录良好，通过国家企业信用信息公示系统、信用中国（广东、广州）、人民银行征信中心等系统查询以及近 5 年在金融监管、市场监管、税务、建设和规划国土、城管、教育、文广旅体、卫生健康等部门没有严重违法违规和不讲诚信的记录，不存在工程“烂尾”或其他严重违法违规情况。通过查询广州公共资源交易中心记录，无被依法暂停或取消投标资格的情形。 7. 企业在海珠区开发的房地产等项目中，如存在未移交公建配套设施及不配合征地拆迁情况的，视为该企业诚信信誉存在问题，不符合前述第 6 点相关规定。

续表

区域	条件
海珠区 《海珠区住房和建设局关于印发〈广州市海珠区旧村庄更新改造项目公开引入合作企业及合作意向企业工作指引〉的通知》（海建局规字〔2021〕1号）	8. 企业是为承接该旧村改造项目在海珠区设立的公司，其控股股东（持股比例必须≥ 51%）具备前述第 2—7 点规定的资质和条件，并承诺对该旧村改造项目承担共同责任的，视为企业符合相应资质和条件要求。 9. 企业联合体成员数量原则上不得超过 3 个，且须由具备上述资格条件的主体企业在联合体中占有不低于 51% 份额，其余联合体成员条件可根据项目实际需要设定其他要求。 10. 对于具备突出产业布局或者产业导入能力（非房地产业），但没有相应房地产资质、开发能力和经验的企业，可以与具备前述第 5 点房地产开发能力和经验的企业组成联合体参与旧村改造竞投。 11. 企业应在签订合作意向协议或合作协议之日起 30 个自然日内，按以下标准缴纳合作意向协议履约金或合作企业竞选保证金： （1）用地面积小于 30 公顷的项目，应缴纳不少于 2 亿元（现金）履约金或保证金； （2）用地面积大于（等于）30 公顷的项目，应缴纳不少于 3 亿元（现金）履约金或保证金。 12. 引入的合作企业应在签订的合作协议中约定，自签订合作协议之日起一个月内，在海珠区设立具有独立法人资格的项目公司，办理工商注册、税务登记等手续；未经村集体经济组织集体表决同意的，项目公司不得变更股东、转让股权。否则，合作企业承担违约责任。 村集体经济组织在表决前应通过村集体党委研究并报请区住建局指导，再做集体表决。情况复杂的，区住建局报区城市更新工作领导小组研究。 通过合作企业引入的企业（或民办非企业单位），应于约定的时间内在海珠区设立（或从区外迁入）项目公司（或其他运作实体、民办非企业单位，不含区内迁移企业，不含房地产企业）。 13. 引入的合作企业需承担项目周边区内公益项目建设，并按照《广州市城中村改造合作企业引入及退出指引》（穗建规字〔2021〕1 号）第十二条、第十三条等的要求配建学校和医院及其配套设施，以提升旧村改造整体效益。 14. 根据旧村庄更新改造项目实际情况需设置的其他条件。 15. 若市将来新出台引入合作企业的相关文件中必须具备的条件，应增加该部分内容。若本指引与市将来新出台政策有冲突的，按不低于市新出台政策的标准执行。
越秀区 《广州市越秀区旧村庄更新改造项目引入合作企业工作指引(试行)》（征求意见稿）	1. 近 3 年内无不良诚信记录； 2. 企业注册资本不少于 1 亿元。 村集体经济组织可选择联合体作为合作企业及合作意向企业，组建联合体的企业均应符合上述条件。

续表

区域	条件
荔湾区 《广州市荔湾区旧村庄更新改造项目公开引入合作企业工作指引》（荔住建〔2020〕535号）	1. 近3年无不良诚信记录。 2. 注册资本（实缴资本）不低于5亿元人民币的法人企业（以验资报告为准）。 3. 有开展“三旧”改造经验的企业（旧村已经同村集体经济组织签订改造合作协议并开展前期工作的或旧厂旧城项目已经取得建设工程施工许可证的）。 4. 申请企业应按以下标准提交竞选保证金： （1）用地面积小于30公顷的项目应提交保证金不少于1亿元（现金）； （2）用地面积大于（等于）30公顷的项目应提交保证金不少于3亿元（现金）。 5. 引入的合作企业须投资并实施荔湾区不少于一所公办学校的环境整治提升工作（具体学校由荔湾区政府指定），该投资不纳入改造地块项目的改造成本。 6. 申请企业应具备与改造地块项目相匹配的开发能力。优先从中国房地产业协会最近发布的《中国房地产开发企业500强》中遴选合作企业。 7. 根据项目实际情况需设置的其他条件。 8. 若市新出台引入合作企业的相关文件中必须具备的条件，应增加该部分内容。若本指引与市出台政策不一致的，按不低于市出台政策的标准执行。
番禺区 《广州市番禺区旧村庄更新改造公开引入合作企业的指导意见》（番府规〔2020〕4号）	1. 具有独立法人资格，申请企业或其直接或间接持股比例达50%以上（含本数）的关联企业具备房地产开发企业二级或以上资质（以住房和城乡建设部门颁布的资质证书为准）。 2. 实缴注册资本金不低于5亿元人民币（以验资报告为准），银行信用记录良好。 3. 企业总资产不低于200亿元人民币，净资产不低于50亿元人民币。企业自有资金比例不得低于项目总投资的30%。 4. 具备房地产开发经验，房屋建筑面积累计规划验收或竣工验收300万平方米以上；申请企业直接或间接持股比例达50%以上（含本数）的关联企业的房屋建筑面积可以累计计入该申请企业数据范围。 5. 企业信誉好，社会责任感强。 6. 对每个旧村庄更新改造项目应缴纳不低于3亿元人民币的保证金，企业联合体视作一个企业。各村可根据改造村庄规模增加相应保证金额。 7. 合作企业如果是企业联合体，联合体中的成员不得超过2个，而且每个联合体成员均需同时具备本指导意见第（六）条所规定的资格条件。 8. 根据项目实际情况需调整或设定其他条件的，需报区政府或区城市更新工作领导小组审核。
南沙区 《南沙区旧村庄更新改造项目公开引入合作企业工作指引（试行）》（穗南更新函〔2018〕65号）	无直接条件规定

续表

区域	条件
白云区 《白云区旧村庄全面改造程序指引（试行）》（穗规划资源云函〔2019〕1952号）	无直接条件规定
黄埔区 《广州开发区城市更新局关于印发广州市黄埔区广州开发区旧村合作改造类项目公开引入合作企业工作指引（试行）的通知》（穗开更新规字〔2020〕2号）	（四）农村集体选择的合作企业应当具备以下条件： 1. 具有独立法人资格和具备房地产开发企业二级以上（含二级）资质（以住房和城乡建设部门核发的资质证书为准）； 2. 实缴注册资本金不低于1亿元人民币（以验资报告为准），且具有与项目相匹配的自有资金及融资能力，企业自有资金比例不得低于项目总投资的30%； 3. 企业信誉好，社会责任感强，银行信用记录良好（以具有相应资质的机构出具的企业信用报告为准），且最近3年在市场监管等部门没有重大违法违规记录，不存在工程“烂尾”等情况； 4. 企业联合体成员数量原则上不得超过3个，且须由具备上述资格条件的企业在联合体中占有不低于51%份额，其余联合体成员条件可根据项目实际需要设定其他要求； 5. 根据项目实际情况需设置的其他条件。 （五）农村集体应当委托广州公共资源交易中心或区农村集体经济组织资产财务管理服务中心（以下统称“代理机构”）按规定代收竞选保证金；申请合作企业应当在报名期限内（以银行到账时间为准）按规定的额度交纳竞选保证金（不少于1亿元）……
花都区 《花都区旧村庄合作改造类项目公开引入合作企业的指导意见（试行）》（花府办规〔2018〕8号）	1. 资质要求：具备独立法人资格和房地产开发企业一级以上资质（以国家住房和城乡建设部颁布的资质证书为准）； 2. 实缴注册资本金：改造面积小于30公顷的项目，参与企业实缴注册资本金不低于2亿元人民币（含2亿元）；改造面积大于（等于）30公顷的项目，参与企业实缴注册资本金不低于3亿元人民币（含3亿元），以验资报告为准，银行信用记录良好； 3. 总资产：改造面积小于30公顷的项目，参与企业总资产不低于100亿元人民币；改造面积大于（等于）30公顷的项目，参与企业总资产不低于150亿元人民币，且具有与项目相匹配的自有资金及融资能力。企业自有资金比例不得低于项目总投资的30%； 4. 开发经验：参与企业须符合近5年开发房屋建筑面积累计竣工验收100万平方米以上； 5. 企业信誉要求：企业信誉好，社会责任感强，且最近5年在广州市国土规划、工商、税务、住房和城乡建设等部门没有违法违规记录，也不存在工程“烂尾”或其他违法等情况；

续表

区域	条件
花都区《花都区旧村庄合作改造类项目公开引入合作企业的指导意见（试行）》（花府办规〔2018〕8号）	6. 用地面积小于30公顷的项目应提供不少于2亿元履约金（现金）；用地面积大于（等于）30公顷的项目应提供不少于3亿元履约金； 7. 合作企业如果是企业联合体，联合体中的成员不得超过2个，而且每个联合体成员均需具备本意见第六条所规定的资质条件； 8. 根据项目实际情况需设置的其他条件。 在符合本指导第六条的前提下，如符合下列条件之一的，优先考虑引入作为合作企业： 1. 在2016年1月1日后通过政府组织公开出让方式竞得我区商业（面积50亩以上）或者住宅用地； 2. 在2018年9月1日后报名参与政府组织的我区商业（面积50亩以上）或者住宅用地公开出让活动，并进行报价竞拍。 上述企业每竞得或参与竞拍一块用地，对应区内一个旧村庄全面改造项目。鼓励并支持以上企业积极参与我区老旧工业园区的改造。
增城区《增城区旧村改造项目公开招标选择合作意向企业试行办法》（穗规划资源增规〔2019〕1号）	1. 企业注册资本不低于1亿元，银行信用记录良好。 2. 企业信誉好，社会责任感强，且最近3年在工商、税务、建设和国土等部门没有违法违规记录；不存在工程"烂尾"或其他违法等情况。 3. 企业应缴纳不低于3000万元（现金）参选保证金。 4. 企业应缴纳履约金，用地面积（标图建库面积）<30公顷的不少于1亿元（现金），≥30公顷的不少于2亿元（现金）。 5. 根据实际情况需设置的其他条件。 鼓励支持以下企业参与增城区旧村改造： （一）2014年1月1日至2018年12月31日期间，在我区通过公开出让方式竞得商业（面积3公顷以上）或者住宅用地。 （二）2019年1月1日以后，报名参与我区政府组织的商业（面积3公顷以上）或者住宅用地公开出让活动，并进行有效报价竞拍。 （三）招标公告发布之日前5年内在我区纳税累计1亿元以上。
从化区《广州市从化区关于进一步规范旧村庄全面改造类项目管理的实施意见（征求意见稿）》	1. 近3年内无不良诚信记录； 2. 企业注册资本不少于1亿元。

续表

区域	条件
广州市 《广州市住房和城乡建设局关于印发关于进一步规范旧村合作改造类项目选择合作企业有关事项的意见的通知》(穗建规字〔2020〕16号); 《广州市城中村改造合作企业引入及退出指引》(穗建规字〔2021〕1号)	1. 合作企业应具备与改造地块相匹配的开发能力。合作企业所具房地产开发能力和经验要求如下: (1)从事房地产开发经营3年以上; (2)近3年房屋建筑面积累计竣工15万平方米以上; (3)有职称的建筑、结构、财务、房地产及有关经济类的专业管理人员不少于20人,其中具有中级以上职称的管理人员不少于10人,持有资格证书的专职会计人员不少于3人;工程技术、财务、统计等业务负责人具有相应专业中级以上职称。 2. 合作企业应具备与改造地块相匹配的资金实力: (1)企业总资产:改造范围内现状建筑面积小于60万平方米的项目,企业总资产不低于200亿元;现状建筑面积大于等于60万平方米的项目,企业总资产不低于300亿元; (2)企业净资产不低于50亿元; (3)企业信誉好,征信记录良好。 3. 合作企业应具备与改造地块相匹配的产业布局或产业导入能力(非房地产业),承诺引入指定系列榜单企业(或机构,下同,见附件2): (一)引入企业的产业类型、行业地位、数量要求。 1. 第一、二圈层(附件1):要践行新发展理念,突出高质量发展,实现老城市新活力,重点引进新一代信息技术、数字新基建、生物医药、专业服务业、科技服务业、现代商贸、文化创意、金融保险等战略性新兴产业和现代服务业企业,吸引先进制造业的总部或研发平台落户,或者引进具有关键技术和先进工艺,能创新产品和管理模式促进本地传统产业转型升级的企业。引入企业的行业地位及数量原则上不低于下列条件之一: (1)引入世界500强投资的企业1家; (2)引入全球2000强、央企或中国500强、上市公司(含新三板精选层和创新层企业,以及其他新三板高新技术企业)控股公司2家; (3)引入行业榜单及创新型榜单(见附件2《引入产业企业榜单》第四类)企业控股公司4家; (4)上述三类榜单企业(母公司)1家整体迁入我市; (5)引入专业服务机构(见附件2《引入产业企业榜单》第五类)20家,其中引进榜单企业地区总部或同级别分支机构不少于5家,境外专业服务机构分支机构不少于1家,打造业态关联专业服务集聚区或主题楼宇,聚集会计、税务、法律、设计、咨询、知识产权、检验检测、创业投资、人力资源、信用评估等专业服务业;

续表

区域	条件
广州市 《广州市住房和城乡建设局关于印发关于进一步规范旧村合作改造类项目选择合作企业有关事项的意见的通知》（穗建规字〔2020〕16号）； 《广州市城中村改造合作企业引入及退出指引》（穗建规字〔2021〕1号）	（6）引入获评为A类的国家级或（广东）省级科技企业孵化器、国家备案众创空间的运营机构负责运营，打造科技企业孵化器或众创空间1家，并承诺5年内获得市级或以上认定； （7）引入国家级、省级文化创意产业园区（基地）的运营机构或者自营，导入文化旅游新业态，集聚一批动漫游戏、数字音乐影视、高清视频、电竞等数字文化创意、文化科技、文旅装备制造、智慧旅游企业，承诺5年内创建1家市级以上文化产业示范园区(基地)； （8）市商务部门牵头会同发展改革、科技、工业和信息化、文化广电旅游、金融、体育等产业部门认可的产业类型、企业行业地位和数量，包括促进本地传统产业转型升级的产业类型、企业行业地位和数量。 2. 第三圈层（附件1）：圈层内重点功能区内引入企业的要求参照第一、二圈层要求执行。 重点功能区以外的区域，重点促进产城融合发展，构建城乡一体发展格局，围绕产业集聚和创新创业，优先打造一批产业集聚区及一批众创空间、科技企业孵化器等创新、产业载体。引入企业的行业地位及数量原则上不低于下列条件之一： （1）引入行业榜单及创新型榜单企业控股公司2家以及上下游企业10家； （2）引入国家级或（广东）省级科技企业孵化器、国家备案众创空间的运营机构负责运营，打造科技企业孵化器或众创空间1家，并承诺5年内获得市级或以上认定； （3）引入国家级制造业创新中心、国家级企业技术中心的运营机构负责运营，打造创新中心或者技术中心1家，并承诺5年内获得省级或以上认定； （4）引入国家级、省级文化创意产业园区（基地）的运营机构1家或者自营，导入文化旅游新业态，集聚一批动漫游戏、数字音乐影视、高清视频、电竞等数字文化创意、文化科技、文旅装备制造、智慧旅游企业，承诺5年内创建1家市级以上文化产业示范园区(基地)； （5）区政府认可的产业类型、企业行业地位和数量。 3. 跨两个圈层：对于跨圈层界限的村，采用占地相对较多圈层的标准。 （二）引入企业经济效益要求。 合作企业引入企业的达产营业收入、税收等经济指标原则上不低于同地段国有储备用地引入产业项目准入条件的50%。各区政府对城中村改造引入企业经济效益已经有明确规定的可按其规定执行。 引入企业数量和经济效益的具体要求，由区政府组织区城市更新部门、产业主管部门、招商部门综合考虑具体城中村改造地块的产业定位、区域位置、可建建筑面积等因素提出初步方案，征询市商务部门意见后指导村集体纳入招商文件。

4. 实施方案编制

当片区策划方案经城市更新部门审定后，就可以由区政府组织编制城市更新项目的实施方案，包括项目背景、更新范围、现状情况、更新目标与功能业态、更新主题及模式、更新改造建设方案、土地整备、补偿安置及利益分配、融资地价评估、经济平衡与资金安排、实施保障、效益分析。

（三）实施方案审核审定阶段

1. 方案征求意见稿

区组织专家对项目实施方案的经济性、风险性以及可行性进行论证，并提出完善措施，形成方案征求意见稿。

2. 方案意见完善稿

征求意见稿需要征询村集体经济组织、村民及相关权属人意见，且征求意见的时间不得少于30天，各方提出建议后形成方案意见完善稿。

3. 方案草案及说明

充分征求各方意见后，区政府应完善项目实施方案，并形成项目实施方案草案及相关说明。

4. 方案村民表决稿

市城市更新部门应当书面向属地区政府反馈审核意见，区政府则按照审核意见修改完善项目实施方案，形成项目实施方案村民表决稿。

5. 方案通过村民表决稿

村民表决稿经过村集体经济组织依法组织村民代表大会表决，满足到场代表不低于2/3且同意率不低于2/3则表决通过。表决通过后，报市城市更新部门提交市城市更新领导工作小组审议。

（四）实施方案批复阶段

1. 实施方案批复

市城市更新部门按市城市更新领导机构审议意见组织修改完善形成最终稿，市城市更新部门向区政府发出项目实施方案批复。

2. 表决批复的实施方案

由区水务和农业部门会同区域城市更新部门、属地街道办事处，指导村集体经济组织依法组织村民（含村改居后的村民）和世居祖屋权属人进行表决，批复的实施方案需在3年之内获得总人数80%以上同意。

（五）实施方案批后实施阶段

1.启动拆迁

动迁阶段，办理资金管理手续，组织签订拆迁补偿安置协议，达到80%以上权属人签约后启动房屋拆除工作（可分期实施），房屋拆卸。

2.建设报批

（1）用地报批

· 涉及集体建设用地转国有建设用地的，已经集体经济组织或村民代表大会2/3以上人员同意；

· 报市城市更新局等城市更新部门审核（融资地块须已完成补偿安置）；

· 获市更新局等城市更新部门批复；

· 办理用地规划许可手续、办理供地手续；

· 供地前完成开展土壤环境调查评估。

（2）项目报建

· 项目立项；

· 总平面设计审查；

· 建筑单体规划报建；

· 申办消防环保、卫生等手续；

· 申办《建设工程规划许可证》；

· 施工图设计文件审查备案；

· 申办建筑工程招投标手续；

· 办理工程质量安全监督手续；

· 申办《建设工程施工许可证》。

（3）项目建设

· 施工建设；

· 申办工程验收。

（4）完成验收

· 涉及完善历史用地手续地块确权登记。

（5）回迁安置

· 回迁分房；

· 房屋移交；

· 村集体经济组织制订分房方案，经村集体经济组织股东代表大会表决通过，并报街道审批同意后，组织摇珠分房，业主回迁。

二、旧厂房改造流程

旧厂房改造相对于旧村庄改造程序略为简单，权利主体较单一，周期相对更短。具体流程参见图2–2。

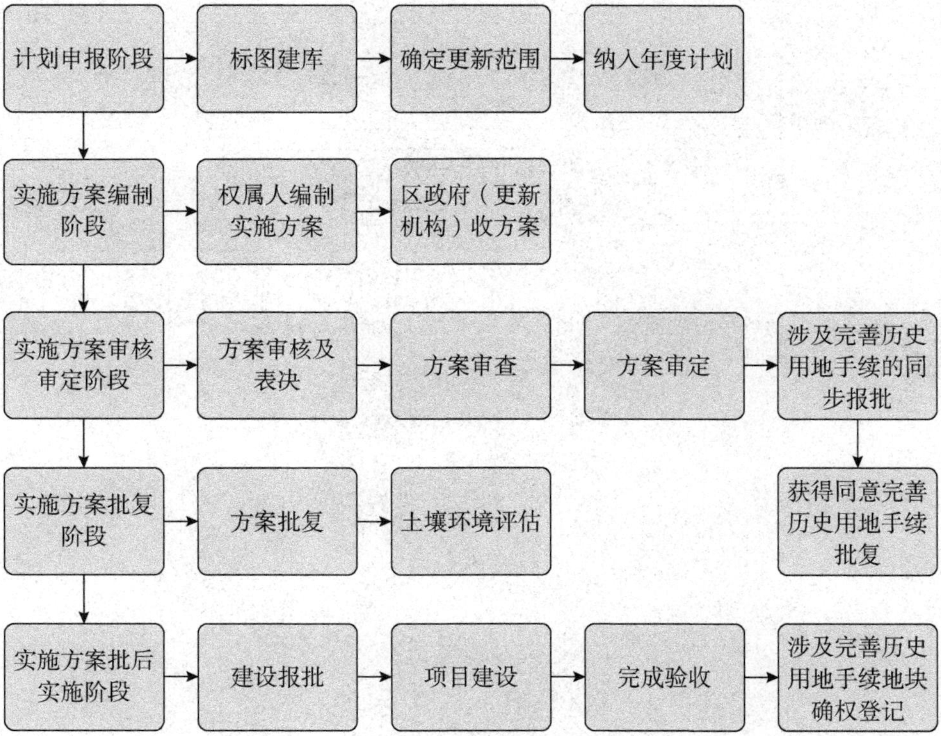

图2–2　旧厂房改造流程

三、旧城镇改造流程

旧城镇全面改造，目前实践案例非常少，现旧城镇改造以微改造为主，具体流程参见图2–3。

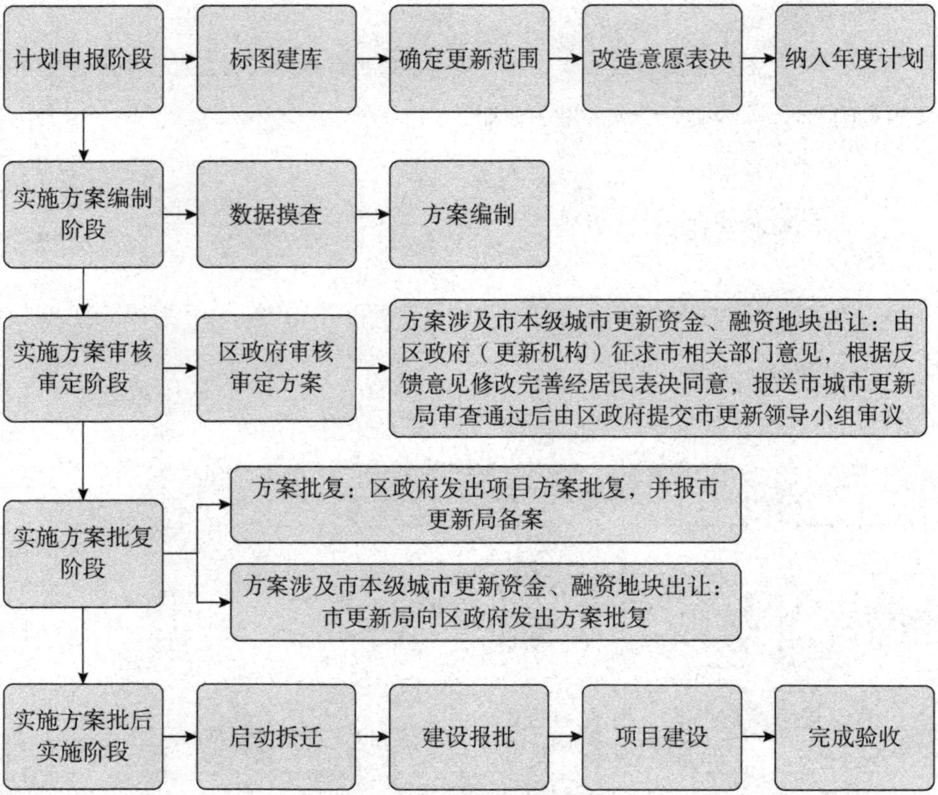

图 2-3　旧城镇微改造流程

图 2-4　华瑞兴法律顾问单位：中共广州市花都区委员会、
广州市花都区人民政府、广州市花都区司法局

3

CHAPTER

第三章

城市更新法律服务流程

一、前期准备阶段的法律服务

（一）研究、分析项目所在地旧村改造政策

2021年1月17日，广东省人民政府发布《广东省旧城镇旧厂房旧村庄改造管理办法》，在此之前，“三旧”改造项目缺乏上位法的支持，主要依据政策执行。同时，基于“三旧”改造项目的特殊性，一般来说，是“一市多政、一区一策”。因此，在前期准备阶段，我们需要针对项目所在地的“三旧”改造政策做具体的研究和分析。特别是对当地各阶段的工作要求及流程，各阶段表决工作的要求及流程，合作意向企业、合作企业的引进条件、要求和流程等问题所涉及的政策进行透彻的研究和分析，以便后续为相关方提供更优质的法律服务，出具法律风险提示及法律意见。

（二）就拟改造项目是否符合当地旧村改造政策提供法律意见

针对拟改造项目进行可行性分析，并根据当地“三旧”改造政策综合分析拟改造项目是否满足当地相关政策的要求，为当地政府、街道、村委/村集体经济组织等其他相关方提供法律咨询，并就拟改造项目的可行性提供法律意见。

（三）协助理清拟改造项目相关主体的责任承担

“三旧”改造涉及的相关主体较多，主要包括政府、相关主管部门、镇/街道、村集体/旧厂原权属人/旧城物业权属人、村民/居民/世居祖屋权属人、前期服务公司、合作意向企业、合作企业、金融机构、建筑施工企业、专业机构。因此，在项目准备阶段，法律服务机构应协助对拟改造项目涉及的相关主体进行梳理，并分析不同阶段中各相关方的关系、权利、义务、责任等，并提供法律咨询，出具法律意见。

（四）调查拟改造项目相关主体的相关信息

法律服务机构应协助对拟改造项目相关主体的相关信息进行调查，包括但不限于：相关主体是否是开展相关工作的适格主体，是否拥有相应的权限，是否拥有开展工作的相关资质、条件、人员、业务能力、经验等，涉及诉讼的情况等。

（五）对拟改造项目的改造模式提供法律意见

改造模式包括全面改造、微改造、合作改造、自主改造、政府收储、异地安置等模式，不同的改造模式需要的改造条件、改造方式、涉及主体、经济效益、社会效益等都是不同的。因此，改造模式的确定是拟改造项目顺利推进、成功改造的重要因素之一。在前期准备阶段，法律服务机构应协助政府、相关街道办/居委、改造主体针对拟改造项目的基本情况、当地政策、现有资源等情况进行综合研判，对拟改造项目的改造模式提供法律意见，以供相关方决策。

二、标图建库的法律服务

标图建库是判断一个地块能否进行“三旧”改造的前提条件，也是判断地块后续能否通过协议出让的必要条件。所以对地块要求比较高，对地块现状以及上盖物覆盖率等条件都有一定的要求。在该阶段中，法律服务主要是工作合规性审查，具体如下。

（一）对入库条件进行法律审查

法律服务机构根据当地标图建库的相关政策文件［如2011年《关于建立“三旧”改造地块标图建库动态调整机制的通知》（粤国土资试点发〔2011〕175号）、2018年广东省国土资源厅印发《关于深入推进“三旧”改造工作实施意见》（粤国土资规字〔2018〕3号）、2018年《广东省国土资源厅关于进一步做好“三旧”改造地块数据库管理工作的通知》（粤国土资三旧发〔2018〕99号）、2019年《广东省人民政府关于深化改革加快推动“三旧”改造促进高质量发展的指导意见》（粤府〔2019〕71号）等］的规定，就拟改造项目是否符合入库条件进行法律审查，提供拟改造项目是否满足入库条件的法律意见书。

（二）对申报主体资格进行法律审查

法律服务机构根据法律法规及相关政策，对申报标图建库的主体资格进行法律审查。一般而言，标图建库的申请主体应当是村集体经济组织。

（三）提供拟改造项目申报法律服务

法律服务机构协助申报主体填报申报材料所涉及的法律内容，并就标图建库申报是否符合“由村集体经济组织申请→提交镇政府、街道办进行初审→提报区政府城市更新部门审核→最终由市住建局审定批复→每年12月底前报省自然资源厅备案”的申报流程出具法律意见。

三、意愿表决的法律服务

旧改项目中，需要经过多次的表决，而第一个集体表决，便是改造意愿表决。根据《广州市城市更新办法》规定，改造意向和改造方式需征求村集体经济组织成员80%以上同意，也就是俗称的“过八”。本阶段提供的法律服务主要为对表决提供法律咨询、培训，参与表决事项谈判、合作磋商及工作会议，审核、修改各类沟通协商会议形成的会议纪要、会议决议等文件；指导并协助举办表决大会，对表决流程提供法律指导，并对表决结果进行法律审查、提供法律意见。

（一）提供相关法律法规、政策文件咨询、培训

根据拟开展旧村改造村集体的需要，根据《广东省农村集体经济组织管理规定》《广州市人民政府关于加强农村集体经济组织管理的指导意见》等相关政策文件，为政府、街道、村集体、村委、村民/居民等主体提供关于意愿表决的流程、相关法律文件的咨询，并开展相关培训。

（二）正式表决前的法律服务

参与谈判、磋商的过程，协助开展相关工作，出具相关法律意见。特别是在实务中，常常出现对相关法律法规及政策有误读，不同意旧村改造的村民，法律服务机构应及时协助做好相关法律知识的普及，并就村集体制订的推进方案给出合规性法律意见。

在实务中，法律服务机构会针对摸查的不同旧改意向情况提供对应的推进方案及法律意见：（1）从未开展改造意愿表决的村，一般专业能力、主体与经费、法律知识等层面相对缺乏，法律服务机构应当做好法律培训及法律咨询工作；（2）已有部分改造意愿且已经经过一部分改造宣传的村，对于旧改接受能力比较高，但是普遍要求也会变高，法律服务机构应协助村集体在符合法律法规及相关政策要求下提高表决通过率；（3）对改造意愿有较大分歧的村，往往派系多，关系网错综复杂、需求多样化，意愿表决难度大，在改造后期容易出现“拒迁户、钉子户”，法律服务机构应该在合法合规的前提下，综合运用引导、疏导、谈判的方法，协助村集体及其他相关方提前策划拆迁补偿方案，

参与各方派系谈判、磋商，做好法律风险防范。

（三）提供改造意愿和改造模式表决程序法律服务

为保证意向表决程序合法合规，法律服务机构应指导并协助举办表决大会，对表决流程提供法律指导，指导相关书面文件的草拟，并审核文件，对表决结果进行法律审查、提供法律意见。在实务中须注意的是，召开表决大会须尽可能地保证全员到场，收票的形式可以多样化。另外，广州市住房和城乡建设局已经出台《广州市城中村改造村集体经济组织决策事项表决指引》，文件对包括改造意愿表决等事项的表决作出了明确的指引，在提供法律服务时应严格按照该流程提供法律咨询及指导，并出具相关法律文件。

四、纳入年度更新计划的法律服务

（一）提供纳入年度更新计划的法律咨询及协助申报材料准备

法律服务机构应该就拟改造项目纳入年度更新计划的实施主体、权利义务、申报材料、具体申报流程提供法律咨询服务，并协助申报主体填报拟改造项目申报材料及反馈补充材料所涉法律内容。

（二）审查拟改造项目申报材料的合法合规性

对拟改造项目纳入年度更新计划的申报材料进行合法合规性审核，并提供法律意见；跟踪项目纳入年度计划进展及反馈补充材料中涉及法律服务的部分。

（三）梳理拟改造项目申报审批的程序指引

为拟改造项目申报纳入年度计划提供程序指引，纳入城市年度计划应符合“由村集体经济组织申报→区住建初审汇总→区城市更新领导小组会议审核→市住建局统筹审核→市城市更新领导小组会议审议→印发”的流程。

五、基础数据调查的法律服务

基础数据调查是旧村改造流程里面最核心的一个内容，全部旧村改造都要纳入政府的城市更新项目库和数据库。数据摸查包括村内的土地、房屋面积、人口、经济产业情况、文化遗产、公建配套和市政设施等方面的内容。形成调查成果后，还需要上报区主管城市更新的相关部门，按照政府要求组织审查、复核及验收等工作。本阶段主要以城市更新项目基础数据调查/核查单位为主，实务中，法律服务机构主要提供以下法律服务：

（一）数据摸查阶段的法律咨询

广州市城市更新的政策基本是“一区一策”，因此，提供数据摸查阶段的法律咨询，并就数据摸查参与是否符合法律法规及相关政策的要求、是否是限制性主体提供法律意见。在实务中须特别注意，基础数据调查是旧改项目“互利共赢”的前提和基础，不仅决定了要给村里的复建面积，也在很大程度上决定了开发商可以最终获得的市场销售面积。所以，前期基础数据摸查工作是不允许开发商介入的。

（二）提供数据摸查阶段的流程指引

为数据摸查阶段提供流程指引，数据摸查流程应当符合“申请启动基础数据调查工作→区住建审核→街道组织开展数据调查工作→确定调查单位→现场测量→综合确认→公示→核查→公布”的基本流程。

（三）对数据摸查阶段进行合规性审查

对数据摸查阶段的流程、权属证明及其他相关资料进行合规性审查，并提供法律审核意见。

六、引入合作意向企业、合作企业的法律服务

（一）提供选择合作意向企业/合作企业的资格条件法律服务

根据2021年1月21日发布的《广州市住房和城乡建设局关于印发〈广州市城中村改造合作企业引入及退出指引〉的通知》（穗建规字〔2021〕1号），2020年2月21日广州市住房和城乡建设局发布的《关于进一步规范旧村合作改造类项目选择合作企业有关事项的意见》（2020年3月1日施行，有效期5年，下称〔2020〕16号文，2018年原广州市城市更新更新部门发布的《关于进一步规范旧村合作改造类项目选择合作企业有关事

项的意见》（穗更新规字〔2018〕1号文，已失效）及各区关于引入合作企业的相关指导文件对合作意向企业/合作企业的资格条件进行合规性审查，并提供法律意见。

（二）提供引入合作意向企业/合作企业法律服务

1.为公开引入合作意向企业/合作企业提供流程指引

引入合作意向企业并非必要程序，根据拟改造项目的实际情况选择引入。广州市引入合作意向企业应符合“通过引入合作意向企业的表决→草拟合作意向协议→提出候选合作意向企业→镇政府/街道办审核通过→审核结果表决→公示（7日以上）→经公示无异议的签订合作意向协议→抄报区政府→公布”。

广州市引入合作企业应符合“村集体制定招商文件→征求镇政府/街道办、区住建、区政府对招商文件的意见→组织招商文件的表决→公示→委托政府公共交易平台公开招标→符合招商文件要求的企业均可报名参加，并按照招标文件的要求缴纳保证金→招标公示（不少于30日）→签订合作协议→公布”。

2.为招标文件、投标文件提供法律意见

根据相关法律法规及政策文件，对引入合作意向企业/合作企业的招标文件、投标文件进行合规性审查，并提供法律意见。实务中，招标文件应特别注意须符合当地政策对合作企业提出的资质、人员、财务、资金、股权、产业引入、公建配套、经济效益、社会效益等要求的规定。投标文件为满足相应招标文件的要求，出具的相应材料应当具有合法性、有效性、时效性。

（三）提供表决流程指导，对表决文件提供法律意见

根据对旧村改造项目中关于合作意向企业/合作企业选择的村集体表决流程和表决文件提供指导，协助制订表决方案，协助表决文件的制定、审核，对表决形成的决议及相关文件进行合规性、有效性审查，并出具法律意见。

（四）对选定合作意向企业/合作企业的结果提供法律服务

对招标结果进行合规性、有效性审查，协助拟定、审核合作协议，并出具法律意见。在实务中，合作协议内容应当包括但不限于项目情况、合作模式、合作程序、双方权利义务、资金监管、建设工期、项目公司、保密条款、违约责任等条款，并将招商文件约定的相关权利义务等内容纳入合作协议中。

（五）提供项目公司设立法律服务

1.就成立项目公司的事宜提供策略建议。

2.结合相关法律法规、城市更新政策，对成立项目公司的流程、运作等事宜提供法律建议。

3.起草、制定项目公司成立方案、项目公司章程、股东协议及与其他有关的法律文件。

4.协助相关主体起草、审核项目公司人事管理制度、财务管理制度、印章管理制度等公司基本制度，维护相关方的合法权益。

5.起草、制定成立项目公司方案及相关法律文件。

七、方案编制阶段的法律服务

（一）提供方案编制咨询、沟通、解释法律服务

"三旧"改造中，从前期的基础数据测绘直至中期的实施方案批复是旧改项目推进的一条主线。这一主线的基本流程系委托规划编制单位编制相关的文件初稿，经公示、征询村集体、村民意见后报政府部门逐级审批后确定最终的方案。需要注意的是，这一流程并不是单向的，而是动态调整的，根据编制、审批以及意见征询中出现的具体问题，是可以回到前一过程进行调整的，比如在区政府审批实施方案阶段发现政府某些权属人的基础数据出现错误的，可以要求村集体、编制单位对相关数据进行核实并重新出具报告；又如方案编制过程中因历史遗留问题导致范围内土地权利状态与实际不符的，编制单位也可以要求相关部门协调并解决历史遗留问题。因此，实际操作中虽然各个阶段都有明确的方案指引，但在具体问题处理上所表现出来的更多的是编制单位、村集体、村民个人、政府部门以及合作企业之间的协调沟通，而律师在这一过程中发挥的更多的是一个协调沟通、解释、疏导的润滑剂作用，需要全方位了解参与旧改的各方利益，以及其利益诉求在实践中的表现形态，在符合法规政策的前提下平衡各方利益，就旧改过程中出现的疑难问题进行解答，必要时还需出具书面可行的解决方案。

（二）提供片区策划方案编制法律服务

1.片区策划编制方案主要内容

根据《广州市城市更新办法》的规定，城市更新项目应当编制片区策划方案。片区

策划方案应当包括以下内容：（一）城市更新片区发展定位、基础设施、公共服务设施和其他用地的功能、产业方向及其布局；（二）城市更新片区内更新项目的具体范围、更新目标、更新模式和方式、拆迁补偿总量和规划控制指标；（三）城市更新片区内城市设计指引；（四）城市更新片区的实施经济分析及资金来源安排；（五）需要分期实施的，列出分期实施的地块（项目）和时序，并提出资金安排建议；（六）历史文物资源及保护方案；（七）其他应当予以明确的内容。

2.片区策划方案编制法律服务内容

具体实践过程中，片区策划方案可分为两个大的方面：一是规划方面的内容；二是项目实施方面原则性规定。规划方面的内容是指“三旧”改造项目片区策划在与上位规划以及其他相关政策对接时所需要在片区策划中明确、列明的具体内容。项目实施方面的原则性规定则是主要包括项目如何实施、具体实施方案的界限以及资金来源问题的限定性、原则性内容。规划方面的法律服务主要体现在3个方面：

（1）上层规划在片区策划方案中落实的法律服务

土地规划是由顶层设计到具体项目实施一步又一步的落实过程。城市更新作为国家土地利用的形式之一同样也需要符合上层规划，应当对上层规划作出的原则性规定予以落实。2019年中共中央国务院发布《关于建立国土空间规划体系并监督实施的若干意见》，要求全面启动国土空间规划编制，实现“多规合一”。对于“三旧”改造而言，项目的片区策划实施方案首先需要满足的便是国土空间规划。此外，2021年3月1日实施的《广东省旧城镇旧厂房旧村庄改造管理办法》中提出，对于“三旧”改造项目的规划分为“总体规划—专项规划—详细规划”。具体到某一项目而言，片区策划的编制即上位编制的细化落实与协调，落实针对的是上位规划中所做的原则性规定进行细化，协调则是针对项目的特殊情况，如果无法在原则之内进行设计的，则需要报上级部门进行协调、调整。律师在这一过程中所做的是方案的协调编制工作，横向来看即包括开发商、村集体、村民个人、编制单位以及政府之间的利益协调以及相互之间的解释、沟通工作，纵向来看则是沟通协调不同层级规划的内容落实与调整，除实践中的沟通外，还包括规划类政策文件的理解与适用。

（2）其他相关政策在片区策划方案中落实的法律服务

因“三旧”改造片区的定位及功能的不同，片区内涉及的其他相关政策差异性巨大，如定位为生态旅游的功能区实施旧改，则可能涉及水体治理、生态保护等诸多方面政策的落实，又如项目位于交通物流产业定位的片区，则会涉及交通设施的配套、物流仓储等基础产业设施的规划建设。在这些特殊性政策的落实过程中均需要专业的法律人员对政策的理解适用以及执行过程中的协调提供相应的法律服务。除此之外，这一方面同样包含了一些地区性的通用政策，如《广州市人民政府办公厅关于大力发展装配式建筑加快推进建筑产业现代化的实施意见》（穗府办规〔2020〕16号）中所提到的装配式建筑在新建建筑的比例以及广州市政府针对政策性住房作出的相关规定，都需要在旧改项目中适用与执行。有关这些方面政策的理解、适用以及执行同样是片区策划阶段法律服务的重点，出现政策复杂、各利益主体影响较大的情况的，还需律师出具相应的法律意见书以预防或规避相应的法律风险。

（3）各方利益在片区策划方案中分配的法律服务

《关于深化城市更新工作推进高质量发展的实施意见》（穗字〔2020〕10号）指出，对于城市更新项目，各区应当按国土空间详细规划单元进行规划统筹，分期分片实施。同时，《广州市城市更新办法配套文件（修订征求意见稿）》中也指出，旧村改造项目应当遵循"民生先行、灵活分片、动态分期"的改造原则。由此可见，在市级政府层面的政策是支持旧改项目分片、分期开发的。但是，实践处理中旧改项目如何分期、项目节点如何设置则成为关系各方参与主体切身利益的问题。律师在其中所能够提供的法律服务则是综合各方参与主体的意见，根据项目实际情况设计并提供一套切实可行的分片实施方案，并就相应任务节点推进的各方责任进行约定。另外，旧改项目涉及村集体与开发商之间的权利义务，平等主体之间的权利义务；政府与村集体、政府与合作企业之间的权利义务，行政主体与行政相对人之间的权利义务；特别是旧改还涉及村民自治这一特殊的组织形式。在经各方协商、利益博弈后确定下来的项目分片实施方案及节点均需要在以上几种法律关系所形成的权利义务之中进行体现。律师提供的服务之一便是就上述方案的合法合规性进行审查，并最终落实到书面文件上。关于工程造价测算、工程进度、规划策划等方面则更多地需要依靠其他参与主体的专业知识，律师所能提供的仅是法律上和政策上的意见。

（三）提供实施方案编制的法律服务

实施方案是指由区政府组织编制，经村集体经济组织表决通过后上报由政府相关部门联合审核并最终由市政府批准的方案，虽然实施方案最终需通过村民（含村改居后的居民）和世居祖屋权属人80%的表决后方可生效实施，但最重要的利益博弈是在实施方案的编制阶段，而非表决阶段。实施方案的编制是一个浩大的工程，并非一朝一夕就能完成的。一个实施方案的诞生需要经历反复修改和审议。旧改项目实操中，有的项目实施方案的编制时间甚至能达到两三年之久。究其根本，原因在于两点，实施方案牵涉利益主体众多、内容庞杂。因实施方案涉及复建安置区、融资区的具体数据，实施方案的编制也是旧村改造各参与主体利益博弈的重点，律师在这一过程中提供的法律服务十分重要。此外，虽然片区策划中对旧改范围作出了原则性的规定，但依然需要编制更为详细的、具有操作指引性的实施方案。有些特殊的旧改项目还涉及土地整合、异地置换、留用地指标抵扣、农用地转用等土地问题的处理，实施方案更为复杂。根据实施方案的内容分类，律师能够提供的法律服务大致可分为以下3个部分：

1.复建安置区内容编制的相关法律服务

实施方案编制内容中复建安置区的大量法律工作集中在与村集体、村民的沟通中。作为旧改项目的发起人、土地的提供者，村集体的利益应当是旧改项目中首要保障的。然而，因为利益的分配、村民对旧改的认识程度不同等原因，不同人对实施方案的认可程度会有很大的差异。如果不在方案编制阶段便就方案的内容进行宣传、解释，尽可能地征得大多数村民的同意，那么在实施方案审批后的表决阶段就很可能在限定的时间内无法达到政策要求的表决率，进而导致方案“流产”。届时，倘若再从头编制实施方案，则会造成人力物力的极大浪费。因此，向村民做好宣传、解释工作，在方案编制的过程中充分地征求民意是复建安置区的工作重点。在这一过程中，基础数据、复建方案、复建房分配方式、复建区的公建配套、建设阶段的补偿等内容，都是法律服务工作中需要去了解、把握的。当然，仅依靠法律服务人员的力量是远远不够的，沟通过程中与政府、村集体、合作企业之间的协调也是非常重要的。除此之外，复建安置区有两个地方是政府比较关注的：第一，村集体、村民对于复建安置实施方案是否满意；第二，能否尽快地完成房屋拆除、启动复建安置区的建设、及时交付集体、个人安置物业，并量化成相应的时间节点。当然，合作企业在复建安置区的诉求也值得关注，虽然旧改项目中合作企业主要通过融资地块的建设、出售来收回投资成本。但是因旧改项目的特殊性，旧村改造成本可以抵销部分后期住宅、商业物业销售时的土地增值税，复建安置区的各项支出能否纳入也是合作企业改造成本非常关注的问题。律师在其间充当的角色便是，为各方提供法律政策方面的支持，在合法合规的前提下，提供复建安置区内容编制的相关法律服务。

2.公建配套及融资区内容编制的相关法律服务

实施方案编制融资区的内容主要关系到政府以及开发企业的利益。对于政府而言，落实旧改项目的基础设施、公共配套建设、相关的产业引入以及项目建设的资金安排等内容是政府最为关切的地方。对于合作企业而言，融资地块的估价、容积率指标、经济平衡与资金安排、可纳入改造成本的范围等方面都关系到合作企业最终的收益。可以毫不夸张地说，方案中融资区的一举一动都牵动着合作企业的利益。律师需要结合政府的要求及开发商的诉求，通过法规政策分析，提供公建配套及融资区内容编制的相关法律咨询、法律风险提示，必要时出具法律意见。

3. 土地问题的相关法律服务

土地问题的相关问题是律师提供法律服务的核心、重点。城市更新（“三旧”改造）本就是广东省在城市化进程中面对城乡发展、集体土地利用问题的一步重要探索，其中涉及的土地历史遗留问题、留用地及留用地指标开发、土地权利二元制以及不动产登记等诸多困难均需在一个浩大的旧改项目中得到解决。然而，土地方面的法律服务所要面对的不仅仅是宏观层面上的庞杂，处理土地问题是真的需要律师“扎根土里”，了解项目所在区域土地政策的实施与执行，甚至是执行过程中出现的政策异化。因此，浩如烟海的土地历史资料文件是旧改律师必须要面对的困难，在尊重法律政策、尊重历史的情况下对土地问题进行分析论证，就合法的、不合法的土地利用提出建议，必要时还需出具书面法律意见。可以说，为旧改项目提供法律服务，最基本的就是要成为一名合格的、专业的土地律师。除此之外，土地相关问题还涉及规划、土地性质转换、土地置换、农用地转用等诸多申请、政府审批的烦琐流程，这些过程均需要律师所提供的法律服务。

八、实施方案表决及拆补协议签订的法律服务

实施方案表决及拆补协议签订阶段的法律服务是多元化的。《广州市城市更新办法配套文件（征求意见稿）》第二十三条规定，旧村庄更新改造实施方案批复后，实施方案和拆迁补安置补偿方案应当在3年内经表决通过且补偿安置协议签约比例应当达到80%以上。政策给予这一阶段3年的表决时间，说明该阶段面临的以及所要处理的问题是十分繁杂的。究其原因，是因为这一阶段的利益主体众多，人员构成复杂，以至于在此过程中仅一家律师事务所不足以解决其中全部的法律纠纷。项目推进至该阶段，合作企业、政府的利益是大体上趋向一致的，因为实施方案已经确定，合作企业和政府均希望项目尽快推进以达到尽快收回成本以及尽快完成区域内的拆迁安置工程的诉求。对于村集体而言，其诉求主要表达的阶段也已经在招商、片区策划方案编制以及实施方案编制阶段中得到实现，该阶段村集体因利益诉求而产生的纠纷也不是很多。

（一）提供实施方案法律解释

这一阶段的重点法律服务内容集中在改造范围内因村民、租户以及相关权利人所产生的纠纷。其法律服务的工作内容中很大一部分需要就实施方案、拆补方案以及回签安置的方案向村民进行宣传、解释，推进实施方案的表决及拆补协议的签订。

（二）提供拆迁补偿主体资格确认法律服务

这一过程中还会有新的权利人出现，以及村民与其他主体因婚姻、继承、买卖、赠与等一系列行为而产生的纠纷。对于政府、合作企业、村集体而言，拆迁安置补偿的对象是有明确要求的，在没有法律法规明确规定或当事人直接授权的情况下，改造主体不会轻易地将拆迁补偿给予其他对象。但是，改造范围内的村民、租户以及具有相应权利的买受人、继承人等权利主体并不会严格按照旧改相关的法律政策规定来主张权利，其利益主张往往包含权利变动后所产生的一些权利状态。相应权利人之间的纠纷未能解决的时候，有表决权及签约资格的村民也不会对实施方案进行表决或签署拆补协议。

因此，这一阶段对律师法律服务能力的考验是真正地介入村民一个又一个具体的法律纠纷之中妥善地协调相关主体之间的权利义务，进而推进方案表决及拆补协议签署。除此之外，因利益冲突的原因，必要时还需要政府、村集体、合作企业三方的律师介入相关纠纷，通过仲裁、诉讼等方式处理多元化利益主体之间的矛盾与纠纷。

九、村集体表决过程中的法律服务

旧村改造中涉及表决的主要有改造意愿、改造模式、招商文件、选择合作企业表决、实施方案政府批复前表决、实施方案政府批复后表决、拆迁补偿方案的表决、集体土地转为国有土地的表决、村集体转让改造主体（项目公司）股份的表决（或有）。以上集中表决类型虽然内容不同，但具有的共性为村集体以特定的组织形式召集法律规定有表决权的主体通过合法的方式作出表决。下面从决议的组织形式、决议机构的选择、适格的表决主体以及决议的流程这几个方面就村集体表决、决议过程中律师所能提供的法律服务进行介绍。

（一）提供决议组织形式法律服务

1. 村民委员会与农村集体经济组织之间的选择

村民委员会与农村集体经济组织均是在我国农村发展过程中所形成的历史的组织结构形式，二者之间具有关联性、相似性，但也有所区别。实践中，某一行政村内两者并存或仅存其一的情况均有出现。以历史轴线来看，农村集体经济组织是我国建立以来从人民公社到家庭联产承包等一系列农村经济体制改革与发展过程中所形成的组织形式，其功能侧重于经济属性。而村民委员会则是20世纪80年代末我国立法进程中基层群众自治制度兴起的产物，与之相伴的另一组织形式还有居民委员会。村民委员会的功能侧重于基层自治以及人员管理的组织属性。因此，因为二者之间存在历史定位不同、功能相似、人员高度重合等诸多紧密联系的因素，选择何者对旧改事项表决则成为一个比较棘手的问题。以广东省为例，村民委员会的相关规定适用《村民委员会组织法》，农村集体经济组织则适用《广东省农村集体经济组织管理规定》。这里并非想要从理论上解决这些问题，有兴趣的读者可以阅读本书第七章《论城市更新关于城中村改造表决的适格主体》一文，华瑞兴团队想要说明的是这一历史的、立法上的差异对旧改实践所造成的影响的重要性问题。在旧改过程中所形成的决议，甚至是各项文件的主体选择均绕不开上述问题。此时，律师在旧村改造中的重要性便凸显出来，根据旧改村集体的历史、政策执行情况以及其他自发性的运动或决议，就组织机构的选择提供法律咨询及意见是旧改项目顺利推进所必不可少的一环，包括对组织表决的机构选择进行利弊分析，潜在的风险审查，不同组织表决的机构的表决流程指引等事项提供法律服务。

2. 村集体党组织的表决

村集体党组织的决议并非旧改过程中的一个必选项，却是一个十分重要而且旧改实践中常常被忽视的地方。2018年11月26日，中共中央政治局召开会议，审议通过《中国共产党农村基层组织工作条例》。会议强调，凡是农村的重要事项和重大问题都要经党组织研究讨论，村级重大事项决策施行“四议两公开”制度，加强村务监督。“四议两公开”，即村党组织提议、村“两委”会议商议、党员大会审议、村民会议或村民代表会议决议，决议结果公开、施行结果公开。2020年6月20日，全国人大通过的《公职人员政务处分法》将村干部纳入公职人员的范围，对于村干部违反法律法规的，可依法予以政务处分。

以上信息均表明，除了村民委员会、农村集体经济组织之外，村集体党组织在农村集体中的地位仍然是不可忽视的。受村民自治的限制，许多旧改所涉事项政府无法通过行政权力予以干涉，进而造成了旧改过程中村干部贪污、贿赂问题发生。因此，旧改过程中党组织决议应当受到重视，其决议内容的重要性，直接指向的便是旧村改造过程中的腐败问题。旧改过程中还涉及集体财产的处置问题，根据相关规定该部分财产的处置均需经过党组织相关会议的通过。由此可知，旧村改造中的党组织决议内容及程序也是律师法律服务的一个重点，这一部分的服务内容不像农村集体组织形式展开那么复杂，其针对性十分明确，一是解决旧改过程中的腐败问题，二是解决旧改中的集体财产的处置问题。

（二）针对决议机构选择所提供的法律服务

上一小节讲述的是就村集体组织形式律师所能提供的法律服务，是村集体的横向展开。本节所讲的决议机构选择则是组织形式的纵向展开，即由哪一级权力机构进行决议的选择问题。《村民委员会组织法》及《广东省农村集体经济组织管理规定》均规定了村集体两级权力机构的组织形式，即村民大会（成员大会）、村民代表会议（成员代表会议）的两级权力机构。立法中两级权力机构的设置将决议事项分为三类：1.应当由村民大会决议的重大事项；2.可以由村民代表会议决议的非重大事项；3.由村民大会授权村民代表会议决议的事项。在旧改事项的表决中，所选择进行决议的机构是否有权对该事项进行表决是需要律师进行合规性审查的一个重要环节。如果该环节审查不当则很有可能造成就该旧改事项作出的决议无效的法律后果，进而影响整个旧改的法律进程。

除此之外，旧改项目实操中还涉及多行政村改造以及某一行政村内部分自然村进行改造的特殊情形，这两种情况又根据集体土地所有权系一级资产或二级资产的分类存在多种组合方式。这些情况的出现对于决议机构的选择、决议有效性的范围等法律问题都是一个不小的挑战。因此，就旧改过程中决议机构选择的问题是非常有必要聘请了解农村发展历史，尤其是广东省农村政策制定、执行、变迁的历史，以及熟悉涉农相关法律事务的专业律师为旧村改造提供法律服务的。

（三）就适格表决主体及决议流程提供的法律服务

农村集体经济组织的表决会议分为两级，成员大会及成员代表会议（为方便行文，除特别标注外，下文不再区分村民会议、村民代表会议与成员大会、成员代表会议的区别）。具有成员大会表决资格的主体为农村集体经济组织成员、具有成员代表会议表决资格的主体为依照法律法规或村集体章程选举产生的成员代表。实践中，因婚丧嫁娶、游学工作等原因，村集体的成员是会产生变动的。除此之外，旧改所涉村庄经济相对内地较为发达，人员流入的现象普遍存在。因此，动态的人员构成就产生了村集体成员资格认定上的困难，外嫁女是否具有农村集体经济组织成员资格参与村集体分红便是这一问题的实践表现形式。对于为旧改项目提供法律服务的律师来说，根据具体情况，结合相关的法律、法规、政策以及村规民约来确定成员资格则成为旧改律师所要提供法律服务的一个重要内容。

除成员资格外，合理地设置成员代表的产生规则更考验一个旧改律师法律服务的功力。旧村改造中涉及的表决事项众多，如果每个表决事项均采用成员大会的方式进行表决，加上表决前所要进行的宣传会、动员会的时间成本，旧改项目推进的效率将大大降低。因此，针对旧改中所涉及的表决事项，通过成员大会概括性授权的方式交由成员代表大会决议不失为一个好的选择。这一工作需要服务律师最好在项目进行的前期便通过修改农村集体经济组织章程的方式予以确认。但修改章程并非易事，需要在众多利益主体参与的情况下，在效率与公平之间进行取舍。

十、土地取得的法律服务

法律服务人员应当就旧村改造过程中相关土地使用权取得的合法合规性给予审查，目前土地使用权一级市场取得方式主要有招拍挂、划拨、协议出让三种，而旧村改造主流模式是合作改造，合作改造（改造主体即开发商）获取土地的主要方式为协议出让，这其中包括两个流程：一是土地性质的转变，即“集转国”，二是协议出让土地。

（一）就土地性质转变提供法律服务

“集转国”是指将原本属于村集体所有的土地，套用“三旧”改造政策、通过土地整理，按照政府改造批复方案将集体土地转变为国有建设用地，“集转国”工作主要针对开发商获得的融资地块，村集体的复建住宅、集体物业地块多数仍保留集体性质，但是也有越来越多的村将复建住宅、集体物业地块性质转为国有建设用地，特别是广州、深圳地理位置特别优越的村。律师就“集转国”可以提供如下法律服务：

1. 可以提供是否符合“集转国”条件分析；

2. 可以提供“集转国”申报材料的法律审查；

3. 可以提供“集转国”操作指引设置；

4. 可以提供“集转国”政策咨询、“集转国”法律问题咨询；

5. 可以提供“集转国”村集体表决法律服务；

6. 可以提供“集转国”过程中与政府审批部门的沟通；

7. 可以提供“集转国”法律风险分析，必要时还可以提供法律专项服务为“集转国”出具法律意见。

（二）就协议出让土地提供法律服务

协议出让是国家以协议方式将国有土地使用权在一定年限内出让给土地使用者，由土地使用者向国家支付土地使用权出让金的行为，是法定的国有土地使用权出让方式之一。

2018年出台的《广东省国土资源厅关于印发深入推进“三旧”改造工作实施意见的通知》明确“涉及‘三旧’改造的供地，属政府收购储备后再次供地的，必须以招标拍卖挂牌方式出让，其余可以协议方式出让”，强调“以协议方式出让的，必须履行地价评估、集体决策、结果公示程序，根据市场价格综合确定出让底价”。因此，旧村改造中合作改造的，改造实施主体可以协议出让方式获得土地使用权。土地以协议方式出让，双方应签订书面转让合同，明确双方的权利义务。律师针对土地出让协议可以提供如下法律服务：

1. 提供转让方与受让方的主体资格审查。出让方须是国有土地使用证上载明的土地使用者，出让方应提交有资产处分权的机构出具的同意转让的证明。同时也应当审查受让方的资信能力，包括银行资金证明、有无重大债务纠纷等，以免土地使用权转让后转让款无法收回；

2. 提供土地评估程序和土地转让金额确认的合法合规性审查，包括是否符合法规政策要求、是否存在程序瑕疵等；

3. 提供协议土地出让有关应缴纳的税费项目、标准及数额咨询，并对税费承担所涉法律问题进行分析；

4. 提供出让协议中土地用途及相关规划、用地条件及变更、土地使用权转让时地上建筑物、其他附着物所有权归属、权属变更程序与支付转让价款等问题相关法律服务。

虽然旧村合作改造中，协议出让土地案例已经大量落地执行，但是“三旧”改造协议出让政策仍存在一定问题和风险，大部分城市的“三旧”改造协议出让政策仍在探索过程中，尚未上升到法律法规层面，实施过程中部分优惠政策措施尚无明确的法律法规和上位政策支撑，存在一定的风险。

十一、征拆补偿的法律服务

在城市更新项目中，拆迁补偿是整个旧改的核心，一个旧改项目能否进展顺利，征拆补偿工作直接影响其进程，也是考验律师团队专业能力和实践能力最明显的部分。拆迁补偿主体资格确认、拆迁补偿标准制定、拆迁补偿协议签订、拆迁补偿纠纷处理等每一个环节都离不开律师。为更好地推动征拆补偿工作，律师在征拆补偿阶段可以提供如下法律服务：

1. 律师一般会组建征地拆迁法律服务小组，深入征拆补偿“一线”，设立法律服务点；

2. 可以提供村民拆迁补偿的法律知识培训，对拆迁政策讲解、宣传和引导；

3. 可以对拆迁过程中涉及的家庭纠纷、遗产继承、非村民与村民合建房纠纷、房屋租赁纠纷、违章建筑认定等历史遗留问题以及拆迁后搬迁、安置时产生的矛盾化解；

4. 可以起草、修改、完善拆迁补偿相关协议；

5. 可以指导村民签订拆迁补偿安置协议；

6. 可以对征拆补偿提起的司法裁决提供法律服务。

十二、项目融资的法律服务

（一）提供项目融资方案法律服务

此阶段的法律服务包括对委托人的融资项目和融资方案进行可行性分析及合规性审查，参与项目融资方案的设计调整，协助委托人选择最合适的融资方式。同时需对融资项目进行尽职调查，根据尽职调查的结果，为委托人进行全面的法律风险评估，应委托人要求提供口头的法律咨询或出具书面的法律意见。

（二）提供融资合同或协议审查法律服务

与贷款银行或其他金融机构谈判，草拟或审核、修改融资、贷款合同及相关法律文件。在设计合同时，法律服务人员应当严格审查融资合同的各条款，从公司控制权、企业知识产权合法性、股权质押、对外担保、融资目的等方面进行专业分析，确保方案与协议的客观性、公正性、合法性，尽可能最大限度地维护委托人的利益。

（三）跟踪融资协议的履行，提供法律意见

在融资方案的执行阶段，法律服务人员应当参与融资项目谈判，协助委托人办理融资所需文件的批准和登记，提供关于融资过程相关法律问题的咨询，完成融资阶段的法律服务工作。

（四）协助委托人跟踪拆迁补偿安置相关费用的支付情况

法律服务人员在拆迁补偿协议约定的付款节点前，应同委托人进行确认，如相关费用未按时支付，应当作出提醒。如是代表被拆迁人，首先应当与拆迁人积极沟通、协商，协商不成，必要时还可帮助委托人采取法律途径维权。

（五）建设工程合同草拟、审查法律服务

建设工程合同草拟、审查法律服务包括草拟、修改建设工程合同，合同关键条款提示与建议，分包合同的审查与建议，重要材料、设备采购合同的审查与建议。建设工程合同不像普通的民事合同，牵涉的金额较大，建设周期长，合同履行过程中还会出现各种事先无法预料的情形，因此，法律服务人员在草拟或审查建设工程合同时，应当格外认真、谨慎，以最大限度保障委托人的利益。现实中，很多建设工程合同在履行时，双方就变更事项习惯作口头约定，而不签订书面文件，对于这一点法律服务人员应当提醒委托人尽量对变更内容以书面形式进行确认，在将来发生纠纷时，才能作为有力的证据，否则可能带来意想不到的损失。

（六）为建设工程合同履行过程提供法律服务

为建设工程合同履行过程提供法律服务包括质量、安全履约情况跟踪与风险提示，应委托人要求出席相关协调和谈判会议，施工方履约情况跟踪与风险提示，合同节点工期与总工期履约情况跟踪与风险提示，协调处理因项目停建或缓建、施工方逾期竣工、设计变更、工程量增减等发生的纠纷。

（七）建设工程竣工、保修阶段法律服务

建设工程竣工、保修阶段法律服务包括工程竣工验收过程合法性审查和证据收集指导，竣工结算过程合法性、合约性提示与审核及法律风险防范。如是代表业主单位一方，则应根据项目合作协议约定的交楼时间，提醒业主单位交楼的条件、时间，逾期交

楼可能带来的损失。

十三、产业引入的法律服务

《广州市城中村改造合作企业引入及退出指引》（穗建规字〔2021〕1号）是城市更新“1+1+N”政策体系中的系列指引之一，是对2020年市委十一届十一次全会审议通过的《关于深化城市更新工作推进高质量发展的实施意见》（穗字〔2020〕10号）有关内容的细化和落实，进一步规范了广州市城中村改造项目改造合作企业引入及产业服务。为提升广州市城中村改造的质量及长远发展，产业引入已经成为选择合作企业不可或缺的招商条件之一。为更好地服务于产业引入要求，律师一般在产业引入方面可以提供如下法律服务：

1.可以提供城中村改造产业引入方面政策解读与培训法律服务；

2.可以提供在审查招商文件时特别关注关于产业引入这部分条件的设置是否符合现行政策的要求；

3.可以提供项目所在地区的圈层认定及产业要求分析；

4.可以对产业引入的方式及后续的绩效考核方式或者违约责任承担方式进行设置；

5.可以草拟、审查、修改合作协议有关产业引入方面的条款设置及违约责任承担；

6.必要时可以就产业引入提供专项法律服务，出具法律意见。

十四、回迁安置的法律服务

（一）参与拆迁安置物业移交的洽谈、谈判活动

移交前应当协助审查拆迁安置房是否符合约定的规划设计方案。在委托人参与拆迁补偿安置物业移交相关事项的协商、调整、协调的过程中提供法律咨询，控制法律风险，维护委托人的利益。

（二）协助委托人制订拆迁安置物业移交方案

为了之后回迁房分配工作能顺利进行，移交方应当制订详细的物业移交方案，法律服务人员应当根据各村的实际情况，指导移交方做出公平、合理、公正、合法的移交方案。制订移交方案前应当指导移交人梳理安置协议，对拟安置情况进行摸底调查。法律

服务人员应当对被拆迁人安置资格进行审查，提示移交方应对选房意向进行确认登记，并对选房编号进行公示，以减少移交中出现的争议。被拆迁人选好房，移交方还应当要求选房方对选房结果进行确认。

（三）提供拆迁安置物业移交法律服务

就拆迁安置物业移交中出现的纠纷，应及时疏导，做好法律宣传，提供法律咨询，以免事态扩大，影响社会稳定。旧村改造周期较长，被拆迁人等待移交过程漫长，稍有误解就可能产生纠纷，这些纠纷经常还可能是群体性的，法律服务人员在解决这些纠纷时应当格外慎重。

（四）协助委托人办理项目安置房房屋权属证

办理安置房权属证明前应当提醒双方进行安置房款结算，并收集好安置协议，进行整理、归档之后告知被拆迁人应当准备的证明材料，协助其及时办理权属证。

（五）就签订《前期物业管理合同》提供法律咨询

前期物业服务合同应包括以下内容：房地产开发单位、房地产开发单位委托的管理单位、购房人（业主）物业管理服务费用的标准、物业管理服务费用的交纳时间、物业管理服务费用标准的调整方式、其他有偿服务费用的标准及收取、维修基金的管理和使用、房屋保险的相关约定、违约责任的约定等。前期物业服务企业与建设单位签订物业管理合同后，在业主委员会成立之前，同时应当与业主签订前期物业服务合同，明确双方的权利义务，避免因此而发生纠纷。业主一旦签订前期物业服务合同，即表示接受前期物业服务企业的管理，应当履行合同中约定的缴纳物业费等义务。在实践中，前期物业服务公司由建设单位选聘，因此时业主委员会尚未成立，无法由业主大会选举产生。

十五、物业租售的法律服务

（一）协助开发商获取预售、销售批准

预售许可证对于开发商来说意义重大，取得预售许可证后即可开盘销售，开发商可开始回笼资金。法律服务人员自身应当先熟知获取预售许可证的条件及办理预售许可证的法定程序，方可给予开发商正确的指引，并对办理过程中出现的问题给出有效的建议，促使开发商及时取得预售许可证。

（二）提供委托销售法律服务

委托销售合同条款对于保障受委托方的权利至关重要，其中的付款节点与方式也牵涉开发商的利益。因房地产开发商的资金流向来比较紧张，法律服务人员在起草委托销售合同时，应当注意在不失公平原则的情形下，尽可能保障委托人的利益。

销售委托合同通常需包括以下几个方面的内容：

1.委托内容及权限；

2.销售底价、佣金及支付方式；

3.双方应达到的工作目标；

4.费用分担；

5.双方权利义务；

6.违约责任；

7.争议的解决。

销售人资质、资信调查的主要内容：

1.调查民事主体资格；

2.公司的经营状况及法律风险；

3.经营范围与企业资质；

4.公司类型及组织管理机构；

5.资产负债率；

6.对方主要股东及经营者性格、道德品行和能力。

（三）提供房地产销售人员法律知识培训

销售人员在销售过程中经常会碰到客户咨询房屋销售、租赁方面的法律问题，销售人员如果具备专门的基础法律知识，则能及时回复购买者提出的问题，打消他们的顾虑，促成销售目标的实现。

（四）审查房地产广告内容的合法性

房地产广告是房地产开发商销售房屋的重要手段之一，房地产的广告内容应当具有真实性，不得作夸大宣传，不得作虚假承诺，如不得承诺实际上不存在的公建配套等，否则可能带来民事责任和行政责任的风险。

（五）审查商品房预售合同、销售合同和租赁合同

签订商品房预售合同前，应当提醒购买方注意下述事项：土地使用权是否存在抵押、土地使用的年限、开发商是否办齐必要的开发许可手续、是否提供商品房质量保证书及商品房使用说明书、是否约定开发商逾期交房及逾期办证的违约责任、违约责任的约定是否明确具体等。另外，签订商品房预售合同后，应当提醒购买人注意妥善保管商品房销售广告和宣传资料，以备后期出现纠纷时维权之用。

（六）提供房地产相关的最新法律、法规、政策解读

与购买者密切相关的房地产政策包括税费优惠政策、营业税征收比例、贷款首付比例、公积金贷款利率等，这些信息都关系到购房者的切身利益，这些政策经常变化，法律服务人员应当准确地向购房者提供最新的房地产相关法规、政策，否则可能对购房者产生较大影响。

广东省旧城镇旧厂房旧村庄改造协会
Guangdong Province Old Town Old Factory Old Village Recreation Association

图 3-1　华瑞兴是广东省三旧改造协会理事单位

图 3-2　华瑞兴是广州市城市更新协会理事单位

4 CHAPTER

第四章

城市更新案例分析

案例一　旧村改造项目涉及刑事风险的案例分析

BY区HX村物产丰富，交通便利，是文化、教育、卫生、体育、经济发展较快的地区。HX村成立PY经济联合社，2010年该村在当地政策允许的情况下，将有规划指标的村自留经济发展用地进行自主开发。PY经济联合社作为甲方依照法定程序选择了一家具有实力的某投资公司作为乙方合作开发企业，并签订了《项目开发合作协议》。甲方拟以该地块的使用权与乙方合作，双方合作在土地上建设地上建筑物及相关配套设施，进行商业娱乐项目开发。

一、改造模式

HX村改造采用的是"村企合作模式"，村企合作模式是指政府依据农村集体经济组织申请将集体建设用地转为国有建设用地，由农村集体经济组织与开发企业合作改造的情形。甲方PY经济联合社与乙方某投资公司共同建立项目合作开发企业（以下简称项目公司），由项目公司进行项目投资建设开发。甲方土地性质为村集体建设用地，项目合作方式采取的是比较常见的甲方提供已完成拆迁、安置、补偿并可进行建设开发的用地，及承担拆迁、安置、补偿等相关事宜的费用；而乙方负责开发建设，并承担项目全部的建设资金与开发报建费用。

二、存在问题

该商业娱乐项目建成之后，业主方将其进行物业出租。但是在此过程中出现了一个法律问题。该项目在建设过程中由于甲方所在的广州市白云区HX村党支部出现过刑事问题，导致项目建设进程受到一定程度的影响，最终致使整个项目竣工验收备案延迟，从而引发了部分由于延迟交房而产生的租赁合同纠纷。

据本所在网络上查询，该村党支部在选举环节过程中出现过各种违法犯罪活动，公安机关的介入导致该村经济合作社在一定的时期内无法及时参与到项目开发建设过程中。因此，项目的建设进程也由此被耽误。

三、应对方案

针对由于延迟交房引发的租赁合同诉讼纠纷，本所律师在庭审过程中结合租赁合同条款的约定，合理地适用不可知、不可控因素介入的情形进行抗辩取得了一定的诉讼效果。而对于因项目投资建设开发主体的刑事问题导致的项目开发进程滞后情形，本所律师给出的应对方案是提高开发主体合规合法性审查意识，建议开发主体在项目立项前期就聘请专业的律师或者法务介入，全过程跟踪、评估、处理项目各个方面的合法合规性问题。避免项目因人为因素导致建设开发进程滞后。

四、法律风险提示

虽然该案例是一个村集体利用地开发的项目，但对于旧村改造有着较强的借鉴意义，因为两者都需要村党支部参与，相对于村集体留用地开发，旧村改造是一个受更多因素综合影响的建设开发项目。由于项目开发过程中参与的主体很多，受到的政策性制约也较多。因此，旧村改造在各个环节都容易出现各种不可控的外部因素影响项目的开发进程，而刑事问题对项目影响是“断崖式”的，可能直接导致项目停滞，如果是项目已经到征地拆迁阶段，则还可能引发群体性事件。通过本案例，华瑞兴团队就旧村改造项目中常见的刑事风险进行提示，并提供防范建议。

（一）关于村集体企业董事长或村长触犯职务侵占罪、合同诈骗罪等罪的风险

据深圳市纪委的统计，2005年以来深圳查处村集体股份公司案件180余宗，其中公司董事长违纪违法案占比近一半，主要违纪违法情形包括：利用与开发商合作旧改之机大肆捞金；赌博、包养情妇、损害股民利益等。其中，最为著名的案件属原深圳罗湖区田心村村长梁某涉嫌以合作城市更新项目为名，邀请合作改造为饵，同时与14家开发商签订合作开发协议书、意向书，骗取上述公司诚意金、订金、进度款、借款等，共计人民币5.64亿元后并失联，被警方以涉嫌职务侵占罪与合同诈骗罪展开调查，而田心村旧改进展陷入无限暂停。

防范建议：

1.对村集体企业或项目公司董事长、总经理、财务人员、村长的出国（境）证照信息等进行监管，并勿将旧改项目中涉及的主要权力、权限集中在某一个人身上。

2.通过公共资源交易中心等平台选择合作企业，并及时公开公告。

3.投资企业在参与任一城市更新项目前，为了避免出现村集体已与多家公司签订合作协议、项目不存在、未纳入更新范围等欺诈情形，需要对目标项目进行深入细致的尽职调查以及专业评估。具体来说，需对城市更新的行政审批和土地、建筑物权属情况（包括但不限于土地性质、权属状况、权利限制、更新改造范围所涉土地是否存在历史遗留问题、项目是否已与第三方开展城市更新项目合作、项目范围内建筑物产权登记

情况、房屋权利人、房屋现状用途等基本情况）进行尽调，以此决定是否投资、投资额度及如何投资。并一定要通过查看具体的文件内容、数据对比、人员访谈及走访项目现场、与财务团队开会碰头等各种调查办法发现可能存在刑事风险的蛛丝马迹。

4.认真审查合同条款，注意是否存在明显漏洞或陷阱，注意合同履行过程或者相关责任人是否存在明显反常现象或行为。

（二）关于开发、投资企业触犯单位行贿罪的风险

城市更新领域涉及最多的刑事犯罪类型之一就是单位行贿罪：

情形1：某村项目期间，因该地块规划用途不同，无法整体开发，为解决项目立项、规划、调整容积率等手续方面的问题，某公司向当地副市长行贿，以加快该“三旧”改造项目的审批进程。

情形2：某公司用好处费等方式请求政府、街道领导利用职务便利为自己承接城市更新改造工程项目提供帮助，该领导提前透露招标内部信息，并让招标工作人员为某公司量身定做招标文件，而后成功中标工程项目，最终被法院判决构成单位行贿罪。

防范建议：

1.在城市更新项目遇到障碍时，开发、投资企业不可越线或利用不正当手段推进项目、谋取利益，否则，将触犯单位行贿罪。企业不仅会面临巨额罚金，还会被有关部门列入黑名单，行业准入受限，严重影响企业信用，增加企业经营成本。此外，单位直接负责的主管人员和其他直接责任人员也会面临五年以下有期徒刑或者拘役，得不偿失。

2.企业应当注意在项目获取及开发时，给予相关方各种名义的回扣、手续费，只要违反国家规定，都可能涉嫌行贿。如实行销售折扣，须履行书面审批手续，并如实入账，严格报销。

（三）关于投资、合作企业或项目公司触犯故意毁坏财物罪的风险

如某置业公司负责某旧村改造项目的拆迁工作，该项目进行过程中，该村业主林某因拆迁面积与补偿等问题一直未与开发单位签约，该置业公司聘用的负责拆迁的吴某在明知林某未签约的情况下，仍对其房屋进行整体拆除，导致业主林某房产被毁，经鉴定被毁房屋价值为563616元。最终法院判决吴某构成故意毁坏财物罪。

防范建议：

1.企业在进行城更项目拆迁工作时，应与被拆迁人达成一致协议并按相关法律法规的规定实施，不得私自拆除，防止相关责任人员触犯故意毁坏财物罪。原建设部2003年12月30日发布的《城市房屋拆迁行政裁决工作规程》（建住房〔2003〕252号）明确了拆迁当事人达不成协议的向房屋拆迁管理部门申请裁决。未经裁决，不得实施行政强制拆迁。

2. 拆迁人未按裁决意见提供补偿资金或者符合国家质量安全标准的安置用房、周转用房的，不得实施强制拆迁。

3. 执法机关依法实施强制拆迁，应当提前通知被拆迁人，并认真做好宣传解释工作，动员被拆迁人自行搬迁。此外，强制拆迁时，应当组织街道办事处（居委会）、被拆迁人单位代表到现场作为强制拆迁证明人，并由公证部门对被拆迁房屋及房屋内物品进行公证。房屋拆迁管理部门工作人员或者行政强制拆迁执行人员违反相关规定的，由所在单位给予警告；造成错案的，按照有关规定追究错案责任；触犯刑律的，依法追究刑事责任。

4. 对于企业方拆迁困难问题的救济措施，可借鉴参考于2021年3月1日实施的《深圳经济特区城市更新条例》中的搬迁难纠纷解决方案。

综上，在“三旧”改造中，土地性质发生了改变，由原来的农村集体土地变更为城市国有土地，在征地补偿方面必然要由原来的集体土地所有者即现在的集体经济组织来决定和推动，这种集体经济组织在改制过渡期常常保留政企不分的历史痕迹，因而以公权谋私利的可能性就非常大。且更新旧改项目不同于招拍挂项目或早期协议出让的空地，其涉及利益巨大、项目情况复杂、涉及面广、涉及关系众多，需要处理的事宜烦琐，流程漫长，且还需结合当地实际情况、当地政策，具有鲜明的地方特色更易滋生行贿腐败事件，而有些刑事案件一旦在旧改中发生，有可能对整个旧改项目带来毁灭性影响，并给各参与方和村民带来重大利益损失。因此，不论是投资企业或房地产开发商，还是村集体或村企业负责人或政府领导等，均应谨慎警惕、合法合规有序地参与旧改项目的各个阶段，不得利用不正当的手段去满足一时的私欲，否则不仅影响项目，还可能让己方面临刑事处罚和牢狱之灾。特别是投资企业建立完善的旧改项目尽调流程极其重要，免予陷入前述案例中的困境。

案例二　DD旧村改造项目收购平台公司案例分析

DD村位于广州市NS区DY镇的东南部，全村总面积2.84平方公里。根据《NS区发展规划》，DY镇作为NS区北部组团重要组成部分，将以庆盛交通枢纽为依托，以高端国际合作教育和高端医疗产业为带动，规划于2020年前建设成为一个拥有30万人口、服务南沙国家新区和自贸试验区开发建设的创新型综合城镇。

一、案例背景

2018年12月，广州市NS区DY镇DD村股份合作经济联合社（以下简称DD村联社）、广州市NS区DY镇DD村民委员会（以下简称DD村委会）作为共同甲方，与乙方广州市盈×房地产开发有限公司（以下简称YK公司）签订《城市更新改造前期咨询服务合作协议》。该项目的模式采用的是“市场方主导模式”中的“村企合作模式”，村企合作模式是指政府依据农村集体经济组织申请将集体经济建设用地转为国有建设用地，由农村经济组织与开发企业合作改造的情形。甲方DD村与乙方YK公司合作开发，甲方负责配合乙方进行项目前期立项工作，比如数据摸查、全面规划、制订拆迁补偿方案、编制项目实施方案、政府审批等工作，待乙方成为本项目的合作企业后，正式由乙方进行项目投资建设开发。

通过公开信息查询得知：YK公司股权架构为黄某某持有45%，莫某某持有55%；现敏×地产公司有意收购YK公司的股权，形成敏×地产公司占股70%，黄某某占股30%的组织架构，如下图所示。

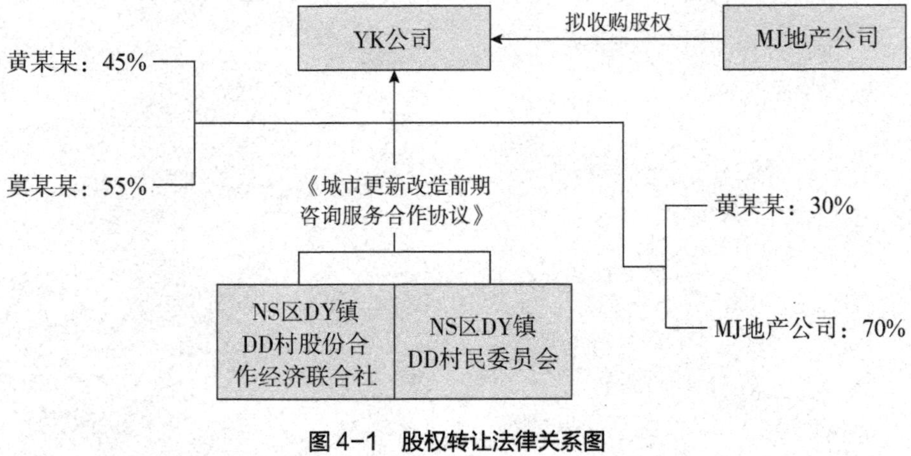

图4-1　股权转让法律关系图

二、法律服务需求

在本案例中，客户提出两个服务需求，一是敏 × 地产公司作为一个初次进入“三旧”改造领域的房地产投资开发公司，对股权转让事宜提供法律服务；二是该村经济联合社与平台公司签订的开发合作协议盖章未经村民表决是否有效。

三、法律意见

结合“三旧”改造政策法规、公司法以及笔者团队的“三旧”改造经验，针对当事人的问题，出具如下分析意见：

（一）股权收购流程

一般而言，房地产公司收购通常包括以下步骤：

1.签订意向书或框架协议

在达成意向后，双方宜签订一个意向书或框架协议，初步约定双方在意向阶段的权利义务，意向书或框架协议主要约定两个方面的内容：第一，在意向阶段，双方尤其是转让方不得就项目收购事宜与第三方进行接洽、谈判、签约；第二，双方应对在合作过程中尤其是尽职调查阶段获悉的对方的商业秘密保密。

2.尽职调查

受让一个项目公司的股权，即意味着接受该公司的全部资产（剥离资产除外）、债权债务、潜在风险等，受让方需尽可能地了解项目公司及项目历史、现状与将来，尽可能地发现项目公司及项目可能存在的风险与障碍，因而受让方应进行详尽的法律尽职调查。

（1）尽职调查材料

尽职调查涉及公司状况及公司拥有的房地产项目状况两方面的内容，一般情况下宜要求转让方提供以下几大类材料：目标公司基本状况、资产（权益）、负债情况、治理结构与人事管理情况、重大合同及重大诉讼/仲裁/行政处罚事项、房地产项目情况、纳税情况、其他收购方或转让方认为有其他需要说明的事项或需要提供的文件资料。

（2）尽职调查结论

与一般的公司收购不同，房地产项目公司的收购，其最终的着眼点在于项目公司拥有的房地产项目。国家对房地产开发实施严格审批与监管，判断一个房地产项目是否合规，主要应审查其获得的政府批文是否齐备。一般而言，开发房地产项目应获得计划主管部门的立项批复，规划部门的设计方案审定意见、用地规划许可、工程许可、土地管理部门的国有土地使用证、建设主管部门的施工许可、房管部门的销售许可、征拆手续、补偿协议落实等。

3.签订股权转让合同

股权转让合同主要应包括以下内容：

（1）股权转让合同应载有转让方的声明与保证

声明与保证作为股权转让方对受让方的承诺，意味着一旦违反或被发现不实，则股权转让方应承担不利后果，因而一般宜详尽地约定各项声明与保证，一般情况下至少应包括：权利瑕疵、财务状况、法律纠纷、行政处罚、应缴税费、股东出资、过渡期不会作出有损项目公司的决策等。

（2）付款安排

股权转让金付出后，如发现转让方有隐瞒、欺诈或违约行为，是难以追回的，故宜根据双方权利义务对接，分阶段支付并拉长付款过程。另外，房地产项目开发周期相对较长，很多潜在的问题与债务可能会在开发过程中逐渐暴露，一旦受让方过早地将股权转让价款付清，将有可能遭受不必要的损失。因而，建议在办完股权变更手续后留一部分尾款，过一定期限，甚至待项目开发全部完成后再行支付，以抵扣因股权转让方遗漏下来的问题导致的支出。另外，为了最大限度地避免风险，可以采取资金监管的方式，即付款方将资金付至双方认可的第三方，双方共同委托第三方对股权转让金进行监管，由第三方严格按照约定的条件向转让方支付相应股权转让金。

（3）股权转让涉及工商变更手续的办理

工商变更手续需双方共同办理，但主要义务方为股权转让方。因而，在股权转让合同中必须约定由转让方负责工商变更手续，受让方提供配合，同时，须约定一定的办理期限，逾期视为违约。

（4）公司治理

股权转让合同应对股权转让项目公司的治理结构进行重新安排，具体而言，应该约定如下事项：各股东的股权比例、各股东的表决权比例、分红权比例、增资认购权比例、公司通过重大事项及其他事项所需要的表决权比例、股东会议事规则、法定代表人、董事会构成及议事规则、监事会（或监事）的构成及议事规则、公司利润分配及亏损弥补规则等。

（5）股权转让方提供的担保或担保性措施

为担保股权转让方关于项目公司的各项承诺与保证真实，及转让方按期履行股权过户手续及其他各项义务，保护受让方的利益，有必要要求转让方提供一定的担保。担保可有常规担保，也可以结合房地产项目公司的特点设定特殊的担保方式。

（6）过渡期转让方及项目公司的行为限制

自股权转让合同签署之日起至股权受让方真正进入项目公司行使股东权利止，这一阶段项目公司仍由转让方控制，为保障受让方利益，必须对转让方及转让方控制下的项目公司设定一定的行为限制，应设定限制的行为包括：不得在股权设置任何第三方权利，不得进行任何可能对本次交易构成重大障碍的行为，转让方或其关联方与项目公司之间进行交易，对公司的章程条款作出内容或形式上的修订，对外投资设立公司或进行、参与房地产开发业务之外的其他业务，公司增、减注册资本，公司合并、分立或解散，进行新的房地产项目开发或签署新的房地产开发合同等。

（7）违约责任

违约责任的约定关系到一方违约后另一方可以采取的救济手段，因而宜细不宜粗，且应具有较强的可操作性。具体而言，宜约定声明与保证不实，不按期办理股权变更手续、无故解除股权转让合同等情形下确定金额的违约金，并赔偿因此给守约方造成的实际损失。

（8）政府行为及不可抗力

房地产开发是一个地域性、政策性极强的行业，容易受到国家与地方土地、金融、拆迁、城市规划等法律法规及政策的影响，因而，在签订股权转让合同时应充分考虑到这种可能性，明确约定出现以上情形时，对方对此不承担责任，已付的股权转让金应予返还。

4.股权与资产交割

股权转让合同签订后，双方的基本权利与义务已明确，下一步的工作就是支付股权转让金，在约定的时间内办理股权转让的工商变更手续，同时进行资产清点与交割。

（二）收购“三旧”改造项目公司股权的限制

根据《广州市深入推进城市更新工作实施细则》（以下简称《实施细则》），对采用自主改造、与有关单位合作改造的旧村，可由村集体经济组织或由其成立的全资子公司、村集体经济组织与公开选择的市场主体成立的合作公司或者村集体经济组织与公开选择的合作主体约定作为开发建设单位的一方改造主体，参照《实施细则》第五条的规定实施收购补偿。收购价由改造主体委托第三方机构评估，报区政府研究后确定。村集体经济组织需按规定将改造范围内的集体建设用地全部申请转为国有建设用地。经区城市更新部门审查符合政策的，由村集体经济组织通过广州公共资源交易平台或区三资平台招商确定合作企业。

（三）村经济联合社与平台公司签订的开发合作协议未经村民表决是否存在效力问题

依据《农民专业合作社法》第二十九条、第三十条规定，农民专业合作社成员大会由全体成员组成，是本社的权力机构，行使下列职权：（一）修改章程；（二）选举和罢免理事长、理事、执行监事或者监事会成员；（三）决定重大财产处置、对外投资、对外担保和生产经营活动中的其他重大事项；（四）批准年度业务报告、盈余分配方案、亏损处理方案；（五）对合并、分立、解散、清算，以及设立、加入联合社等作出决议；（六）决定聘用经营管理人员和专业技术人员的数量、资格和任期；（七）听取理事长或者理事会关于成员变动情况的报告，对成员的入社、除名等作出决议；（八）公积金的提取及使用；（九）章程规定的其他职权。

农民专业合作社召开成员大会，出席人数应当达到成员总数2/3以上。成员大会选举或者作出决议，应当由本社成员表决权总数过半数通过；作出修改章程或者合并、分立、解散，以及设立、加入联合社的决议应当由本社成员表决权总数的2/3以上通过。章程对表决权数有较高规定的，从其规定。

最高人民法院相关已生效判决的案例（2015）民申字第759号等案印证了以上法条在司法实践中的运用。村经济联社对外合作、进行项目开发建设等重大投资行为至少应当经过该村经济联社成员表决权总数过半数通过才能对村经济联社发生法律效力。因此，本项目开发建设过程中若村经济联社与平台公司拟签订的合作开发协议未经过该联社也就是有表决权的村民的公开表决，那么其协议的效力存在重大的法律风险。

四、法律评论

综上所述，旧村改造体量大，周期长，涉及因素众多，受政策因素影响极大，若敏×地产公司拟通过入股YK公司介入旧村改造，需进行全面而细致的尽职调查，同时需密切留意政策动向以及充分考虑人际因素，及时对计划作出相应调整，方能最大限度保障自己的权益。

案例三　标杆旧改杨箕村改造与现行旧村改造的对比

一、项目简介

（一）改造背景

杨箕村，明末清初建村，距今已有960多年。杨箕村位于广州城区东部、中山一路东端南侧，地处广州的主要交通干道，地理位置优越，但直到改革开放其仍是一个贫穷的旧村。

随着改革开放的推进，广州迎来了高速发展的重要时期，政府作出东扩建设的重要战略决定后，于20世纪80年代在五羊新城落成广州最早的商品房区，90年代广州未来的CBD——珠江新城又拔地而起。但彼时紧邻五羊新城、珠江新城的杨箕村如同一座孤岛。一方面，杨箕村为众多外来务工者、低收入人群提供廉价出租屋，为外来人员提供出租档口；另一方面，也因此形成了密密麻麻的“握手楼”“接吻楼”“拥抱楼”。在这种拥挤幽暗的环境下，村内人员鱼龙混杂，抢劫等刑事案件频发。这与周边一幢幢奢华现代的高楼大厦相比，杨箕村显得落后了几十年。

随着广州城市化进程的加快，杨箕村与周边快速发展环境的矛盾日益凸显。为促使杨箕村旧貌换新颜、改善当地村民的居住环境，政府于2008年启动了杨箕村的改造工作。

（二）政策环境背景

广州的城市更新工作可以追溯到20世纪60年代，早期的改造工作主要以政府资助、居民自发为主的住房改建模式，但真正意义上的改造工作始于1978年改革开放以后，大致经历了自由市场摸索（1999年前）、政府强力主导（1999—2009年）、政府指导监督探索（2009—2015年）、政策体系化建设（2015年至今）4个时期。

1999年以前，基于改革开放的主旋律，我国由原来的福利分房逐步转为商品房开发，政府支持民营企业进入房地产领域，这个时期的广州城市更新是以自由市场为发展的摸索时期。这个时期的房地产环境为城市开发快、房价相对收入高。但在1999年以后，为了避免因房地产开发商追求高额回报的逐利驱动而导致城市开发过度的现象，同时得益于改革开放的红利，相比内地，广州市财政实力相对雄厚，这个时期的城市更新形态呈现为政府强力主导模式。这个时期城市更新表现为更新速度慢、政府计划性强、政府补偿成本高的特点。直到2009年，广州市出台《关于加快推进“三旧”改造工作的意见》突破了政府强力主导模式，并于次年成立“‘三旧’改造办公室”作为主管机构，这标志着广州城市更新进入了新的历史时期。这个阶段的特点主要体现在出台政策多、项目推进快、各部门政策存在冲突和矛盾。在2015年广州市机构改革中，以城市更新局取代“‘三旧’改造办公室”作为常设机构，并于2016年出台了《广州市城市更新办法》，市政府提出“中调”概念（政府主导为前提、允许社会资本参与，以加快改造步伐），并在这个阶段先后提出“1+1+3”“1+1+N”的政策体系，从此开始系统化建设时期。

广州城市更新的进展跨度相对较大，各阶段政府主导的强度不同，政策的连贯性不强，导致各阶段的城市更新项目在执行上有很大的差别。杨箕村的旧改就始于政府强力主导与政府指导监督探索过度的特殊时期（2008年）。

（三）项目情况

2008年，杨箕村被市政府列为“亚运前必须改造的9条城中村”之一。杨箕村旧村改造项目总用地面积11.49万平方米，规划建筑面积64.8万平方米，分为村民复建房地块和公开出让地块。其中，公开出让地块的用地性质为商业金融业用地、二类居住用地和中小学用地，用地面积为6.2808万平方米，容积率6.18，建筑面积27.38万平方米，其中包括10万平方米住宅面积、16.0272万平方米的商业金融业及共建配套。项目涉及拆迁村民1416户，拆迁面积34.7万平方米，总投资约20亿元，最终由富力地产摘牌并开发改造项目。

该项目于2010年4月通过改造方案及拆迁安置补偿办法，同年5月正式启动动迁工作，7月开始拆迁。但该项目的拆迁工作于2010年年底陷入僵局，近99%的村民与广州市天河区天河南街杨箕村股份合作经济联社（以下简称经济联社）达成拆迁补偿协议，仅有17户村民未达成拆迁补偿协议，拒绝搬迁。双方利益冲突，历时3年，最终通过法律途径得以解决。2015年11月，杨箕村旧村改造项目复建安置房A区、B区15栋回迁房主体结构封顶，2016年5月村民回迁。

1.杨箕村旧村改造模式

杨箕村旧村改造项目诞生于政府强力主导期末、政府指导监督探索期前的特殊时期，因此杨箕村旧村改造先是由政府一手操办，再转变为以政府为主导、由村民和开发商合作开发的模式，是广州城市更新历程中极具特色的成功项目案例。在杨箕村旧村改造项目中，由政府负责征地拆迁工作，并通过土地招拍挂出让项目地块。由竞得项目地块的开发商负责开发建设复建安置房、公建配套及开放融资地块，建成后村民进行回迁。

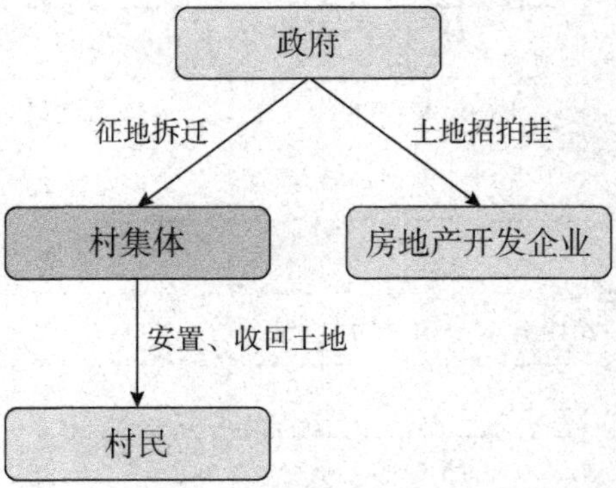

图4-2　杨箕村旧村改造架构

2.杨箕村旧村改造规划方案

杨箕村旧村改造规划方案于2008年6月获批，项目总占地11.5万平方米，总建筑面积81.5万平方米，分为北面回迁安置区及南面融资区两个地块。回迁安置区主要规划建设15栋36—40层超高层住宅，重修宗祠并进行公建配套。融资地块主要规划建设包括4栋45—49层住宅、一栋超高层甲级写字楼、酒店式公寓、商业街等在内的大型商业综合体。

该规划方案是在综合考虑多方利益诉求，经过多次修改平衡后设计而成的。特别是对区域内变电站选址及建设，在最初的规划设计方案中，变电站的选址就受到了回迁村民的强烈反对，经过3年的时间，最终安置于项目西南方并采用变电站全埋设计得以建设实施。

3.杨箕村旧村改造拆迁补偿方案

杨箕村旧村改造项目作为广州最早一批全面改造项目，给广州的城市更新工作从政策及实施方面带来很多经验和教训。近十几年，广州经济飞速发展，广州的城市更新环境及房地产市场与过去已经有了很大的差别，特别是如今的房价和地价与杨箕村旧村改造时期相比，已有了大幅度的增长。随着广州市城市更新工作的推进，或许杨箕村当年的补偿标准已经不太适合现在的市场环境，但其阶梯式的补偿方式对城市更新工作仍有重要的指导意义。杨箕村拆迁补偿方式如下：

（1）房屋补偿：按照阶梯式的安置补偿获得面积①四层以下有证住宅按拆一补一拆复建；②四层以上有证住宅按2：1转为商业物业交由村集体组织经营。

（2）权益面积购买价：3500元/平方米。

（3）临迁费：

序号	层数	性质	给付标准（元/平方米/月）	给付月
1	首层	有证营业商铺	45	24
		无证营业商铺	40	24
		住宅	35	24
		2010年6月30日后搬迁	25	24
2	二层以上	—	30	24
		2010年6月30日后搬迁	25	24

（4）一次性奖励及补助：

序号	奖励/补助	条件	标准（元）	次数
1	签约奖励	2010年5月30日前签订安置协议的	10000	1
2	搬迁奖励	2010年6月30日前腾空并交付房屋的	10000	1
3	拆迁补助	2010年6月30日前搬迁	1500	2
		2010年6月30日后搬迁	1000	2

（5）材料损失补偿：按照不同部分进行补偿，此处不予赘述。

二、杨箕村旧村改造与现行旧村改造的对比分析

杨箕村旧村改造处在广州城市更新由政府强力主导转变为政府指导监督探索的转折期，根据当时的政策环境，杨箕村的旧村改造有其历史特定性和特殊性，笔者通过对杨箕村旧村改造的模式进行分析，并将其与在广州现行有效的制度下建立起来的改造模式进行对比，发现以下两点关键的区别。

（一）引入市场主体的时间点存在差异

杨箕村的旧村改造工作是政府在2008年决定实施的，按照广州市旧村改造“政府主导、以村为主”的原则，由越秀区负责指导杨箕村经济联社开展改造工作。因杨箕村的改造主要是由政府主导的，合作企业介入的时间较晚，故杨箕村的旧村改造实施流程是先进行数据摸查，将改造的范围，拆迁涉及的户数、人数、面积等基础数据进行摸查，编制改造方案并表决、审批后才开始选择合作企业的。杨箕村旧村改造操作流程图如下：

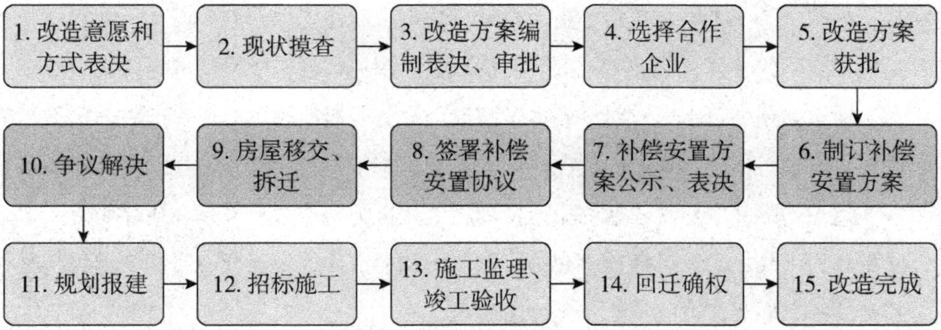

图 4-3　杨箕村旧村改造操作流程

2015年，广州市机构改革并出台《广州市城市更新办法》等一系列政策文件，对市场主体的引入时间点作出了具体的规定，即在基础数据摸查结束之后便开始着手准备招商文件，通过公开的方式进行招商选择合作企业。但经过几年的城市更新工作试点发现，旧村改造因为其涉及的主体广泛、利益群体多且复杂，在很多前期工作中都需要市场主体的协助和参与。所以，为了更好地推动旧村改造的相关工作，通过在前期工作中引入合作意向企业协助改造主体共同开展项目，能更好地提高效能。

但市场主体的诉求往往是逐利的，故市场主体的引入须慎重。为此，原广州市城市更新更新部门在2018年出台了《广州市城市更新更新部门关于印发关于进一步规范旧村合作改造类项目选择合作企业有关事项的意见的通知》(穗更新规字〔2018〕1号)、广州市住房和城乡建设局在2020年出台了《关于印发〈关于进一步规范旧村合作改造类项目选择合作企业有关事项的意见〉的通知》，对引入合作意向企业、合作企业的标准、程序进行了规范。随后，广州各区根据市级政策及本区的特色，相继出台本区的相关配套文件。

2021年，广州城市更新工作进入了新的阶段，为更好地推动本市城市更新工作，广州政府不断优化现有制度及文件，加快完成系统化建设。2021年1月21日，广州市住房和城乡建设局发布《关于印发〈广州市城中村改造合作企业引入及退出指引〉的通知》(穗建规字〔2021〕1号)，结合本市的实际情况，进一步出台了指引文件规范合作意向企业及合作企业的引入工作。

(二)合作企业引入的条件不同

杨箕村旧改引入合作企业是根据2002年国土资源部发布并经2007年修订的《招标拍卖挂牌出让国有建设用地使用权规定》，并通过招牌挂的方式最终选定了合作企业，对合作企业的引入主要是根据国有建设用地出让相关法律法规、制度文件执行的。

但城市更新项目与常规的房地产开发项目不同，依照《城市房地产管理法》的规定，房地产开发项目是指在依法取得土地使用权的国有土地上进行基础设施、房屋建设的项目；根据《广州市城市更新办法》规定，城市更新是指由政府部门、土地权属人或者其他符合规定的主体，按照“三旧”改造政策、棚户区改造政策、危破旧房改造政策等，在城市更新规划范围内，对低效存量建设用地进行盘活利用以及对危破旧房进行整治、改善、重建、活化、提升的活动。由此可知，城市更新项目与常规的房地产项目是存在很大差异的，其中旧村改造的城市更新项目就更为特殊了，其是在集体所有土地上进行的更新。因此，如果单纯地参照国有建设用地的出让方式开展城市更新项目，哪怕只是其中的一个环节，也是不能完全适用的。

经过多年的实践，广州市的城市更新项目更注重产业导入，除改善当地居民生活住房外，更注重通过改造后城市产业集群的构建。因此，原广州市城市更新更新部门在2018年出台了“1号文”；广州市住房和城乡建设局于2020年出台了《关于进一步规范旧村合作改造类项目选择合作企业有关事项的意见》、于2021年1月21日发布了《广州市城中村改造合作企业引入及退出指引》，对合作企业的条件、程序作出了进一步的规定。

特别是2021年《广州市城中村改造合作企业引入及退出指引》分别根据广州城中村改造三个圈层的实际需求，对各圈层的合作企业非房地产产业的布局或导入能力进行了详细的规定：

1.引入企业的产业类型、行业地位、数量要求不同

（1）第一、二圈层：要践行新发展理念，突出高质量发展，实现老城市新活力，重点引进新一代信息技术、数字新基建、生物医药、专业服务业、科技服务业、现代商贸、文化创意、金融保险等战略性新兴产业和现代服务业企业，吸引先进制造业的总部或研发平台落户，或者引进具有关键技术和先进工艺，能创新产品和管理模式促进本地传统产业转型升级的企业。引入企业的行业地位及数量原则上不低于下列条件之一：

·引入世界500强投资的企业1家；

·引入全球2000强、央企或中国500强、上市公司（含新三板精选层和创新层企业，以及其他新三板高新技术企业）控股公司2家；

·引入行业榜单及创新型榜单（见《引入产业企业榜单》第四类）企业控股公司4家；

·上述三类榜单企业（母公司）1家整体迁入我市；

·引入专业服务机构（见《引入产业企业榜单》第五类）20家，其中引进榜单企业地区总部或同级别分支机构不少于5家，境外专业服务机构分支机构不少于1家，打造业态关联专业服务集聚区或主题楼宇，聚集会计、税务、法律、设计、咨询、知识产权、检验检测、创业投资、人力资源、信用评估等专业服务业；

·引入获评为A类的国家级或（广东）省级科技企业孵化器、国家备案众创空间的

运营机构负责运营，打造科技企业孵化器或众创空间1家，并承诺5年内获得市级或以上认定；

·引入国家级、省级文化创意产业园区（基地）的运营机构或者自营，导入文化旅游新业态，集聚一批动漫游戏、数字音乐影视、高清视频、电竞等数字文化创意、文化科技、文旅装备制造、智慧旅游企业，承诺5年内创建1家市级以上文化产业示范园区（基地）；

·市商务部门牵头会同发展改革、科技、工业和信息化、文化广电旅游、金融、体育等产业部门认可的产业类型、企业行业地位和数量，包括促进本地传统产业转型升级的产业类型、企业行业地位和数量。

（2）第三圈层：圈层内重点功能区内引入企业的要求参照第一、二圈层要求执行。

重点功能区以外的区域，重点促进产城融合发展，构建城乡一体发展格局，围绕产业集聚和创新创业，优先打造一批产业集聚区及一批众创空间、科技企业孵化器等创新、产业载体。引入企业的行业地位及数量原则上不低于下列条件之一：

·引入行业榜单及创新型榜单企业控股公司2家以及上下游企业10家；

·引入国家级或（广东）省级科技企业孵化器、国家备案众创空间的运营机构负责运营，打造科技企业孵化器或众创空间1家，并承诺5年内获得市级或以上认定；

·引入国家级制造业创新中心、国家级企业技术中心的运营机构负责运营，打造创新中心或者技术中心1家，并承诺5年内获得省级或以上认定；

·引入国家级、省级文化创意产业园区（基地）的运营机构1家或者自营，导入文化旅游新业态，集聚一批动漫游戏、数字音乐影视、高清视频、电竞等数字文化创意、文化科技、文旅装备制造、智慧旅游等企业，承诺5年内创建1家市级以上文化产业示范园区（基地）；

·区政府认可的产业类型、企业行业地位和数量。

（3）跨两个圈层：对于跨圈层界限的村，采用占地相对较多圈层的标准。

2.引入合作企业的产业及税收等要求不同

合作企业引入企业的营业收入、税收等经济指标原则上不低于同地段国有储备用地引入产业项目准入条件的50%。各区政府对城中村改造引入企业经济效益已经有明确规定的可按其规定执行。

引入企业数量和经济效益的具体要求，由区政府组织区城市更新部门、产业主管部门、招商部门综合考虑具体城中村改造地块的产业定位、区域位置、可建建筑面积等因素提出初步方案，征询市商务部门意见后指导村集体纳入招商文件。

同时，广州各区根据本区的具体情况，相继出台了区级文件。通过这些区级文件中我们发现，有些区除对合作企业的条件进行了规定外，同时还增加了一些对促进本地经济或生活等发展有利，或者尝试设置更有利于保障本区城市更新工作的特殊条件。

广州市花都区《花都区旧村庄合作改造类项目公开引入合作企业的指导意见（试行）》

第七条　引入合作企业优先选取的条件。

在符合本指引第六条的前提下，如符合下列条件之一的，优先考虑引入作为合作企业：

（1）在2016年1月1日后通过政府组织公开出让方式竞得我区商业（面积50亩以上）或者住宅用地；

（2）在2018年9月1日后报名参与政府组织的我区商业（面积50亩以上）或者住宅用地公开出让活动，并进行报价竞拍。

上述企业每竞得或参与竞拍一块用地，对应区内一个旧村庄全面改造项目。

鼓励并支持以上企业积极参与我区老旧工业园区的改造。

广州荔湾区《广州市荔湾区旧村庄更新改造项目公开引入合作企业工作指引》

第二款

引入的合作企业应具备以下条件中第5项：引入的合作企业须投资并实施荔湾区不少于一所公办学校的环境整治提升工作（具体学校由荔湾区政府指定），该投资不纳入改造地块项目的改造成本。

广州海珠区《旧村庄更新改造项目公开引入合作企业及合作意向企业工作指引（第二次征求意见稿）》

第二条第一款

合作企业及合作意向企业引入条件中第5项：具备与改造地块相匹配的产业布局和产业导入能力，符合《广州市城中村改造合作企业引入及退出指引》（穗建规字〔2021〕1号）第八条的规定。

广州白云区《白云区加快推进城市更新高质量发展（旧村庄全面改造）的补充意见（试行）（征求意见稿）》

第三条　鼓励区属国企参与重点区域的旧村庄全面改造前期工作，由属地镇街组织，委托区属国企作为前期服务企业，并形成前期服务关系，约定由前期服务企业协助属地街道筹措前期工作经费以及开展基础数据测绘、方案编制、地价评估等工作。如镇街使用财政资金组织有关企业在实施旧村改造过程中提供相关服务且达到限额标准以上的，应按政府采购法相关规定并按程序进行政府采购。

3.引入合作企业的公建配套要求不同

杨箕村旧村改造方案为：回迁安置区主要规划建设15栋36—40层超高层住宅，重修宗祠并进行公建配套。融资地块主要规划建设包括4栋45—49层住宅、一栋超高层甲级写字楼、酒店式公寓、商业街等在内的大型商业综合体。在杨箕村旧村改造中，开发商的共建义务仅仅是重修宗祠，并无其他强制性的要求。

而现在广州开展的城市更新项目，特别是旧村全面改造项目中，政府、街道、村集体除对产业有要求外，还对待建公建配套提出了要求。根据《广州市住房和城乡建设局关于印发〈广州市城中村改造合作企业引入及退出指引〉的通知》第十二条规定：市教育和卫生健康部门结合城中村改造明确优质中学和三级医院布点，指导各区政府做好优质中学和三级医院规划。合作企业应按照以上规划配建学校和医院及其配套设施。第十三条规定：配建的学校和医院及其配套设施原则上应于项目首期优先建设，建成后移交政府统筹使用。政府也可以要求合作企业按以下要求引入教育、医疗资源：

· 通过引入基础教育国内优质学校、重点大学附属学校，本地优质学校举办分校、委托管理薄弱学校，培育新的优质学校等多种途径扩大基础教育优质资源供给；

· 医疗资源需为复旦大学每年公布的《中国医院排行榜》医院、广州地区优质医疗资源或者国内外知名医院。

随着城市更新工作的推进，广州各区也针对合作企业的引入与退出纷纷出台指引及其他相关政策文件，对配套设施提出了要求。

华瑞兴团队通过分析2020年前后的旧村改造招商文件发现，在合作企业招商实务中，不同区域政府、街道根据当地的实际情况，除提出配建学校、医院等配套设施外，个案中还提出其他要求。例如，①合作企业需根据《广州市人民政府办公厅关于大力发展装配式建筑加快推进建筑产业现代化的实施意见》（穗府办规〔2020〕16号）和广州市政策性住房配建管理办法等相关文件的要求，配建装配式建筑和政策性住房（保障性住房、人才公寓和城建安置房等），政策性住房应与本项目同设计、同配套、同竣工、同交付；②所属街道的绿化建设要求；③道路修建的要求；④要求缴纳教育基金等。

可见，与杨箕村旧村改造相比，现在的城市更新特别是旧村改造，对合作企业的建设配套的要求更高。

综上所述，如今的城市更新项目对合作企业引入时间提前，对引入的合作企业的资质要求更严格，对合作企业引入的产业要求高，对合作企业的配建义务更多，这是城市更新项目的变革，是对拆除重建类的城市更新工作的更深入理解。拆除重建类城市更新项目不仅仅是对房屋的拆除重建，更是对城市功能的拆除重建。但同时，对于参与城市更新项目的合作企业来说，如何快速调整投资思路适应当下新的环境，既要满足自身的利益需求，又要满足产业和公建配套的条件，是一项极具挑战的工作。

案例四　惠州市仲恺区GTA村留用地改造案例分析

——股权收购方式“拿地”的服务协议

本所服务的顾问单位是专门从事房地产开发工作的，其参与多个房地产开发工作，现拟参与旧村改造，并与惠州市仲恺区GTA村取得初步联系，拟签订《商务服务合同》（详见附件），向本所咨询法律意见，本所律师通过审核《商务服务合同》，代表甲方出具了相应的合同修改意见。

一、签约主体的修改

原文条款：乙方：吴某自然人。

修改条款：建议增加《村企合作开发建设合同书》（以下简称原协议）签约主体HYJH公司（即乙方控股公司，以下简称原合作方）作为本协议的签约主体丙方。

修改理由：1.本协议的合作建立在原协议的基础之上，涉及原合作方的权利义务，建议增加原合作方作为本协议的签约主体确保本协议的有效性；

2.因乙方为原合作方的控股股东，建议审查原合作方的公司章程及议事规则，从而论证乙方在原合作方的决策权；

3.如确定添加原合作方作为丙方，建议协议后约定的乙方义务统一改为乙方及丙方。

二、其他修改意见

（一）原文条款：鉴于1：乙方已向规划、国土等部门申请确定为商住用地，该地块已符合挂牌转让及进行村企合作开发的条件。

修改条款：该地块已由规划、国土等部门调整为商住用地，该地块已符合挂牌转让及进行村企合作开发的条件。

修改理由：根据原协议权利义务修改。

（二）原文条款：1.2.1　乙方为甲方提供商务服务，并推动本留用地项目通过仲恺高新区公共资源交易中心公开挂牌转让，促成甲方或甲方指定第三方、实际控制关联公司以起始价摘牌成为本项目的合作开发主体（即竞得人）并完成签订村企合作开发建设合同。

修改条款：1.2.1　乙方为甲方提供商务服务，并推动本项目通过仲恺高新区公共资源交易中心公开挂牌转让，促成甲方或甲方指定第三方、实际控制关联公司（以下统称为甲方）以起始价摘牌成为本项目的合作开发主体（即竞得人）并完成签订村企合作开发建设合同。

修改理由：便于下文称谓。

（三）原文条款：1.2.2　自签订本合同之日起乙方承诺138个自然日内完成上述服务内容（如遇政策调整双方另行商定）。

修改条款：1.2.2　自签订本合同之日起乙方承诺138个自然日内完成上述服务内容（如遇法律、政策调整，自法律、政策生效之日起7日内各方另行商定）。

修改理由：增加法律因素，明确商定时间，另因本合同不只是双方，进行了调整。

（四）原文条款：1.3　完成商务服务的标准：至甲方、甲方指定第三方或实际控制关联公司成功摘牌成为本项目的合作开发主体（即竞得人）后并完成签订村企合作开发建设合同，即视为乙方提供的服务完成。

修改条款：1.3　完成商务服务的标准：乙方自本协议签订起，促成甲方成功摘牌成为本项目的合作开发主体（即竞得人），且完成成交确认书、村企合作开发建设合同、国有建设用地使用权转让合同、国有建设用地使用权出让合同（以最晚签订日期起算）签订后，即视为乙方提供的服务完成。

修改理由：根据国土局出具挂牌转让方案修改，补充服务流程。

（五）原文条款：2.1　本合同甲方共应向乙方支付的服务报酬为税后人民币贰仟壹佰捌拾万元整（¥21,800,000.00元整），该服务报酬汇入乙方指定的银行账户内，并按以下约定时间方式支付：

修改条款：2.1　本合同甲方共应向乙方支付的服务报酬为人民币贰仟壹佰捌拾万元整（¥21,800,000.00元整），该服务报酬汇入乙方指定的银行账户内，并按以下约定时间方式支付：

修改理由：建议约定报酬总额，相关税费根据相关法律规定，各自承担，避免发生承担对方税费不能计入成本抵税的问题。

（六）原文条款2.1.1前增加一条：在本合同签订之日起三个工作日内，以甲方名义办理共管账户，乙方对共管账户在银行增加印鉴。

修改理由：因本协议约定支付给乙方的报酬先支付至甲方账户，建议共管账户以甲方名义开具，双方共同监管，保障资金的安全性。

（七）原文条款：2.1.1　在本合同签订之日起三个工作日内，甲方向乙方支付人民币叁佰捌拾万元整（¥3,800,000.00元整）；

关于本条款，本所律师有以下三种修改意见：

方案一：2.1.1　在双方共管账户办理成功后三个工作日内，甲方向该共管账户支付人民币叁佰捌拾万元整（¥3,800,000.00元整）；

修改理由：该阶段乙方尚未提供实质服务，建议先将报酬付至共管账户。

方案二：2.1.1　在乙方向甲方转让项目公司100%股权并办理工商变更手续后三个工作日内，甲方向该共管账户支付人民币叁佰捌拾万元整（¥3,800,000.00元整）；

修改理由：建议以乙方取得实质进展设置支付节点，根据本协议交易逻辑，由乙方成立项目公司承接原合作方的权利义务，故建议第一笔费用在承接原合作方权利义务的项目公司股权转让后支付。

方案三：2.1.1　在甲乙双方共同成立项目公司并办理工商注册手续后三个工作日内，甲方向该共管账户支付人民币叁佰捌拾万元整（¥3,800,000.00元整）；

修改理由：建议由甲乙双方共同成立项目公司，以便甲方在前期可以更好地管控项目落地。

（八）原文条款：2.1.3　在乙方促成甲方、甲方指定第三方或实际控制关联公司成功摘牌后并完成村企开发建设合同签订起三个工作日内甲方将双方共管账户中的人民币壹仟捌佰万元整（¥18,000,000.00元整）取消共管并汇至乙方指定账户。

关于本条款，本所律师有以下两种修改意见：

方案一：2.1.3　在乙方促成甲方成功摘牌后并完成成交确认书、村企合作开发建设合同、国有建设用地使用权转让合同、国有建设用地使用权出让合同（以最晚签订日期起算）之日起三个工作日内，甲方将共管账户中的人民币贰仟壹佰捌拾万元整（¥21,800,000.00元整）支付至乙方指定账户，乙方于甲方支付后三个工作日内协助甲方解除共管账户。

方案二：设置分阶段解除共管资金，即在乙方推动本留用地项目在仲恺高新区公共资源交易中心公示之日起三个工作日内，甲方将第一笔共管资金叁佰捌拾万元整（¥3,800,000.00元整）支付至乙方指定账户；乙方促成甲方成功摘牌后并签订成交确认书、村企合作开发建设合同、国有建设用地使用权转让合同、国有建设用地使用权出让合同（以最晚签订日期起算）后三个工作日内甲方将第二笔共管资金贰仟壹佰捌拾万元整（¥21,800,000.00元整）支付至乙方指定账户，乙方于甲方支付后三个工作日内协助甲方解除共管账户。

修改理由：为保障甲方的资金安全及成本效益。

（九）原文条款：2.2　税费承担。双方确认，本协议服务报酬所产生的税费按如下约定处理：甲方支付给乙方的费用为乙方的净收入，甲方需承担为本协议项下服务及交易应依法缴纳的双方全部应纳税费（包括但不限于增值税及其附加税费、企业所得税、个人所得税、印花税等，不论税法规定纳税义务人为何方，均由甲方承担和缴纳）。不论税务部门何时确定或要求缴纳上述服务及交易不足额税费，均由甲方支付缴纳。

修改条款：2.2　税费承担。双方根据相关法律法规要求，各自承担。

修改理由：建议合同约定包干费，各担各税，避免因税费无依据导致无法计成本抵扣的情况发生。

（十）原文条款：2.3　甲乙双方确定本合同相关款项汇入和汇出账户如下（账户信息如需更改，双方任何一方需提前一周告知）：

修改条款：2.3　甲乙双方确定本合同相关款项汇入和汇出账户如下（账户信息如需更改，双方任何一方需于付款前7日内书面告知）：

修改理由：完善执行方式。

（十一）原文条款：3.1　甲方按第2.1.1条支付第一笔费用后，由乙方组织成立项目公司，作为本项目指定的摘牌公司。并由乙方负责惠州市泓源嘉合实业发展有限公司出具由项目公司作为原合作方的指定受益主体，承接原合作方与立新一居民小组签订的《村企合作开发建设合同书》中的相关权利义务（不包含原合作方缴纳的履约保证金人民币150万元，该履约保证金直接退回原合作方）的确认函。

3.2　乙方获得上述确认函，且甲方已经按第2.1.2条约定支付第二笔费用后，由甲方向乙方收购项目公司全部股权，并以项目公司参加竞拍摘牌。

3.3　甲方确认项目公司为本项目摘牌的指定公司，自项目公司或甲方、甲方实际控制关联公司摘牌成为本项目的合作开发主体（即竞得人）并完成签订村企合作开发合同，即视为乙方服务完成，甲方应按本合同第二条约定向乙方支付全部服务报酬。

修改建议：关于第3.1条、第3.2条、第3.3条，建议在根据本协议对第二条修改意见最终选择合作模式的基础上，选择由谁成立项目公司、付款金额、付款条件及付款方式。

（十二）原文条款：3.5　竞拍过程中，经乙方授权同意以高于起始价竞得该地块时，高于起始价的溢价部分甲方可直接在服务报酬中扣减。

修改条款：3.5　竞拍过程中，如本项目约定的挂牌地块成交价高于起始价的，甲方有权放弃竞买。

如甲方选择放弃竞买的，但乙方同意继续参加竞买的，则竞买保证金由乙方及项目公司自行筹备，乙方及项目公司应在甲方出具放弃竞买的书面通知后3个工作日内返还甲方前期已支付的费用；如甲方已取得项目公司股权的，甲方应将所持有的股权转让给乙方或乙方指定的第三方，并配合办理工商变更手续。

如甲方同意继续参与竞买的，高于起始价的溢价部分甲方可直接在服务报酬中扣减。经乙方授权同意以高于起始价竞得该地块时，高于起始价的溢价部分甲方可直接在服务报酬中扣减。

修改理由：因本协议未约定成交价，甲方投资成本存在不确定性，为帮助甲方合理控制成本及项目收益预测修改本条款，甲方在取得项目用地上获得更大的主动权。

（十三）原文条款：3.6　项目公司成功摘牌后，乙方协助项目公司与立新一股份经济合作社签订村企开发建设合同后，甲方应按第2.1.3条约定取消共管账户内资金的共管并付至乙方账户。

修改条款：3.6　项目公司成功摘牌后，甲、乙方应按第2.1.3条约定解除共管账户。

修改理由：按照本意见前述修改意见，第2.1.3条已经明确解除共管账户的条件和时间节点。

（十四）原文条款：4.3　甲方应按公共交易中心规定的时间和本协议约定及时缴纳竞买保证金，并按政府相关职能部门要求及时缴交土地出让金及相关所有税费（含应由立新一股份经济合作社缴交的在内）。

修改条款：4.3　甲方应按公共交易中心规定的时间和本协议约定及时向项目公司提供资金，由项目公司缴纳竞买保证金，并按政府相关职能部门要求及时缴交土地出让金及相关所有税费（含应由立新一股份经济合作社缴交的在内）。

修改理由：因项目公司为实际项目地块的竞买者，付款路径为甲方付给项目公司，由项目公司支付相关款项，故在协议条款中明确支付路径。

（十五）原文条款：6.1　甲方未按本合同第二条约定的支付时间和方式向乙方或双方设定共管账户支付服务报酬的，乙方有权暂停提供服务，逾期达到五日的作违约处理，乙方有权单方解除本合同，乙方解除合同后甲方仍应在十五日内按本合同第二条约定的服务费总金额一次性向乙方支付全部服务报酬，逾期未付的甲方按应付总额以每日万分之五向乙方赔偿滞纳金直至支付完毕为止，乙方已收服务费不作退回。因甲方未按时支付费用而暂停服务导致乙方未能按第1.2.2条约定时间完成服务的，不视为乙方违约，一切责任由甲方承担。

修改条款：6.1　甲方未按本合同第二条约定的支付时间和方式向乙方或双方设定共管账户支付服务报酬的，乙方有权暂停提供服务，逾期达到五日的作违约处理，乙方有权单方解除本合同，乙方解除合同后乙方已收服务费不予退回。如双方继续履行合同的，逾期未支付的报酬，甲方每日应按逾期未付金额的万分之一向乙方赔偿滞纳金直至支付完毕为止。因甲方未按时支付费用而暂停服务导致乙方未能按第1.2.2条约定时间完成服务的，不视为乙方违约，甲方由此带来的损失自行承担。

修改建议：如乙方选择解除合同，则未履行的权利义务建议一并解除。如继续履行，则每日万分之五的滞纳金标准较高（折合年利率18.25%）。

（十六）原文条款：6.3　如乙方推动本项目公开挂牌后，因甲方原因未能成功摘牌或导致流拍的，视为甲方违约，乙方有权单方解除本合同，在乙方通知甲方解除合同起三个工作日内甲方需支付清全部服务报酬及相关违约金、滞纳金，逾期未支付的甲方按全部应付款项总额以每日万分之五向乙方支付滞纳金，直至支付完毕为止。

修改条款：6.3　如乙方推动本项目公开挂牌后，除成交价高于起始价甲方书面通知乙方或项目公司放弃竞买外，因甲方原因，未能成功摘牌或导致流拍的，视为甲方违约，乙方有权单方解除本合同。在乙方通知甲方解除合同起三个工作日内甲方需支付清全部服务报酬及相关违约金、滞纳金，逾期未支付的甲方按全部应付款项总额以每日万分之一向乙方支付滞纳金，直至支付完毕为止。

修改理由：增加因成交价高于起始价甲方书面通知乙方或项目公司放弃竞买外的排除条件；另降低滞纳金支付标准。

（十七）原文条款：6.4　因乙方原因导致挂牌后甲方未能成功摘牌的，甲方有权停止支付未支付服务报酬，乙方在收到甲方书面通知之日起五个工作日内将已收到甲方的款项退回甲方账户，逾期未退款的，乙方应按已收款项以每日万分之五的标准向甲方支付滞纳金，直至全部退还为止。

修改条款：6.4　因乙方原因导致挂牌后项目公司未能成功摘牌的，甲方有权停止支付未支付服务报酬，乙方在收到甲方书面通知之日起五个工作日内将已收到甲方的款项退回甲方账户，逾期未退款的，乙方应按已收款项以每日万分之五的标准向甲方支付滞纳金，直至全部退还为止。

修改理由：实际参与项目地块竞买的主体为项目公司。

（十八）原文条款：6.5　除乙方原因外，甲方未按照挂牌时间参与竞拍的，乙方有权单方解除本合同，并追究甲方的违约责任，且甲方已支付的服务报酬（包括甲方支付至共管账户内款项）归乙方所有不予退还，未付部分报酬甲方仍应按第6.1条约定向乙方支付，甲方未支付的乙方有权追索。

修改条款：6.5　除乙方原因外，因甲方原因造成项目公司未按照挂牌时间参与竞拍的，乙方有权单方解除本合同，并追究甲方的违约责任，且甲方已支付的服务报酬（包括甲方支付至共管账户内款项）归乙方所有不予退还，未付部分报酬甲方仍应按第6.1条约定向乙方支付，甲方未支付的乙方有权追索。

修改理由：实际参与项目地块竞买的主体为项目公司。

（十九）原文条款：7.1　本合同自甲乙双方签字和乙方收到甲方第一笔服务费款项之日起生效，本合同一式二份，甲乙双方各执一份，均具有同等法律效力，未经对方同意不得擅自变更或解除。

修改条款：7.1　本合同自甲乙双方签字盖章之日起生效，本合同一式二份，甲乙双方各执一份，均具有同等法律效力，除本协议第六条约定的事项外，未经对方同意不得擅自变更或解除。

修改理由：建议生效日期提前，且不得擅自解除合同约定排除双方可单方解约的事项。

（二十）原文条款：9.1　保证方、项目公司为甲方在本合同约定的义务履行承担连带保证责任（乙方或乙方指定人持股期间的项目公司除外），所有甲方应向乙方承担的义务或违约责任，乙方均可向保证方或股权转让后（指乙方转给甲方或甲方指定第三方）的项目公司主张。

修改理由：项目公司为独立法人，且非本合同签约主体，甲乙双方未经项目公司同意约定项目公司的担保义务不合理。

点评：本项目是一个典型的房地产商为“走出去”通过股权收购异地拿地的村留用地开发项目，被收购方作为土地资源方，清晰地了解土地信息及标的公司的股权，而笔者服务的顾问单位作为收购方，在未对地块信息及标的公司进行尽职调查的基础上拟开展收购是存在较大不确定性及潜在风险的，为保障其利益，本《商务服务合同》修改的核心关注点在于对支付土地资源方的价款方式及时点予以设置，从而通过条件限制予以保障笔者顾问单位的利益不受损失，包括共管账户设置、保证金支付时点设置、土地摘牌条件设置、股权转让协议签订设置及股权工商变更登记完成时点设置等。目前，笔者服务的顾问单位已经成功竞得该地块并着手开始规划建设开发。

附件：拟签订的《商务服务合同》

甲方：

乙方：

保证方：

鉴于：

1. 乙方控制公司惠州市某实业发展有限公司（以下简称原合作方）已于2017年12月28日与惠州仲恺高新区GTA村签订《村企合作开发建设合同书》，就GTA村名下10899.9平方米［国土证号：惠府国用（2009）第×××××号］国有土地开发建设商业住宅项目与原合作方合作开发建设（原合作方可指定其他主体参与合作）。乙方已向规划、国土等部门申请确定为商住用地，该地块已符合挂牌转让及进行村企合作开发的条件；

2. 甲方拟参与上述地块的村企合作开发建设项目，乙方在村企合作开发建设领域具有丰富的经验，愿意协助甲方或甲方指定第三方、实际控制关联公司摘牌成为上述地块的合作开发主体（即竞得人）。

现甲方聘请乙方或乙方指定的第三方（以下统称为乙方）向甲方提供村企合作开发建设项目的商务服务，甲乙双方在平等自愿的基础上，经协商一致就相关事宜达成如下协议，以资共同遵守：

一、服务事项

1. 项目概况

惠州仲恺高新区GTA村面积10899.9平方米留用地村企合作开发项目［国土证号：惠府国用（2009）第×××××××号，以下简称本项目］。本项目以新的规划条件指标（详见附件一：案卷编号：ZK2020TJ××××）及地块入市批复为准（详见附件二）。

2. 服务内容

· 乙方为甲方提供商务服务，并推动本留用地项目通过仲恺高新区公共资源交易中心公开挂牌转让，促成甲方或甲方指定第三方、实际控制关联公司以起始价摘牌成为本项目的合作开发主体（即竞得人）并完成签订村企合作开发建设合同。

· 自签订本合同之日起乙方承诺138个自然日内完成上述服务内容（如遇政策调整双方另行商定）。

· 完成商务服务的标准：至甲方、甲方指定第三方或实际控制关联公司成功摘牌成为本项目的合作开发主体（即竞得人）后并完成签订村企合作开发建设合同，即视为乙方提供的服务完成。

二、服务报酬的支付时间和方式

1.本合同甲方共应向乙方支付的服务报酬为税后人民币贰仟壹佰捌拾万元整（¥21,800,000.00元整），该服务报酬汇入乙方指定的银行账户内，并按以下约定时间方式支付：

· 在本合同签订之日起三个工作日内，甲方向乙方支付人民币叁佰捌拾万元整（¥3,800,000.00元整）；

· 在乙方推动本留用地项目在仲恺高新区公共资源交易中心公示之日起三个工作日内，甲方向双方共管账户支付人民币壹仟捌佰万元整（¥18,000,000.00元整）；

· 在乙方促成甲方、甲方指定第三方或实际控制关联公司成功摘牌后并完成村企开发建设合同签订起三个工作日内甲方将双方共管账户中的人民币壹仟捌佰万元整（¥18,000,000.00元整）取消共管并汇至乙方指定账户。

2.税费承担。双方确认，本协议服务报酬所产生的税费按如下约定处理：甲方支付给乙方的费用为乙方的净收入，甲方需承担为本协议项下服务及交易应依法缴纳的双方全部应纳税费（包括但不限于增值税及其附加税费、企业所得税、个人所得税、印花税等，不论税法规定纳税义务人为何方，均由甲方承担和缴纳）。不论税务部门何时确定或要求缴纳上述服务及交易不足额税费，均由甲方支付缴纳。

3.甲乙双方确定本合同相关款项汇入和汇出账户如下（账户信息如需更改，双方任何一方需提前一周告知）：

乙方账户：

开户行：

账户名：

账号：

甲方账户：

开户行：

账户名：

账号：

三、参与竞拍的具体安排

1.甲方按第2.1.1条支付第一笔费用后，由乙方组织成立项目公司，作为本项目指定的摘牌公司。并由乙方负责惠州市泓源嘉合实业发展有限公司出具由项目公司作为原合作方的指定受益主体，承接原合作方与立新一居民小组签订的《村企合作开发建设合同书》中的相关权利义务（不包含原合作方缴纳的履约保证金人民币150万元，该履约保证金直接退回原合作方）的确认函。

2. 乙方获得上述确认函，且甲方已经按第2.1.2条约定支付第二笔费用后，由甲方向乙方收购项目公司全部股权，并以项目公司参加竞拍摘牌。

3. 甲方确认项目公司为本项目摘牌的指定公司，自项目公司或甲方、甲方实际控制关联公司摘牌成为本项目的合作开发主体（即竞得人）并完成签订村企合作开发合同，即视为乙方服务完成，甲方应按本合同第二条约定向乙方支付全部服务报酬。

4. 甲方应在仲恺高新区公共资源交易中心就本项目公开转让进行登报及网上公示后二十三日内将摘牌的竞买保证金汇入摘牌项目公司账户，并在网上公示后二十五日内由项目公司将竞买保证金汇至区公共资源交易中心指定账户，并以起始价出价。

5. 竞拍过程中，经乙方授权同意以高于起始价竞得该地块时，高于起始价的溢价部分甲方可直接在服务报酬中扣减。

6. 项目公司成功摘牌后，乙方协助项目公司与立新一股份经济合作社签订村企开发建设合同后，甲方应按第2.1.3条约定取消共管账户内资金的共管并付至乙方指定账户。

四、双方的责任

1. 甲乙双方均应保证本合同履行过程中的行为不违反国家法律，合法合规。

2. 甲方应按服务报酬的支付时间和方式按时向乙方支付服务费用。

3. 甲方应按公共交易中心规定的时间和本协议约定及时缴纳竞买保证金，并按政府相关职能部门要求及时缴交土地出让金及相关所有税费（含应由立新一股份经济合作社缴交的在内）。

4. 乙方应按本合同约定提供服务，全力推动本项目挂牌转让，并促成项目公司成功摘牌，维护甲方合法利益。

5. 甲方指定的项目公司成功摘牌后，乙方负责项目公司与GTA村签约事宜。

五、保密内容

双方在本合同的履行过程中所知悉的对方或对第三方负有保密义务的商业秘密或信息，应当遵守保密义务，不得对第三方泄露，因此造成对方损失的应承担赔偿责任。

六、违约责任

1.甲方未按本合同第二条约定的支付时间和方式向乙方或双方设定共管账户支付服务报酬的，乙方有权暂停提供服务，逾期达到五日的作违约处理，乙方有权单方解除本合同，乙方解除合同后甲方仍应在十五日内按本合同第二条约定的服务费总金额一次性向乙方支付全部服务报酬，逾期未付的甲方按应付总额以每日万分之五向乙方赔偿滞纳金直至支付完毕为止，乙方已收服务费不作退回。因甲方未按时支付费用而暂停服务导致乙方未能按第1.2.2条约定时间完成服务的，不视为乙方违约，一切责任由甲方承担。

2.除本合同另有约定外，乙方未能按上述服务内容在规定的时间内完成工作，甲方有权暂停支付服务报酬，同时每逾期一日，乙方应按甲方已付至乙方账户款项（共管账户内资金除外）的万分之五计算违约金；如乙方超过十个工作日仍未完成服务工作的，甲方有权单方解除本合同，且乙方应在七个工作日内退回甲方已支付的服务报酬，并配合甲方解除共管账户内资金，乙方每逾期一日，按乙方应付未付款项的万分之五计算违约金。但因政府、政策等原因交易中心不受理业主委托或受理后暂不执行的除外。

3.如乙方推动本项目公开挂牌后，因甲方原因未能成功摘牌或导致流拍的，视为甲方违约，乙方有权单方解除本合同，在乙方通知甲方解除合同起三个工作日内甲方需支付清全部服务报酬及相关违约金、滞纳金，逾期未支付的甲方按全部应付款项总额以每日万分之五向乙方支付滞纳金，直至支付完毕为止。

4.因乙方原因导致挂牌后甲方未能成功摘牌的，甲方有权停止支付未支付服务报酬，乙方在收到甲方书面通知之日起五个工作日内将已收到甲方的款项退回甲方账户，逾期未退款的，乙方应按已收款项以每日万分之五的标准向甲方支付滞纳金，直至全部退还为止。

5.除乙方原因外，甲方未按照挂牌时间参与竞拍的，乙方有权单方解除本合同，并追究甲方的违约责任，且甲方已支付的服务报酬（包括甲方支付至共管账户内款项）归乙方所有不予退还，未付部分报酬甲方仍应按第6.1条约定向乙方支付，甲方未支付的乙方有权追索。

6.本项目因不可抗力或政府政策因素导致无法公开挂牌转让，则任何一方均有权单方解除本合同，甲乙双方互不承担违约责任，甲方已经支付的服务报酬乙方在解除合同后十五个工作日内退回。逾期未退款的，乙方应按已收款项以每日万分之五的标准向甲方支付滞纳金，直至全部退还为止。

7.本合同生效后乙方不能与第三方就该项目签订合同协议，否则视为乙方违约，甲方有权停止支付未支付的服务报酬，且乙方应在十个工作日内退回甲方支付的服务报酬，逾期未退款的，乙方应按已收款项以每日万分之五的标准向甲方支付滞纳金。

七、合同生效

本合同自甲乙双方签字和乙方收到甲方第一笔服务费款项之日起生效，本合同一式二份，甲乙双方各执一份，均具有同等法律效力，未经对方同意不得擅自变更或解除。

八、争议解决

甲乙双方若在本合同履行过程中产生争议，由双方友好协商解决，经协商无法解决的，任何一方均可以向广州仲裁委员会提起仲裁，按照提交仲裁时该会现行有效的仲裁规则进行仲裁，仲裁裁决是终局的，对甲乙双方均有约束力。

九、其他

1. 保证方、项目公司为甲方在本合同约定的义务履行承担连带保证责任（乙方或乙方指定人持股期间的项目公司除外），所有甲方应向乙方承担的义务或违约责任，乙方均可向保证方或股权转让后（指乙方转给甲方或甲方指定第三方）的项目公司主张。

2. 留用地原面积为10899.9平方米，现国土测量实际面积为10877平方米，以测量实际面积为准。

（以下无正文）

甲方：

乙方：

保证方：

签订地：

日期：

案例五　ZC区LB村前期服务商进入及退出项目公司案例分析

一、案例基本情况介绍

广州市ZC区LB村在2018年前尚未纳入城市更新年度计划，但是村民有改造意愿。甲1、甲2、乙方、项目公司拟合作推进该村的旧改工作。甲1是项目公司的全资股东。四方于2018年签订旧改合作协议。

（一）各方的主要工作内容

甲1：

1.派驻工作组进驻现场日常办公；

2.依据相关法规政策规定组织村集体进行意愿征集、摸查、表决和拆迁签约工作；

3.依据政策相关规定协助村集体完成拆迁服务（不包括拆迁工程）工作；

4.依据政策相关规定协助村集体完成复建物业的摇珠选房工作；

5.依据政策相关规定协助村集体完成回迁物业安置工作；

6.至该项目被纳入“广州市城市更新年度计划”之日后1个月内，与村集体签署《补充协议》，协调村集体在《补充协议》中明确：确认项目公司已支出的全部前期费用（以合法有效的发票为准），且若如甲1、甲2、乙三方指定的项目公司未能经广州公共资源交易中心确认为该项目的唯一合作企业的，由村集体负责或协调中标公司按照项目公司已支出的全部前期费用（以合法有效的发票为准）的1.3倍补偿。

甲2：

1.根据相关政策法规协助完成该项目向政府相关部门申报、审批工作；

2.负责根据该协议约定向甲1收购10%的股权并支付相应的股权款。

乙方：

1.向甲1、甲2提供该项目的全部经费及股权收购款；

2.负责该项目在申报过程当中，协调项目公司政府窗口应收的各项费用、方案编辑、规划设计及费用；及依据由合作开发企业确认的该项目《拆迁补偿安置方案》的全部款项的支付；

3.负责引入该项目的合作开发主体；

4.负责该项目与合作主体的工作协调；

5.全部资金由乙方或项目公司注入项目公司，再由项目公司对外支付、收款单位由甲1、甲2或甲1、甲2负责安排并协调收款单位与项目公司签订付款相关合同；

6.乙方有责任提供共管资金配合甲1、甲2方开展工作。

项目公司：对外支付、收款单位由甲1、甲2或甲1、甲2负责安排并协调收款单位与项目公司签订付款相关合同；变更股权结构，将原始股东甲1变更为乙方。具体的方式为：甲1将其持有的项目公司90%股权0元转让给乙方，并将其持有的项目公司10%股权转让给甲2，甲2再将这10%的股权0元转让给乙方，至此乙方获得项目公司100%的股权。

（二）各方利益分配及合同对价

1.由乙方或项目公司按进度向甲1和甲2方支付合同价款，合作协议中甲1、甲2总价款的计价公式为：LB × 元 × 该旧改项目最终融资地块可售建筑面积（含自持物业面积）。合同总价款由以下款项组成：乙方收购甲1持有的项目公司90%股权转让价款及甲2持有的项目公司10%股权转让价款加乙方提供给甲1和甲2的工作经费。

2.合同总价款中的收益按以下原则分配：甲1享有总价款（______元/平方米）其中的______元 × 该旧改项目最终融资地块可售建筑面积（含自持物业面积）的收益；甲2享有总价款（______元/平方米）其中的______元 × 该旧改项目最终融资地块可售建筑面积（含自持物业面积）的收益。

3.除合同总价款外，乙方无须再向甲1、甲2方支付其他费用，甲1、甲2方不再对该旧改项目享有任何收益分配（包括甲方对项目公司股权之收益分配），乙方对整个旧改项目拥有全部权益。甲1、甲2作为项目公司股东期间，不参与项目公司的经营管理，也不承担项目公司经营管理过程中产生的所有经济风险和法律风险。若甲1或甲2因项目公司股东身份而向相关权利人承担了赔偿责任，则甲1或甲2有权向乙方及乙方指定开发商追偿。

二、案例分析

该村的旧改工作目前虽尚未有实质性进展。但作为前期服务商，四方的合作模式、运作流程及退出机制都有可圈可点之处，对其他村的旧改工作的推进，尤其是对平台公司如何介入旧改项目中，具有很好的借鉴作用。

（一）项目公司的股权设计

项目公司成立之初由甲1百分之百控股。该项目的主合同最初由甲1与乙方签订，后甲1引入甲2分担对接政府部门相关工作，三方又重新签订了旧改合作补充协议。在甲1与乙方签订此补充协议前，甲1将其持有的项目公司10%的股权转让给乙方。补充协议中约定甲1主要对接村集体，负责村集体意愿征集、摸查、表决和拆迁、复建物业的摇珠选房、回迁物业安置工作。协调村集体在《补充协议》中明确：确认项目公司已支出的全部前期费用，且若如甲1、甲2、乙方三方指定的项目公司未能经广州公共资源交易中心确认为该项目的唯一合作企业的，由村集体负责或协调中标公司负责按照项目公司已支出的全部前期费用（以合法有效的发票为准）的1.3倍补偿。乙方为实际出资方，但乙方并非将前期服务费用直接支付给甲1、甲2，而是先将资金注入项目公司，再由项目公司对外支付给甲1、甲2或甲1、甲2指定的第三方。乙方负责对接合作企业。甲2主要负责两项工作：1.协助、指导该项目向ZC区政府申请城市更新改造事宜，取得ZC区政府的同意，并纳入广州市2019年城市更新年度计划；2.协助、指导广州市ZC区LB村向ZC区政府申报城市更新改造方案，并取得ZC区和广州市政府的同意批复。甲1先将其90%的股权转让给乙方，乙方在项目公司办理工商变更登记并取得新的营业执照当天，向甲1支付第一笔经费×万元。自签订补充协议之次日起3个工作日内，甲2向甲1支付0元股权转让款，甲1向甲2转让其持有的项目公司10%股权（注册资金的实缴义务随之转移）。接着自项目公司与国土部门签订最后一期《土地出让合同》当日，乙方向甲2支付0元股权转让款，甲2应向乙方转让其受让甲1的项目公司10%的股权。为何甲1不直接将其持有的项目公司10%的股权直接转让给乙方，而是0元转让给甲2后，再由甲2在规定节点0元转让给乙方。这主要是为了督促乙方依约向甲2支付服务经费，乙方在付清相关的服务经费后，甲2便将这10%的股权转让给乙方。最终在乙方付清所有服务经费给甲1、甲2后，乙方获得项目公司100%的股权。甲1、甲2成功退出项目公司。协议中也明确约定除协议约定的服务经费外，甲1、甲2方不再对该旧改项目享有任何收益分配（包括甲方对目标公司股权之收益分配），乙方对整个旧改项目拥有全部权益。甲 1、甲2 作为目标公司股东期间，不参与目标公司的经营管理，也不承担目标公司经营管理过程中产生的所有经济风险和法律风险。所以，如此设计项目公司股权只是为了保障甲1、甲2方能收到约定的服务经费，且能成功退出项目公司。项目公司股权转让过程如下图所示：

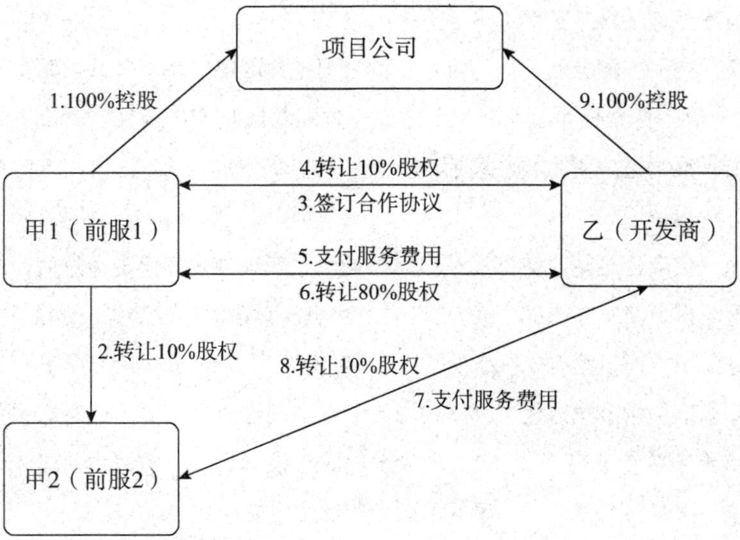

图 4-4　项目公司股权转让过程

（二）服务经费的支付方式

服务经费严格按节点支付，节点划定清晰，且设置共管账户，以保障各方权益。详细节点及支付方式如下：

1.服务经费共管。在合同签订5日内，乙方与甲方或甲方指定的第三方共同选定银行办理银行共管账户。由乙方将该阶段的服务经费转入甲乙双方的共管账户，作为办理委托事项的共管费用。共管资金到账后，甲方启动该委托事项的工作。共管时间约定为自共管资金到账之日起计180天，如甲方在共管时间内完成了委托事项的第一期工作，则共管账户中剩余资金的共管时间自动顺延至约定日期。如甲方在共管时间内未能完成委托事项的第一期工作，则乙方有权视情况延长共管时间或要求甲方解除共管账户中的共管资金，甲方须配合。

2.分期支付。甲方完成合同委托事项，则乙方支付甲方服务费，分期支付。

第一期：更新改造申请获ZC区政府审议通过，并纳入广州市城市更新改造项目库，甲方提供政府相关证明文件的复印件作为完成依据5日内，乙方支付甲方或甲方指定的第三方该笔服务经费金额的1/3。

第二期：该项目纳入广州市2019年城市更新年度计划，甲方提供政府相关证明文件的复印件或在政府官方网站上公布并可查阅5日内，乙方支付甲方或甲方指定的第三方该笔服务经费金额的2/3。如甲方未能提供第一期支付节点的证明文件时，政府官方网站上公布广州市ZC区LB村纳入2019年城市更新年度计划或有其他证明文件时，乙方须一次性支付该笔服务经费给甲方。

第三期：在甲方配合乙方由乙方指定的公司中标取得广州市公共资源交易中心确认的LB村改造唯一合作企业后及项目改造实施方案获区政府审核且广州市主管城市更新的专业部门批准通过，甲方提供政府相关证明文件的复印件5日内，乙方向甲方支付特定金额服务费用。

第四期：该项目更新改造方案经广州市城市更新领导小组审定通过后，取得由广州市政府主管城市更新的专业部门或ZC区政府发出的对该项目改造方案的批复意见文件5日内，乙方向甲方支付第四笔服务费用。

如甲方未能提供事项二第三期支付节点的证明文件时，当项目最终取得由广州市政府主管城市更新的专业部门或ZC区政府发出的对该项目改造方案的批复意见文件5日内，乙方须一次性支付第三期、第四期服务费用给甲方。

（三）发票开具方式

协议中约定甲方或甲方指定的第三方在每次收款时，须及时提供足额服务费发票或乙方同意的其他合法可进账发票。每次乙方向甲方或甲方指定的第三方支付款项时，先行向甲方或甲方指定第三方支付200万元，用于甲方或甲方指定第三方的发票款。乙方在收到甲方或甲方指定的第三方开具的此次应收款全额发票后5日内一次性支付该次应付款项（扣除200万元）给甲方或甲方指定的第三方。这样可以确保乙方能够及时收到合法有效的等额发票，用于扣减相应的税费。

（四）协议中约定了保底面积

协议约定如改造方案批复的融资地块建筑面积（不包含融资地块的公建面积）达不到×万平方米时，则乙方有权从甲方的服务费中扣减人民币×万元整。如改造方案批复的融资地块建筑面积（不包含融资地块的公建面积）超过×万平方米时，则超出部分的建筑面积按______元/平方米给予甲方奖励。此奖励费用在乙方取得广州市政府主管城市更新的专业部门或ZC区政府对项目改造方案的最终批复文件之日起5日内向甲方或甲方指定的第三方支付。

（五）协议中约定了甲1需协调村集体签署补充协议

协议约定如项目公司未中标合作企业，由村集体负责协调中标公司补偿乙方支出的所有前期服务费用。具体约定内容如下：在该项目被纳入“广州市城市更新年度计划”之日后1个月内，甲1须与村集体签署《补充协议》，协调村集体在《补充协议》中明确：确认项目公司已支出的全部前期费用（以合法有效的发票为准），且若如甲1、甲2、乙方三方指定的项目公司未能经广州公共资源交易中心确认为该项目的唯一合作企业的，由村集体负责或协调中标公司按照项目公司已支出的全部前期费用（以合法有效的发票为准）的 x 倍补偿。此约定有利于保障乙方在项目公司未中标合作企业的情况下，挽回巨大的损失，符合公平原则。

（六）协议对于甲方服务的工作时间节点、工作内容、工作进度以附件的方式约定

具体工作内容如下：

1. 区更新机构受理改造申请（完成依据：获得区更新机构的申请回执或区更新机构启动标图建库申请纳入）；

2. 改造申请获区政府审议通过（完成依据：获得区政府/区更新机构发文通知或官网公布）；

3. 项目被纳入“广州市城市更新年度计划”（完成依据：市更新局官方网站公布或政府发文通知）；

4. 基础数据调查（完成依据：基础数据调查成果经区政府审核后公示）；

5. 片区策划方案（含控规调整方案）审定；

6. 片区策划方案获批的政府文件或项目控规调整方案；

7. 公布或区更新机构启动指导村集体编制项目实施方案工作；

8. 项目公司经广州公共资源交易中心确认为该项目唯一合作企业（完成依据：公开引入合作企业的表决结果在广州公共资源交易网公示或村集体组织收到广州公共资源交易中心发出的《成交通知书》）；

9. 项目实施方案获区政府审核通过（完成依据：区政府征求市相关部门意见后修改完善形成村代表会议表决稿）；

10. 就《拆迁补偿安置方案》启动签约（完成依据：为村召开全村代表大会）；

11.《拆迁补偿安置协议》签约率达50%；

12.《拆迁补偿安置协议》签约率达80%；

13. 拆迁完成50%服务工作（按照拆平建筑面积计）；

14. 拆迁完成90%服务工作（按照拆平建筑面积计）；

15. 项目公司与国土部门签订《土地出让合同》；

16. 复建物业“选房”阶段；

17. 复建物业“验收”阶段。

针对上述工作内容分别明确了完成的依据和完成的时间节点。付款节点为上述各项工作完成后的7个工作日内。如此详细、清晰的工作框架表有利于减少各方对于工作成果及付款期限的争议，便于加快旧改项目的推进。

但这个旧改合作项目中仍然存在一些风险，如协议虽约定甲1需协调村集体签订补充协议，要求村集体在补充协议中承诺如项目公司未中标合作企业，村集体需协调中标公司对乙方支出的所有前期费用给予1.3倍的补偿。首先，村集体不一定配合甲1签署补充协议。其次，即便签署了这份补充协议，中标公司未必接受1.3倍的补偿标准。如中标公司不配合村集体的协调工作，不愿意支付此笔费用，并不违反法律的相关规定，也就是说此补充协议对中标公司并无法律约束力，乙方的补偿要求难以得到保障。为了保障乙方的利益，此处可加入惩罚性条款“如中标公司拒绝支付1.3倍的补偿金，村集体经济组织应当承担连带责任”，如此一来，村集体才会努力给中标公司施压，迫使中标公司做出相应补偿。

案例六　惠州FJC旧厂改造案例分析

一、基本概况

1992年12月17日，惠州市人民政府向FJC机床厂公司颁发证号为惠府国用（1992）第××××××××号的《国有土地使用证》，土地使用权人为FJC机床厂公司，坐落于惠州市某某区某某路，为惠州核心地区位置，地类为工业用地，使用权类型为划拨，使用权面积为36769.9平方米。

2010年6月17日，自然人甲方控股的YK公司经批准与FJC机床厂公司（改制后的名字为FJC机床厂公司）进行战略合作筹备改制。

2011年3月4日，YK公司（甲方控制的公司）与FJC机床厂公司签订《股权（投资权益）转让协议》：［1997年，FJC机床厂组建JF公司（未办理工商注册登记，职工现金出资的55万元交付到FJC机床厂公司）］，现FJC机床厂公司已收购职工持有的JF公司55万股股权，FJC机床厂公司同意将从职工处收购过来的JF公司55万股［占JF公司14.18%股权（投资权益）］的股权转让给甲方。

2012年6月16日，自然人甲方（杜某）、乙方（林某）、丙方（卓某）及YK公司四方签订《资产收购及合作开发合同》（以下简称《收购开发合同》），主要约定：（1）FJC机床厂公司实收资本人民币388万元，其中国有股持股比例为85.82%，职工注册参股比例为14.18%，丙方、YK公司保证上述职工持股实际由YK公司持有。（2）YK公司为丙方投资设立并控股的有限公司。（3）甲方、乙方、丙方三方拟将FJC机床厂收购后改组为具备房地产开发资质的公司，将FJC机床厂所属的土地进行房地产开发。（4）甲、乙、丙三方出资设立HM公司，注册资本暂定100万元，甲、乙共同占HM公司80%股权，丙占HM公司20%股权，HM公司注册时法定代表人为丙方，待HM公司按《收购开发合同》约定的条件中标成功收购FJC机床厂公司后1年内，HM公司法定代表人由丙方变更为甲方或乙方。（5）收购完成后，由丙方负责将FJC机床厂公司所属地块土地使用权性质由国有划拨工业用地转化为国有出让商住用地，并使之符合房地产开发的条件，土地使用权性质转换过程中所发生的全部费用（含招投标及过户过程中所涉及的税费）以2600万元为限由HM公司承担，所需资金由甲方、乙方负责支付，超出部分由丙方个人承担。（6）甲方、乙方按照招标文件的要求，于2012年7月2日前将首期款1800万元转入HM公司通过产权交易平台支付给政府相关部门，支付首期款且在HM公司分别与政府相关部门签订股权收购合同及与YK公司签订股权转让协议后3日内，甲方、乙方将第二期款项400万元支付给丙方、YK公司指定的收款账户。（7）FJC机床厂公司原职工遣散安置由丙方负责，遣散安置过程发生的费用由丙方负责。（8）任一方未按约定付款的违约责任，每逾期一天，按未付款余额万分之五支付违约金。

2012年6月16日，甲方、乙方、丙方签订《补充协议关于股东实际出资与持股比例的备忘录》，主要约定：（1）甲乙双方实际出资为FJC机床厂公司股权收购款2800万元，土地出让金差价2600万元，奖励丙方300万元，勘察、设计费据实结算和支付；（2）甲乙双方认可丙方在收购前为《收购开发合同》项下的项目各项投入资金作价1500万元（包括但不限于YK公司持有14.18%FJC机床厂公司职工股作价投资等），该投入资金转入对HM公司的实际投资；（3）甲乙丙三方确认，甲乙双方在HM公司投资6000万元，占HM公司80%的股权，丙方在公司的投资作价1500万元，占HM公司20%的股权。

2012年7月5日，甲方、乙方、丙方、丁方签订《收购开发合同》的《补充协议》约定，“丙、丁方同意提前将FJC机床厂14.18%职工股以‘政府有关部门同意’的形式，将FJC机床厂持股人由丁方变更为HM公司等”。

2012年7月19日，惠州市公共资源交易中心向HM公司发出《竞价结果通知单》：竞买方HM公司，标的名称：FJC机床厂85.82%股权，成交价：2150万元，产权交易服务费：6.9万元，应付交易总价：2156.90万元。

2012年7月25日，甲、乙、丙签订《补充协议关于转换土地用途事宜的备忘录》，主要约定：收购完成后，由乙、丙方负责将标的公司所属地块使用权的性质由国有划拨工业用地转换为国有出让商住用地，并使之符合房地产开发的条件，土地使用权性质转换过程中所发生的全部费用由HM公司承担，所需资金由乙、丙方负责垫付。如政府要求采用招、挂、拍的方式进行拍卖，土地中标价扣除返还给标的公司地价补偿款外的支出，由HM公司承担（由甲、乙方负责支付）。办理土地功能转换所需的“相关费用”需经三方一致确认通过。本协议如与其他合同、协议的约定出现冲突，以本协议约定为准。

2012年9月5日，惠州市公共资源交易中心出具《惠州市产权交易鉴证书》，HM公司以电子竞价交易方式获得了FJC机床厂的85. 82%的股权。

2013年1月16日，惠州市“三旧”改造工作领导小组办公室（以下简称惠州市“三旧”办）向HM公司发函，告知HM公司申请的旧厂房改造项目经惠州市“三旧”办会议讨论初审，对拟改造项目地块面积进行调整，如有异议需及时回复。

2014年3月18日，HM公司、ZT公司共同向惠州市“三旧”办递交《联合申报“三旧”改造地块的申请》，要求惠州市“三旧”办批准两家公司共同开发持有的相邻地块。

2014年5月4日，惠州市“三旧”办向HM公司、ZT公司发函，告知其申请的两个地块经初审，要求两个改造项目必须统一规划设计、统一改造开发，整合后项目改造范围的用地面积为60937平方米，计算指标用地面积为39943平方米。

2014年5月22日，HM公司、ZT公司联合向惠州市“三旧”办发出复函，表明两公司不同意惠州市“三旧”办的地界改造方案。

2014年7月25日，惠州市“三旧”办向HM公司、ZT公司再次发出复函告知两公司申请的旧厂房改造项目改造范围作适当调整，调整后项目改造范围的用地面积为58273平方米，计算指标用地面积为39294平方米。

2014年7月29日，HM公司、ZT公司向惠州市“三旧”办发出复函，表示同意该地界改造方案。

2015年6月26日，甲、乙、丙、丁签订《补充协议暨关于股东实际出资的备忘三》，主要约定：（1）根据2012 年6月12日签订的《补充协议关于股东实际出资与持股比例的备忘录》第二条约定，丙方为主合同项下的各项投入资金作价1500万元（包括但不限于YK公司持有FJC机床厂14.18%的职工股作价投资等）作为合作条件与甲、乙方共同开发FJC机床厂所在地块，甲、乙方确认丙方在HM公司的实际出资额为 1500万元；（2）2012年11月30日各方签订《委托持股协议》时，丙方的出资义务已按合同约定履行完毕，甲、乙方认可丙方实际持有HM公司20%的股权，可按原合同约定行使股东权利。本协议如与其他合同、协议的约定出现冲突，以本协议约定的内容为准，本协议未约定的仍以各方之前签订的合同、协议为准。

2015年7月30日，FJC机床厂公司修订公司章程，重要约定，公司注册资本为2287万元，股东为HM公司，HM公司认缴出资2287万元，在2013年1月14日前缴足，股东可以转让其全部或部分股权，执行董事每届任期3年。

2015年9月29日，惠州市住建局向FJC机床厂公司发出《关于用地规划情况的复函》，主要内容为FJC机床厂公司36769.9平方米用地中，北端约1017.2平方米，南端约1828.5平方米用地位于市政道路范围内。另南端市政道路南侧约533.3平方米用地不具备独立开发条件。

2015年12月29日，HM公司召开股东会，杜某、林某、卓某均参加会议，并做出《股东会决议》，主要决议：（1）同意选举林某为公司执行董事（即法定代表人），兼聘用为总经理；（2）同意免去卓某为公司执行董事（即法定代表人）兼总经理；（3）同意选举卓某为公司监事，同时免去乙监事职务。

2016年1月22日，HM公司召开股东会，甲、乙、丙均参加会议，做出《股东会决议》，主要决议：（一）同意机床厂土地使用性质由原来的工业用地变更为商住用地，该变更事项继续由乙负责落实。（二）由HM公司成立时起至2015年12月31日止，产生的所有费用以各股东重新核准后为准生效，包括收购土地费用、所有税金、场地租金、人员工资、拆迁搬迁及机床厂公司的有关开支等费用。（三）决定缴清2014年、2015年土地使用税、房产税，由乙负责农历年前完成缴纳等。

2015年2月至2016年1月，居住在FJC机床厂宿舍的24名职工先后与HM公司签订《拆迁补偿暨房屋产权置换协议》，约定产权置换交房时间初定为2017年，逾期交房的，每逾期一日，按照需支付甲方款项的千分之二承担违约金，逾期超一个月的，按照每逾期一日支付甲方款项的百分之四支付违约金。

2016年2月1日，惠州工商行政管理部门核准HM公司的企业法定代表人变更登记：变更前的法定代表人是卓某，变更后的法定代表人是林某。

2016年2月18日，惠州市某区政府发出《关于发布惠州市第三十一小学建设项目国有土地上房屋征收决定的公告》，FJC机床厂公司部分土地可能在被征收范围内。

2016年4月15日，HM公司召开股东会，三股东均同意政府因建设第三十一小学而征收HM公司部分土地的征收方案。

2016年8月12日，惠州市场监督管理部门核准FJC机床厂名称变更为FJC机床厂公司，法定代表人为卓某，投资人是HM公司。

2017年6月30日及2017年7月18日，卓某两次委托律师向杜某、林某发出《律师函》，认为机床厂地块早已具备“三旧”改造条件，希望杜某、林某按合同及股东会决议规定，办理转变项目地块土地使用权性质的手续，并提供补缴土地出让金的资金。认为乙、丙怠于履行合同主要义务构成违约等。

2017年9月15日，林某向卓某发出《转让股权告知声明》，声明林某欲将其所持有的HM公司30%股权转让给第三人李某。

2017年9月28日，林某向杜某、卓某发出《关于召开HM公司股东会的通知》，议题为协商表决乙对外转让其持有的30%公司股权事宜。

2017年10月13日，卓某向林某发出《关于〈转让股权告知声明〉的复函》，认为根据《合同法》的规定，未经本人及其他合同当事人同意，林某不得将在该合同的权利义务整体转让给第三人，因此无权转让所持有的HM公司30%的股权。

2017年10月20日，HM公司召开股东会，杜某同意林某转让其股权；卓某坚持不同意股东乙转让其持有的股权。

2017年12月6日，惠州市人民政府办公室发出《惠州市人民政府办公室关于印发〈惠州市“三旧”改造用地协议出让缴交土地出让金办法〉的通知》（惠府办〔2017〕36号），惠州市“三旧”改造用地协议出让缴交土地出让金的计算标准发生很大变化，出让金的收取幅度增加很大。

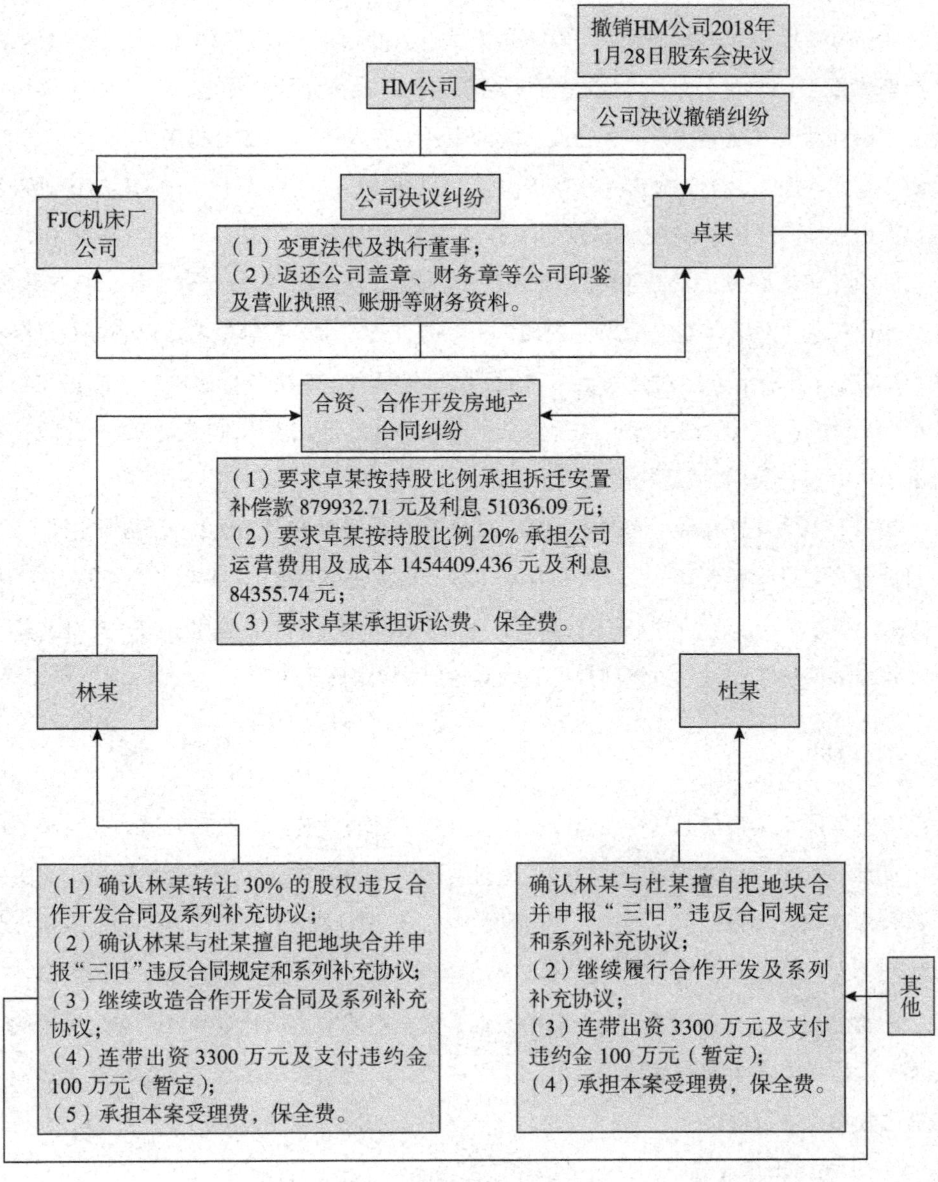

图4-5　旧厂改造项目四个案子纠纷

2018年1月2日，卓某向林某发出《关于乙召集临时股东会会议的复函》，认为：（一）本次股东会临时会议的召开程序不符合法律规定；（二）本届执行董事任期尚未届满，林某召集HM公司股东会会议改选更换机床厂执行董事违反章程；（三）鉴于林某拟对外转让HM公司股权及HM公司三名股东正在法院诉讼的事实，林某不适合担任FJC机床厂执行董事；（四）HM公司股东林某未全面履行出资义务，其股东权利依法受到合理限制。

2018年1月8日，HM公司召开临时股东大会，会议议题是表决由FJC机床厂公司的执行董事职务由卓某更换为林某担任。卓某未在《会议纪要》中签字，但在《会议纪要》空白处写上“本人认为本次会议乙、丙串通损害HM公司、FJC机床厂合法权益”一段话。在此次股东会上，做出《股东会决议》，股东林某（30%股权）、杜某（50%股权）赞成，股东卓某（20%股权）弃权。做出股东会决议：（一）免去卓某担任FJC机床厂公司的执行董事职务；（二）聘任林某担任FJC机床厂公司的执行董事职务。股东林某、杜某（由代理人代表）在《股东会决议》上签名，股东卓某拒绝签名。但是，股东甲在《股东会决议》的下方空白处写上“HM公司三名股东正在法院诉讼中，且乙正在出售HM公司股权。本人担任机床厂执行董事任期未满，改选无正当理由，该决议无效，本人不予认可”一段话，然后签上名字。

2017年11月4日，卓某向法院起诉，法院受理后于2018年1月22日、4月9日、5月22日公开开庭进行了审理，并于2019年6月24日出具一审判决书。林某、杜某提起上诉，于2020年5月6日出具二审裁定书，认为一审判决认定事实不清，程序不当，发回重审。

除卓某向法院起诉外，该项目还引发其他3个司法诉讼纠纷。

二、案例分析

本案例属于典型的旧厂房改造合作开发项目，通过“三旧”改造政策，完善相关申报、审批等程序后使其符合房地产开发条件，因实际资源控制人缺乏开发资金，引进第三方合作，成立项目公司，通过股权收购的形式最终获得土地开发权利。合作的初衷都是顺利地完成房地产开发，从而获得各自的利益。但在运作过程中，由于土地的迅速增值、利益分配、权利义务的不完全对等因素，加之早期的协议约定和各种会议决议的不完善，合作各方的矛盾不断呈现，导致项目停滞，司法纠纷不断。下面主要就案例中一些核心关注点进行分析：

（一）关于旧厂改造模式分析

“三旧”改造是指旧村庄、旧厂房、旧城镇改造，是广东省的首创，是城市面貌更新的重要举措，也是近年房地产公司的进军路径，备受关注，一举一动都牵动着众多人的利益。本案例是“三旧”改造中的旧厂房改造，根据《惠州市人民政府关于推进“三旧”改造促进节约集约用地的实施意见》（惠府〔2010〕98号）第五条第六款规定“纳入‘三旧’改造范围的国有企业、市直或县、区各类资产经营公司以及集体企业所持有的土地、国有企业、市直或县、区各类资产经营公司作为原土地使用权人可自行改造；若其与他方合作改造，则由市、县（区）政府统一收回，采取公开出让方式确定改造主体。因企业退市、改制等原因，土地连同地上建筑物等资产已在政府产权交易部门公开交易的，则不须再由政府收回，土地资产持有人可依照改造规划直接参与改造”。本案例中，HM公司通过收购FJC机床厂100%的股权形式，再通过公共产权交易中心竞拍土地后，按照“三旧”改造的流程申报、审批等程序，使其具备房地产开发条件，因此，本项目属于旧厂改造自主改造模式。

（二）关于补缴土地出让金问题分析

《城镇国有土地使用权出让和转让暂行条例》第四十五条第一款第四项规定“依照本条例第二章的规定签订土地使用权出让合同，向当地市、县人民政府补交土地使用权出让金或者以转让、出租、抵押所获收益抵交土地使用权出让金”。本案例中，地块持有主体拟将划拨性质的土地转变为商住用地性质并用以开发房地产，需要根据相关规定补交土地出让金。在土地价值明显上涨的情况下，案例中对于由哪一方完成补交土地使用权出让金及土地转让手续，将对双方权益产生重大影响。本案例项目因股东之间纠纷拖延项目进展，而随着新政策的颁发，即2017年12月6日，惠州市人民政府办公室发出《惠州市人民政府办公室关于印发〈惠州市“三旧”改造用地协议出让缴交土地出让金办法〉的通知》（惠府办〔2017〕36号），使得补缴土地出让金的收取幅度增大，改造成本实际上也在增大。

另外，案例中的地块完成土地用途改变手续后，还需要将指定比例的土地移交政府用于建设公共设施。根据《惠州市“三旧”改造实施办法》第四十五条规定“涉及将工业用地等土地用途改变为商业、旅游、娱乐和商品住宅等经营性用地，由原土地权益人自行改造的，除应当按照规定补缴地价款及相关税费外，应当按照城市规划要求，将该项目用地总面积15%的土地无偿移交政府用于城市基础设施、公共设施建设或者其他公益性项目建设，并由主管部分在组织编制或修编控制性详细规划中予以标注”。

（三）关于股东会决议及股权转让问题分析

1.股东会决议问题

根据《最高人民法院关于适用〈中华人民共和国公司法〉若干问题的规定（四）》，

股东会表决可以分为有效决议、无效决议、可撤销的决议、决议不成立4种情况。决议内容违法的，属于无效决议。作出决议的程序违法、作出决议的程序违反章程、决议的内容违反章程的，属于可撤销决议。

2017年12月21日，HM公司于临时股东会召开前15日，通过电话及邮政EMS的邮寄方式向各股东发出通知，定于2018年1月8日召开会议，并将股东会召开的时间、地点、议题等明确告知。2018年1月8日，临时股东会由执行董事林某主持，该会议议题经代表80%表决权的股东同意，通过了当日的决议。

根据HM公司2018年1月8日召开的股东会决议，决议议题为协商表决更换惠州市机床厂零件厂有限公司的执行董事卓某为林某。该股东会会议决议内容、召集程序不违反《公司法》和公司章程的规定。

根据《FJC机床厂公司章程》第二十三条的规定，“公司法定代表人由执行董事担任”，而根据《惠州市机床厂零件有限公司章程》第二十七的规定，“公司不设股东会。股东行使下列职权：（二）任命和更换执行董事”。

因此，2018年1月8日的HM公司股东会决议和FJC机床厂股东决议要求免去卓某执行董事并更换零件厂法定代表人，符合《公司法》和公司章程的相关规定。股东会是有限责任公司的权力机构，通过股东决议对公司的经营方针、投资计划、重大决策作出决定。当股东之间发生纠纷与矛盾不愿执行股东决议时，往往会对股东决议的有效性提出质疑。有限责任公司应当严谨审慎对待股东决议，按照公司法及公司章程的规定，严格规范股东会程序，避免决议内容违法，最大限度地减少股东决议可能带来的法律纠纷与风险。

2. 林某将其持有的HM公司30%的股权转让给第三人李某是否违反合同约定的问题

关于该问题，一审法院的观点认为，“甲、乙、丙设立HM公司的目的，是以HM公司名义收购FJC机床厂并将其改组为具备房地产开发资质的公司，对涉案土地‘三旧’改造后进行房地产开发。成立HM公司以来，除对涉案土地进行开发利用外，该公司并无其他业务。可见，HM公司的股权所指向的是涉案土地上权益。尽管《收购开发合同》约定了除股东自行提出转让股权外，任何时候均保持各自持股比例不变、HM公司的章程第二十二条也约定了股东之间可以相互转让其全部或部分股权。股东向股东以外的人转让股权，应当经其他股东过半数同意。如林某将其持有的HM公司30%的股权转让给案外人，那么《收购开发合同》及系列补充协议如何继续履行、卓某已投入的款项如何处理、涉案土地的‘三旧’改造如何运作等，这些问题卓某与林某、杜某并未协商解决，或者说并未达成一致意思表示。因此，林某转让股权，势必会影响涉案土地的开发利用，违背了三方签订《收购开发合同》的初衷和目的，侵害了卓某的合法权益，从而支持了甲的主张，认为林某转让其所持有的HM公司30%股权违反《资产收购及合作开发合同》及系列补充协议约定”。笔者不认同一审法院前述观点，股权转让为公司法意义上的权益，合作开发为民事合同，受合同法的约束。林某股权转让行为与林某《收购开发合同》的合作要求是两个不同的法律关系。林某的股权转让行为应当遵守的是公司法和公司章程的规定，林某转让股权的行为在不违反前述规定的前提下，法院不应以股权转让行为会导致《收购开发合同》的目的无法实现而限制转让股权。

（四）关于合并申报是否违反合同约定

卓某向法院诉请确认林某、杜某擅自将ZT公司地块与FJC机床厂公司地块一并申报“三旧”改造违反《收购开发合同》约定，超出了卓某与林某、杜某合作项目的范围。

根据惠州市“三旧”办在2013年1月16日下发的《关于“三旧”改造项目地块情况告知函》以及2014年5月14日下发的《关于“三旧”改造项目地块情况告知函》，HM公司联合ZT公司将机床厂地块与橡胶厂地块合并申报“三旧”改造项目，是应政府的统一规划开发要求；FJC机床厂的入库面积和范围在《收购开发合同》约定的范围内；且合并申报一事是在卓某担任HM公司法定代表人期间，证据显示卓某对于此事是知情并同意的，因此该项诉请法院并未支持。

（五）关于《收购开发合同》是否能够继续履行的问题

《补充协议关于转换土地用途事宜的备忘录》约定了“收购完成后，由杜某、林某负责将标的公司所属地块使用权的性质由国有划拨工业用地转换为国有出让商住用地，并使之符合房地产开发的条件。《补充协议暨关于股东实际出资的备忘三》约定了各方同意机床厂土地使用性质由原来的工业用地变更为商住用地，该变更事项继续由林某负责落实”。从上述约定内容来看，HM公司收购了机床厂公司的100%股权后，由杜某、林某负责办理涉案土地的“三旧”改造相关手续。另，杜某、林某共需出资6000万元，而根据审计报告，杜某、林某目前的出资额为银行投入37632000 元、现金投入164500元，尚有2200余万元未实际出资。现在，因FJC机床厂土地的“三旧”改造工作停滞不前、林某意将其持有的HM公司30%的股权转让给第三人等原因引发股东纠纷。法院认为，产生纠纷的原因有多种，但主要在于杜某、林某未能积极、有效地将案涉地块的“三旧”改造相关手续完善以使之达到进行房地产开发的条件，还有杜某、林某未完全按约定履行出资义务。而杜某、林某抗辩提到《补充协议关于转换土地用途事宜的备忘录》是伪造的，其签名是造假的，实际上是卓某负责完成相应的工作，卓某懈怠配合推进“三旧”项目、政府暂停相关“三旧”改造进程等原因导致“三旧”改造项目停滞。因项目现在主要到了补缴土地出让金阶段，相对成熟。在未能举证证明合同受到了非双方原因的事由影响而导致履行不能，并且在合同尚未解除的情况下，双方仍需按照合同的约定履行各自的义务。

（六）关于延迟出资是否违约的问题

卓某向法院诉请确认杜某、林某未完全按照合同完成出资，需向卓某支付逾期出资（投资）的违约金。

《资产收购及合作开发合同》中对杜某、林某的首期及第二期出资款的支付时间做了约定，对后续的投资款在《补充协议关于转换土地用途事宜的备忘录》约定了“土地使用权性质转换过程中所发生的全部费用（含招投标及过户过程中所涉及的税费）由公司承担，所需资金由乙、丙方负责垫付。如政府要求采用招、挂、拍的方式进行拍卖，土地中标价扣除返还给标的公司地价补偿款外的支出，由公司承担（由甲、乙方负责支付）。办理土地功能转换所需的相关费用需经三方一致确认通过”。目前，项目因股东之间的纠纷停滞，杜某、林某已完成首期及第二期出资，且HM公司的账户目前仍有资金余额。后续的投资款需根据具体工作进程由三方进行协商，不存在杜某、林某违反合同出资约定的问题。

三、总结

本案例启示我们在重大项目合作中，应当选好合作者，投资合作前做好必要的尽职调查。项目所涉及的相关协议应聘请专业的律师草拟或审核把关。正式合作后，出现矛盾或分歧后，加强协商沟通，各方适当地平衡各自的利益，高效地推进项目的开发完成，以保障各自的利益最终得以实现。

案例七　广州市ZCBS村改造合作协议案例分析

笔者所在单位的顾问是专门从事旧村改造前期服务工作的，其参与多个旧村改造前期服务工作，本案例是分析其中一份合作协议。该份合作协议一共有11章，分别是第一章定义，第二章本项目基本情况，第三章交易概述，第四章资金管理，第五章合作公司的公司治理，第六章僵局的解决，第七章税费的负担，第八章保密，第九章违约责任，第十章生效、变更、解除及终止，第十一章其他。下面笔者主要从章节重要条款作分析。

一、合作协议章节重要条款分析

第一章　定义，该部分比较重要的几个定义：1.融资地块：指政府最终批准（以项目公司签署的《国有建设用地使用权出让合同》为准）的项目公司可获得用于开发建设、运营及销售的经营性国有土地使用权。2.计容可售建筑面积：指政府最终批准（以项目公司签署的《国有建设用地使用权出让合同》为准）的项目公司可获得的融资地块的计容建筑面积减去公共配套建筑面积等不可售部分后的建筑面积。这两个定义所涉内容是旧村改造中开发商关注的核心，直接影响开发商的最终利益。

第二章　本项目基本情况，该部分的数据一般是初步摸查的数据，不一定是最终改造方案和规划确定的数据，本合作协议是旧村前期的服务协议，因此，在写该部分项目情况时，特别注意需要在最后面加一条“上述数据以政府部门核查公布的基础数据成果为准”。以免出现现在填写的数据与以后政府审批核准的数据不一致，利益相差较大时，双方产生纠纷。

第三章　交易概述，该章主要描写的是协议各方的合作模式，本案例的合作模式是协议各方按照“共同投资、共享利润、共担风险、市场化运作、各自发挥优势”合资成立合作公司，由合作公司投资成立项目公司，促使项目公司取得本项目合作意向企业或合作企业主体资格。本案例合作方为两方，都是法人，合作公司注册资本1000万元，一方在合作公司中的权益比例为60%，另一方在合作公司中的权益比例为40%，双方应在合作公司章程约定的期限内缴付完毕应付的注册资本。双方的权利义务为，一方主要负责旧村改造中村集体及村民所有工作，包括但不限于协助维护、推进与村集体经济组织、村民的沟通协调、与村两委就开展旧村改造合作工作进行洽谈、协助村集体拟定

《旧村改造合作意向协议书》、协助村集体组织成员大会，表决通过本项目改造意愿申报、协助村集体及项目公司启动拆迁工作，督促被拆迁人及时进行搬迁、移交土地及房屋，拆除所有地上建筑物、构筑物、附着物及其他地上物，协助项目公司及村集体完成建设用地申报，国土、规划审批，注销原用地，房屋产权登记，办理确权登记，历史用地完善征收，确权登记手续等工作；另一方主要负责旧村改造中各级政府或部门有关申报、审批等程序，包括但不限于协助标图建库、申报年度改造计划、开展数据摸查、查处违法用地、违法建设的工作、地价评估、环境影响评估、历史文物评估、交通影响评估配合片测方案、实施方案的编制、拆迁补偿安置方案编制等。

第四章　资金管理，主要包括3个部分：一是合作公司的资金投入；二是项目的资金投入，三是外部融资。本案例合作各方按照同股同投的方式，依照公司章程和项目进度，双方按照股权比例投入相应的资金。如果一方资金无法安排，可以向另一方按照年化利率12%有息借款。对于外部融资，股东应当提供相应的担保，以确保项目公司顺利融资，如一方不提供担保或无担保能力，需由对方代为担保的，则代为提供担保的一方（含该方指定主体）有权按照超出该方按权益比例所应提供的担保额部分的2%/年向未按照权益比例提供担保的一方合作公司或项目公司收取担保费。对于公司利润分配方面，如合作公司当年具备可分配利润的，经双方另行书面同意后，可在不超过当年累计可分配利润80%额度的范围内，按双方实缴比例进行利润分配。

第五章　合作公司的公司治理，该部分主要从股东会、董事会、监事3个部分进行约定。具体如下：

（一）股东会

合作公司设股东会，股东会是最高权力机构，由甲方和乙方共同组成。股东会职权如下：

1.决定公司的经营方针和投资计划；

2.选举和更换由非职工代表担任的董事，决定有关董事的报酬事项；

3.选举和更换由非职工代表出任的监事，决定有关监事的报酬事项；

4.审议批准董事会的工作报告；

5.审议批准监事的工作报告；

6.审议批准公司的年度财务预算方案、决算方案；

7.审议批准公司的利润分配方案和弥补亏损方案；

8.对公司增加或者减少注册资本作出决议；

9.对发行公司债券作出决议；

10. 对公司合并、分立、变更公司形式、解散和清算等事项作出决议；

11. 对股东股权转让作出决议；

12. 修改公司章程；

13. 决定公司设立子公司、分公司或其他对外投资；

14. 对公司融资渠道选择、融资额度、利息及投资额度超过500万元以上的决议；

15. 公司章程规定的其他职权。

上述所列事项股东以书面形式一致表示同意的，可以不召开股东会会议，直接作出决定，并由全体股东在决定文件上签名、盖章。

股东会按照股东认缴出资比例行使表决权。股东会会议作出修改公司章程、增加或者减少注册资本的决议，公司合并、分立、解散或者变更公司形式的决议，以及作出本协议1、6、7、13、14的决议，必须经代表2/3以上表决权的股东通过；股东会作出的其他决议，应由代表过半数表决权的股东通过。

（二）合作公司董事会

合作公司设董事会，董事会由3名董事组成，董事任期 3 年，经委派方继续委派可以连任。其中，甲方委派2名董事，乙方委派1名董事。董事长由甲方指定的董事担任，董事长为合作公司法定代表人。董事会职权如下：

1. 负责召集股东会，并向股东会报告工作；

2. 执行股东会的决议；

3. 决定公司的经营计划和投资方案；

4. 拟订公司年度财务预算方案、决算方案及决定资金使用方案；

5. 拟订利润分配方案和弥补亏损方案；

6. 拟订增加或者减少注册资本方案；

7. 制订发行公司债券的方案；

8. 对公司聘用、解聘会计师事务所作出决议；

9. 审定经营计划调整事项；

10. 根据股东委派，决定聘任或者解聘公司总经理、财务负责人及其他公司高级管理人员及其报酬事项；

11. 制定公司的基本管理制度；

12. 审议批准公司对外投资、担保、抵押等行为；

13. 听取公司总经理的工作汇报并检查总经理的工作；

14. 审议批准公司内部管理机构设置方案；

15.审议批准公司富余资金统筹、调用方案；

16.股东会授权的其他事项。

董事会决议的表决，每一董事就董事会所议事项享有一票表决权，董事会审议3、8、9、12、15事项需经全体董事一致决议通过方能生效，其他董事会决议事项需经过半数通过方能生效。

全体董事对审议事项以书面形式一致表示同意的，可以不召开董事会会议，直接作出决定，并由全体董事在决定文件上签名。

（三）监事

合作公司不设监事会，设监事 2 名，甲方委派 1 名，乙方委派 1 名。监事任期 3 年，可连选连任。

第六章　僵局的解决，主要就合作公司、项目公司陷入僵局的处理方式进行了约定。首先是界定了什么样的情况属于公司陷入僵局，即“对于股东投入、净利润分配方案、服务费及亏损弥补方案，如经依法召开股东会会议或董事会会议无法作出决议的（董事若无法亲自到场，可授权委托他人代为出席，行使董事权利），则应在前次股东会会议或董事会会议结会时，就同一事项进行议决。如是股东会会议的，则如第二次股东会会议就该事项仍无法作出决议的，视为在第二次股东会会议结束当日形成公司僵局；如是董事会会议的，则如第二次董事会会议就该事项仍无法作出决议的，董事长须立即将该事项交由股东会在10个自然日内协商解决，若股东会在上述10个自然日期限内仍无法作出决议的，则视为在该期限届满之日形成公司僵局”。其次是规定了公司僵局的解决机制，主要为一方收购另一方的方式使得对方退出，并且在本协议规定了收购价格确定方式。

第七章　税费的负担，旧村改造中涉及大额资金及多个税种，本案例关于税费的负担，双方原则上同意因本次交易而发生一切税费由法律、法规规定的缴纳义务人承担。如相关法律、法规没有明确规定的，由双方另行达成补充协议解决。

第八章　保密，旧村改造的项目锁定是前期服务的根本目的，因此保密是基本要求，该部分主要规定了哪些属于保密的信息及哪些人需要保密。

第九章　违约责任，违约责任是为了发生纠纷后，有明确的处理依据，是保障各方利益的重要条款。本案例违约责任比较概括性表述，即“本协议签订后，双方应严格遵守各项条款。除非本协议另有约定，如其中一方有违约行为，应尽最大努力采取补救措施，还须赔偿守约方因此造成的全部经济损失。除本协议另有约定外，因任一方违约原因导致本协议无效、解除、被终止、被撤销的，违约方应向守约方支付违约金3000万元，并应赔偿因此给守约方造成的一切实际损失。双方在此明确放弃违约金过高的抗辩权。除本协议另有约定或经对方同意，任何一方不得提前解除本协议，或对外转让所持本项目的权益比例，亦不得以调减权益比例的方式替代股东投入义务，否则应向对方支付违约金5000万元，并应赔偿因此给对方造成的一切实际损失。双方在此明确放弃违约金过高的抗辩权”。并没有罗列具体的违约情形，仅有一条违规与其他第三方的合作，对违约责任的承担进行了具体约定，即“乙方保证在本协议签订前未与除甲方外的第三方以任何方式合作本项目（如有，乙方应在签订本协议前解除该等合作协议，并确保本项目不存在任何纠纷、争议），并保证在本协议签订后不再就本项目与其他任何第三方进行任何谈判、磋商，亦不与其他任何第三方就本项目签订任何协议、合同或达成任何意向，否则甲方有权解除本协议。如甲方根据前款约定解除本协议的，乙方应向甲方支付违约金人民币5000万元并按照甲方股东投入进行赔偿，并按照年利率15%的标准支付资金占用费，占用时间从甲方实际支付第一笔款项之日起计算至乙方完成全部清偿之日止”。而且，针对甲方也规定了同样的违约责任。

第十章　生效、变更、解除及终止，该章规定了协议生效、变更、解除及终止的情形及程序，并且对不可抗力的情形及处理进行了约定。

第十一章　其他，主要规定了本协议与其他协议不一致的处理，本协议里涉及的通知及接收通信地址的变更处理方式，本协议争议解决方式。其中争议解决方式为因本协议产生的，或与本协议有关的任何争议，应首先由本协议双方友好协商解决；协商不成时，任何一方均应向中国广州仲裁委员会申请仲裁。诉讼费、律师费、保全费、公证费及保全担保费等与诉讼有关的全部费用均应由败诉方承担。

二、合作协议点评

一份好的合作协议是后续工作开展的重要指引，也是保障合作各方利益的基础。建议由专业的律师草拟、审核，在合作协议谈判中，更应该让律师参与其中，律师通过参与谈判，了解合作各方的真实需求，再对协议进行修改，会更符合各方的利益诉求，达到事半功倍的效果。

本案例的合作协议是一份比较齐全、完整的前期服务合作协议，合作模式是比较传统的同股同投的模式，各方合作的基础主要是整合各自的优势资源，以实现获得最终的项目开发权利。笔者在审核修改协议中，主要是代表其中一方的利益，结合其需求进行了累计6稿的修改，参与项目的3次谈判，目前已经基本定稿，在审核该合作协议过程中，着重的关注点应为合作模式、资金投入和使用、公司治理机制、僵局处理机制、违约责任、协议解除情形设置，前述章节重要条款基本相对于第一稿来说都进行了调整。对于涉及商业部分的条款，笔者如果觉得明显不合理或不公平，会做提示，以供合作各方协商调整。本案例合作协议整体来说是比较完善和规范的，但是对于违约责任部分，不够明确，笔者也多次提出，但双方考虑合作的真诚，没有采纳细化的建议。

三、总结

广东省“三旧”改造目前主要以政策为主导，尚没有上位法支撑，每个市的政策和改造模式都存在差异，广州市内不同区之间的政策也有差异。因此，我们在接触旧村改造项目时，首先是确定项目所在地的政策要求。了解相关政策是开展旧村改造的基础，不论是实际参与旧村改造的各个主体，还是为旧村改造服务的第三方专业公司，都需要研究透政策，“无政策不旧改”，当然，作为法律从业者，除政策外，还需要研究旧村改造过程中实际出现的问题可能违反的法律法规，以提前作提示，做好预防。另外，笔者发现除了不同地区的旧村改造模式有着较大的不同，即使是同一个区，也会因为村与村之间的差异、村在实际旧改过程中出现的特殊问题，需要不断地调整，并没有一成不变的模板之说。任何一份协议，都需要结合项目的实际情况和合作方的需求进行安排，这样才能真正地保障各方的利益，推进项目有序开展。

案例八　广州市DP村案例

——前期服务商的历史沿革及合规路径探讨

一、项目简介

DP村旧村改造的历史可以追溯到2007年，彼时正值广州市“十一五”规划将和谐社会确定为其发展目标之一，坚持以人为本，城乡一体化全面推进，社会主义新农村建设成效显著。统筹城乡发展，加快推动城市基础建设向农村延伸、城市公共服务向农村覆盖、城市现代文明向农村辐射。同时，广州城市总体规划在彼时确立了广州市城市发展的八字方针：“东进、西联、北优、南拓”，PY区正好位于广州21世纪发展的重点轴线上。通过建设广州新城、开办2010年亚运村、建设广州大学城、广州新客站、开通地铁三号线和四号线等，来不断改善PY区的交通、公共服务等基础服务设施，从而推进PY区的不断发展。广州市城市发展的八字发展战略，优化广州整体空间结构，不仅为PY区城市建设提供了良好的政策和基础设施支持，更重要的是它为PY区新农村的发展提供了一个良好的契机。

正是在这个契机之下，该村于2008年启动新农村村庄规划工作。该村在新农村村庄规划工作结束后，依据当时广州城市更新的政策，提前开始为旧村改造做准备工作，并于2011年前后与前期服务公司签订了服务协议。

直到2017年，经该村股东代表大会表决同意该村申请进行全面改造。该村在2018年2月曾入库PY区公布《广州PY区城乡更新总体规划（2015—2035）》：“至2020年，将改造22个旧村、6个村级产业园、40个旧厂、39个老旧小区共107个项目”计划中。然而，在2020年9月17日《广州市人民政府办公厅关于印发〈广州市深化城市更新工作推进高质量发展的工作方案〉的通知》（穗府办函〔2020〕66号）5年计划中未见该村改造项目的身影。其实，截至2020年7月，当时同时纳入《广州______区城乡更新总体规划（2015—2035）》至2020年改造的22个旧村中，已有13个旧村公开招标合作企业，总用地面积约为1.8个珠江新城，总投资金额约为1084.49亿元。但该村的旧改工作却推进缓慢。

城市更新项目不同于普通的房地产开发项目，特别是旧村改造工作不单单是优化农村生活质量这么一个简单的问题，它其实是在解决一个复杂的社会问题。这个社会问题涉及政府公共事业、涉农问题、房地产开发建设、行政行为及民商事关系等，它解决的不只是现在的问题，更涉及很多历史遗留问题，可以说涉及其中的法律法规、政策文件、各个主体、流程环节等都是值得研究的全新课题。

正因如此，每一个旧村改造项目都有其特殊性，有些更新项目推进顺利，有些更新项目却因为种种原因陷入困局，长期难以推动，挫伤了投资人、原权利人的积极性。如何加快推动更新项目，各政府进行了很多尝试。华瑞兴团队拟通过探讨本案例引进前期服务商的模式，尝试探讨过去与现在政策环境下的前期工作的推动开展，希望给读者带来一些思考。

二、广州城市更新前期服务商的历史沿革及合规路径探讨

（一）前期服务商的历史沿革

前期服务商其实并不是一个专有名词，并没有标准化的称谓和定义，它是基于城市更新项目的特殊性在历史发展中的产物，主要是指在城市更新项目中提供前期服务的主体。该类主体的出现，往往兼具项目公关、项目风险投资、前期技术服务、项目推介及各主体沟通桥梁的作用。

早期开展城市更新前期工作的主体主要被称为平台公司，实际上在操作层面上所谓的城市更新前置公司、城市更新前期项目公司、城市更新前期服务公司、城市更新意向合作公司往往都扮演着平台公司的角色。早期，参与前期服务的平台公司，部分主要以提供前期服务赚取相关事项的服务费用，部分扮演着利益输送的通道，部分主要以“平台公司”的身份提供项目与开发商的中介服务，从中赚取中介费用，甚至有些涉及倒卖项目。总之，缺乏监管的平台公司，鱼龙混杂，在法律法规及政策监管不到的地方，给市场的有序性带来了混乱。2019年9月，广州市住房和城乡建设局发布《关于加强旧村全面改造项目监管工作的通知》；2019年10月11日，广州市规划和自然资源局增城分局发布《关于进一步加强市场主体参与我区旧村改造监管工作的函》，坚决杜绝平台中介公司倒卖项目，破坏旧村改造秩序的行为。广州也由此开启了项目公司整治工作，相应地以“前期服务商”取代“平台公司”，并对前期服务商的条件、引入作出要求，进行监管。

虽然广州市不再允许平台公司参与城市更新项目，但是其他市、区并未对平台公司作出禁止性规定。从某种意义上说，平台公司的存在在一定程度上推动了城市更新项目的进度。但城市更新项目牵扯的利益大而广，没有监管的情况下，很难保证平台公司参与城市更新前期工作的合法性、合规性。过去，平台公司在城市更新项目中法律监管不到的地方，作为各方诉求表达、平衡的桥梁，确实存在部分平台公司扰乱正常市场秩

序、滋生腐败乱象等现象。未来对平台公司的合法性、引入条件的设置、服务事项的规定、监管程序执行等都应进一步探索。

（二）前期服务商产生的背景及意义

虽然广州市以前期服务商取代平台公司，但其他市区还是存在平台公司的说法，为方便本文的论述，以下统一以“前期服务商”论述。

城市更新项目自身的特殊属性导致其天然会产生一系列的社会、历史、利益等问题，特别是城中村旧村改造项目特点更为明显。城市更新的平台公司正是基于城市更新特殊属性而衍生出来的产物。

因为我国城乡二元的社会结构，农村问题往往比城市问题涉及的社情关系更为复杂。在城市发展的过程中，城市不断扩张自己的区域范围，同时因扩张使得城乡二元的融合成为可能。也正是随着城乡二元的融合，城中村便成为一种特殊的存在。它们与尚未被城市辐射到的农村地区不同，它们在保留我国浓郁的农村文化的同时，也接受了大量现代城市的信息，它们在物质上可能早已实现了城市化，但在精神层面上还保有我国传统的宗族血亲观念。因此，在城中村改造问题中，往往在依法依规处理的同时，还需要有强大的社情沟通能力结合，方可在提高效率的同时和谐处理。

旧村改造项目是一项参与主体广泛、事务流程多、时间周期长的工作，根据2016年1月1日实施的《广州市旧村庄更新实施办法》（有效期五年）及其他相关政策文件，旧村改造主要分为改造策划、项目实施方案、改造实施3个阶段，每个阶段都需要根据相关流程完成相关事项，每个阶段大致需要完成以下工作：

1.改造策划与控规论证阶段

根据相关规定，改造策划阶段最主要的工作是完成片区策划方案的审批。片区策划方案应包括：①明确发展定位、更新策略和产业导向、城市公共配套基础设施设置等内容；②进行经济可行性、规划实施可行性的评估，测算安置、复建规模和改造效益；③统计旧村庄现有居住人口规模，计入公建配套的计算基数，以进一步完善相关配套设施。

片区策划方案编制及审批的工作内容：①开展数据摸查工作，标图建库；②确定旧村庄改造范围；③确定旧村庄的改造方式和改造模式；④核定旧村庄改造复建安置总量；⑤编制片区策划方案；⑥策划方案的批准。

2.项目实施方案阶段

本阶段主要需要完成改造实施方案的编制和审批，片区策划方案经市城市更新领导机构审定后，由区政府按照规定组织编制项目实施方案。项目实施方案应当包括：明确现状调查成果、改造范围、用地界址、地块界线、复建和融资建筑量、改造成本、资金平衡、产业项目、用地整合、拆迁补偿安置、农转用报批、建设时序、社会稳定风险评估等内容。广州的城市更新项目的实施方案也包含拆迁补偿方案。

华瑞兴团队根据2016年1月1日实施的《广州市旧村庄更新实施办法》（有效期五年）及相关规定对项目实施方案编制、审定、批复流程进行了梳理，但随着《广州市机构改革方案》（穗字〔2019〕1号）的实施，原城市更新局被撤并，其职能部分拆分并入广州市规划和自然资源局以及住建局，实施办法中规定的原由市城市更新局负责的相关工作已并入新的机构部门。本文按照项目实施方案（旧村全面改造）的编制、审定、批复整理流程如下：

（1）项目改造主体编制《实施方案初稿》，区政府组织专家、代表进行论证修改；修改完成，形成《征求意见稿》，村内征求意见≥30天，形成《意见完善稿》；

（2）区政府征求市直相关部门意见，根据反馈意见修改完善形成表决稿（包括拆迁安置总量、补偿方案等直接涉及村民利益相关内容）；

（3）表决稿经村民（含村改居的居民）和世居祖屋权属人总人数的80%以上同意后，形成送审稿；

（4）区政府审核通过；

（5）区政府审核同意方案后上报城市更新主管部门审查；

（6）涉及重大复杂事项的，经协调会议研究后，报市城市更新领导机构研究；

（7）市城市更新部门向市城市更新领导机构提交审议实施方案进行审定；

（8）涉及完善历史用地手续的同步报批（如需）；

（9）获得批复同意完善历史用地手续（如需）；

（10）市城市更新局在市城市更新工作领导小组审定实施方案后向区政府发出项目实施方案批复；

（11）项目实施方案需要进一步修改完善的，应当先按市城市更新工作领导组意见修改完善；

（12）项目实施方案的批复应当在城市更新局官方网站上公布；

（13）旧村改造实施方案经市城市更新工作领导小组审议并批复后，在3年之内补偿安置协议经村民（含村改居后的居民）和世居祖屋权属人总人数的80%以上表决通过的，批复生效实施；否则重新报批。

3.项目更新改造实施阶段

在项目实施方案（含拆迁补偿安置方案）已批复、表决生效实施、稳定后，进入动迁和建设实施阶段。合作改造项目通过招投标或招商形式引入合作企业。合作企业可以一次性引入，由企业出资、由村集体拆迁完毕后，“净地”移交企业建设；也可以由村集体分别引入土地整理企业进行拆迁和房地产开发企业进行开发，即两阶段引入。在广州城市更新的实操中，目前更多的是以第一种方式为主，但随着项目的实操和反思，有些地区已开始探索第二种方式，比如广州白云区，白云区鼓励区属国企参与城市更新项目，通过区属国企完成土地整理后，再二次通过招投标或招商的形式引入开发商，做后期开发工作。

综上所述，我们可以看到，一个旧村全面改造需要完成的工作实际是程序繁多且复杂的，从数据摸查到片区策划方案的审批，从项目实施方案的编制到实施方案的表决生效，从项目实施方案的生效、招商、动迁、建设、回迁到验收等，大量工作专业性很强，同时在每项工作中都充斥着大量的村民沟通工作，这意味着在一个旧村改造项目中，需要耗费更多的人力、物力、财力、时间。虽然广州的城市更新工作主要以政府为主导，一部分专业的工作由政府牵头开展，但实际上村集体经济组织还是承担了大量的实际操作工作、沟通工作等，这对村集体经济组织来说，还是面临着很多现实困难。正是在这样的背景环境下，给前期服务商留下了生存空间。

（三）前期服务商的现状

旧村改造项目中各方面临的现实问题主要有：（1）村集体缺乏专业知识、人才储备、实操经验等方面的优势；（2）村集体缺乏经济实力，无法解决前期费用高昂的问题；（3）缺乏专业、执行力强大、沟通力强的人员推进项目开展；（4）开发商需要找到合理的途径，合法合规地提前介入旧村改造项目，做好村民工作，以便最终实现顺利取得项目的目的。我们看到现存的前期服务商主要解决了以下问题：

1.借助前期服务商可以规避一些财务风险

从实操来看，开发商更愿意提前介入旧村改造项目，如果能够协助前期工作顺利开展，就相当于在后期引入合作企业前获得了一个“加分”项，所以他们是愿意承担前期成本的。但旧村改造项目前期工作中涉及的大量费用是无法开具合理的发票来冲抵的，对于大的房地产商（特别是上市公司）或者国企、央企来说，这项不合规的成本是存在一定审计风险的。前期服务商的存在，对于开发商来说，是解决这个问题的方法之一。

2.借助前期服务商规避一些法律风险

城市更新项目涉及的利益关系错综复杂，特别是旧村改造项目，因为其特殊的背景文化需要借助当地的人脉关系，而前期服务商正好可以在此环节起到关键作用，为后期改造的各方规避一些法律风险。

3.解决专业人才不足的问题

前期服务商往往对前期工作较为熟悉，特别是在数据摸查、推动村民表决、拆迁方案及动迁工作的沟通协调方面有自己的优势和经验，这对于擅长开发的房地商来说是一种补短板的补充。而对于村集体经济组织来说，开展前期工作往往需要提前垫资，对于大部分村集体经济组织来说，并没有这样的经济实力，前期服务商就是可以帮助他们不花钱、少花钱的重要途径，是解决村集体缺乏前期工作资金问题的重要方法。所以，前期服务商的存在于村集体、村民、开发商来说，都是具有重要意义的。

前期服务商一般主要分为三类：（1）自主改造的村集体自己成立的公司；（2）开发商自己成立的城市更新平台公司；（3）村集体及开发商以外的第三方成立的公司。

这三类平台公司尤以后两种较为普遍，也是本文讨论的重点。后两种前期服务商在旧村改造项目中可以凭借自己的优势，相对于村集体自己成立的平台公司来说，在专业知识、人才储备、实操经验等方面存在一定的优势，他们往往具有强大的执行力和沟通力，同时，这两种前期服务商可以解决村集体前期无充足资金投入的问题，他们通过与村集体共同努力可以较快推动项目的开展。从上文可以看出，前期服务商除解决了一些专业、财物的问题，实际上也在灰色地带发挥了作用。但这个灰色地带较难监管，也是利益交易繁多的地方，是腐败滋生的温床。也是基于这个原因，广州市在城市更新的尝试中，开始开展对平台公司的整治工作，并对前期服务商的管控越来越严。

（四）政策变化前后的前期服务合作对比

1.意向合作企业的部分职能取代了前期服务商的部分职能

2020年2月21日，广州市住房和城乡建设局发布《关于进一步规范旧村合作改造类项目选择合作企业有关事项的意见》（2020年3月1日施行，有效期五年，以下简称〔2020〕16号文），同时广州市城市更新更新部门发布的《关于进一步规范旧村合作改造类项目选择合作企业有关事项的意见》（以下简称〔2018〕1号文）失效。

在〔2018〕1号文之前，很多旧村为解决资金和经验问题聘请了前期服务商（包括平台公司）。〔2018〕1号文发布后，规定旧村合作改造可以分阶段选择合作意向企业和正式合作企业，从相关的文件中可以看出，合作意向企业的工作内容基本是协助村集体做好旧改项目的前期服务工作。〔2020〕16号文适用旧村合作改造的情况，对合作意向企业的引入未作强制性规定，也即引入合作意向企业并不是必要流程。

〔2018〕1号文之前已成为旧村改造前期服务商的平台公司，以及实力较强成为旧村合作改造的合作意向企业的平台公司，由于广州市从市到各区已陆续出台了广州市城中

村改造合作企业引入及退出指引，对引入合作企业设置了严格的条件（注册资金、信用情况、总资产、开发经验、联合体等）和程序，同时也规定合作意向企业的引入应参照合作企业，这意味着政策变化前的很多平台公司失去了市场和生存空间。

2.前期服务商的职能转变

从开展城市更新项目已签订的前服协议来看，政策前后也有了明显的差别。政策变化前，很多前服协议中都能看到目标开发商的身影，协议内容也有推荐项目、确保项目给到某个开发商的违规约定。但政策调整后，前服协议更多地回归到旧村改造专业服务上来。

2020年6月16日，广州市住建局向各区政府、各市属部门发函，征求对于《广州市旧村全面改造项目前期服务商采购工作指引》的相关意见（以下简称《征求意见稿》)。根据《征求意见稿》第六条资质要求的规定：村集体经济组织采购前期服务商时，应考虑以下情况：

（1）熟悉省、市城市更新政策，具备组织旧村全面改造土地测绘、数据调查、方案编制、房地产评估、拆迁补偿、法律实务等方面专业技术力量的能力。

（2）注册资本不少于500万元，近3年无不良诚信记录。

（3）符合采购文件中确定的开发资质、开发经验、产业运营能力等。

（4）符合采购文件中确定的保证金要求。

（5）统一服务商在同一辖区内，同时开展前期服务的项目不得超过7宗（含联合体方式，已完成前期服务工作的项目不计）；在同一街/镇范围内，同时开展前期服务的项目不得超过3宗（含联合体方式，已完成前期服务工作的项目不计）。

（6）服务商参与报名时，需提交服务事项计划书，列明服务事项和计划实施时间等内容。

（7）符合村集体经济组织关于前期服务商的其他要求。

从以上规定来看，如果该指引生效后，在前期服务商的选择条件上，更倾向于具有技术力量的市场主体。也就是说，对前期服务商的要求应当是具有技术能力的，而不仅仅是中间商或者是信息输送方。同时结合《征求意见稿》第十六条“自本指引发布之日起，《关于进一步规范旧村合作改造类项目选择合作企业有关事项的意见》（穗建规字〔2020〕16号）中有关改造意向合作企业的规定同时废止。本指引发布之前，已按《关于进一步规范旧村合作改造类项目选择合作企业有关事项的意见》（穗更新规字〔2018〕1号）、穗建规字〔2020〕16号选择意向合作企业并签订协议的，继续按相关规定执行”的规定，未来，前期服务商取代合作意向企业是政府导向，这也是杜绝非公平、公正选择合作企业的决心。

（五）前期服务商的合规化路径探讨

《征求意见稿》之前，对于前期服务商并无相关法律法规及政策文件进行明确，未来《征求意见稿》通过后，前期服务商的合法身份就有了政策的依据。鉴于以往经验，华瑞兴律师团队提出以下建议：

1.前期服务商应坚持以专业服务为根本

通过本文的论述，城市更新项目前期的确需要专业服务团队协助开展相关工作，未来前期服务商应该更多地回归到专业服务上来，通过提供专业的前期服务，切实解决城市更新项目的前期问题，并赚取合理的服务费用。

2.应通过正当程序引入前期服务商

目前广州市、区相关文件已明确规定了合作意向企业引入的条件和程序，但引入前期服务商的流程并未明确。未来《征求意见稿》发布实施后，应当按照文件规定的流程公开选择，从而使前期服务商能够名正言顺地参与进来，快速推动城市更新工作。

3.优势互补，合作服务

对于有专业服务能力但不符合前期服务商引入条件的机构来说，可以利用自己的专长与其他专业机构合作，强强联合，形成专业联盟，共同服务城市更新项目，切实、全面地提供好前期服务工作，为城市更新项目的实施保驾护航。

案例九　广州市NS区PW村案例

——浅析前期服务协议

一、项目概况

本项目位于广州市NS区，拟改造建设范围200多公顷（最终改造范围以政府相关部门批复为准），项目处于城市更新项目前期，尚未纳入城市更新旧村改造年度计划中。

众所周知，中国城市房地产行业正从增量发展进入存量更新的阶段，进入城市更新阶段。这个阶段，土地越来越稀缺。经过多年的城市发展，主城区的人口、房屋、环境密度已经达到一定的饱和度，主城区的城中村为适应城市发展，往往楼栋密集、楼层高立（5—6层以上），在主城区的土地越来越贵的情况下，拆迁补偿的成本也是水涨船高，对于合作企业的资金实力要求越来越高，合作企业改造成本高、资金压力大，在推进城市化进程工作方面存在一定的难度。

NS区因其广州经济技术开发区、国家级新区等身份，其在城市更新项目上具有自身的特点，特别是在吸引合作企业方面，具有自己的优势。目前，该区房价处于广州洼地，该区正处于高速发展萌芽阶段，交通、医疗、教育等与生活配套息息相关的设施尚未全部完善，是房价尚未有表现的重要原因。NS区站在城市大发展的角度去决策、去谋划，高站位、高远谋。NS区凭借在拆迁方面集各种政策于一身的优势，加之拆迁成本低的优势，通过时间维度换取空间维度和经济维度，在拆迁工作方面全力掘进。这两年NS区土地收储面积庞大，尤其自去年以来，该区各片区村落改造集中发力、同步推进，各片区村旧改推动迅速，这是吸引合作企业的一大优势。

另外，NS区城中村比主城区城中村更有额外的优势。相比主城区城中村来说，该区村落建设的房屋不仅普遍都为二三层以下，且分布比较稀疏，住宅补偿面积、现金补偿等多方面成本较低。这些直接影响合作企业现金流的因素，对于合作企业来说，阻力小、风险小，但利润大，这是吸引合作企业的另一大优势。

NS区城市发展的策略为优先未来繁华区域，再向周边扩延。通过对NS区目前拆迁片区的先后推测，NS区的策略优先通过启动旧改、拆迁腾挪土地、降低成本，快速推进发展繁华区域，取得发展优势后再向周边辐射发展，通过时间换取空间。本项目行政区属NS区，属于城边村，暂未列入三年改造计划、五年改造方案中，但因地理位置与广州、佛山都较近，在未来的城市发展、各区联动、广佛同城的大发展中具有一定的优势。

二、旧村改造项目前期协议浅析

（一）前期服务商

前期服务商是符合广州城市更新政策的一类主体，该类主体协助村民或村集体完成挂牌招商前的所有工作，包括设定发展方向、权属调查和意愿征询、拆迁补偿方案的协商和制订、编制好完善的招标方案等；另外，前期服务商往往最重要的工作还包括协助村民或村集体完成《拆迁补偿方案》的制定，保障村民的拆迁补偿权益得到最好的解决。由此可以看出，前期服务工作往往涉及专业领域，需要专业人员参与，因此前期服务商一般由技术机构、拥有广泛社会资源的第三方企业或者村集体自己成立。

随着城市更新项目监管政策的逐渐趋严，这对开发商提前介入锁定城市更新项目作出了一定的限制。城市更新项目前期工作专业内容多、资金成本高，仅靠村集体自行完成存在一定的难度，本文在其他案例中已有说明。目前，广州市已对平台公司开展了整治工作，前期服务商将取代原先的平台工作，许多开发商纷纷借助前期服务商进行项目规划、拆迁补偿、经济效益等情况的摸查及项目锁定，这为前期服务商带来了客观的利润。随着加快城市更新工作的推进，前期服务商在城市更新项目中也有了独特的重要地位。

（二）前期服务协议的签约主体利益分析

前期服务协议一般由村集体或村集体经济组织与前期服务商签约，双方利益诉求为：村集体或村集体经济组织/镇街希望得到专业的服务，从而快速推动项目；前期服务商希望通过协助村集体推动项目开展获取利润报酬。旧村改造的前期工作需要一定的资金成本，但村集体/镇街资金有限，往往在开展旧村改造项目前期工作时需要政府机关、镇街、村集体、前期服务商垫资，最终由合作企业买单。但旧改项目风险与进度是一个非常不可控制的问题，如若前期服务不能在规定的时间顺利完成成果验收与项目转化，最后很有可能造成资产与时间成本的流失，对签约双方来说都是巨大的损失。那么在签署前期服务协议时就需要多方面考虑，避免经济损失。

（三）《前期服务协议》重点条款浅析

一份完整的前期服务协议，在条款上应当包括但不限于：签约主体、鉴于条款、项目概况、前期服务内容、费用支付、成果交付、双方权利和义务、服务期限、项目权益转让、违约责任、不可抗力、保密条款、通知与送达、争议解决、其他条款等。华瑞兴团队重点就以下几点内容进行论述。

1.前期服务内容

在实务中，服务协议的前期服务内容基本包括：数据摸查、协助做好村民表决工作、编制旧村改造方案、编报本项目所在区域的控制性详细规划、拟订拆迁补偿方案、编制挂牌招商方案等。当然，因项目实际情况各异，在实操中还会视项目情况增加如下服务内容：改造范围内标图建库、土地房地产评估、更新单元评估、场地环境调查和风险评估、地块包装、规划研究（包括改造片区概念规划、更新单元划定与研究成果等）、规划调整（含规划编制）、完善历史用地手续、国土空间规划（含土规、地类、三调用地调整）、用地指标规模申请、拆迁补偿、土地平整等。

前期服务工作内容基本为专业类工作，但需特别关注拆迁问题，包括拆迁补偿工作是否会被纳入前期服务商工作范围？能否提前开展拆迁补偿工作？具体有何要求？如何开展工作？

华瑞兴团队认为拆迁补偿工作可以根据项目实际情况纳入前期服务商工作范围，若前期服务商拟于前期工作中纳入拆迁补偿内容，则应根据相关政策文件要求，在服务协议中进行明确约定具体工作内容和事项。

2.服务期限

城市更新项目往往不确定性因素大、时间周期长，如若前期工作陷入困境，不仅会给项目推进造成障碍，还会增加资金成本。选择引入前期服务商是为了推动城市更新项目工作，因此，服务期限的约定是极为重要的。

华瑞兴团队建议，签约各主体应当根据项目实际情况设定合理的前期服务期限，这个期限不仅是推动城市更新项目的关键节点，也是考核前期服务商实力的重要指标。对于协议期满未完成协议约定事项的，前期服务协议应当自动解除，但双方可就是否继续合作共同推进项目进行友好协商，如若继续合作的，应当按“四议两公开 ”的程序重新表决通过后再签订新的合作协议。

3.协议权益的转让

前文论述，前期服务商一般由技术机构、拥有广泛社会资源的第三方企业或者村集体自己成立，鉴于前期服务商利润可观，在实务中存在部分前期服务商自身不具有前期服务的专业能力，其实质上是项目推介人的身份，该类主体往往为了追求高额的利润、避免项目风险，这对城市更新项目的前期工作影响是巨大的。因此，前期服务协议应就前期服务商能否在签订服务协议后将协议项下的权利义务转让给第三方，以及是否可以通过股权转让方式让其他第三方参与该城市更新项目前期工作作出明确的约定，这不仅可以保障项目安全推进，也可以有效监管前期服务商的工作。

在实务中，有些服务协议约定前期服务商支付一定的履约保证金，若前期服务商将成交项目转让给第三方，或者在报名文件中未说明且未经村集体/镇街同意将成交项目转让给第三方的，镇街将没收履约保证金；也有服务协议约定，前期服务商可以选择由其全资子公司作为前期服务的实施主体，并以全资子公司的名义与镇街签订前期服务协议，如联合体中选前期服务商，则由联合体指定关联公司组建项目公司作为前期服务的实施主体并与镇街签订前期服务协议，非经村集体/镇街同意，前期开发商不得擅自将相关的权利义务转让给其他第三方，或是通过转让股权的方式让其他第三方参与改造区域的前期工作事宜，否则村集体/镇街有权终止服务合同，相关损失由前期服务商自行承担。

华瑞兴团队建议，对于需要限制前期服务商转让协议权益的情况，还可以通过实际控制人审查、限制股权质押等方式进行加强管理。

4.建议

鉴于前期服务商监管尚缺乏法律法规及相关政策的监管和指导，华瑞兴团队建议签约主体在签约前充分沟通前期服务需求，严谨设置服务内容、服务期限、各重要工作节点、费用及支付、限制权益转让等条款；在签约时秉承友好合作的共同目标，充分沟通协商重要条款，通过民主表决、公示、报批、发布招引公告、接受保密、召开股东大会或股东代表会议集体决议、公示集体决议结果、签订服务协议的合规程序公开招引前期服务商；签约后根据项目实际推进情况、面临的实际问题对前期服务协议进行适当的补充、完善。

案例十　广州市HD区YW村旧村合作改造项目案例

——多行政村联合改造及合作企业履约保证金问题探索

一、案例简介

广州市HD区YW村旧村合作改造项目（以下简称YW村改造项目或本项目）是广州市城市更新计划“三年计划”所列项目，也是2020年广州市HD区全力推进的旧村改造项目之一。

YW村改造项目改造范围内建筑总量为250多万平方米。改造项目涉及两个行政村，历史上两村本属同一行政村，后因村子规模、村民数量发展迅速，被拆分为两个行政村。虽然两村行政区划上被划分开，但因宗族、历史等原因，两村之间婚嫁、经济联系紧密，人员往来交流频繁，土地交界很难划分。

2015年，两村与某合作公司签署了合作意向协议。在村集体、政府、合作意向企业等多方的共同努力下，历经5年时间的前期工作，于2020年正式进入招商文件编制阶段，拟招取合作企业。

二、项目过程中存在的问题

在本项目前期工作的推进过程中遇到了诸多棘手的问题，以至于前期工作的推进花费了整整5年时间，其间政策的变化、人员的变动、产权交易等问题都给华瑞兴团队提供法律服务工作带来了不小的挑战。为了应对这些问题，华瑞兴团队在研究了大量政策案例、咨询了诸多主管部门后给出了自己的解决方案。在此，华瑞兴团队仅摘取项目推进过程中遇到的两个典型问题进行简述，并提出建议及应对思路，供各位读者参考。

（一）多行政村联合改造中的计票问题

1.问题背景

YW村旧改，在项目最初的启动阶段就存在两种方案：第一，两村根据行政区划分别投票，分别改造，各自算作一个独立的旧村改造项目；第二，两村联合改造，共同对旧村改造中的事项进行表决。

两种方案均有其合理的考量及依据。方案一的支持者认为，两村为单独的行政村、人员构成地理范围均不相同。此外，旧村改造的相关政策均系以行政村为单位作出规定。如果突破行政村界限进行联合改造，改造过程中涉及的集体财产处分、表决等诸多问题无法解决，或者即便能够处理也无相应的法律法规支持，存在相当大的法律、政策风险。方案二的支持者认为，两村共用一个祠堂祭祀，相互之间人员往来密切。旧村改造一事是经过宗族讨论两村共同决定进行的。倘若两村作为独立的项目分别改造，改造过程中不同项目标准、进度、实施方案的不同产生的利益分配不平衡会使得宗族内部产生裂隙。进而，在失去宗族权力的制约、社会力量平衡的情况下，村与村、村民与村民、村民与村集体之间的矛盾会在项目中期推进时集中爆发，阻碍项目推进，甚至导致项目烂尾。

经村集体、政府、意向合作企业等多方面共同考量，最终决定以两村联合的方式进行改造。至此，本项目先天便存在的表决问题、项目合规性问题就呈现在律师面前，亟须律师论证解决。

2.解决方案

在收到本项目的改造方案之后，华瑞兴团队所在的服务团队就改造中涉及的村民表决问题提出了两种解决方案，一种是两村村委会、集体经济组织撤编重建的方案，另一种是两村联合改造分别表决的方案。

在详细介绍上述两种方案时首先需论证一个近在眼前的方案的可行性问题，即是否可以通过两村村民大会的概括性决议，一次性决议旧村改造中所涉及村民表决事宜授权两村成员共同组成的村民大会或村民代表会议决议通过。经论证，服务团队认为上述方案违反了法律强制性规定，不具有可行性，具体理由如下：（1）上述方案的决议事项超出了村民大会的权力范围。无论是《村民委员会组织法》还是《广东省农村集体经济组织管理规定》均规定了村民大会或成员大会可以就本村、集体内的相关事项进行决议，且村民大会、成员大会系最高权力机构。然而，上述方案的决议内容就本该由本村、集体最高权力机构表决的事项一次性、概括性地授权于两村联合组成的机构，其决议的内容与决议权力的来源本身便存在逻辑上的矛盾，即假定两村联合组成的村民大会、成员大会成立后，原村集体是否有权收回其对联合会议的授权的两难问题。如果认为原村集体有权收回，则原村集体的决议内容，一次性地、概括性地授权，不能成立。如果认为原村集体无权收回，则原村集体决议的程序正当性则无法保证。（2）联合表决的决议存在侵害规模、人数较小的集体的可能。在多村联合表决的相关问题中极易出现大村侵害小村权利的情形，如联合表决的两村人数比例为8∶2，甚至更高，小村在某些事项中的表决就极易受到大村意见的裹挟，淹没在大多数的声音之中。在此类决议中就极易出现侵害小村集体利益的决议。（3）相关法律、法规的规定无法突破。《村民委员会组织法》及《广东省农村集体经济组织管理规定》均规定村民大会、成员大会可以授权村民代表会议、成员代表会议对相关事项进行决议。村民代表会议、成员代表会议均系村、集体经济组织内部的组织机构，法律、法规规定可由大会向下授权，但以上两部规范均未对向外授权作出规定。因此，村民大会、成员大会的向外授权没有上位法依据。

《村民委员会组织法》第三条，《广东省集体经济组织管理规定》第二十二条均规定了经相关机构的批准，村委会、村集体经济组织可依法设立、变更、撤销。依据上述规定，本律师提出了第一种解决方案，通过决议、申请、批准等相关程序，将两村的村委会、集体经济组织进行合并，进而一揽子地解决项目后续推进过程中所存在的表决、村民资格确认、合法建筑确认、集体资产处置等问题。第二种解决方案即在现有的村委会、集体经济组织的组织结构下，进行两次表决。即任何改造过程中所涉及的表决事项均需两村分别进行表决，且决议的程序及比例均需符合相关规定。因出具的方案内容过多，详细的介绍本文就不再具体展开，尤其是方案一，因涉及集体资产、债权债务的清理、公示、申请、审批等程序，法律服务方案内容十分翔实。

（二）合作企业的履约保证金缴纳及使用问题

1.问题背景

履约保证金是履约担保的一种方式，是协议双方确保履约的一种财力担保，广泛应用于建设工程领域。履约担保是工程发包人为防止承包人在合同执行过程中违反合同规定或违约，并弥补给发包人造成的经济损失，其形式有履约担保金（又叫履约保证金）、履约银行保函和履约担保书三种。

为保障旧村改造项目的顺利推进，广州市、HD区分别就合作企业引入履约保证金的缴纳做出了规定。《广州市住房和城乡建设局关于印发〈关于进一步规范旧村合作改造类项目选择合作企业有关事项的意见〉的通知》（穗建规字〔2020〕16号）第六条规定：合作意向协议中可约定合作意向企业在签订合作意向协议之日起30日内按以下标准缴纳履约金：①用地面积小于30公顷的项目应提供不少于2亿元履约金（现金）；②用地面积大于（等于）30公顷的项目应提供不少于3亿元履约金（现金）。《HD区旧村庄合作改造类项目公开引入合作企业的指导意见（试行）》第六条引入合作企业应符合的条件第六项规定：用地面积小于30公顷的项目应提供不少于2亿元履约金（现金）；用地面积大于（等于）30公顷的项目应提供不少于3亿元履约金（现金）。

本项目在招商文件编制阶段，就履约保证金的使用，开发商与政府之间产生了分歧，分歧的主要内容在于，第一，是否可以以银行履约保函的形式支付履约保证金；第二，履约保证金的现金部分能否进行流动使用。HD区政府方面认为履约保证金应当以现金方式支付且不得动用，以此为项目的顺利开发进行担保。合作意向企业方面则认为履约保函与现金具有同样的担保效力，其触发条件与现金担保所约定的条件相同。此外，现金担保对合作开发企业造成的现金流压力过大，如果能够在项目开发过程中滚动使用更有利于项目的推进。

2.解决方案

服务团队认为，根据营商环境建设及旧改政策的相关规定，合作企业希望以履约保函形式承担履约保证金以及滚动使用履约保证金的做法符合法律规定。具体理由如下：

第一，以履约保函的形式进行担保符合国家提倡的促进建筑企业健康发展及优化营商环境的相关政策。2017年2月国务院办公厅颁布《关于促进建筑业持续健康发展的意见》（国法办〔2017〕19号），其中第五条规定：引导承包企业以银行保函或担保公司保函的形式，向建设单位提供履约担保。2019年10月国务院颁布《优化营商环境条例》（中华人民共和国国务院令第722号），其中第二十五条的规定：设立政府性基金、涉企行政事业性收费、涉企保证金，应当有法律、行政法规依据或者经国务院批准……推广以金融机构保函替代现金缴纳涉企保证金。

由此可见，在营商环境建设以及工程领域方面履约保函形式系国家政策层面倡导的履约担保方式，相应规范对于“三旧”改造项目同样适用。

第二，履约保函与现金担保具有相同的法律效果，同样能够起到督促合作企业履行合同的目的。现金担保的相应触发条件系在《合作协议》作出明确约定。履约保函的兑付条件同样可以依据《合作协议》的约定设定兑付条件。二者的区别仅在于触发条件达成后前者系由银行账户内的现金直接支付相应款项，而后者则由出具保函的银行无条件付款。实践中，出具保函的银行均为四大国有银行或国内其他规模较大的商业银行，其兑付能力可基本与账户现金画上等号。

除此之外，相较于现金，信用担保（履约保函）对于合作企业更具有威慑作用。根据广州市旧村改造选择合作企业的相关规定，符合条件的合作企业基本上均为国内较大的房地产开发企业（因产业导入政策符合条件的合作企业的除外），对于此类企业，银行信用要比现金更能触碰企业的核心利益。众所周知，房地产开发属于资金占用量巨大的重资产项目，即便是一线的房地产企业也需要依赖银行贷款才能维系长期的现金流健康运转。如果因为履约保函兑付造成企业银行信用评级降低，其所产生的影响不仅仅是旧村改造这一单个项目，其产生的后果有可能是该房地产企业全盘房地产开发贷款受到波及。因此，如果以履约保函的形式进行担保，合作企业基本不可能冒着整体银行贷款受到影响的风险让履约保函进行兑付，其所起到的督促合作企业进行项目开发建设的作用远高于现金。

第三，合作协议中作出滚动使用履约保证金现金部分的约定，不违反相关政策规定。《广州市住房和城乡建设局关于印发〈关于进一步规范旧村合作改造类项目选择合作企业有关事项的意见〉的通知》（穗建规字〔2020〕16号）第九条规定，合作企业确定后，竞得企业所缴纳的保证金在实施方案批复后转为复建安置资金，存入复建安置资金监管账户……由该条可知，设立履约保证金的目的旨在督促、保证合作企业提供充足的项目开发建设资金，如果合作协议中约定在符合一定条件的情况下将履约保证金滚动用于项目开发建设（如临迁费、拆补费用以及复建安置房建设费用等项目的支付），其约定也为有效，即说明履约保证金已经依约定转化为项目的实际建设资金（其它典型情形的转化如：购房定金转化为购房款；建设工程投标保证金转化为工程垫支项等），同时也说明原来约定的履约保证金条款的设置目的已经达到。此外，该文件第七条第一款同样规定了履约保证金可以经村集体经济组织、企业一致同意后使用。由此可见，履约保证金的使用并非完全禁止，只要是满足村集体、企业共同同意且用于项目开发建设，在招商文件以及合作协议中就履约保证金的使用条件进行设置当属公允。

三、项目经验总结及思考展望

（一）旧改项目中应注重保护村庄原生的社会关系和集体凝聚力

华瑞兴团队所服务的本旧改项目系比较典型的集体凝聚力较强，旧改推行群众阻力较小的项目。不得不说，这一优势为政府、合作企业在项目推进中取得了不少便利。在旧改项目中，无论是政府还是合作企业都应当注重对于改造主体的原生社会关系以及集体凝聚力进行考察，对于积极的、能促进项目推进的社会关系予以相应的保护。以本项目为例，如果单纯依据行政村的划分进行旧改，不考虑两村历史联系紧密的特殊性，本来有助于旧改推进的历史因素，反过来很可能因为不同项目的利益分配差异导致项目推进受阻。因此，无论是多村联合改造、投票还是之后的拆补方案的设计与制订，都应当考虑到不同村集体中独特社会关系所形成的原生力量，尽最大努力保留当地集体的历史传统、善良风俗，让传统的力量为我所用，为旧改所用，促进村集体、政府、合作企业三方共赢的良好发展趋势。当然，旧改也不是违法犯罪行为的温床，针对改造主体中所存在的涉及扫黑除恶以及贪污受贿的犯罪行为，相关主体在参与改造过程中也不能手软，应当做到早发现、早举报。

（二）重视制度探索，在符合上位法的基础上为旧改推进积极探索、灵活设计旧改方案

旧改政策属于“一区一策”，虽然市级、区级政策对旧改作出了详细的规定，但在项目实际推行的时候仍存在不少因项目而异的具体困难，尤其在涉及村民委员会、农村集体经济组织、表决、成员资格确认、合法财产认定等这些类似事项上。此类事项的规范散落于基层自治、集体经济组织管理以及土地管理几部分法律法规之中。针对旧村改造中所遇到的具体的困难，我们应当积极寻找上位法依据，并在上位法提供的可能范围之内寻找可行性依据，比如本项目中华瑞兴团队为联合改造提供的撤编重组方案就不失为一个较好的制度探索，虽然在最后因为操作复杂的考量未被采纳，但仍不失为一个好的法律服务方案。除此之外，在村集体章程设计、村民小组权限的利用等诸多方面，均存在探索设计的可能。旧改政策因区而异，具体到项目时的困难因项目而异，这就要求我们在法律、政策允许的程度内作出更加灵活的变通去克服这些困难。

（三）厘清强制性规范及授权性规范之间的界限，为村企合作的可能性提供更多法律支持

旧改之中存在两个维度的政策制定的考量，第一个维度是政府作为管理者应当让旧改项目合法合规，在推进过程中保障社会正义、公平，且将公共利益的考量纳入旧改项目之中。第二个维度是尊重村集体对集体财产的所有权、自主决策权，就村集体与市场主体之间所做的约定在合法范围内予以尊重，充分发挥市场参与的力量。政府在前者中充当的角色为监管者，是一个积极干预、发挥影响力的角色，在后者中充当的是一个旁观者的角色，只要不违反强制性规定，项目开发过程中的诸多事项均可交由集体与市场主体自行约定，发挥市场的力量。然而，上述两个维度的考量在旧改政策的体现中并不是显而易见的，就某一事项作出的规范可能为两者其一，也可能兼而有之。如此一来，旧改的法律服务就要求我们律师在纷繁复杂的旧改政策、解读以及实际案例中厘清前后两者，分清强制与授权的边界，为我们所代表的利益主体更好地提供法律服务。

案例十一　旧村改造中如何引导小产权房购买人维权

——从一起案件看集体土地上违法建设的小产权房引发纠纷的处理

一、引言

近年来，随着城市化进程加快，越来越多的外地人口流向城市，房地产市场繁荣发展、房价上涨驱动一些老旧小区、城中村等纷纷开发建设。一些农村集体经济组织和开发商建设、销售“小产权房”的行为屡禁不止，还出现了农民提供宅基地，城市居民、企业、投资人出资“合作建房”的现象。

有些村民只有地，却缺少建房资金，有些投资人看准了投资方向却苦于有资金无土地。“你出钱，我出地”，双方一拍即合，合作建房的模式很快便应时而生。

旧村改造中大多涉及对违法合作建房建筑物的处理，对于此类建筑物的处理通常是由执法机关做强制拆除处理，但拆除前、后小产权房的购买人并不会从旧村改造实施主体中得到拆除补偿，为了免予这部分人干扰后续的旧村改造重建工作，应当引导他们走法律诉讼维权途径，向合作建房的卖方主张补偿，本文介绍的案件正是小产权房购买人与合作建房人引发的维权纠纷。

二、案情简介

2014年起，CH区TP村村民刘某等三人提供未取得土地使用权证即占用的果园面积700平方米，谢某、钟某、蔡某等人出资建设一栋12层的商住两用公寓。刘某等人仅出售土地，谢某等人作为合作方负责出资并建设，各方共同签署《合作建房协议书》。建成后各方同样以《合作建房协议书》的名义分别转售他人，每套售价从十几万元到二十几万元不等。

2019年4月，CH区城市管理和综合执法局向土地提供者刘某等人发出《告知书》，认定三人在未取得建设工程规划许可证的情况下，擅自占用土地建设房屋，属于无法采取改正措施消除对规划实施影响的情形，依据《城乡规划法》第六十四条的规定，作出限期拆除违法建设的行政处罚。CH区政府办公室发出《复函》，同意由区城市管理和综合执法局组织实施，区规划局、区公安分局协同配合，强制拆除违法建筑。

经该镇政府统计，涉案商务公寓占地面积700多平方米、建筑面积9500多平方米，拆除前在商务公寓已入住127套房、5间商铺共132户。强拆后，最终入住的购房人因自身利益受到损害，纷纷以合同无效、侵权责任纠纷等案由向CH区人民法院起诉，要求土地提供者、投资建设者、转售牟利者等人承担连带责任，返还购房款及承担装修损失。

本文主要讨论的是实际购房人应当向谁主张权利。是只能依照合同相对性原则要求其上一手承担责任，还是可以要求所有参与主体承担连带或者补充清偿责任。

三、一审法院

一审法院认为，原告持《合资建房协议书》等证据提起本案诉讼，因原告与被告一在签订《合资建房协议书》时，涉案震通商务大厦已经建成，故两人所签协议名为合资建房，实为房屋买卖，协议为房屋买卖，因此，本案案由应为房屋买卖合同纠纷。

涉案房屋所在的震通商务大厦已经被国土部门认定为非法占用土地并处没收，及后又被有关部门强制拆除，因此，根据《合同法》第五十二条第五项之规定，原告与被告签订《合资建房协议书》无效。

《合同法》第五十八条规定："合同无效或者被撤销后，因该合同取得的财产，应当予以返还；不能返还或者没有必要返还的，应当折价补偿。有过错的一方应当赔偿对方因此所受到的损失，双方都有过错的，应当各自承担相应的责任。"

关于相互返还问题。一般而言，房屋买卖合同被认定无效后，买受人应当将房屋返还给出卖人，并支付房屋占有使用费；出卖人应当将收取的价款返还给买受人，并支付资金占用费。本案中，被告一已经收取的购房款195000元，应予以返还，并计付资金占用费。因涉案房屋已被强制拆除，房屋无法返还，被告主张折价补偿，本院认为，虽然《合同法》第五十八条在规定相互返还规则上并未明文设置例外规定，但其适用存在事实上的限制，行为违法性的严重程度将直接影响返还与否，其原理是，在违法程度较重时，诚信或公平与制裁不法的需要相比，此时，应适用"不法得利不得返还"原则，排除当事人的请求权。本案中，涉案房屋具有非法性质，被强制拆除，故不具有返还的正当性，也就不存在折价补偿问题。

关于房屋占用使用费，由于同期同地段并没有电梯房租金参考价数据，故本院在广州市房地产租赁管理所公布的同地段楼梯楼租金参考价基础上酌情上浮至10元/平方米作为电梯房的租金参考价。

关于双方损失问题。《合资建房协议书》无效，因房屋是先建成后出售的，作为出卖人一方明知涉案房屋是建设在非法占用土地上，不具备合法产权仍然出售，应承担主要责任；作为买受人一方未对房屋所有权尽必要的注意义务，应承担次要责任。结合双方过错程度，被告一应承担60%的赔偿责任比例，原告应自负40%的赔偿责任比例。

涉案房屋被拆除所涉及的直接经济损失为房屋建筑成本和装修费。因涉案房屋是先建成后出售的，并非原告与被告协议合建的，故原告是否购买涉案房屋对房屋被拆一事并无影响，该房被拆与原告审慎注意义务之间并无因果关系，故涉案房屋的建筑成本不属于被告应予分担赔偿之范围。至于装修费，属于房屋添附，涉案房屋被拆除，装修费为原告实际损失。

关于除被告一即房屋出售方外的其他合作建房的参与者的责任问题。国家对违法建筑持否定性评价，是因为违法建筑损害了国家利益，规避了国家对土地管理、建筑规划、房地产交易市场等系列行为的监管，使得违法建筑在现行体制外生存，直接危及社会的公共安全，直接危及人民群众的生命财产安全。涉案大厦被强制拆除，违法行为参与者众多，社会不良影响较大，从制裁违法行为的参与者角度出发，本案违法行为参与者均应当承担责任。

涉案大厦已经被国土部门认定为非法占用土地并处没收，也即震通商务大厦的建设、转让、出售均被禁止。属于原告的财产权益之损失，涉案房屋的土地提供者、投资建设者、转让出售者均构成对原告财产权益的侵权，为共同侵权人。根据《侵权责任法》第二条、第三条、第八条，共同侵权人应承担连带责任。

四、律师意见

因不服一审法院关于承担连带责任的判决，合作建房的参与者们纷纷提起上诉。一审判决作出后，刘某等三人找到本所代理案件，二审中，笔者和同事作为本所代理律师发表如下观点。

（一）一审法院适用《侵权责任法》判令上诉人承担连带责任属于适用法律错误，二审法院应当予以纠正

首先，一审法院认定，“因原告与被告签订《合资建房协议书》时，涉案震通商务大厦已经建成，故两人所签协议名为合资建房实为房屋买卖，因此，本案案由为房屋买卖合同纠纷”，“涉案震通商务大厦已经被国土部门认定为非法占用土地并处没收，因此震通商务大厦的土地提供者、投资建设者、转让、出售购买各环节的参与者均有过错。一审法院认定的损失，属于原告的财产权益。涉案房屋的土地提供者、投资建设者、转让、出售购买各环节的参与者均构成对原告财产权益的侵权，为共同侵权人，根据《侵权责任法》判令上诉人及其他被告承担连带责任”。既然一审法院已经认定本案属于房屋买卖合同纠纷，应适用《合同法》确定上诉人是否对被上诉人承担赔偿责任。

在本案中，原告只是与被告一具有直接合同关系，双方签署《合资建房协议书》后，被上诉人直接转账给被告一，被告一是利益享有者，合同无效的损失应当由签署合同的双方承担。而上诉人既没有与被上诉人签订任何房屋买卖合同，也没有收取被上诉人任何房款。因此，根据合同相对性原则，即使原告存在购房损失，也应当在分清与其签订《合资建房协议书》的被告一的双方过错基础上由被告一负责单独承担。

一审法院突破合同相对性原则判决上诉人承担连带清偿责任明显没有任何法律依据，二审法院应当依法予以纠正。

其次，一审法院认定原告损失“属于原告的财产权益，涉案房屋的土地提供者、投资建设者、转让出售者均构成对原告财产权益的侵权”混淆了侵权之债和合同之债的关系，适用法律错误。

最后，原告主张要求承担连带责任的请求权性质为缔约过失责任，一审法院主动纠正其请求权性质的行为违反《民事诉讼法》中的不告不理原则。

（二）一审判决所谓原告依照合同相对性原则只能追究被告一的经济赔偿责任可能出现赔偿环节断裂，执行中止情形的认定，完全属于一审法院的主观臆断，该认定没有任何事实依据

首先，原告在本案中没有提出任何证据证明被告一存在丧失偿还被上诉人购房款本息的可能性，在庭审中被告一也没有任何不能偿还购房款本息的意思表示，一审法院在没有任何事实依据的情况下就作出被告一独自承担赔偿责任难以保障原告利益的判决，判决明显错误。

其次，原告在本案的房屋买卖行为过程中存在重大过错而非善意的无过错方，原告本身就是一审判决所称的“违法行为参与者”，应当对自己的违法行为造成房屋买卖合同无效承担相应的法律风险，一审判决在没有任何法律和事实根据的基础上通过判令包括上诉人在内的多名原审被告向其承担连带责任，不仅不当加重了涉案震通商务大厦合资建房者的法律责任，更是变相鼓励明知购房行为无效而仍然签订房屋买卖合同的原告的违法行为，该判决恰恰与一审判决声称“制裁违法行为参与者”的说法自相矛盾。

综上，律师认为，本案应当遵循合同相对性的原则裁判，一审法院突破了合同相对性原则，二审法院应当撤销错误的一审判决，在查明事实的基础上正确适用法律，依法作出改判。

五、二审法院观点

广州市中级人民法院审理认为，本案的处理需以厘清本案法律关系为前提，涉案房屋最终流转到实际购房者手中，中间历经多个流转环节，各环节在客观上固然存在一定的关联性，但各个环节所涉主体、法律关系、权利义务内容并不相同，且各环节均具有独立性，各环节当事人在交易过程中所获利益并不相同，不宜也无法在本案一并审查处理。

关于合同性质和购房款的返还，一审法院认定《合资建房协议书》名为合资建房协议，实为房屋买卖合同，且为无效合同的认定正确，由合同缔约方返还购房款的处理正确。缔约过失责任的承责主体，应是合同缔约方，即确定本案合同无效后果的承责主体亦应遵循合同相对性原则。但实际购房人要求涉案买卖合同之外的刘某等人对涉案债务承担连带清偿责任，事实和法律依据不足。

关于装修损失的负担，法院认定实际购房者存在装修的事实。但装修是在房屋交易完成后的单方添附行为，实际购房者在购房时明知房屋不具备合法产权，也知房价低于市场正常价格，对其购买违法建筑可能会被拆除应存在合理预期，仍存侥幸心理购买并进行装修。现涉案房屋已被强制拆除，实际购房者因添附财产一并灭失，故由此产生的装修费损失应由其自行承担。一审法院对装修费损失主张的处理，未考虑该损失与实际购房者的个人过错密切关联的情节，欠妥，本院予以纠正。

关于购房款的利息支付，二审法院认为涉案房屋被拆除前实际购房者已使用两年有余，实际购房者因占有使用获益，该收益对应的房屋占有使用费可与购房款占有使用费（即利息）相互抵销。结合实际购房者对涉案合同无效存在过错的情节，对于实际购房者提出的支付购房款利息的请求，应予驳回。

关于中间环节的转让方、合资建房的投资方、土地提供方之间的相互追偿问题，不属于本案的审理范围，可依据相互之间存在的法律关系，另寻权利救济途径。

六、结语

“合作建房”参与者大多文化水平不高，法治观念不强，因利益驱使，导致建房后往往因合作纠纷，如房屋买卖、利益分配不均、拆迁安置费用分配、违法建筑被强制拆除等现象，由此产生的矛盾纠纷也日益增多。

一般的宅基地合作建房案件，法院大多遵循合同相对性原则裁判，购房者应向其上一手主张权利。本案作为“合作建房”不同类型中的一类即土地来源非法的典型性案件，广州市中级人民法院的这一判决也同样遵循了“合同相对性”的裁判观点，可以给准备与村民“合资建房”或购买“小产权”房的人们一些启示。每一位“小产权”房购买人维权均应遵循“合同相对性”原则，向与其达成交易的相对方主张权利。

案例十二 旧村改造中村集体组织如何收回拒迁户房屋宅基地

——广州市杨箕村股份合作经济联社诉拒迁户宅基地收回纠纷系列案

一、引言

2008年，广州继猎德村、林和村之后，开启了杨箕村的整体改造工作。杨箕村整体改造方案虽坚持以“依法依规、一村一策”为指导思想，但其改造过程正处于政策环境（广东作为城市更新试点，在考虑农村财力不足、鼓励社会资金参与，通过招标方式引入企业参与拆迁和未来的土地使用）及经济环境（广东广州市土地大量升值、房价上涨过快）发生变化的历史大背景下，正是在这样的特殊背景下，杨箕村旧村改造中的矛盾是十分特殊的。与以往强拆不同的是，杨箕村拆迁的最大矛盾不是发生在村民与开发商之间，而是发生在98%的村民对2%的村民之间。

本案就针对杨箕村股份合作经济联社（以下简称杨箕合作联社）诉少数拒迁户宅基地纠纷系列案，涉及的法律问题进行论述及分析。

二、案情简介

杨箕村系2010年广州市政府纳入重点改造的9个“城中村”之一。从2010年4月起，广州市天河区天河南街杨箕合作联社开始着手杨箕村改造工作，在村内进行宣传，向村民告知拆迁补偿方案，并要求全体村民应于同年6月30日前搬迁完毕。2010年4月16日，杨箕合作联社召开股东代表大会，改造方案取得杨箕村98%以上村民及其他被拆迁人的支持。截至2010年12月30日，按一证一户计算，待改造的房屋共1416户，已经有1386户签约了《杨箕村城中村改造拆迁补偿安置协议》。由于部分村民与杨箕合作联社之间的分歧较大，双方分别向法院提出过不同类型的民事诉讼和行政诉讼。越秀区法院民庭共受理杨箕村“城中村”改造诉讼35宗。

在35宗诉讼中，一部分案件在一审宣判后涉诉村民没有上诉或以和解结案，只有20宗案件村民提起上诉，包括本文具体论述的8宗案件，已经有19宗案件二审判决，诉讼结果均以村民败诉告终。

三、一审法院裁判

在宣判的8宗案件的一审庭审中，杨箕合作联社方面称，杨箕合作联社对杨箕村整体改造工程具有合法管理的权利，此次旧村改造系惠及全体村民的重大事项，涉及全体村民切身利益和公共利益，部分村民耽误回迁时间，对广大村民合法权利造成消极影响。

涉案村民则称杨箕合作联社拆迁和补偿程序不合法，认为拆迁补偿协议违反公平、等价有偿和自愿原则，称所签协议存在重大误解和欺诈胁迫情形，协议内容也违背村民意愿。

对此，杨箕合作联社方面则认为，双方是在自愿和充分协商的情况下签订拆迁补偿安置协议，不存在欺诈胁迫和重大误解的情况。上述协议适用于杨箕村所有村民，目前已有98%的村民签订了协议。补偿标准也符合规定，甚至高于广州市其他“城中村”改造的补偿待遇，不存在显失公平的情况。

越秀区法院一审认为，农民集体所有的土地，由本村村民委员会进行管理。原广州市杨箕村村民委员会于1999年8月17日经批准撤销，由杨箕合作联社承继权利义务，杨箕合作联社对杨箕村改造动迁享有合法的管理权。杨箕村范围内的宅基地属杨箕村集体经济组织所有，杨箕村村民对涉讼土地上的房屋享有所有权，但对所占用的宅基地仅享有使用权。杨箕合作联社有权要求依照法律规定收回集体土地，是合法的诉讼主体。

另外，杨箕村召开股东代表大会对整体改造方案包括补偿安置方案进行表决通过，符合《广东省农村集体资产管理条例》关于集体资产产权处分必须经合作经济组织成员大会或成员代表会议审议通过的规定，程序上并无不当。

法院认为，事实上，已有98%的村民按照补偿方案执行，自行搬迁并将原有房屋交给杨箕合作联社拆除改建，杨箕村村民的整体利益得到保障。杨箕合作联社要求收回房屋占用的集体所有的宅基地符合法律规定，因土地与房屋不可分割，涉讼宅基地使用权被收回后，根据房地一体主义，村民的房屋亦应一并交给杨箕合作联社。

越秀区法院一审判决，被告村民（含同住人员）应于判决发生法律效力之日起3日内，将房屋腾空交付给杨箕合作联社，同时迁至原告杨箕合作联社提供的安置房中。

四、二审法院裁判

一审判决后，8宗案件的被告村民向广州市中院提起上诉，诉称原审法院遗漏部分重要事实且认定事实不清、原审法院适用法律错误等，请求撤销原审判决，发回重审或改判驳回被上诉人的诉讼请求。而被上诉人杨箕合作联社答辩同意原审判决，不同意上诉人的上诉请求。

二审中，有3宗案件的上诉人经传票传唤没有到庭参加庭审。另5宗案件经广州中院公开审理后，认定原审查明事实无误，上诉人的上诉理由均不能成立。

广州市中院作出终审判决：5宗案件被驳回上诉，维持原判；3宗案件的上诉人经传票传唤，无正当理由拒不到庭，被裁定按上诉人撤回上诉处理。法院同时判决，8宗案件的原审被告村民（含同住人员）于判决生效后3日内，将房屋腾空交给原审原告杨箕合作联社，同时搬迁到原审原告提供的安置房中。

但终审判决之后，法院表示，暂不强制执行，将继续"力争通过调解去化解矛盾和纠纷"。

五、旧村改造中村集体组织收回拒迁户房屋宅基地的法律途径探析

旧村改造实质上是各方利益平衡的过程，因此，在旧村改造项目的实施中，最难解决的问题是拆迁安置补偿问题，可以说拆迁安置补偿工作往往决定了旧村改造项目实施效率。实务中，拆迁安置补偿的矛盾更多的是在合作企业与村集体或村民/居民签订或履行《补偿安置协议》中发生的。而杨箕村案例的特殊性却在于激烈的拆迁安置补偿矛盾是发生在98%的村民对2%的村民之间的，部分不同意拆迁且未签订《补偿安置协议》的村民与杨箕合作联社在协商不成的情况下，分别通过法律途径采用诉讼的方式寻求解决办法。与此同时，法院就双方提出的不同类型的民事诉讼和行政诉讼进行了判决，虽最终没有强制执行，但是尝试了一条通过法律诉讼途径解决未签约村民/居民纠纷的路径。

但旧村改造中在未签订《补偿安置协议》的前提下，村集体与村民之间是否存在民事关系或者行政行为、是否可以通过民事诉讼或行政诉讼解决拆迁矛盾是存在一定争议的。因此，在本系列案件判决后，广东省高级人民法院于2012年印发了《关于依法稳妥处理涉"三旧"改造纠纷案件的通知》（粤高法〔2012〕217号，已失效），明确"三旧"改造中如双方达成补偿安置协议的，有关效力、履行纠纷按民事案件受理；未能达成补偿协议，人民法院不能作为民事案件受理，应根据2014修订版《中华人民共和国土地管理法实施条例》（中华人民共和国国务院令第653号）第二十五条规定，进行行政裁决、行政复议和行政诉讼渠道解决。

旧村改造中村集体和村民及其他相关方的法律关系应结合是否签约、是否存在行政行为等因素进行综合分析判断。广州的旧村改造模式主要有三种：自主改造、合作改造、征收储备。通常来说，通过征收储备进行旧村改造的项目，由政府为实施主体参与，通过协议拆迁或征地拆迁的方式开展拆迁安置补偿工作，是存在行政行为的，村集体或村民对行政机关及其工作人员的行政行为不服的，可以依法提起行政诉讼。但如本

案讨论的合作改造或自主改造的拆迁安置纠纷中，并无政府的行政行为，那么农村集体经济组织与村民之间的法律关系该如何界定呢?

1.已签订补偿安置协议的情形

在实务中，针对已签订补偿安置协议产生争议的，《广州市旧村庄更新实施办法》（自2016年1月1日起施行，有效期五年）第三十三条第二款明确规定："合作改造、自主改造项目，村集体经济组织与村民之间就已签订的补偿安置协议产生争议的，村民理事会可进行协调；协调无果的，可依法提起民事诉讼。"因此，在签订补偿安置协议的前提下，农村集体经济组织与村民之间的纠纷属于平等民事主体之间的纠纷，只要符合《民事诉讼法》的规定，提起民事诉讼的，人民法院就应当受理。

2.未签订补偿安置协议的情形

广州旧村改造中，通过《广州市旧村庄更新实施办法》第三十三条第三款对集转国上房屋拆迁进行了规定："合作改造、自主改造项目，经村民大会或村民代表大会依法表决，由村集体经济组织自愿申请将集体建设用地转为国有建设用地的，对少数无法达成协议的村民，应当加强宣传、解释工作……经多次协商仍无法达成协议的，由区政府依法作出征收补偿决定，并依程序申请法院强制执行。"

综合上述法律法规及相关政策文件来看，在未签订拆迁安置补偿协议的前提下，虽然《广州市旧村庄更新实施办法》对集转国的情形做了规定，但本质上还是基于国有建设用地征地拆迁的法律逻辑设置的。

3.行政裁决新途径

（1）根据《广东省国土资源厅关于印发深入推进"三旧"改造工作实施意见的通知》（粤国土规字〔2018〕3号，2018年4月4日印发施行，有效期五年）第六条第十九项："2.改造过程不涉及征收集体土地但必须对村民的房屋进行拆迁的，县级以上地方人民政府参照《国有土地上房屋征收与补偿条例》第三章补偿相关规定执行。人民法院裁定准予执行的，可由提出申请的市、县人民政府负责执行。"

（2）广东省人民政府于2019年9月4日发布了《关于深化改革加快推动"三旧"改造促进高质量发展的指导意见》（粤府〔2019〕71号）（以下简称《指导意见》）指出，"三旧"改造项目，多数原权利主体同意改造，少数原权利主体不同意改造的，按照《土地管理法》及其实施条例、《国有土地上房屋征收与补偿条例》相关规定处理；法律法规没有规定的，可积极探索政府裁决。

（3）广州市司法局于2021年2月10日召开全市司法行政工作视频会议，会议确定推进行政复议体制改革，率先试行旧村庄更新改造房屋搬迁补偿行政裁决工作，为城市更新提供法治保障。

（4）《深圳经济特区城市更新条例》于2020年3月1日颁布实施，条例作出如下规定：

第三十六条　旧住宅区已签订搬迁补偿协议的专有部分面积和物业权利人人数占比均不低于百分之九十五，且经区人民政府调解未能达成一致的，为了维护和增进社会公共利益，推进城市规划的实施，区人民政府可以依照法律、行政法规及本条例相关规定对未签约部分房屋实施征收。

城中村合法住宅、住宅类历史违建部分，已签订搬迁补偿协议的物业权利人人数占比不低于百分之九十五的，可以参照前款规定由区人民政府对未签约住宅类房屋依法实施征收。

第三十七条　依照本条例规定对未签约房屋实施征收的，可以不纳入全市年度房屋征收计划，由区人民政府参照国家和本市国有土地上房屋征收与补偿的有关规定，依法分别作出征收决定。

被征收人对征收决定或补偿决定不服的，可以依法申请行政复议或者提起行政诉讼。

被征收人在法定期限内不申请行政复议或者提起行政诉讼，又不履行征收决定确定的义务的，区人民政府应当自期限届满之日起三个月内向人民法院申请强制执行。

第三十八条　在区人民政府依法作出征收决定前，尚未签订搬迁补偿协议的物业权利人与市场主体协商签订搬迁补偿协议的，市场主体应当在签订搬迁补偿协议后三个工作日内告知区人民政府。区人民政府对该房屋的征收程序终止。

4.珠海市香洲区人民政府根据《中共中央办公厅、国务院办公厅印发〈关于健全行政裁决制度加强行政裁决工作的意见〉的通知》《广东省人民政府关于深化改革加快推动“三旧”改造促进高质量发展的指导意见》（粤府〔2019〕71号）等相关政策，结合香洲区实际，2020年7月15日出台了《珠海市香洲区“三旧”改造拆除重建项目行政裁决暂行办法》，办法规定了申请与受理、调查与调解、裁决等完整的行政裁决程序性规范，办法的一大亮点是确保了行政裁决的法律效力、救济途径及司法执行力；其中第二十六条规定：“行政裁决文书的送达，依照民事诉讼法关于送达的规定执行。行政裁决书一经送达，即发生法律效力。当事人应自觉履行行政裁决决定”。第二十七条规定，“申请人或被申请人对行政裁决不服的，可以依法申请行政复议或者向人民法院起诉”。第二十八条规定，“当事人在法定期限内不申请行政复议或不提起行政诉讼且不履行裁决的，由香洲区人民政府申请人民法院强制执行”。

从以上法律法规及相关政策文件、案例可以看出，对拒迁户的依法处理除已有的诉讼模式外，今后更多的是选择行政裁决的方式解决旧村改造中拆迁安置补偿纠纷。

案例十三　旧村改造中原集体物业租赁纠纷的处理

——DN村股份合作经济社与冯某签订的市场摊位租用纠纷

一、社会背景

改革开放以来，珠三角城市规划区范围内的村庄逐步实现了工业化、产业化，托起工业化、产业化的设施中就包含了兴建大批的村建筑物业，以及物业的出租。

旧村改造中必然涉及旧物业设施的拆除，由此会引发物业租赁纠纷。此类纠纷类型有：村集体组织提出解除租赁合同收回物业，催收欠租，转租处理等。本文即介绍旧村集体物业租赁的一种处理方式——通过诉讼的方式解除租赁合同并且收回集体物业。

二、案情简介

2016年7月2日，被告冯某顺利中标，与原告广市番禺区石壁街DN村股份合作经济社签订《市场摊位租用协议》（合同编号：20160048），协议约定原告将自己名下的市场第20号摊位出租给被告使用，面积约为15平方米，每月租金共计人民币2900元。被告与原告签订《市场摊位租用协议》（合同编号：20160052），约定原告将自己所有的市场第40号摊位出租给被告使用，面积约为15平方米，每月租金共计人民币3910元，租期为2年，从2016年7月1日起至2018自6月30日止。前述两份协议均约定被告需在投标前缴纳交易保证金人民币5000元，此项保证金将视为摊位租用协议的履约保证金，履约保证金在摊位租用届满后不计利息退回给被告，若被告在摊位和租用期间内发生违约行为或中途不租的，原告有权没收被告所缴纳的履约保证金人民币5000元。租金以季度为单位进行没收，被告必须在每个季度第一个月1日前缴纳该季度租金。协议签订后，被告依约付了2016年第三季度（7—9月）的租金，但2016年10月1日，被告未支付第四季度（10—12月）的租金，原告就拖欠租金的事宜与被告多次沟通，但被告仍拒不支付。在此期间，原告代被告分别向广州供电局有限公司和广州市番禺钟村自来水有限公司缴纳10—12月因被告经营所产生的电费、水费和污水处理费，至今被告仍未向原告支付。被告拖欠租金以及水电费的行为严重违反了《市场摊位租用协议》（合同编号：201600××，201600××）的约定，原告决定提前终止与被告的租赁协议。2017年1月10日，原告、被告双方签订了《提前终止合同协议》，约定被告需立即支付所拖欠的2016年10—12月第20号、第40号市场摊位的租金合共计人民币20430元，产生的水电费共计人民币5498.5元。因此，被告需向原告支付款项共计人民币25928.5元。由于被告方违约造成合同提前终止，原告有权没收被告在签订租赁协议时已交纳的履约保证金共计人民币10000元（第20号摊位及第40号摊位各5000元）。

三、一审法院判决

一审法院认为，广州市番禺区石壁街DN村股份合作经济社与冯某签订的《市场摊位租用协议》《提前终止合同协议》是双方当事人的真实意思表示，其内容无违反国家法律、行政法规的强制性规定，合法有效，双方均应严格按照约定履行各自的义务。

广州市番禺区石壁街DN村股份合作经济社已依约向冯某交付涉讼物业，冯某作为承租人理应按照合同约定履行按时、足额支付租金的义务。根据《提前终止合同协议》的约定，涉讼物业2016年10月至12月的租金共计20430元，现广州市番禺区石壁街DN村股份合作经济社请求冯某支付2016年10月至12月的租金20430元，合理合法，本院予以支持。同理，根据《提前终止合同协议》约定，涉讼物业2016年10月至12月的水电费共为5498.5元，且该费用已由广州市番禺区石壁街DN村股份合作经济社代为垫付；现广州市番禺区石壁街DN村股份合作经济社请求冯某支付2016年10月至12月水电费5498.5元，合理合法，本院亦予以支持。

关于保证金，根据《市场摊位租用协议》约定迟延缴纳租金超过三天的作违约处理，广州市番禺区石壁街DN村股份合作经济社有权单方提前终止本协议并没收履约保证金。现冯某并没有按约定支付租金，已视为违约。因此，广州市番禺区石壁街DN村股份合作经济社请求没收冯某为涉讼物业所支付的保证金10000元，合理合法，本院予以支持。

综上所述，依《合同法》第六条、第六十条、第一百零七条、第一百一十四条，《民事诉讼法》第六十四条第一款、第一百四十四条、第一百六十二条的规定，判决如下：

1.被告冯某应于本判决发生法律效力之日起七日内向原告广州市番禺区石壁街DN村股合作经济社支付2016年10月至12月租金20430元；

2.被告冯某应于本判决发生法律效力之日起七日内向原告广州市番禺区石壁街DN村股份合作经济社支付2016年10月至12月水电费5498.5元；

3.判令原告广州市番禺区石壁街DN村股份合作经济社没收冯某缴纳的保证金10000元不予退还。

四、律师意见

本案涉及旧村解除租赁合同，收回集体物业。DN村将集体物业出租获取收益用于集体开支。但在合同履行过程中，合同相对人冯某未按时支付租金，构成违约，违约行为已经达到了合同中约定解除的程度。DN村经催告无效，向人民法院起诉维权，希望与冯某解除合同，以达到收回集体物业的目的，同时要求冯某支付应付未付租金及DN村为其代垫的水电费等，同时没收冯某为履约而缴纳的保证金。虽然事实比较清楚，法律关系也比较简单，但案件涉及集体财产及集体利益，我所律师不敢怠慢，还是细心地整合办理，谨慎对待，结果全部观点获得了法院的采纳，全部的诉请获得了法院的支持，最终帮助DN村顺利地解除了租赁合同，收回了集体物业。

首先，收案之后，我所律师认为要解决本案纠纷，应当对摊位租赁合同的效力进行认定，确认合同效力是履约的前提条件。我所律师认为，判断一个合同是否有效，是依据《民法总则》第一百四十三条的规定进行判断，总的来说应当满足如下三个条件：1.合同双方具有相应的民事行为能力；2.合同的成立是双方的真实意思表示；3.该合同没有违反《合同法》第五十二条的规定，没有违反法律、行政法规的强制性规定及不违背公序良俗。在本案中，《市场摊位租用协议》满足上述三个条件，因此租用协议有效。而番禺区人民法院采纳了该观点，从而支持我方诉请，认为租用协议是有效的。

其次，在合同有效的前提下，根据《合同法》第六条“当事人行使权利、履行义务应当遵循诚实信用原则”，该法第六十条“当事人应当按照约定全面履行自己的义务”的规定，合同当事人应当遵守契约精神，全面履行合同约定的义务。

再次，具体到本案，被告未能按照合同约定履行义务，应当按照《合同法》第一百零七条“当事人一方不履行合同义务或者履行合同义务不符合约定的，应当承担继续履行、采取补救措施或者赔偿损失等违约责任”，该法第一百一十四条“当事人可以约定一方违约时应当根据违约情况向对方支付一定数额的违约金，也可以约定因违约产生的损失赔偿额的计算方法”的规定，被告应当按照《市场摊位租用协议》关于违约条款及违约金的约定，向原告石壁街DN村承担违约责任：1. 2016年10月至12月租金20430元；2. 2016年10月至12月水电费5498.5元；3. 保证金10000元不予退还。

最后，在本案中，得以顺利解除租赁合同最主要的原因是冯某违约在先，并且违约的情形达到了双方约定解除合同的标准。在旧村改造前期阶段，若某村已被纳入旧改范围，由于历史的进程和长年的发展，就会涉及大批量的、不同情况的物业需解除合同。为获取集体收益，村社已经对这些物业的使用权作出让渡，如对外出租或对外承包。由于情况不同，解除合同的情形及理由也会有所不同。租赁合同的解除基本上可以概括为两大类：一类是基于合同当事人之间的约定解除权；另一类是法律规定的法定解除权。而在合同纠纷中，有约定的，合同双方按约定执行；没有约定的，则以法律规定进行兜底。例如本案属于当事人之间约定解除的范畴。而在旧村改造中，旧改属于政府政策，根据原《合同法》第九十四条以及新颁布的《民法典》第五百六十三条第一款的规定“因不可抗力致使不能实现合同目的，当事人可以解除合同”。通常地，我们会下意识将政府政策划归为不可抗力的范畴，但旧村改造政策是否属于不可抗力，在司法实践中，是存在一定争议的。即旧改政策通常来说不是突发性政策，而是循序渐进的适应性推进政策。也就是说，在一般情况下，当事人对旧改政策是有一定准备的。按照“一村一策”的做法，某一个村是否旧改主要是由村集体表决，这又更多的是一种主观意愿的体现。但法律规定的不可抗力，是指当事人双方不可预见、不能避免并不能克服的客观情形。显然，旧改政策与不可抗力的概念存在本质的区别。因此，合同双方在签订租赁合同之前，通常是对旧改政策有一定预见性的，为避免日后出现纠纷难以处理，最简单且可靠的方式是在合同中作出约定：“租赁期间内遇征地和拆迁，或城中村改造时，双方应当无条件服从，出租方有权解除本租赁合同，并不对承租方作任何补偿。”或者双方协商一致，确需对承租方装修装饰、经营权、剩余租期等作出一定程度补偿的，也最好未雨绸缪，将补偿方案约定在租赁合同之中。约定明确后，会给整个旧改工作的推进带来极大的便利，节约时间及成本，提高效率。

合同的提前解除，是发生在合同履行的过程中，若无明确的约定，解除权很难成就。即便是有法定情形作为兜底，举证不能将成为合同解除的巨大阻隔。而要顺利推进旧村改造政策，就不得不面对大量的合同解除情形，如若处理不当，很容易激化矛盾，造成负面的社会效果。因此，能够未雨绸缪的，应当早做打算。

图 4-6　华瑞兴法律顾问单位：人民日报广东分社

5

CHAPTER

第五章

城市更新十大协议

协议一　旧村改造项目前期服务协议（村集体经济组织与前期服务公司）

——村集体经济组织与前期服务公司合作模式

甲方（农村集体经济组织）：

通信地址：

负责人：

乙方（前期服务公司）：

通信地址：

法定代表人：

鉴于：

甲方为改善居住环境，有积极开展“旧村”改造建设的意愿。

乙方具有丰富的城市更新改造项目操作经验，并愿意接受甲方委托，为甲方开展旧村改造项目提供前期服务。

双方为有效推进______村“旧村”全面改造项目（以下简称“本项目”）的工作实施，在平等、自愿的基础上，达成本合作协议，以供双方共同遵守执行。

第一条　本项目概况

（一）本项目位于______村，村民______人，现有房屋约______栋，建筑面积约______万平方米，集体物业约______万平方米，整村村域面积约______公顷，拟改造建设范围约______公顷（最终改造范围以政府相关部门批复为准）。甲方所属集体经济组织范围（以下简称“项目用地”，位置及范围详见附件），包括但不限于：

1.村民宅基地，为村民持有“农村（墟镇）宅基地使用证”或“集体土地房地产证”的自建住宅用地。

2.集体商业用地，为甲方所有的经营性物业用地（现为甲方商铺/办公/厂房/仓库等）以及甲方已取得用地规划红线但尚未建设的商业用地。

3.公建配套用地，为现有祠堂、学校、幼儿园、公共厕所、电房及其他属甲方所有的非经营性物业用地。

4. 留用地，即国家征收甲方土地后，按实际征收土地面积的一定比例，作为征地安置另行安排给甲方组织用于发展生产的建设用地，包括集体土地、登记在甲方名下的国有土地使用权以及政府承诺但未兑现的留用地指标。

（二）项目用地的范围及面积（包含但不限于建设用地、代征道路、绿化面积及其他用地等）届时以相关规划部门最新核发且有效的《建设用地规划许可证》及其用地红线图为准。

第二条　合作内容

（一）本合同签订后，甲方、乙方各自委派人员组成专项工作组，开展本合同约定的以及与本项目前期相关的各项工作。

（二）乙方负责开展本项目改造意愿和改造方式等改造建设事宜的村民表决工作，甲方配合乙方做好村民表决工作的组织、动员及协调工作。

（三）乙方负责协助甲方根据广州市城市更新政策将本项目改造建设事宜报广州市城市更新机构及其他相关政府部门、甲方所属镇政府，取得上述单位同意本项目进行改造建设的相关证明文件；乙方负责协调相关政府部门将本项目纳入城市更新年度计划，甲方全力配合乙方做好以上申报及协调工作。

（四）乙方负责协助甲方配合相关政府部门开展本项目及其用地现状的摸查测量工作，并出具《摸查测量报告》。

（五）乙方负责协助甲方配合相关政府部门开展本项目的方案编制及申报工作，包括编制本项目《实施方案》（含本项目《拆迁安置补偿方案》），并按广州市城市更新改造政策要求完成《实施方案》的表决直至通过，取得有权限政府部门同意《实施方案》的批复，按广州市城市更新改造政策要求完成批复后《实施方案》的表决直至通过等工作，甲方应配合做好村民表决工作的组织、动员及协调工作。

（六）乙方负责协调相关政府部门调整本项目所在区域的控制性详细规划。

（七）乙方协助甲方编制《招商文件》，协助甲方公开选择并确定合作企业以及与合作企业签订《合作协议》。甲方同意协助乙方推荐的公司通过合法途径取得本项目合作企业资格。

（八）双方共同推进本项目所需的其他前期工作。

第三条　前期费用

（一）为保证本协议的顺利履行，乙方同意于签订本协议当日，向甲方支付保证金______万元。合作期限届满，在乙方无违约或单方解除本协议等情形下，该保证金由甲方无息退还给乙方。

（二）乙方同意垫付完成本项目改造意愿和改造方式等改造建设事宜的表决、摸查测量、编制、完成表决并协调相关政府部门同意各专项评估方案等、成立工作组等前期工作所需的相关费用（本合同称“前期费用”）。甲方应于乙方垫付前期费用的同时，协助乙方协调相关收款人向乙方开具合法有效的收款凭证及票据，保证将前期费用全部用于本项目的前期工作。

（三）经甲乙双方同意，由双方成立的工作组共同确认前期工作的具体内容及涉及的前期工作合同，并在前期费用支付的同时及时收集相关的合同、付款凭证、等额合法有效的票据等证明文件。乙方应按季度汇总前期费用证明文件，书面说明前期费用的用途，并将上述书面说明及前期费用证明文件提供给甲方审核盖章确认，以归纳计算乙方所垫付的所有前期费用的总额。

（四）为保障各项工作的顺利进行，在本项目通过公开平台完成合作企业选定前，乙方每年向甲方支付______万元的固定前期费用，具体组成如下：

1.场地租赁金暂定为______万元/年，包括甲方向乙方提供办公场地（面积约______平方米，已装修），单价为 ____元/平方米/月，合计______元/月，计______元/年；甲方另外向乙方提供停车场，停车场费用包括在场地租金中。乙方承担水电费及提供相关办公设施。场地租赁程序需经“四议两公开”及“三资交易平台”公开竞投，实际以中标合同金额为准。

2.旧改专项基金：______万元/年，用于支付因推进本项目工作而召开的旧改小组会议、村民代表会议及村民大会等而产生的村民交通费、误工费等费用。村民交通费、误工费等费用支出以村民签名确认领取的实际金额为准，款项发放明细经甲方确认后由乙方直接发放。

3.公益赞助费：______万元/年，用于为支持甲方的公益活动、福利事业，其中包括：①资助甲方的扶贫、助学公益事业；②资助甲方举办的敬老活动及其他福利事业，敬老活动及其他福利事业资助方案经甲方确认后，由乙方负责采购物资、安排资助及发放。

4.甲方基础设施维修、建设赞助费：______万元/年。甲方基础设施维修、建设赞助费（______万元/年）的首年支付时间为本协议签订后______个工作日内，之后每年度的支付时间均为上一年度支付时间届满1年之日起______日内支付。

（该组成部分为非固定费用，请根据实际情况进行分类）

（五）固定前期费用甲方可自行调配灵活使用于本项目，无论本项目最终是否取得相关部门审批同意，或乙方推荐的公司是否取得本项目合作企业资格，此固定前期费用均不予退还。其他费用的资金安排时间根据活动的实际开展时间为准，甲方需提前______天通知乙方。

（六）甲乙双方同意，不论是乙方推荐的企业中标合作企业还是第三方取得本项目的合作企业资格，甲方应在对本项目选定合作企业的招商文件中明确约定将符合法规政策规定的本项目所有前期费用计入本项目开发成本，由中标合作企业在中标后并自签订《合作协议》之日起______天内支付给乙方。如本项目最终未能取得相关政府部门审批同意，上述前期费用由乙方自行承担，甲方无须支付任何费用。

第四条　其他约定

（一）如双方自签订本协议之日起______年内，本项目未能完成合作企业的选定，或乙方推荐的公司未能取得本项目合作企业资格，双方同意本协议的服务期限自动延续______年，由乙方继续推进本项目。延续期满后，甲乙双方应就是否继续由乙方推进本项目进行友好协商，协商不成的，则甲乙双方均有权解除本协议。任何一方收到他方的解约通知后______个工作日内甲方应返还乙方所缴纳的保证金，乙方自行承担已支付的所有前期费用，甲方无须退还。

（二）甲方同意与乙方结成友好合作关系，共同按本合同约定开展本项目相关工作，在合同履行期内，甲方保证不就本项目及其用地与其他任何第三方进行任何谈判、磋商，亦不与其他任何第三方签订相关合作协议、合同或达成意向，否则乙方有权解除本合同。如乙方因此解除本合同的，甲方应在收到乙方解约通知后______个工作日内双倍返还乙方已缴纳的保证金及乙方投入的全部前期费用，并按照乙方已投入费用（含保证金）每日______的标准向乙方支付利息。

（三）本合同如有未尽事宜，甲乙双方通过友好协商予以解决或签订补充协议予以约定。

（四）本合同如有争议，甲乙双方应共同友好协商解决；协商不成的，本合同任一方可向本项目所在地的人民法院起诉。争议期间各方应继续履行本合同无争议的部分。

（五）通知和送达。

任何与本协议有关的由一方发送给另一方的通知或其他通信往来应当采取书面形式。以邮寄方式进行的通知均应采用特快专递的方式，并在投寄有效地址后______日

（以邮戳为准）视为已经送达通知人。

1. 甲方通信信息

联系人：

通信地址：

联系电话：

电子邮箱：

2. 乙方通信信息

联系人：

通信地址：

联系电话：

电子邮箱：

3. 若任何一方的上述通信信息发生变更，应在相应通信信息变更后______日内以有效的方式书面通知另一方，未及时通知的，原通信信息仍然有效，因此导致有关文件送达未果或不及时的，由变更方承担一切责任及给其他方造成的损失。

（六）本合同一式肆份，自甲方、乙方签字盖章后生效；每方各执贰份，具有同等法律效力。

甲方：	乙方：
通信地址：	通信地址：
负责人：	法定代表人或授权签约代表：
签约时间：　　年　　月　　日	签约地点：

附件

一、《项目用地示意图》

二、甲方组织机构代码证复印件

三、乙方营业执照副本复印件

四、甲方负责人及乙方法人代表身份证复印件

协议二　旧村改造项目合作协议（地产商与前期服务公司）
——直接支付服务费合作模式

本合作协议（以下简称“本协议”）由以下双方于_____年_____月_____日在_____市_____区签署。

甲方（地产商）：

住所：

法定代表人：

联系地址：

联系人：

联系电话：

E-mail：

乙方（前期服务公司）：

住所：

法定代表人：

联系地址：

联系人：

联系电话：

E-mail：

鉴于：

（一）本项目位于广州市_____区_____街_____村，拟整合_____村所属约_____亩村集体建设用地（具体位置详见附件1——《广州市_____区_____村旧村改造项目位置示意图》）实施旧村庄更新改造。

（二）甲方具有较强的资金实力和丰富的房地产开发经验，愿意通过法定程序成为本项目的唯一合作企业，与_____村合作实施本项目。

（三）乙方具有丰富的旧村庄更新改造项目前期工作经验和项目推进能力，愿意与甲方合作，为依法有序推进本项目并促成甲方（含甲方指定的关联公司，下同）依法定程序成为本项目唯一合作企业提供相应服务。

为此，双方经友好协商，根据《民法典》及广东省广州市______区有关城市更新和旧村庄更新改造法规政策以及其他法律法规的规定，本着平等、互利、自愿的原则，订立如下协议条款，以供双方信守执行。

第一条　本项目概况

本项目位于广州市______区______街______村，拟进行旧村庄更新改造的土地面积约______平方米（约______亩），现为______村所有的集体建设用地。本项目土地上现有建筑面积总计约______平方米，以村民住宅、商铺、厂房为主。其中，旧村居建筑面积合计约______平方米，集体物业（厂房、商铺等）建筑面积合计约______平方米，现状建筑容积率约为______，具体数据以法定部门/机构实际测绘及调查的为准。

第二条　合作方式

（一）甲乙双方同意，以甲方委托乙方为本项目提供专业服务的方式开展合作，乙方履行本协议约定的义务，以甲方的名义协助______村就本项目的推进与实施完成意愿征集及各事项的民主决策，协助______村开展本项目各项申报工作，协调各级政府及其相关部门推进完善本项目各项申报、审查、审核、审批、批复、备案等手续，促成甲方依法定程序（指按照广州市______区旧村改造政策及村集体经济组织管理规定，经过相关部门的审批，完成相应的表决程序，通过广州市公共资源或“三资”交易平台以公开招商的方式确定甲方为本项目改造合作企业）竞选成为______村本项目更新改造的唯一合作企业。

（二）甲方依法定程序成为本项目更新改造的唯一合作企业后，由甲方或甲方控股的公司（如招商文件允许）与村集体设立的公司共同成立项目公司作为本项目的实施改造主体（项目公司股权比例按照招商文件要求设置，如招商文件没有明确规定，双方可协商确定），投资开发建设、经营管理本项目，履行本项目改造主体义务，取得本项目开发经营利润，承担本项目开发经营风险。

（三）乙方或乙方指定的公司享有乙方同等权利及义务，向甲方提供服务，依约履行本协议约定的义务，自甲方依法定程序成为本项目唯一合作企业后，由甲方支付服务费，该服务费包含乙方为履行本协议约定义务所支付、承担的各项费用，以及各项税费（包括但不限于增值税、企业所得税等），乙方除收取约定的服务费外，不参与本项目的开发经营，不向甲方及/或本项目改造主体主张其他权利。

第三条　乙方的服务范围及内容

（一）按照甲方书面确认的方案，协助______村及其村民（含其他非村民权利人，下同）按法规政策的规定开展本项目各项工作，包括但不限于：乙方协助甲方确定更新改造范围、增补标图建库范围、改造意愿征集、项目启动申报、更新改造范围内土地及建筑物的权属调查、土地及建筑查丈测绘、基础数据调查和审核公布、项目储备库及年度计划申报、合作企业公开招商等工作。

（二）负责协助甲方促成______村有关决策机构及村民根据相关法规政策的要求对需要表决的事项及/或方案按法规政策的规定进行表决通过，乙方应确保本项目推进流程中所有提交表决的文件，均经甲方审核并书面确认，并积极争取以不低于法规政策规定的比例表决通过。

（三）负责协助甲方协调市、区、镇（街）等各级政府及政府有关部门，按照经甲方书面认可的方案推动本项目更新改造所涉各事项的申报与审核通过，包括但不限于列入区城市更新改造项目年度储备库和市城市更新年度计划的申报与审核，基础数据调查与审核公布，候选合作企业资格审核，片区策划方案的编制、审核及审定，控规调整方案的编制与审批、改造方式及模式的确定等内容。

（四）在本项目城市更新基础数据经区政府审核公布后，负责协助甲方协调______村依法定程序完成公开招选本项目更新改造的合作企业，在甲方符合法规政策规定的资质/资格的前提下，指导甲方参与本项目合作企业的招商竞选，促成甲方通过法定程序成为本项目更新改造的唯一合作企业（以甲方收到中标通知书并与______村签订《合作改造协议》为准）。

第四条　乙方的服务费及其支付

（一）服务费总额

在满足甲方收到中标通知书、甲方与______村签订《合作改造协议》、乙方完成本协议约定的全部义务三个条件下，乙方可获得服务费的总额（含税）为______万元。前述服务费指乙方履行完毕本协议约定的全部义务所获得的服务报酬，包括但不限于乙方为履行本协议义务所发生的各项费用（含业务费）、人员工资福利、各类税金等。除上述服务费外，乙方不得向甲方及甲方项目公司主张其他报酬、收益或费用。

（二）服务费的支付

本项目服务费总额为______万元，甲方向乙方支付服务费前，乙方应向甲方出具相应金额的增值税专用发票，具体支付方式如下：

序号	节点内容（支付条件）	支付时间	支付金额
1	乙方成为本项目前期服务企业，与______村签订《前期服务协议》表决及公示，并经甲乙双方书面确认。	自收到乙方书面付款通知书后______个工作日内予以确认，甲方确认后______个工作日内	甲方向乙方支付____万元
2	本项目完成标图建库，纳入广州市______区更新改造项目储备库，完成基础数据调查工作，并经甲乙双方书面确认。	自收到乙方书面付款通知书后______个工作日内予以确认，甲方确认后______个工作日内	甲方向乙方支付____万元
3	本项目完成数据核查且公示无误，且甲方依法定程序竞选成为本项目唯一合作企业，与______村签订《合作改造协议》且抄报镇（街）和区城市更新部门，并经甲乙双方书面确认。前期借款在取得正式合作身份后，转为服务费。	自收到乙方书面付款通知书后______个工作日内予以确认，并在确认后______个工作日内	累计预算服务费总额的25%（含前期借款____万元）
4	本项目实施方案经有权批准机关批复且经过实施方案经村民（含“村改居”后的居民）和世居祖屋权属人［若根据政府要求或相关政策，仅需村民（股民）表决的，则按政府要求及相关政策执行］按政策规定比例表决通过生效，并经甲、乙双方书面确认。	自收到乙方书面付款通知书后______个工作日内予以确认，并在确认后______个工作日内	预算服务费总额的20%
5	拆迁补偿安置协议签约率（签约人/户数占全部被拆迁人/户数的百分比，下同）达到权属人的80%（现行政策规定本项目拆迁补偿安置协议的签约率达到80%以上，权属人签约后方可启动房屋拆除工作，如相关政策提高前述标准，则本节点的签约率应与该政策要求保持一致）并经甲乙双方书面确认。	自收到乙方书面付款通知书后______个工作日内予以确认，并在确认后______个工作日内	预算服务费总额的20%

续表

序号	节点内容（支付条件）	支付时间	支付金额
6	拆迁补偿安置协议的签约率达到100%并经甲乙双方书面确认。	自收到乙方书面付款通知书后______个工作日内予以确认，并在确认后______个工作日内	预算服务费总额的10%
7	本项目改造主体取得全部融资地块《建设用地规划许可证》，并与政府土地管理部门就全部融资地块签订《国有建设用地使用权出让协议》，且经甲乙双方书面确认（含确认结算服务费总额）。	自收到乙方书面付款通知书后______个工作日内予以确认，并在确认后______个工作日内	累计支付至结算服务费总额的85%
8	本项目全部融资地块取得《建筑工程施工许可证》，并经甲乙双方书面确认。	自收到乙方书面付款通知书后______个工作日内予以确认，并在确认后______个工作日内	累计支付至结算服务费总额的90%
9	本项目全部融资地块取得《商品房预售许可证》，并经甲乙双方书面确认。	自收到乙方书面付款通知书后______个工作日内予以确认，并在确认后______个工作日内	累计支付至结算服务费总额的95%
10	甲方及本项目改造主体完成全部被拆迁人的回迁安置，并经甲乙双方书面确认。	自收到乙方书面付款通知书后______个工作日内予以确认，并在确认后______个工作日内	剩余未付5%服务费（以最终确认结算服务费总额减去之前已付服务费的差额为准）

第五条　甲方的承诺与保证

（一）甲方保证系根据中国法律成立的有限责任公司，有权签署本协议及相关法律文件，并且有能力履行本协议，在本项目履行期间维持其良好的资信能力、资质水平及良好的市场商誉，符合广州市、______区对参与城市更新改造主体的资质要求。

（二）甲方承诺，本协议签署后，确保本项目改造主体按照本协议的约定按时足额向乙方支付服务费用，乙方逾期履行本协议约定义务的，相应的付款义务顺延。

（三）甲方保证配合乙方依法依规履行本协议约定的义务，及时对乙方提交的与本项目推进和开发建设有关的文件提出意见。

（四）甲方保证，自本协议签署之日起，不会违反本协议及/或实施任何损害乙方利益的行为。

（五）甲方特别承诺并保证：甲方保证其工作人员将完全合法合规地履行本协议约定的各项义务，不采取任何违反法律法规的运作手段或操作方式推进本项目（包括但不限于实施违反治安管理处罚法的行为，实施对有影响力的人行贿、对单位行贿、介绍贿赂、危害税收征管、扰乱市场秩序、侵犯财产、侵犯公民人身权利或民主权利、妨害社会管理秩序等违法及/或刑事犯罪行为），否则，由此产生的一切经济责任、法律责任一概由甲方承担，造成乙方损失的，甲方应予赔偿。

第六条　乙方的承诺与保证

（一）本协议签订前，乙方未与第三人签订与本项目及本项目范围内的土地、房屋有关的任何合同/协议及具有合同性质的文件（含旧村庄改造合作/服务协议、文件等）；本协议签订后，未经甲方书面同意，乙方不得再与任何第三人就本项目及本项目范围内的土地、房屋、旧村庄改造合作/服务有关的事项进行洽谈或签订任何相关合同/协议或具有合同性质的文件（含旧村庄改造合作/服务协议、文件等）。

（二）乙方保证，自本协议签署之日起，不会违反本协议及/或实施任何损害甲方利益的行为。

（三）乙方特别承诺并保证：乙方保证其工作人员将完全合法合规地履行本协议约定的各项义务，不得采取任何违反法律法规的运作手段或操作方式履行协议义务（包括但不限于实施违反治安管理处罚法的行为，实施对有影响力的人行贿、对单位行贿、介绍贿赂、危害税收征管、扰乱市场秩序、侵犯财产、侵犯公民人身权利或民主权利、妨害社会管理秩序等违法及/或刑事犯罪行为），否则，由此产生的一切经济责任或法律责任一概由乙方承担，造成甲方（含甲方指定的关联公司）及/或项目公司损失的，乙方应予赔偿。

第七条　特别约定

（一）如______村依法定程序公开招选本项目的合作企业，甲方（含甲方指定的关联公司）因自身原因最终没有成功中选成为本项目唯一合作企业，甲方若单方面解除本协议，本协议自乙方收到甲方《合作协议解除通知书》之日解除。本协议解除后，乙方为本项目已做工作并实际产生的费用，甲方应予以支付。

（二）甲方依法定程序成为本项目唯一合作企业之前，出现以下一项或多项情形的，甲方有权单方面解除本协议，本协议自乙方收到甲方《合作协议解除通知书》之日解除。

1. 自本协议生效后______个月内，本项目未被有权机关/部门列入______区城市更新改造项目储备库的。

2. 自本项目列入区城市更新改造项目储备库后______个月内，本项目未被有权机关/部门列入广州市城市更新项目实施年度计划的。

3. 如出现甲方违反其承诺或保证事项、甲方违约且未消除违约状态、政府政策或区级及以上政府部门书面文件导致乙方在客观上无法推进其服务内容等因素而未能按约定完成的，服务内容完成时间相应顺延。

第八条　违约责任

（一）甲方的违约责任

1. 本协议生效后，在符合本协议约定的服务费付款条件下，因甲方单方原因逾期支付服务费用的，甲方应自逾期之日起，按应付未付金额每日______的标准向乙方支付逾期违约金，直至付清为止。

2. 甲方违反本协议其他约定义务的，应在乙方发出通知后______个工作日内消除违约情形，逾期未消除或者消除不能避免损失的，甲方应向乙方支付违约金人民币______万元，同时，乙方有权选择解除或继续履行本协议。

（二）乙方的违约责任

1. 乙方隐瞒其在本协议订立之前已与第三人签订与本项目及本项目范围内的土地、房屋有关的任何合同/协议及具有合同性质的文件（含旧村庄改造合作/服务协议、文件等），或在本协议签订后，另行与第三人就本项目及本项目范围内的土地、房屋有关的事项进行洽谈或签订任何合同/协议及具有合同性质的文件（含旧村庄改造合作/服务协议、文件等）的，乙方应向甲方支付违约金人民币______万元。同时，甲方有权选择解除或继续履行本协议。

2. 乙方违反本协议其他约定义务的，应在甲方发出通知后______个工作日内消除违约情形，逾期未消除或者消除不能避免损失的，乙方应向甲方支付违约金人民币______万元，同时，甲方有权选择解除或继续履行本协议。

（三）甲乙双方任何一方依据本协议相关约定承担违约责任后，仍不足以弥补对方损失的，应就不足部分向对方予以赔偿。

第九条　保密条款

（一）除依法律、法规规定接受有关政府机关、司法机关、监管机关调查及报批或报告外，双方一致同意对本协议项下的交易事项承担保密义务。

（二）本条所涉及的保密内容包括但不限于：本协议、与订立本协议有关的所有细节、双方之间的相互联系、提供的文件及本项目及甲方公司、关联公司、项目公司的情况等。除了为本协议之目的，未经对方事先书面同意，任何一方均不得以任何方式向双方之外的任何单位或个人泄露保密内容，但为了实现本协议的目的而向有关中介机构、金融机构披露有关保密信息、资料的，不受此限制。但披露方应要求相关中介机构、金融机构履行本协议项下的保密义务，否则披露方应承担连带责任。

（三）如任何一方违反本协议约定的保密义务，应向守约方支付违约金人民币______万元（大写：______元）。

第十条　争议解决

（一）本协议履行过程中发生的任何争议，双方应友好协商，协商不成的，任何一方均可向本项目所在地人民法院提起诉讼。

（二）争议解决期间，协议双方应继续履行除争议事项外的本协议其他各项约定。

（三）如果本协议任何条款被法院认定无效，本协议其他条款的效力不受影响，双方应继续履行。

第十一条　通知和送达

（一）任何与本协议有关的由一方发送给另一方的通知或其他通信往来应当采取书面形式。以邮寄方式进行的通知均应采用特快专递的方式，并在投寄有效地址后（以邮戳为准）视为已经送达通知人。

1.甲方通信信息

联系人：

通信地址：

联系电话：

电子邮箱：

2.乙方通信信息

联系人：

通信地址：

联系电话：

电子邮箱：

（二）若任何一方的上述通信信息发生变更，应在相应通信信息变更后5日内以有效的书面方式通知另一方，未及时通知的，原通信信息仍然有效，因此导致有关文件送达未果或不及时的，由变更方承担一切责任及给其他方造成的损失。

第十二条　其他

（一）经双方协商一致，可对本协议内容进行书面变更与修改，但须经双方授权代表签字、盖章。任何修改、变更文件均构成本协议的补充文件，与本协议具有同等法律效力。

（二）本协议对各方履行其余未约定明确的履行期限的，该期限为自权利方发出的催告通知送达之日起五个工作日，逾期未履行的，则视为履约之违约。

（三）如因国家法律、法规或政策的任何变化导致本协议部分条款无效，不影响本协议其他条款的有效性。对无效条款所涉及的事宜，双方应另行协商解决，所达成的法律文件构成对本协议相应内容的修改，与本协议具有同等法律效力。

（四）本协议与提交给工商、税务、商务、产权交易所等有关部门办理股权变更登记或备案等手续的文件内容不一致的，双方权利义务以本协议约定的为准。

（五）本协议经甲、乙双方签字盖章后生效，本协议一式肆份，甲方、乙方各执贰份，均具同等法律效力。

（以下为《广州市______区______村旧村改造项目合作协议》签署页）

甲方：

法定代表人或授权代表：

签署时间：　　年　　月　　日

乙方：

法定代表人或授权代表：

签署时间：　　年　　月　　日

附件：1.《广州市______区______村旧村改造项目位置示意图》

2.……

协议三　旧村改造项目合作协议（地产商与前期服务公司）

——股权合作模式

本合作协议（以下简称本协议）由以下双方于______年______月______日在______签署：

甲方（地产商）：______，一家依据中华人民共和国法律在广州市合法成立并有效存续的有限公司，其注册地址为______其法定代表人为______。

乙方（前期服务公司）：______，一家依据中华人民共和国法律在______市合法成立并有效存续的有限公司，其注册地址为______，其法定代表人为______。

本协议中，甲方、乙方合称"双方"，单称"一方"或"任何一方"，除非另有说明，否则当提及"甲方"时均包括甲方及/或甲方指定的第三方，当提及"乙方"时均包括乙方及/或乙方指定的第三方。

经友好协商，双方就合作开发"广州市______区______镇______村更新改造项目"之相关事宜，达成本协议，以资共同遵守。

（一）定义

第1条　除非另有规定，本协议中的下列词语具有如下含义：

1.1　______村：指广州市______区______镇______村经济联合社。

1.2　本项目：指广州市______区______镇______村更新改造项目。

1.3　项目公司：指按照广州城市更新政策的有关规定，依法选定的可参与本项目旧村改造合作开发的企业主体。

1.4　权益比例：指双方约定在本项目进行资金投入、利润分配、亏损分担、行使本项目表决权的比例。在本协议签订时，双方的权益比例为甲方占______%，乙方占______%。双方应根据上述权益比例设立项目公司（股权比例按上述权益比例确定）。如在本协议履行过程中，上述权益比例发生调整的，双方在项目公司的股权比例相应调整。

1.5　合作公司：指甲乙双方为推进本项目，按甲方______%、乙方______%的权益比例成立的全部有限责任公司的统称。

1.6　保证金：指本项目在引入合作意向企业及公开选择合作企业过程中，按照招商文件等有关规定，需由报名企业缴纳的投标保证金、履约保证金、复建安置资金等各项保证金的统称。

1.7 融资地块：指政府最终批准（以项目公司签署的《国有建设用地使用权出让合同》为准）的项目公司可获得用于开发建设、运营及销售的经营性国有土地使用权。

1.8 法定改造成本：指依据《广州市住房和城乡建设局关于印发广州市旧村庄全面改造成本核算办法的通知》（穗建规字〔2019〕13号）所附《旧村庄全面改造成本构成一览表》，经政府主管部门批复的各项费用。

1.9 股东投入：指股东对项目公司的出资、股东对项目公司的借款/垫付款、股东直接或通过关联方支付的与本项目有关的各项支出。

1.10 计容可售建筑面积：指政府最终批准（以项目公司签署的《国有建设用地使用权出让合同》为准）的项目公司可获得的融资地块的计容建筑面积减去公共配套建筑面积等不可售部分后的建筑面积。

1.11 关联方：指就任何人而言，若一方控制、共同控制另一方或对另一方施加重大影响，以及两方或两方以上受同一控制、共同控制或重大影响的，则构成关联方；如果该（等）人士为自然人，则包括该（等）人士的配偶、父母、子女、兄弟姐妹、兄弟姐妹的配偶和子女，以及根据实质重于形式原则构成关联方的其他法人、自然人和经济实体。

1.12 政府主管部门：指按照法律法规、国务院规定的政府机构职责划分或者地方政府的有效授权，对某类行政事项依法享有管理权限的政府机构。

1.13 工作日：指除周六、周日和中国的法定节假日外的任何一天，不包括中国政府宣布临时调整为休息日的周一至周五，但包括中国政府宣布为临时工作日的周六和周日。

1.14 日：指日历日。

1.15 元：指人民币的货币单位，如无特别约定，本协议所有计价货币均为人民币。

1.16 中国：指中华人民共和国（为本协议之目的，不包括香港特别行政区、澳门特别行政区和台湾地区）。

1.17 中国法律：指包括任何中国机构或部门（包括中央、省、市及其他）公开颁布的法律、法规、规则和规范性文件，并根据各自不时修正或更改的条款而进行解释（为本协议之目的，中国法律不应包括香港特别行政区、澳门特别行政区和台湾地区的法律）。

（二）基本情况

第2条　土地房屋现状：“本项目”拟列入改造范围的现状总建筑面积约为______平方米，其中，村民住宅建筑面积约为______平方米（具有合法产权的面积约为______平方米），村集体物业建筑面积约为______平方米（具有合法产权的面积约为______平方米）。

第3条　拟改造范围：拟改造范围为______公顷（改造范围界址图见附件），改造范围内建设用地为______公顷，农用地为______公顷。

改造范围内现状建设用地中______公顷已纳入标图建库范围，______公顷建设用地拟补录标图建库范围，______公顷建设用地需按规定完善历史用地手续，______公顷农用地需按规定办理农用地转用手续。

第4条　截至本协议签订之日，“______村”总人口______人，总户数______户。其中，村民总人口______人，户数______户；居民总人口______人，户数______户。

第5条　上述数据以政府部门核查公布的基础数据成果为准。

（三）交易概述

第6条　合作原则

双方按照“共同投资、共享利润、共担风险、市场化运作、各自发挥优势”的原则进行合作，共同推进本项目，进而以项目公司名义获取本项目融资地块的土地使用权及开发权，双方按照各自实际持有的项目公司权益比例享有融资地块的开发权益。

第7条　合作目的

甲乙双方强强联合、优势互补，合资成立项目公司，促使项目公司取得本项目融资地块的不动产权证后，对融资地块进行开发建设。

第8条　合作模式

8.1　甲方在本项目中的权益比例为______%，乙方在本项目中的权益比例为______%。双方应根据上述权益比例设立项目公司。

双方可以根据实际需要设立多间项目公司，或由项目公司成立一间或多间全资子公司，但双方在项目公司或通过项目公司持有的权益比例均为甲方______%、乙方______%（一方因未按公司章程约定投入资金而被调减权益比例的除外），项目公司的治理结构应与本协议保持一致，且双方应在项目公司章程约定的期限内缴付完毕应付的注册资本。

8.2　本协议签订后______个工作日内，双方应按本协议约定的原则设立项目公司，届时应以项目公司名义（双方认可的主体）报名参加本项目合作意向企业及正式合作企业招商。合作公司注册资本为______万元，其中甲方认缴注册资本份额为______万元，占合作公司股权比例为______%，乙方认缴注册资本份额为______万元，占合作公司股权比例为______%。注册资本的出资安排如下：

8.2.1 ____年______月______日前：首期注册资本______万元实缴到位。

8.2.2 ____年______月______日前：余下注册资本______万元实缴到位。

第9条 双方分工

9.1 项目公司成立后，双方应发挥各自优势，共同推动、促成项目公司获得融资地块的土地使用权及开发权。

9.2 甲方在本协议项下的工作内容、范围。

甲方负责项目公司的日常运营管理（包括但不限于融资地块的开发建设、施工设计、规划报建、销售推广以及物业管理、运营等后续工作），详见本协议（五）。项目管理费用、营销费用在项目公司列支及承担，但项目管理费用、营销费用需要提供相关税票。甲方具体工作范围包括但不限于以下内容：

9.2.1 协助村集体在整合村域范围内分散的土地资源的基础上，将拟列入改造范围的土地增补录入标图建库范围。

9.2.2 协助村集体向市区两级政府申请将本项目列入更新改造项目储备库、市城市更新改造年度计划，并取得有关立项文件。

9.2.3 协助村集体配合镇街、政府主管部门开展查处违法用地、违法建设的工作，杜绝新增违法用地、违法建设的产生，保障村集体共同利益。

9.2.4 协调村集体及村民配合政府主管部门开展本项目的基础数据调查工作，包括但不限于基础数据普查、调查、核查（入户调查）、综合确认、验收、公示、备案、入库等工作。

9.2.5 协调村集体及村民配合政府主管部门统筹组织编制片区策划方案（包括控调方案，如有），并协调、配合政府主管部门完成征求权属单位及市区两级政府有关部门的意见、修改完善、方案审核、审定、公示等工作，其中涉及调控方案的，甲方应协调、配合政府主管部门编制调控论证报告、完成调控方案的审议、批准、公告及批复等工作，涉及完善历史用地手续的，还应协调取得有关的批复文件。

9.2.6 本项目发布引入合作企业招商公告后，双方同意以双方认可的主体报名参加本项目的招商，甲方与乙方应围绕本项目招商文件涉及的资格条件、要求等提供咨询服务，并就可能涉及的重点、难点提供思路、建议和方案等指导性意见，并尽其最大努力促成双方认可的主体依合法程序成为本项目的合作企业及签署《旧村改造合作协议》。

9.2.7　在开展基础数据调查、核查、地价评估、环境影响评估、历史文物评估、交通影响评估、片区策划方案编制、控制性规划调整方案编制、概念性规划设计等改造工作时，如根据政策或实际改造需要，委托第三方外部机构提供服务的，甲方应协调及配合村集体、属地镇街、政府主管部门甄选合作单位。

9.2.8　协调村集体及村民配合镇街、政府主管部门开展编制旧村全面更新改造项目实施方案（含拆迁补偿安置方案）工作，包括但不限于完成征求村民、合作企业及相关权属人意见、甄选及委托方案编制的规划设计单位、甄选及委托融资地价的评估机构、方案的专家论证、方案的报批、审核、修改完善、表决、批复，以及组织村民对批复进行表决等有关工作。

9.2.9　如本项目分期实施改造的，甲方应根据批复的改造实施方案及表决通过的拆迁补偿安置方案，协助村集体及合作企业制订旧村更新改造的分期分块实施计划，并取得属地镇街及政府主管部门的批准。

分期分块实施计划应充分听取村集体及合作企业的意见，并兼顾各方的合理诉求，将安置地块和融资地块结合进行安排。

9.2.10　办理供地手续时，甲方应协助合作企业及村集体完成建设用地申报、国土、规划审批、注销原用地、房屋产权登记、办理确权登记、历史用地完善征收、确权登记手续等工作，确保本项目各项用地可进行后续的房地产开发工作。

9.2.11　其他由甲方负责本项目所需各级政府及部门的所有审批相关工作。

9.3　乙方在本协议项下的工作内容、范围。

乙方主导负责维护、推进与村集体经济组织、村民的沟通协调工作，推进本项目的拆迁补偿安置工作，乙方具体工作范围如下：

9.3.1　协助甲方与村两委就开展旧村改造合作工作进行洽谈，了解双方的合作诚意、意向以及“本项目”改造推进的进度、困难以及各自关心的问题。

9.3.2　如村集体拟引入合作意向企业的，乙方应协助村集体在征求村民意见的基础上，拟定《旧村改造合作意向协议书》，并报政府主管部门审核通过，在政府主管部门审核通过后，协助村集体组织成员代表会议表决通过，并完成表决结果的公示、备案等手续。

9.3.3　在合法、合规及双方认可的主体符合引入合作意向企业资格条件的前提下，乙方应协助双方认可的主体报名成为候选合作意向企业，通过竞争性磋商、投标等合法程序成为本项目的合作意向企业，并与村集体签订《旧村改造合作意向协议书》。

9.3.4　在充分尊重村民意愿的基础上，乙方应协助村集体组织成员大会，表决通过本项目改造意愿申报，并采用“全面改造方式、合作改造模式”对本项目改造范围内的土地、房屋进行整体拆除重建改造。

9.3.5　协助甲方在村域范围内通过各种形式加大对旧村改造工作、政策的正面宣传，提高村民对旧村改造的正确认识、理解和支持，让村民明白旧村改造工作是一件利国、利民、多方共赢的好事，充分调动村集体及其村民申请、参与改造的积极性。

9.3.6　配合甲方协调村集体及村民配合政府主管部门开展本项目的基础数据调查工作，包括但不限于基础数据普查、调查、核查（入户调查）、综合确认、验收、公示、备案、入库等工作。

9.3.7　在招商文件定稿后，乙方还应协调及配合村集体组织招商文件的表决、公示、发布招商公告、资格审核、甄选候选合作企业、表决确定合作企业、签订《旧村改造合作框架协议》、结果公示等工作。

9.3.8　本项目发布引入合作企业招商公告后，双方同意以双方认可的主体报名参加本项目的招商，乙方应围绕本项目招商文件涉及的资格条件、要求等提供咨询服务，并就可能涉及的重点、难点提供思路、建议和方案等指导性意见，并尽其最大努力促成双方认可的主体依合法程序成为本项目的合作企业及签署《旧村改造合作协议》。

9.3.9　在充分征询村民意见的基础上，协助合作企业与村集体经济组织共同编制拆迁补偿安置方案（含选房方案，如有），在拆迁补偿安置方案取得属地镇街的同意后，协助村集体组织召开村两委、村民代表以及村民大会，对拆迁补偿安置方案依法进行表决，并对表决结果进行公示，协助村集体与合作企业、村民、其他权属人、承租人等签署拆迁补偿安置协议、租户清退协议等法律文件。

在签约比例达到政策规定可启动拆迁的条件后，协助村集体及合作企业启动拆迁工作，督促被拆迁人及时进行搬迁、移交土地及房屋，拆除所有地上建筑物、构筑物、附着物及其他地上物。

如村集体与村民、其他权属人、承租人就补偿安置发生争议的，乙方应在合法、合规的基础上，协助合作企业及村集体进行妥善处理。

9.3.10　办理供地手续时，乙方应配合甲方协助合作企业及村集体完成建设用地申报、国土、规划审批、注销原用地、房屋产权登记、办理确权登记、历史用地完善征收、确权登记手续等工作，促进本项目各项用地可进行后续的房地产开发工作。

9.3.11　在回迁安置房竣工验收备案具备交付条件后，乙方应协助合作企业、村集体与村民根据共同商定的选房方案办理房屋交接手续，协助完成回迁安置房的交付验收工作。

9.3.12　在本项目拆迁补偿安置工作完成后，乙方应配合甲方与合作企业及村集体将拆迁补偿安置的资料、情况说明及具结书等文件报送属地镇街及政府主管部门加具意见，协助完成申报并取得产权登记文件。

9.3.13　配合甲方、项目公司对本项目融资地块、集体经济物业复建地块、住宅复建安置地块的开发建设，包括但不限于配合完善有关的手续，协调村集体及其他权属人提供有关资料、文件，参加股东会、董事会会议，签署有关决策文件等。

（四）资金管理

第10条　股东资金投入

10.1　本项目推进所需的全部支出，应优先通过外部融资及项目销售回款解决，不足部分应由甲乙双方按照权益比例向项目公司投入。具体由甲乙双方在接到项目公司正式通知之日起7日内足额向项目公司提供。

10.2　股东向项目公司提供借款的，按不低于LPR上浮______%向项目公司收取利息，具体利率以届时签订的借款合同约定为准。该利息由甲乙双方向项目公司开具利息发票。

10.3　股东的任一方若不能按照权益比例足额向项目公司提供资金的，视为违约，若未超过______日的，违约方应就其未足额投入资金金额按年利率______%向守约方支付违约金，直至足额投入资金；若超过______日的，则违约方同意，守约方有权选择为违约方垫付股东投入。如守约方选择行使垫资权（行使垫资权的一方简称“垫资方”），则垫资方有权：

收取资金占用费：以垫资的金额为基数按LPR上浮______%向违约方收取资金占用费，违约方不可撤销的授权项目公司从应支付给违约方的任何款项中扣除并代为向守约方清偿。

第11条　外部融资

11.1　项目公司需要外部融资的，双方共同负责协调第三方向项目公司提供资金支持，按具体融资方式和条件择优选用资金提供方。

11.2　因本项目融资需要增加注册资本，或为满足自有资金比例要求的，甲乙双方应当按权益比例对项目公司增加注册资本或资本公积。

11.3　因项目融资需要，甲乙双方一致同意可以项目公司的股权及资产设立质押、抵押，融资、贷款所得资金主要用于本项目开发建设，由项目公司调拨。融资、贷款所产生的利息等费用列入本项目成本，由项目公司承担。

11.4　因融资需要甲乙双方提供融资担保的，甲乙双方按各自权益比例为项目公司提供担保，各股东不向项目公司收取担保费。

第12条　项目管理费用

12.1　项目管理费用采取总额控制、实报实销核算管理，项目管理费用总额按以下标准计算，超出总额范围的部分不列入本项目成本费用核算，由甲方单独承担，相应扣减甲方在本项目中的可分配利润；在总额范围内的节余部分由甲方或甲方指定的第三方向项目公司开具发票收取。

项目管理费用总额计算标准如下：

项目管理费用总额=本项目含税营业收入 × ______%+融资地块建安成本 × ______%+本项目法定改造成本 × ______%。

其中：

12.1.1　本项目含税营业收入是指项目对外销售、出租、自营取得的收入（含增值税）。项目公司没收买受人/承租人的定金、买受人/承租人支付的违约金及损失赔偿，以及与本项目运营相关的其他收入或款项也计入含税营业收入；如发生解除房屋买卖/租赁合同的情况，因解除合同而导致退还给买受人/承租人的房款从含税营业收入中扣除。

12.1.2　融资地块建安成本根据实际支出确定。

12.1.3　本项目法定改造成本金额暂以______元计算，并最终以政府主管部门批复的金额为准。

12.2　项目管理费用具体结算规则：

12.2.1　项目公司成立后，项目管理费用在项目公司年度预算额度内据实列支，并按年度进行结算工作。

12.2.2　项目累计可结算管理费用总额=本项目累计含税营业收入 × ______%+融资地块累计支出的建安成本 × ______%+本项目累计支出的法定改造成本 × ______%。项目累计含税营业收入按照项目累计营业回款金额（即当期预收账款贷方累计发生额）计算。

12.2.3　如项目累计实际发生管理费用小于项目累计可结算管理费用总额的，则差额部分，由甲方向项目公司开票收取或结转以后年度使用。如项目累计实际发生管理费用超过项目累计可结算管理费用总额的，则超额部分自动递延至下一年预结算，直至本项目全部可售物业售罄。

12.2.4　在本项目全部可售物业售罄且双方完成项目管理费用的最终结算后，如本项目实际发生的管理费用超过项目管理费用总额的，则超出部分由甲方承担，由甲方从项目公司获得分配的利润中等额扣除，若无利润抵扣的，由甲方补足。

12.3　本项目全部可售物业售罄后，甲乙双方应按照本项目全部可售物业的预售（销售）合约金额共同确认本项目的全部含税销售收入总额。在本项目全部含税销售收入总额确定后______个工作日内，甲乙双方应共同完成项目管理费用最终金额的结算及支付，甲方收取项目管理费用的，应向项目公司同时出具等额有效的发票，所产生的税费由甲方自行承担。

第13条　营销费用

13.1　项目公司的营销推广费用，按本项目全部含税营业收入的______%由甲方包干使用，在项目公司据实列支，超出总额范围的部分不列入本项目成本费用核算，由甲方单独承担，相应扣减甲方在本项目中的可分配利润；在总额范围内的节余部分由甲方或甲方指定的第三方向项目公司开具票据收取。本项目含税营业收入是指项目对外销售、出租、自营取得的收入（含增值税），项目公司没收买受人/承租人的定金、买受人/承租人支付的违约金及损失赔偿，以及与本项目运营相关的其他收入或款项也计入含税营业收入；如发生解除房屋买卖/租赁合同的情况，因解除合同而导致退还给买受人/承租人的房款从含税营业收入中扣除。

13.2　营销费用具体结算规则：

13.2.1　在本项目尚未产生营业收入前，实际发生的营销费用应直接计入本项目成本费用，双方暂不进行结算。在产生营业收入后，甲乙双方应每年度结算营销费用。

13.2.2　项目累计可结算营销费用总额=本项目累计含税营业收入×______%；项目累计含税营业收入按照项目累计营业回款金额（即当期预收账款贷方累计发生额）计算。

13.2.3　如累计实际发生的营销费用小于项目累计可结算营销费用总额的，则差额部分，由甲方向项目公司开票收取或结转以后年度使用。如累计实际发生的营销费用超过累计营销费用总额的，则超额部分自动递延至下一年预结算，直至本项目全部可售物业售罄。

13.2.4　在本项目全部可售物业售罄且双方完成营销费用的最终结算后，如本项目实际发生的营销费用超过营销费用总额的，则超出部分由甲方承担，由甲方从项目公司获得分配的利润中等额扣除，若无利润抵扣的，由甲方补足。

第14条　资金及利润分配

14.1　项目公司账户的资金按照甲方集团资金管理制度，资金须置于项目公司的账户中，由项目公司统一使用、结算、监管。

14.2　项目公司获取金融机构贷款以后，优先用于项目公司运作，富余资金由项目公司统一调拨。在现有可动用账面资金满足项目未来______个月各项支出的前提下，对于项目公司富余资金按以下方式处理：

14.2.1　甲乙双方在对等投入、对等提供担保的前提下，可按双方权益比例对等偿还股东借款及利息；

14.2.2　如一方未能对等投入的，超额投入方优先受偿超额投入部分（指比未对等投入一方多投入项目公司的金额）本金及利息后，再由双方权益比例对等偿还股东借款本息；

14.2.3　若在偿还股东借款及利息后，项目公司资金仍有剩余的，甲乙双方可按权益比例对等借用，但双方所借用资金不应超过其在项目公司预计可分配的现金利润。同时，若项目公司有资金需要的，甲乙双方应向项目公司归还借用资金。

14.3　双方同意，合作期间甲乙双方收回其对项目公司的股东投入后（含甲方或甲方指定第三方提供的供本项目使用的借款及代乙方垫付的资金本金、利息、资金占用费），如本项目当年具备可分配利润的，经甲乙双方另行同意后，本项目可在不超过当年累计可分配利润______%额度的范围内，按双方权益比例进行利润预分配。

14.4　甲乙双方按照实缴出资比例分享利润。项目公司利润分配或亏损弥补方案由董事会制订，报经股东会全体股东同意批准后实施。项目公司利润分配或亏损弥补方案不得与本协议内容相冲突。

14.5　在实施利润分配前，经董事会批准，项目公司应预留足够的借款保证金、质押金、物业管理准备金、公积金等风险金及法律法规规定必须提取的其他费用。

（五）项目公司的经营管理

第15条　本项目由甲方主导并决策，使用某品牌进行推广，并纳入甲方所属某集团管理体系，使用甲方的管理制度，按照甲方的开发、审批流程、OA系统、管理制度和操作标准进行项目开发管理。乙方可派人员协助维护政府关系并配合融资地块的开发报建工作。

第16条　本项目由甲方委派的项目管理团队实施独立管理，乙方享有相应的知情权及监督权，包括但不限于以下范围：

16.1　产品前期及定位管理：在规划主管部门批准的建设规模、建设内容和建设标准的框架内，对项目的整体定位、运营思路和方案进行统筹规划。

16.2　成本管理：负责组织专业工作单位编制项目的成本及收益测算，并在项目开发建设全过程中负责具体成本管理工作。包括：

16.2.1　定期审阅和更新项目预算。

16.2.2　对项目的建设进展进行检验，以及批准或不批准专业工作单位或任何其他方就项目设计或建设提出的付款要求。

16.2.3　本项目涉及的各类可开发地块的施工图确定后，甲方负责编制对应的目标成本，并在目标成本编制完成后______天内将编制完成的目标成本交乙方确认，乙方应在收到上述目标成本后______天内书面确认，逾期确认或无正当理由拒绝确认的，视为乙方已确认上述目标成本。

16.2.4　除非上述目标成本存在严重偏离市场价格或项目定位的问题，否则，乙方应予以认可甲方编制的目标成本。

16.2.5　项目开发过程中，若经双方确认的目标成本清单中出现漏项的，经双方协商一致后，可将该漏项计入本项目目标成本。项目开发过程中，若因市场变化导致材料、人工、机械等成本价格发生变化且浮动在______%以下（含本数）的，甲方应通知乙方并相应调整目标成本，如成本价格发生变化且浮动在______%以上（不含本数）的，由甲乙双方协商一致后，方可调整目标成本。

16.3　规划设计管理：甲方负责聘请具有资质的专业设计单位负责项目的规划设计，并按照项目定位、目标成本等相关要求进行统筹管理。

16.4　工程管理：

16.4.1　负责工程的设计单位、施工单位、材料供应单位和监理单位的全部招标工作及/或选任；

16.4.2　处理本项目相关的各类工程往来函件资料；

16.4.3　对项目进行统筹管理，全面管理项目工程建设阶段的质量、工期、工程款、安全生产、文明施工等；

16.4.4　在具备验收条件之后在规定的时效内组织各方人员及/或机构进行竣工验收，按本协议约定及有关行政主管部门或机构规定的程序对工程进行竣工验收和备案；

16.4.5　全面整合整个建造过程中形成的建设工程文件，直到符合本项目所在地行政管理部门对本项目的竣工备案资料的要求。

16.5　营销管理：

16.5.1　制订包含整体营销推广策略、销售价格、销售进度、营销广告策略、认筹方案、开盘方案及项目包装方案等内容的营销计划，制定相关的管理制度及执行流程（如需）。

16.5.2　选聘销售相关广告、策划、活动推广及销售代理单位。

16.5.3　办理预售审批手续，制定销售文件，签署商品房买卖合同及办理销售合同备案登记手续，配合办理按揭贷款手续。

16.5.4　处理售后纠纷和客户投诉，组织销售物业的集中交付，办理完毕房屋产权转移登记手续。

16.6　交付管理：

16.6.1　组织各类工程中间试车、验收，整体工程的竣工验收工作，并完成竣工验收备案工作；

16.6.2　组织实施本项目验收合格的工程的接收工作及已销售的物业集中交付工作，以及未销售物业的管理工作。

16.7　前期物业管理：本项目的物业服务单位为甲方指定的物业公司，甲方负责组织项目物业服务单位制订物业服务方案，对前期物业服务的质量进行督导。

16.8　招标采购管理：项目开发建设过程中的招标采购由甲方负责统筹，专业工作单位及相关设施设备、材料等供应商的资质条件及具体要求由甲方根据其招投标及供应商管理制度，并结合项目实际情况确定。

16.9　开发建设计划管理：甲方负责统筹项目启动阶段、方案设计阶段、施工设计阶段、施工阶段、营销开盘阶段、交房阶段及项目后续阶段等项目实施过程中各阶段的开发运营计划管理工作，并负责监控各层级运营计划节点完成情况。

16.10　商业运营管理：根据本项目商业业态的具体特点，开展统一、系统和全面的商业经营管理工作，对项目商场管理范围的场地、经营秩序及各项经营活动等事务全权实施管理，维护项目商场的正常运作。

16.11　财务管理：项目公司所有的印章、印鉴、证照原件、银行账户资料（包括但不限于Ukey、银行账户）由甲方保管，项目公司对外支付款项在甲方负责管理专用账户的人员签字后支付。

第17条　涉及拆迁补偿方案、拆迁安置协议文本拟定、项目定位、规划设计、工程招标、施工单位确定、定价方案、项目设备、装修材料的选定，甲乙双方共同参与协商，如甲乙双方意见不一致的，则应以甲方的意见为准并将乙方意见记录备查。

第18条　资料管理及查阅

18.1　项目公司关于本项目的全部资料及银行账户（包括但不限于所有印鉴、证照、财务账簿、项目资料、合同、文件等）由甲方、乙方在核验和登记造册后交由甲方保管（存放于项目公司办公场所）。双方就本项目的全部资料享有随时查阅权。

18.2　一方因涉及项目公司事宜需使用项目公司印章、证照及其他相关资料时，另一方应在______个工作日内予以配合。

第19条　项目公司授权

前述管理需要项目公司授权的，甲乙双方一致同意项目公司积极配合。

（六）项目公司的公司治理

第20条　项目公司股东会

20.1　项目公司设股东会，股东会是最高权力机构，由甲方和乙方共同组成。股东会职权如下：

20.1.1　决定公司的经营方针和投资计划；

20.1.2　选举和更换由非职工代表担任的董事，决定有关董事的报酬事项；

20.1.3　选举和更换由非职工代表出任的监事，决定有关监事的报酬事项；

20.1.4　审议批准董事会的工作报告；

20.1.5　审议批准监事的工作报告；

20.1.6　审议批准公司的年度财务预算方案、决算方案；

20.1.7　审议批准公司的利润分配方案和弥补亏损方案，但因一方股东未及时对项目公司投入资金导致双方权益比例发生变更的，不需经股东会决议；

20.1.8　对公司增加或者减少注册资本作出决议；

20.1.9　对发行公司债券作出决议；

20.1.10　对公司合并、分立、变更公司形式、解散和清算等事项作出决议；

20.1.11　对股东股权转让作出决议；

20.1.12　修改公司章程，但因一方股东未及时对项目公司投入资金导致股权比例调减的除外；

20.1.13　决定公司设立子公司、分公司或其他对外投资；

20.1.14　公司章程规定的其他职权。

上述所列事项股东以书面形式一致表示同意的，可以不召开股东会会议，直接作出决定，并由全体股东在决定文件上签名、盖章。

20.2　股东会按照股东认缴出资比例行使表决权。股东会会议作出修改公司章程、增加或者减少注册资本的决议，以及公司合并、分立、解散或者变更公司形式的决议及前述第20.1.7条、第20.1.11条所涉事项，必须经代表2/3以上表决权的股东通过；股东会作出的其他决议，应由代表过半数表决权的股东通过。

第21条　项目公司董事会

21.1　项目公司设董事会，董事会由______名董事组成，董事任期______年，经委派方继续委派可以连任。其中，甲方委派______名董事，乙方委派______名董事。董事长由甲方指定的董事担任，董事长为项目公司法定代表人。

21.2　董事会职权如下：

21.2.1　负责召集股东会，并向股东会报告工作；

21.2.2　执行股东会的决议；

21.2.3　决定公司的经营计划和投资方案；

21.2.4　拟订公司年度财务预算方案、决算方案及决定资金使用方案；

21.2.5　拟订利润分配方案和弥补亏损方案，但因一方股东未及时对项目公司投入资金导致双方权益比例发生变更的，不需经董事会决议；

21.2.6　拟订增加或者减少注册资本方案；

21.2.7　制订发行公司债券的方案；

21.2.8　对公司聘用、解聘会计师事务所作出决议；

21.2.9　审定经营计划调整事项；

21.2.10　根据股东委派，决定聘任或者解聘公司总经理、财务负责人，及其他公司高级管理人员及其报酬事项；

21.2.11　制定公司的基本管理制度；

21.2.12　审议批准公司对外投资、担保、抵押等行为（为销售项目物业而向相关商业银行发放的按揭贷款提供的阶段性担保除外，此项归属总经理权限并由总经理决策）；

21.2.13　听取公司总经理的工作汇报并检查总经理的工作；

21.2.14　审议批准公司内部管理机构设置方案；

21.2.15　审议批准公司富余资金统筹、调用方案；

21.2.16　股东会授权的其他事项。

21.3　董事会决议的表决，每一位董事就董事会所议事项享有一票表决权，董事会审议事项经全体董事过半数通过方能生效。

21.4　全体董事对审议事项以书面形式一致表示同意的，可以不召开董事会会议，直接作出决定，并由全体董事在决定文件上签名。

第22条　监事

项目公司不设监事会，设监事______名，甲方委派______名，职工选举______名。监事任期______年，可连选连任。

第23条　项目公司经营团队

23.1　鉴于甲方具有专业的房地产开发经验，项目公司经营团队由甲方委派和组建，项目公司总经理、财务负责人均由甲方任命或解聘，项目公司及融资地块之日常运营、管理、开发建设均由甲方提名之总经理在董事会授权范围内负责组织实施。乙方不参与项目公司的日常经营管理工作，乙方委派1名出纳，并委派1名前期管理人员，协助办理开发建设所需的相关审批和许可手续。

23.2　甲乙双方向项目公司派驻的人员，除董事、监事由各委派方各自承担薪酬外，其余人员以及项目土地开发建设及销售所需专职员工，均归属于项目公司，由甲方所属科学城集团负责统一招聘、管理，并按照科学城集团的薪酬体系执行，该等员工薪金由项目公司支付，从项目公司成本中列支。

第24条　双方代表

24.1　甲方委派______作为项目负责人，乙方委派______作为乙方代表（联络人）。甲方与乙方双方之间有关文件的传递、接收以及指令的发布等均由各自代表签字确认，但任何涉及甲方与乙方双方实质性权利义务关系的文件，均须由甲方与乙方双方代表签字并加盖公章后生效；除非本条对代表的权限另有规定或在文件签收中予以确认外，双方代表对文件的签收并不表明对签收文件内容的确认。

24.2　为提高工作效率，确保本协议的顺利履行，乙方代表可根据乙方授权行使下列职权：

24.2.1　代表乙方签收甲方提出的项目开发计划；

24.2.2　代表乙方就甲方管理中的相关行为进行签证确认；

24.2.3　参与拆迁安置、项目设计、招投标、营销策划等业务会议；

24.2.4　代表乙方进行现场检查，提出监管和整改意见；

24.2.5　代表乙方确认（追认）相关费用的支付。

24.3　甲方与乙方任何一方代表需要更换的，必须提前7日以书面方式通知另一方。

24.4　甲方与乙方双方均可以书面方式对各自代表进行授权，代表双方履行各自的权利和义务，但有关授权不得与本协议约定的条款及原则相冲突。

（七）僵局的解决

第25条　公司僵局

25.1　股东投入、净利润分配方案、服务费及亏损弥补方案以外的事项，甲乙双方意见不一致的，双方应尽最大努力协商并尽可能缩小分歧，充分考虑和尊重对方的意见，经过此等努力后双方仍未能取得一致的，在符合项目利益最大化的前提下，应按照甲方意见办理。乙方坚持不同意见的，可以记录备查。

25.2　对于股东投入方案、净利润分配方案、服务费及亏损弥补方案，如经依法召开股东会会议或董事会会议无法作出决议的（董事若无法亲自到场，可授权委托他人代为出席，行使董事权利），则应在前次股东会会议或董事会会议结束次日起7个自然日后但不迟于10个自然日内，再次召集股东会会议或董事会会议，就同一事项进行决议。如是股东会会议的，则如第二次股东会会议就该事项仍无法作出决议的，视为在第二次股东会会议结束当日形成公司僵局；如是董事会会议的，则如第二次董事会会议就该事项仍无法作出决议的，董事长须立即将该事项交由股东会在10个自然日内协商解决，若股东会在上述10个自然日期限内仍无法作出决议的，则视为在该期限届满之日形成公司僵局。

第26条　公司僵局的解决机制

项目公司形成公司僵局后的30个自然日内，双方可以协商由一方单独收购或几方收购另一方持有的项目公司全部股权，另一方退出合作。如协商仍未达成一致，由甲方或甲方指定公司强制收购乙方持有的项目公司股权，收购价格需符合国有资产交易监管的相关规定。

（八）税费的负担

第27条　除本合同另有约定外，因本次交易而发生的一切税费由法律、法规规定的缴纳义务人承担。如相关法律、法规没有明确规定的，由双方另行达成补充协议解决。

第28条　任何时候，股东分红产生的税费均由股东双方自行承担。

（九）保密

第29条　无论本协议是否已终止，任何一方对于本协议之签署、履行及协议内容以及一方在合作过程中因签署及履行本协议而知悉或收到的有关协议其他方的商业秘密、专有信息、客户信息（统称为“保密信息”）均负有保密义务。任何一方仅可就其履行其在本协议项下义务之目的而使用该类保密信息。未经对方书面许可，任何一方均不得向任何第三方泄露上述保密信息，否则应承担违约责任并赔偿损失。

第30条　在取得另一方书面许可之前提下，每一方均应确保其仅为履行本协议之目的，始向其员工、关联企业、顾问、代理人或承包商披露上述保密信息，并应向对方保证其员工、关联企业、顾问、代理人或承包商必将保守相关的保密信息，否则其应承担相应的赔偿责任。

第31条　以下信息不属于保密信息：（a）有书面证据表明接收信息一方先前已知悉的任何信息；（b）非因接收方的过错而进入公共领域或因其他原因为公众所知晓的信息；（c）接收一方其后从其他途径合法获得的信息。

（十）违约责任

第32条　本协议签订后，双方应严格遵守各项条款。除非本协议另有约定，如其中一方有违约行为，应尽最大努力采取补救措施，还须赔偿守约方因此造成的全部经济损失。

第33条　乙方保证在本协议签订前未与除甲方外的第三方以任何方式合作本项目（如有，乙方应在签订本协议前解除该等合作协议，并确保本项目不存在任何纠纷、争议），并保证在本协议签订后不再就本项目与其他任何第三方进行任何谈判、磋商，亦不与其他任何第三方就本项目签订任何协议、合同或达成任何意向，否则甲方有权解除本协议。

如甲方根据前款约定解除本协议的，乙方应向甲方支付违约金人民币______万元并按照甲方股东投入进行赔偿，并按照年利率______%的标准支付资金占用费，占用时间自甲方实际支付第一笔款项之日起计算至乙方完成全部清偿之日止。

第34条　甲方保证在本协议签订前未与除乙方外的第三方以任何方式合作本项目（如有，甲方应在签订本协议前解除该等合作协议，并确保本项目不存在任何纠纷、争议），并保证在本协议签订后不再就本项目与其他任何第三方进行任何谈判、磋商，亦不与其他任何第三方就本项目签订任何协议、合同或达成任何意向，否则乙方有权解除本协议。

如乙方根据前款约定解除本协议的，甲方应向乙方支付违约金人民币______万元并按照乙方股东投入进行赔偿，并按照年利率______%的标准支付资金占用费，占用时间自乙方实际支付第一笔款项之日起计算至甲方完成全部清偿之日止。

第35条　任一方（“违约方”）违反本协议的任何条款（包括但不限于违反任何声明与保证或任何承诺，或者未能促使某一事项发生或不发生），且在收到前述其他任一方（“守约方”）要求违约方对其违约行为作出补救的书面通知之日起______日内未对其违约行为作出充分的补救，守约方有权终止本协议，且守约方无须就终止本协议所导致之损失向违约方承担任何责任。无论守约方是否选择发出终止通知书，均不影响守约方根据本协议或相关法律、法规向违约方追讨所有直接及间接损失并要求违约方承担全部违约责任的权利，违约方应就其违约行为给守约方造成的损失承担赔偿责任。

第36条　任何一方违反本协议约定，未按本协议约定投入资金的，按本协议第10.3条承担违约责任。被调减权益比例的一方，如逾期未办理上述工商变更登记手续的，每逾期一日，应按其当期未足额投入资金金额的万分之五向守约方支付违约金，直至项目公司的全部工商变更登记手续完成之日止。

第37条　除本协议另有约定外，因任一方违约原因导致本协议解除、被终止、被撤销的，违约方应向守约方支付违约金______万元，并应赔偿因此给守约方造成的一切实际损失。

第38条　除本协议另有约定或经对方同意，任何一方不得提前解除本协议，或对外转让所持本项目的权益比例，亦不得以调减权益比例的方式替代股东投入义务，否则应向对方支付违约金______万元，并应赔偿因此给对方造成的一切实际损失。

（十一）生效、变更、解除及终止

第39条　本协议自双方盖章或签字（法定代表人或授权代表）之时起生效。

第40条　出现如下情形之一的，甲方可解除本协议。甲方应向乙方发出解除通知书，解除通知书在发出之日经过3天即视为已送达乙方，乙方如有异议的，应在收到解除通知书后30天内提出书面异议：

（1）在本协议签订后______日内，乙方未促成项目公司或双方另行认可的主体与______签订《广州市增城区______镇______旧村改造合作意向协议》的；

（2）在《广州市增城区______镇______旧村改造合作意向协议》签订之日起______日内，双方认可的主体未能通过公开招商成为本项目的合作企业的。

第41条　出现如下情形的，乙方可解除本协议。乙方应向甲方发出解除通知书，解除通知书在发出之日经过______天即视为已送达甲方，甲方如有异议的，应在收到解除通知书后______天内提出书面异议：

项目公司未按照本协议第12.4条约定向乙方支付服务费用。

第42条　如遇不可抗力，包括自然事件如洪水、地震、火灾、爆炸、瘟疫、重大传染性疾病等，以及社会事件如国家的法律、法规和行政规章修改、变更，政府行政行为，战争，罢工，骚乱等，以及其他不能预见并对其发生及其产生的后果双方均不能防止或避免，直接影响本协议的履行或不能按约定的条件履行的，不能履行方应立即将事件情况通报给其他方。双方按事件对履行协议的影响程度，协商决定是否解除本协议。

第43条　协议的变更、终止及解除不影响当事人要求损害赔偿的权利。因变更、终止或解除协议造成协议一方遭受损失的，除依法可以免除责任的外，应由责任方负责赔偿。

（十二）其他

第44条　本协议为双方就本项目合作之整体安排，有关项目公司设立、股东借款、抵押担保、股权质押等其他相关事宜由双方另行签署具体协议。除双方另有约定外，项目公司出资协议、项目公司章程、内部管理制度、工商登记/备案资料等其他具体协议、文件与本协议约定存在不一致的，以本协议约定为准。

第45条　通知：本协议双方的通信地址、联络方式及指定联系人见签署页。任何一方变更该等通信地址、联络方式、指定联系人，均应在变更后的48小时内以书面形式通知其他方。如未接到变更通知，则按该等通信地址、联络方式、指定联系人发出的通知在如下确定的时间后即应视为已送达：通知以专人手递方式送达的，则以收件人签收通知时为送达时间；以挂号邮寄方式送达的，则以邮件寄出后的第5个工作日为送达时间；以特快专递方式送达的，则以邮件寄出后的第3个工作日为送达时间；以传真方式送达的，则以传真发出之次日为送达时间。

第46条　适用法律：本协议适用中华人民共和国法律。

第47条　争议解决：因本协议产生的或与本协议有关的任何争议，应首先由本协议双方友好协商解决；协商不成时，任何一方均可向中国广州仲裁委员会申请仲裁。诉讼费、律师费、保全费、公证费及保全担保费等与诉讼有关的全部费用均应由败诉方承担。

第48条　协议整体：本协议及其附件以及日后双方签署的相关协议构成本协议双方就本次交易达成之全部合意，并取代双方以前就该交易达成之全部口头和书面协议、合同或任何书面文件。

第49条　任何一方未行使或延迟行使本协议项下的任何权利均不构成对该项权利的放弃。任何一方曾经行使或部分行使本协议项下的任何权利均不妨碍其再次或进一步行使该项权利或其他权利。

第50条　任何对本协议的修改均须以书面形式由本协议双方签字或盖章予以确认。

第51条　本协议各标题仅为索引方便而设，标题不应构成对本协议及其条款的定义、限制或扩大范围。

第52条　可分割性：本协议任何一条款成为非法、无效或不可强制执行并不影响本协议其他条款的有效性及可强制执行性。

第53条　本协议因任何原因解除或终止的，双方及其指定第三方签订的所有其他配套协议同时解除或终止。

第54条　本协议正本一式肆份，双方各执贰份，具有同等法律效力。

（正文结束）

附件：界址图

（以下无正文，为签署页）

本协议由以下双方于本协议文首载明的时间和地点签署：

甲方：______（盖章）

法定代表人或授权代表：

联系人：　　　　　　　　　　　　　　　　　电子邮箱：

联系电话：　　　　　　　　　　　　　　　　传真：

联系地址：

乙方：______（盖章）

法定代表人或授权代表：

联系人：　　　　　　　　　　　　　　　　　电子邮箱：

联系电话：　　　　　　　　　　　　　　　　传真：

联系地址：

协议四　意向合作协议（村集体经济组织与意向合作企业）

——农村集体经济组织与意向合作企业合作模式

甲方：（农村集体经济组织）

乙方：（意向合作企业）

鉴于：

1.乙方现正积极准备投资广州市______区城市更新改造项目。据悉，______已经纳入更新改造范围，目前正处于旧村改造阶段，甲乙双方拟根据广州市“三旧”改造政策对______进行合作改造。

2.甲方作为______执行、代表机构，为改善全体成员的居住环境，有积极改造______村的愿望。乙方具有丰富的旧城、旧村改造项目开发经验，并拥有雄厚的资金实力，愿意积极参与______旧村改造项目（以下简称“本项目”）。

3.甲乙双方在平等、自愿、协商一致的基础上，就合作实施本项目的有关事宜达成一致，特签订本意向书，以供双方共同执行。

第一条　本项目概况

1.本项目位于______，改造范围为村集体用地，约______亩（以下简称“本项目用地”，范围见附件），具体面积以经政府有关部门批复的基础数据为准，包含：

（1）村民宅基地，即村民所持有的“农村（墟镇）宅基地使用证”或“集体土地房地产证”的自建住宅用地（以宅基地证或房地产证记载为准）。

（2）集体商业用地，即甲方所有的经营性物业用地（现为甲方的商铺、办公、厂房、仓库等）及甲方已取得用地规划红线但尚未建设的经营性物业用地。

（3）公建配套用地，即现有（如有）祠堂、学校、幼儿园、公园、垃圾站、厕所、电房及其他属甲方所有的非经营性物业用地。

（4）留用地，即国家征收甲方土地后，按实际征收土地面积的一定比例，作为征地安置另行安排给甲方组织用于发展生产的建设用地，包括集体土地、登记在甲方名下的国有土地使用权以及政府承诺但未兑现的留用地指标。

本项目用地的大致范围详见附图，具体范围及面积以届时政府有关部门批复的基础数据为准。

2.本项目拟规划改造建设为功能区，包括高端住宅、高端社区、商业区、村民回迁住宅、工业产业园等，最终规划以政府的有效批文为准。

3.本协议书签订后，甲方及其村民或其他方因新建/扩建/改建而增加建筑面积的不计算在各项建筑面积内（合法建设除外），改变房屋用途的，以本意向书签订前的用途为准。甲方不得擅自就上述新建、扩建、改建、用途变更的事项对村民物业、集体经济组织物业予以确认。

4.至本协议签订之日，甲方尚未完成本项目的摸查测量工作，未提供本条第一项所述各类用地面积及本项目现状的建筑面积等数据。甲方承诺应当按照《广州市城市更新基础数据调查和管理办法》（穗建规字〔2020〕19号）及相关规定积极开展、配合基础数据的调查、复核工作，并协调街道、区政府、市政府、基础数据编制单位尽快完成基础数据的调查复核工作。

5.乙方承诺不得自行开展基础数据调查。

第二条　合作方式

1.甲乙双方结成友好合作关系共同改造建设本项目，并根据相关的法律、法规、政策，结合本项目用地的实际状况及甲乙双方自身的情况，共同致力向政府申请本项目改造建设的方案，并申请对双方有利的规划方案和优惠政策，即符合本项目改造建设特点的“一村一策”旧村改造政策。

2.甲乙双方同意本项目采取“合作改造”的模式进行改造建设。甲方负责协调相关部门（即主管旧村改造项目有关权限部门，下同）完成本项目及其用地现状的摸查测量、提供相关文件资料和其他所需的统计数据、依法组织村民对法律法规政策规定的旧改事项进行表决。乙方负责根据甲方提供的有关数据资料制定本项目总体规划方案和改造建设的报批方案，并以甲方名义申报。待乙方成为合作企业后根据政府批复的《实施方案》（含拆迁补偿方案）及相关政策要求，积极推进拆迁补偿协议的签署、房屋拆除、复建安置房建设、配套设施建设等工作。

3.本项目最终无论采用任何改造模式，甲方均应当根据相关法律、法规、政策协助乙方取得本项目的开发主体资格及土地使用权，乙方在取得本项目共同开发主体资格及土地使用权后对本项目进行改造建设，甲方应当予以配合。

4.本项目具体的合作方式、合作细节等由双方按本协议原则另行协商并在签订的正式合作合同中予以约定。

第三条　履约保证金及前期费用

1.本协议生效后10个工作日内，甲乙双方共同在甲方指定的银行以甲方名义设立共管账户，甲乙双方各留一个银行印鉴。在共管账户设立后10个工作日内，乙方向共管账户支付履约保证金______万元，大写人民币______万元［用地面积小于30公顷的项目应提供不少于2亿元的现金履约金，用地面积大于（等于）30公顷的项目应提供不少于3亿元的现金履约金］，同时甲方应向乙方开具相应的收款收据。

2.上述履约保证金未经甲方、乙方一致同意，任何人不得提取、挪用。经甲方与乙方协商一致，或符合本协议约定终止情形的，履约金本息应退还乙方。

3.合作意向企业报名参加后续合作企业公开招商时，所缴纳的履约金可转为保证金；履约金低于招商文件要求的保证金金额的，应补齐差额。

4.本协议签订后，用于开展本项目摸查测量、《改造实施方案》编制等相关前期工作的费用（包括摸查测量、规划设计、方案编制等）由乙方先行支付。

5.甲乙双方同意，前期费用按如下约定处理：

（1）如乙方依法取得本项目开发主体资格及土地使用权，则甲方配合将前期费用计入项目开发成本。

（2）如乙方没有取得本项目开发主体资格及土地使用权而由其他第三方（政府除外）取得的，甲方应向乙方退回乙方已经支付的全部前期费用。

（3）如乙方没有取得本项目开发主体资格及土地使用权且无其他第三方取得的，由乙方自行承担已支出的前期费用。

第四条　相关权利义务

1.甲方保证在本协议签订前未与乙方除外的第三方以任何方式合作开发改造建设本项目，并保证在本协议签订后不再就本项目及其用地与其他任何第三方进行任何谈判、磋商，亦不与其他任何第三方签订上述协议、合同或达成合作意向。甲方违反本项规定的，乙方有权解除本协议，并就所造成的损失向甲方追偿。

2.本协议签订后1个月内，甲方负责将本项目改造建设事宜及本协议报广州市区相关政府部门、甲方所属的街道办事处/镇政府及本项目用地范围内的全体村民，并应取得本项目用地范围内______以上村民代表的同意，甲方应将相关证明文件提交给乙方。甲方逾期提交该等相关证明文件给乙方的，乙方有权解除本协议。

3.本协议签订后，甲方应当负责积极推进本项目数据摸查调查、招商文件、片区策划方案、实施方案（含拆迁补偿方案）的编制工作。根据相关法律、法规、政策如需表决的，甲方应当积极协调、组织村民、村民代表或法规政策确定的其他表决主体进行表决，决议比例应超过决议时相关文件所做的规定。

4.本协议签订后，甲乙双方应派人员组成专项工作小组，开展本协议约定的以及与本项目相关的各项工作。

5.正式合同签订前，甲乙双方就权益分配方案、拆补方案、搬迁费用标准、改造实施计划等事项进行协商，并取得相关政府部门批复及本项目用地范围内______以上村民代表的同意，在签订的正式合作合同中予以约定。如无法取得上述相关部门批复或______以上村民代表同意而导致正式合作合同无法签订的，甲乙双方应进行友好协商，协商不成的，乙方有权解除本协议。

6.如广州市相关政府部门书面批复不同意本项目实施改造建设的，或在本协议签订后3年内甲方未取得相关政府部门同意本项目改造建设的书面批复的，或相关政府部门所批复的本项目改造建设方案导致乙方可得商业利益明显偏低的，甲乙双方应就上述问题进行友好协商决定继续合作或解除本协议。

7.甲方应协助乙方取得本项目的开发主体资格及土地使用权，如乙方没有取得本项目开发主体资格及土地使用权而由其他第三方取得的，乙方有权解除本协议。

8.本协议履行过程中，甲乙双方均应自觉接受相关政府部门的指导及监督。

9.如乙方依据本协议约定解除本协议的，甲方应当在收到乙方解约通知书后十个工作日内将履约保证金全额退回给乙方。如甲方未按本意向书约定退款的，则按未退款金额日万分之五向乙方计付违约金，直至全部退款为止。

第五条　其他约定

1.甲乙双方一致同意，在本项目的相关合同文件（包括本协议）履行过程中，乙方有权指定其关联公司共同或独立享有及承担本协议或本项目相关合同文件约定的乙方权利义务，甲方予以确认并配合乙方或乙方指定公司办理相关手续，乙方应对其指定公司按照本协议或相关合同文件而承担的义务承担连带责任。

2.本协议书如有未尽事宜，甲乙双方通过友好协商予以解决或签署补充协议予以约定。

3.本协议如有争议，甲乙双方应共同友好协商解决；协商不成的，任一方可向______提起诉讼/仲裁。争议期间各方应继续履行本协议无争议的部分。

4.本协议壹式肆份，自甲乙双方签字盖章后生效，甲乙双方各执贰份，各份法律效力相同。

（以下无正文）

甲方：（农村集体经济组织）

法定代表人或授权签约代表：

乙方：（意向合作企业）

法定代表人或授权签约代表：

签约日期：

签约地点：

附件：1.本项目用地改造范围示意图；

2.甲方组织机构代码证。

协议五　合作企业招商文件公告

招商文件

项目编号：

项目名称：

项目类别：

交易发起人：

代理及交易机构：

年　　月　　日

______旧村改造项目公开选择合作企业公告

（项目编号：）

______村集体经济组织（以下简称“交易发起人”）对______村旧村全面改造项目公开选择合作企业。现将有关事项公告如下：

一、改造项目基本情况

（一）项目名称：______

（二）项目地址及范围：______

（三）项目片区居民情况：______村涉及村户籍约______户，人口约______人。

（四）项目土地房屋现状：

总用地面积	约______公顷
房屋建筑面积	改造范围内现状建筑总量约______万平方米
改造方式	采取______改造模式，改造范围内集体建设用地转为______用地；本项目用地手续完善后，采用划拨 / 协议出让方式供地（以规划和自然资源主管部门意见为准），合作企业按照经批准的改造方案及相关规划要求拆除重建实施改造
改造成本	约______亿元人民币（以政府最终批复为准）

（五）项目改造规划条件：以政府批复的用地规划条件为准。

二、合作项目内容

（一）本项目通过公开方式选择合作企业确定为竞得人，负责对交易发起人提供的城中村项目进行______改造，改造范围内集体建设用地转为______用地，本项目用地经完善有关手续后，采用划拨/协议出让方式供地（以规划和自然资源主管部门意见为准），合作企业按照经批准的改造方案及相关规划要求拆除重建实施改造。

（二）本项目预计总投资金额约为______亿元（以政府最终批复为准），竞得人须按照政府批复及招商文件的规定，将复建安置资金存于行政主管部门、所在街道、交易发起人、竞得人及监控银行五方监管账户。融资地块协议出让具体价格标准及协议出让时点按规划和自然资源主管部门核准要求执行。本项目由竞得人独立开发经营，负责所有改造成本及资金投入，竞得人自行承担开发经营风险和享有收益。

（三）竞得人应负责项目报批等手续。

（四）本项目改造采取______方式，竞得人应优先进行复建安置房建设，确保按时安排村民回迁。同时，根据经批复的改造实施方案或审定的拆迁补偿安置方案要求，竞得人应严格按照《合作协议》的约定妥善开展拆迁补偿安置工作。交易发起人及改造范围内村民按照《合作协议》的约定享有拆迁安置、经济补偿等相关权益，不承担开发经营风险。

（五）竞得人与交易发起人共同开展动迁和协调被补偿人签订《补偿安置协议》；交易发起人协助竞得人办理集体用地转国有用地有关申报手续，包括但不限于项目改造方案、规划、建设、不动产登记等审批手续；协助竞得人依法取得融资地块的国有土地使用权。

三、申请企业的资格条件

（一）具有独立法人资格和企业______级资质（以国家住房和城乡建设部颁布的资质证书为准）。

（二）实缴注册资本不低于______亿元人民币（含亿元），以验资报告为准，银行信用记录良好。

（三）总资产不低于200亿元人民币（改造范围内现状建筑面积小于60万平方米的项目）/总资产不低于300亿元人民币（改造范围内现状建筑面积大于等于60万平方米的项目），净资产不低于50亿元，且具有与项目相匹配的自有资金及融资能力。企业自有资金比例不得低于项目总投资的30%（以第三方审计机构出具的资产审计报告为准，如申请人为上市公司的，以其最近一期经审计的合并资产负债表为准）。

（四）企业信誉好，社会责任感强，且在本公告发布之日前5年所开发的房地产项目不存在工程“烂尾”，未被列入严重违法失信企业名单，以“信用中国”（https：//www.creditchina.gov.cn/）网站查询记录为准。

（五）有职称的建筑、结构、财务、房地产及有关经济类的专业管理人员不少于20人，其中具有中级以上职称的管理人员不少于10人，持有资格证书的专职会计人员不少于3人；工程技术、财务、统计等业务负责人具有相应专业中级以上职称。

（六）具备房地产开发经验，近5年房屋建筑面积累计竣工100万平方米以上（含其全资子公司、直接或间接持股的控股公司）。

（七）申请企业在广州市内以正式合作企业身份参与的旧村改造合作项目不得少于1个，且项目改造方案均已获批准并实施建设。

（八）申请企业可使用其全资子公司、直接或间接控股公司关于本公告第三条（五）至（八）的人员、竣工面积、城市更新改造业绩、竞拍土地情况参与本次投标，提供相应证明文件后可以合并计入申请企业资格条件记录。

（九）申请企业应提交______亿元人民币的交易保证金（现金）。该交易保证金交纳至______村集体经济组织设立的交易保证金账户。对于竞得人的交易保证金，______村集体经济组织在竞得人按要求交纳足额履约保证金后______个工作日内退还竞得人的交易保证金（如竞得人要求直接转为履约保证金的，可全额转为履约保证金存入监管账户）；对于未竞得的交易申请人的交易保证金，______村将在成交后______个工作日内退还，利息按人民银行的同期活期利率计算。

（十）申请企业如获得合作企业资格的，必须在取得《合作改造通知书》之日起10日内，与______村集体经济组织签订《合作协议》，在《合作协议》签订之日起30日内缴纳共计______亿元人民币现金的履约保证金，由交易保证金直接转为履约保证金的，无须再重复缴纳。履约保证金交纳至所在街道、交易发起人、竞得人及监控银行四方共同为______村集体经济组织设立的履约保证金监管账户。

（十一）申请企业如获得合作企业资格的，应在《合作协议》签订之日起30日内，以竞得人身份或以其为从事本项目的开发建设所成立的全资子公司或控股子公司与村集体经济组织成立项目合作公司（持股比例由双方约定），作为本项目改造实施主体。上述子公司及项目合作公司的工商注册地须在项目所在区。在项目完成改造前，上述项目合作公司未经村集体经济组织和区政府同意，不得变更股东、转让股权。上述子公司在征得村集体经济组织和区政府同意后可变更股东。上述子公司、项目合作公司履行《合作协议》及其他与本项目相关合同的所有行为均视同为竞得人的行为，竞得人通过多层控股的，应按要求提供承诺书，为上述子公司、项目合作公司就本旧改项目所有行为承担无限连带责任。

（十二）产业要求：按照改造所在区域，结合《广州市城中村改造合作企业引入及退出指引》（穗建规字〔2021〕1号）政策要求确定竞得人引入企业的行业地位、数量及条件。

（十三）其他要求：

1.为实施本项目，广州市住房和城乡建设局、花都区财政局、花都区住房和城乡建设局、______街道办事处垫付的前期费用，总额约为______元（最终以结算确认的实际金额为准），包括但不限于：基础数据调查费______元、基础数据核查费______元、片区策划方案编制费______元、项目实施方案编制费、融资楼面地价评估费、土地勘测定界费、综合整治物业补偿费______元、综合整治物业测量费______元、完善历史用地手续费、环境调查费，不可移动文物、历史建筑、传统风貌建筑保护费用及各项工作需公示和公证所产生的费用等，具体费用结算金额由合作企业与广州市住房和城乡建设局、花都区财政局、花都区住房和城乡建设局、______街道办事处在《合作协议》签订后______日内确定，由本次招商选定的合作企业在签订《合作协议》且项目合作公司成立后一个月内全额归垫给相关单位。《合作协议》签订且项目合作公司成立后产生的费用由项目合作公司直接承担。符合《广州市旧村庄全面改造成本核算办法》的费用可纳入改造成本。

2.村及其委托的相关单位垫付或支付的前期工作费用，包括但不限于：停租停产物业评估费______元、旧改法律服务顾问费______元、基础数据测量误工费______元及村民表决误工费______元等。前期工作费用具体明细可向交易发起人了解，结算金额由合作企业与交易发起人在签订《合作协议》后______日内确定，由本次招商选定的合作企业在《合作协议》签订且项目合作公司成立后一个月内全额归垫给相关单位。《合作协议》签订且项目合作公司成立后产生的费用由项目合作公司直接承担。符合《广州市旧村庄全面改造成本核算办法》的费用可纳入改造成本。

3.集体物业停产停业损失补偿

（1）为促成本项目顺利推进，交易发起人自______年______月______日起已停止对外出租改造范围内自本项目启动起______年内陆续到期的集体物业，并委托______有限公司对该部分集体物业停产停业损失作出评估（以下简称评估价格），详见附件《评估租金预测表》。由合作企业承担该部分集体物业停产停业损失补偿，直至该部分集体物业完成拆迁补偿当月为止（即签订拆补协议，届时按拆补协议履行相关补偿）。其中______年______月______日至______年______月______日的集体物业停产停业损失补偿合计______元，由合作企业在签订《合作协议》且项目合作公司成立后一个月内全额归垫给交易发起人。

（2）集体物业停产停业损失补偿的具体金额，自______年______月______日至______年______月______日按照评估价格计算；自______年______月______日至______年______月______日按照评估价格递增______%计算；自______年______月______日起按照评估价格递增______%计算；如合作企业自______年______月______日起仍未完成集体物业拆迁补偿的，其余陆续到期的集体物业停产停业损失另行进行评估，该部分集体物业停产停业损失补偿金额按照另行评估价格计算。

（3）合作企业应在每年度的12月31日前向交易发起人支付当年度的集体物业停产停业损失补偿。如合作企业完成任一部分的集体物业拆迁补偿工作，则该部分集体物业停产停业损失补偿计算至拆迁补偿工作完成当月为止。

（4）合作企业在竞得项目后需承诺改造范围内集体物业收益不降低，直至集体物业复建完成并取得竣工验收备案证明为止（具体保障条约由合作企业与交易发起人协商签订）。

【或有】4.为促进本项目顺利推进，______村村民为竞得人提供旧村改造相关服务的，竞得人需就提供服务的个人按照不低于市场同类劳务标准支付劳动报酬，具体报酬数额由竞得人、______村集体经济组织协商一致确定。

【或有】5.竞得人需承诺按照市、区关于学校、医院和产业的规划布局，优先引入符合要求的优质教育、医疗和产业资源。以优先引入外地优质办学资源、引入本地集团化办学、培育新的优质学校等多种途径引进优质教育资源，优先为名校附中，或在基础设施、人才培养、综合声誉硬件设施、软件设施、师资力量、社会声誉等主要方面达到同等条件或超过相应条件的学校引入教育资源；如区政府需配建医院的，竞得人需按区政府要求配建指定医院；为满足城中村改造全面提质、产城融合的需要，引入的产业资源需与改造地块相匹配。

【或有】6.竞得人需根据《广州市人民政府办公厅关于大力发展装配式建筑加快推进建筑产业现代化的实施意见》（穗府办规〔2020〕16号）和广州市政策性住房配建管理办法等相关文件的要求，配建装配式建筑和政策性住房（保障性住房、人才公寓和城建安置房等），政策性住房应与本项目同设计、同配套、同竣工、同交付。

【或有】7.竞得人要践行新发展理念，突出高质量发展，实现老城市新活力，重点引进新一代的信息技术、数字新基建、生物医药、专业服务业、科技服务业、现代商贸、文化创意、金融保险等战略性新兴产业和现代服务业企业，吸引先进制造业的总部或研发平台落户，或者引进具有关键技术和先进工艺，能创新产品和管理模式促进本地传统产业转型升级的企业。

【或有】8. 为响应国家号召，推进区老旧小区改造工作，合作企业需在签订《合作协议》后半年内向______区财政专项资金另行缴纳5000万元人民币用于区老旧小区改造项目，该费用纳入本项目改造成本。

【或有】9. 竞得人需投资并建设______区的乡村振兴项目，其总投资额不少于5000万元（具体项目标的由竞得人与区政府另行协商确定），该投资不纳入本项目改造成本。

（十四）申请企业的资格条件解释权归新______村集体经济组织。

四、合作企业退出情形

存在以下情形之一的，合作企业退出本旧改项目：

（一）项目签订监管协议后，合作企业未按时、足额出具银行履约保函的。

（二）合作企业在改造有效期内擅自终止合作协议，放弃投资建设的。

（三）合作企业在项目公开引入过程中，提供虚假信息骗取项目资格，经行业监管部门查证属实的。

（四）因人力、物力、资金不到位等合作企业原因，项目拆迁或者施工滞后约定工期2个月以上，区政府或其指定的部门对合作企业限期整改，在规定时间内仍不整改或整改未达要求的。

（五）合作企业不按照承诺在规定的时间内引入产业、教育、医疗等资源，或者引进产业竣工投产后，经区产业部门核实产出效益指标未达到监管协议约定要求的，或者引入的教育、医疗等资源经区教育、卫生健康部门核实未达到监管协议约定要求的。

（六）如届时广东省广州市______区关于城市更新改造合作企业退出有规定的，按照规定执行。

合作企业退出后，改造工作尚未完成的城中村，区政府指导村集体启动新的合作企业遴选工作。退出的合作企业前期投入按照协议约定予以合理补偿。

五、交易保证金的缴纳

交易申请人应按照交易文件要求按时足额缴纳交易保证金，交易保证金须由交易申请人支付。交易保证金缴纳时间以实际到达系统提示的银行账号为准（交易保证金缴纳，收款单位：______，开户行：______，账号：______）。

六、资格评审流程

交易申请人按照交易文件要求及交易系统提示上传申请资料，按时足额缴纳交易保证金的，交易系统自动确认其下一环节参与资格。交易申请人须在公告规定截止前将资格评审文件送达广州公共资源交易中心指定地点。递交资格评审文件截止后当即开标。

七、选择合作企业方式

（一）本项目通过资格评审方式公开选择合作企业，由广州公共资源交易中心发布更新改造项目公开选择合作企业的公告及交易文件，由资格评审委员会对资格评审文件进行资格评审，本项目交易申请人为1个或1个以上的，本次交易活动有效；通过资格评审的候选合作企业为1个或1个以上的，本次交易活动有效；若无企业申请或申请企业均未能通过资格评审的，本次交易活动即宣告终止，交易发起人将另行组织交易活动。

（二）由资格评审委员会对资格评审文件进行资格评审后，并由______村集体经济组织组织表决会议按相应程序及相关协议进行表决、公示，择优确定合作企业。

八、时间安排

（一）公告时间：____年____月____日至____年____月____日（45日）

（二）网上申请时间：____年____月____日至____年____月____日____时____分

（三）缴纳保证金时间：____年____月____日至____年____月____日____时____分

（四）现场递交资格评审文件及网上申请的纸质申请资料时间：____年____月____日____时至____时，递交地点：______

（五）开标时间：____年____月____日____时

九、表决结果公示及成交确认

广州公共资源交易中心在收到表决结果______个工作日内在交易中心网站进行公示，公示时间不少于5日。公示结束后______个工作日内交易中心组织交易发起人与竞得人共同签订《成交确认书》。交易发起人在签订《成交确认书》之日起5日内向竞得人发出《合作改造通知书》，在取得《合作改造通知书》之日起10日内签订《合作协议》。

十、其他需要公告的事项

（一）符合资格条件的交易申请人应于网上申请截止前通过网上交易系统（https://tkjy.gzggzy.cn/SignOnServlet）进行网上申请。交易申请人必须先行办理CA数字证书，才能登录系统参加网上申请活动。

（二）《CA数字证书与电子签章办理指引》《广州土地矿业权网上交易系统竞买人操作手册》等相关资料交易申请人可以从广州公共资源交易网（https://www.gzggzy.cn/）服务指南栏目的办事指引中下载并认真阅读。

（三）交易申请人应详尽了解本项目改造情况、所列条件及全部交易文件内容，提交申请资料及资格评审文件视同对本次改造项目的情况和交易文件全部内容无异议并全面接受，违反有关条款的，将承担相应的法律责任。

（四）本项目不接受邮寄、电话、传真、电子邮件及口头申请。

（五）本项目不组织现场踏勘。

（六）本项目不组织答疑会。

（七）本次公开选择合作企业的竞选及表决会议于______年______月______日______时______分在广州市举行。

（八）潜在交易申请人或利害关系人对本公告及公开选择合作企业交易文件有异议的，应以书面形式向______村集体经济组织提出。

（九）竞得人须在本项目成交结果公示结束后至《成交确认书》发出前，向广州公共资源交易中心支付交易服务费。具体缴纳标准详见《关于公共资源交易服务费标准及相关指引的说明》，并可通过广州公共资源交易网服务指南的办事指引专栏（www.gzggzy.cn/cms/wz/view/index/layout3/index.jsp?siteId=1&infoId=183057&channelId=89）下载获取。

（十）本次改造项目的详细资料和具体要求见交易文件。交易文件可以从广州公共资源交易网城市更新专栏下载获取。

十一、联系方式

（一）交易发起人

名称：

地址：

联系人：

联系电话：

（二）交易机构

名称：广州公共资源交易中心

地址：广州市天河区天润路333号，邮编：510630

对外办公时间：工作日8：30—12：00，14：00—17：30

服务热线：

1.业务咨询：

2.CA数字证书及电子签章：

3.项目联系人：　　　　　　　　　　联系电话：

4.网上交易系统技术支持电话：

（三）异议受理机构（交易发起人和区城市更新主管部门）

名称：

地址：

联系人：　　　　　　　　　　联系电话：

（四）监督机构

名称：

地址：

联系人：　　　　　　　　　　联系电话：

（农村集体经济组织）

年　　月　　日

协议六　旧村改造项目合作协议（村集体经济组织与合作企业）

甲方：（农村集体经济组织）

法定代表人：　　　　　　　　　　　职务：

地址：

联系人：　　　　　　　　　　　　　联系电话：

乙方：（合作企业）

法定代表人：

地址：

联系人：　　　　　　　　　　　　　联系电话：

鉴于：

甲方是______市______区依法成立的农村集体经济组织，根据相关法律法规及文件，依法通过广州市公共资源交易中心公开选择合作企业。

乙方是通过广州市公共资源交易中心公开招商，经甲方依法组织会议通过表决，选择的______市______区______村旧村全面改造项目的竞得合作企业。

为加快推进______市______区______村旧村全面改造项目建设，根据《广州市住房和城乡建设局关于印发〈关于进一步规范旧村合作改造类项目选择合作企业有关事项的意见〉的通知》（穗建规字〔2020〕16号）、《广州市住房和城乡建设局关于印发〈广州市城中村改造合作企业引入及退出指引〉的通知》（穗建规字〔2020〕1号）等相关规定，以及招商文件和乙方竞选方案，甲乙双方就______市______区______村旧村全面改造项目（以下简称本项目）合作开发建设的有关事项，经协商一致，订立如下协议：

第一条　项目概况

1.项目的基本情况

（1）本项目位于_____市_____区_____村，东至：_____，西至：_____，南至：_____，北至：______。旧村改造范围的平面界址为______。本项目已纳入______市______年城市更新年度计划，本项目改造方式为全面改造，改造模式为合作改造。

（2）本项目改造范围的总用地面积约为______公顷，建设用地______万平方米，______村在册总人口为______人。其中村民住宅用地约______公顷（其中拆除重建部分用地约______公顷，未建宅基地空地______公顷），村集体经济物业用地约______公顷（其中拆除重建用地______公顷，未建村集体物业空地______公顷）；文物保留建筑量约______公顷；国有用地约______公顷（其中拆除重建部分用地约______公顷，保留现状用地约______公顷；另权属单位为村的国有用地已计入村集体物业用地约______公顷）。拟收储完善用地手续的农用地约______公顷。

（3）旧村改造范围的平面界址详见附件1：平面界址图；以上情况最终以政府主管部门批复的改造实施方案为准。

2.项目的基础数据

经______市______区政府审核公布的基础数据，详见附件2：《______村全面改造项目基础数据调查成果》。

3.项目的前期费用

（1）本项目的前期费用包括但不限于片区策划方案编制费______元；基础数据调查费______元；基础数据成果核查费______元；融资地块评估费______元；地质环境评价费______元；改造方案编制费______元。

（2）为实施本项目，甲方已通过第三方垫付了相关前期费用（由甲乙双方在签订本协议前共同书面确认），均由乙方承担并负责归还给相应的垫款方。根据招商文件的规定，乙方已在收到《合作改造通知书》之日起______日内与垫款方就归还垫款事宜达成协议并报甲方确认，乙方应根据该协议约定按时支付款项给垫款方，否则甲方有权取消乙方合作企业资格并拒绝与乙方签订本协议或解除本协议。

4.其他说明

本项目的以上基本情况、基础数据及相关前期费用的金额等均为本项目招商文件制定前获得和计算，如与最终批复的改造实施方案描述的基本情况、基础数据及实际发生的费用金额存在一定差异的，以政府最终批复且村民表决生效实施的改造实施方案、实际发生的费用金额为准。

第二条　合作方式

1.本项目改造方式为：甲乙双方合作改造。甲方负责提供本项目改造用地，乙方负责出资建设。甲乙双方按共同审定的项目改造实施方案（包括但不限于项目地块的具体建设条件、分配方案、合作方式、具体操作路径、审批程序、要求等），在符合国家法律法规及政府政策规定的前提下进行有关的征收、拆迁和补偿安置、工程建设、物业分配等工作，甲方配合并协助乙方获得融资地块的土地使用权。如按照有关法律法规的规定，乙方取得上述权益需要办理有关土地转让、土地性质变更等手续的，甲方还应积极予以配合。

2.本项目由乙方独立开发建设，负责所有改造成本及资金投入，总投资约人民币______亿元，乙方自行承担和享有开发经营风险和收益。甲方及甲方村民按照本协议享有拆迁安置、经济补偿等相关权益，不承担开发经营风险和收益。

3.乙方应在协议签订之日起______日内，在______区设立具有独立法人资格的全资子公司，办理工商注册、税务登记等手续。未经农村集体经济组织同意并报相关政府部门同意的，乙方成立的项目公司不得转让股权。项目公司为本项目的具体建设单位，乙方对本项目改造过程中的义务和责任承担连带责任。

第三条　合作内容

1.复建安置地块

（1）项目选址

甲方有权优先对复建安置地块进行选址，乙方应当按照复建安置地块的规划条件，优先对该地块进行施工建设，并负责办理该地块建设的报建及施工许可证等审批手续，在协议约定的期限内将复建安置住宅按约定的标准交付甲方使用，由此所产生的全部费用由乙方承担。

（2）建设工期

乙方应当按政府批复的规划设计条件以及双方确定的项目改造方案建设复建安置地块，并自复建安置地块《施工许可证》核发之日起______个月内（若复建安置地块是分期建设的，则以每一期工程《施工许可证》核发之日起算）完成复建安置地块上甲方或权属人回迁安置住宅（含相应配套的地下停车场，回迁安置住宅）的建设并取得竣工验收备案表，交付甲方或权属人使用。

（3）竣工验收及交付

回迁安置住宅所需办理的各项政府验收手续由乙方负责办理，包括但不限于取得各个环节的验收合格证明文件，确保回迁安置住宅的质量、消防、规划等各项要素符合政府规范的要求。

在回迁安置住宅取得房屋建筑和市政基础设施工程竣工验收意见书后，乙方可将回迁安置住宅交付甲方或权属人，甲方或权属人应在收到房屋交付通知书后积极配合办理住宅验收交接工作。

（4）产权归属、过户

甲方或权属人享有回迁安置住宅的所有权。乙方应在甲方或权属人交齐办证材料的条件下，在政府规定或双方约定的办证时间内将回迁安置住宅（含相应配套的地下停车场）产权过户至甲方或权属人名下。

2.融资地块

融资地块由乙方自行按照规划设计条件要求进行建设施工，由此产生的费用由乙方自行承担。甲方配合乙方办理融资地块土地性质变更手续，并配合项目公司取得融资地块国有土地使用权，并将土地使用权协议出让给乙方，乙方应承担融资地块土地出让金，并自行承担和享有其应分得融资地块的开发经营风险和收益。

3.拆迁补偿安置协议的签订

乙方负责以项目公司的名义与改造范围内全体权属人签订拆迁补偿安置协议，甲方应予提供协助。该安置协议由乙方承接并承担所需费用，如超出经批复的本项目实施方案（含拆迁补偿复建安置方案）确定的标准的，双方另行协商处理。

第四条　甲乙双方权利义务

1.甲方权利义务

（1）乙方为甲方通过公开招商方式选择的合作企业，是甲方在本项目的唯一合作方，甲方不得在未经乙方书面许可或未依法解除合作关系的情况下，与其他单位签订与本项目相关的合作开发协议。

（2）甲方应按政策规定组织表决工作及向乙方提供表决决议及其他相关文件；并提供经甲方盖章的各类报批文件，协助乙方办理本项目立项、规划、报建等手续。

（3）协助乙方办理相关手续，以甲方名义完成本项目农用地转建设用地、融资地块由集体土地转国有土地等相关土地手续，协助乙方或乙方成立的项目公司依法取得融资地块的国有土地使用权，并协助乙方办理融资地块物业预售手续。

（4）项目实施方案批复生效后，负责组织研究讨论、确认复建地块建筑方案，监督乙方根据设计图纸进行施工。

（5）与乙方共同做好改造范围内原有建筑物的动迁及签订《补偿安置协议》工作。

（6）负责复建安置房与复建集体物业的接收、分配，协助乙方及实施主体发放货币补偿、临迁费、搬家费、其他补偿及奖励等费用。

（7）负责清理、解除影响本项目推进的村集体物业原有的各种经济合同，解除该等合同相关问题由甲乙双方协商解决。

（8）认真做好村民的思想工作，力争创造一个和谐、安定的建设施工环境，排除一切可能导致本项目无法顺利开发的干扰因素。

（9）完成相关法律、政策规定的其他应由甲方负责的工作。

2.乙方权利义务

（1）负责项目基础数据调查、策划方案编制、实施方案编制、完善历史用地手续、融资地块土地出让金等与本项目有关的费用、成本。其中政府或合作意向企业前期已垫支可纳入改造成本的基础数据调查、方案编制等费用，由乙方负责垫付。

（2）乙方负责在政府主管部门规定时间内将复建安置资金存入复建安置资金监管账户，签订监管协议，确保本项目的拆迁补偿及工程资金及时到位，保质保量推进本项目的补偿安置和开发建设。

（3）须付清签订融资地块的《国有土地使用权出让协议》所需的一切费用，包括但不限于土地出让金。

（4）未经甲方书面同意，乙方不得以任何形式全部或部分转让本项目或本项目中属于乙方享有的合作权益（融资区物业销售、租赁、抵押等除外）及承担的合作义务。

（5）乙方获得融资地块土地使用权后，如需用于抵押贷款的，须事先征得甲方的书面同意，所贷款项应用于本项目，双方另行签订对该贷款资金的监管协议。

（6）乙方应与甲方共同开展动迁及签订《补偿安置协议》工作，承担所有拆迁补偿安置费用。乙方应保证合法、合规地开展本项目改造范围内的动迁工作，尽量避免因此所产生的对抗性矛盾和纠纷。

（7）乙方应委托具有合法资质的机构，按照国家法律法规规范完成本项目复建安置地块及融资地块的勘察、规划、设计工作，并承担相关费用。

（8）乙方应通过招标方式确定并委托具有合法资质的勘察、设计、施工单位和监理单位，按照国家法律法规规范完成本项目复建安置地块及融资地块的施工工作，并按时支付工程款。

（9）乙方负责统筹办理本项目改造所需的各项手续。其中，须以甲方名义办理的，由甲方确认无误后依据政府主管部门的要求提供，并加盖公章及向乙方提供相应的授权委托。甲方提供上述相关文件后，乙方负责办理本项目改造方案、规划、建设等各种审批手续，并承担相关费用。

（10）乙方应按照规划条件要求完成全部地块的房屋拆除、建设施工，由此所产生的一切费用由乙方承担。

（11）乙方同意按经政府批复及经表决生效的拆迁补偿安置方案实施本项目，并确保按本项目被拆迁人签订的《补偿安置协议》履行支付款项及复建义务；如最终政府批复的复建安置建筑面积在满足甲方村民、其他被拆迁人及甲方集体最终应复建安置的总建筑面积（不含公服配套及附属设施面积）后尚有盈余的，乙方确认盈余部分建筑面积归甲方所有（乙方向被拆迁人支付弃产款或收购款所对应取得的安置面积除外）。

（12）乙方按甲乙双方的约定享有本项目收益。

（13）完成相关法律、政策规定的其他应当由合作企业承担的义务。

（本协议权利义务未穷尽，具体应根据当地政策、招商文件等要求确定产业建设内容、税收等相关权利义务。）

第五条　复建安置资金

1. 为保障甲方的合法权益，在本项目改造实施方案经政府部门批复后，甲乙双方应与政府主管部门、银行等相关各方签订《复建安置资金监管协议》，乙方应根据相关政策规定及《复建安置资金监管协议》约定缴存复建安置资金。

2. 复建安置资金的使用、解除监管等均按《复建安置资金监管协议》的约定执行，复建安置资金达到该协议约定的解除监管条件的，甲方应配合乙方及时向政府监管部门申请解除监管，监管账户内剩余本息应退回乙方。

第六条　违约责任

1. 甲方若违反本协议有关条款造成本协议不能履行，或单方终止协议，构成根本违约的，甲方应双倍返还履约保证金，返还和赔偿乙方前期投入全部费用和损失，并由甲方承担由此造成的全部经济损失。

2. 乙方若违反本协议有关条款造成本协议不能履行，或单方终止协议，足以构成根本违约的，甲方有权没收履约保证金，不予返还，并由乙方承担由此造成的全部经济损失。

3. 如果由于国家政策或不可抗力造成该项目不能实施，甲乙双方均不作违约论，双方互不承担责任。

4. 因甲方原因造成停工、误工，甲方承担由此造成的损失，但因甲方村民个人行为导致的停工、误工损失除外。

5. 其他违约行为，依照法律法规及相关政策承担责任。

第七条　合作企业退出

若存在以下情形时，合作企业退出：

1.项目签订监管协议后，合作企业未按时、足额出具银行履约保函的。

2.合作企业在改造有效期内擅自终止合作协议，并放弃投资建设的。

3.合作企业在项目公开引入过程中，提供虚假信息骗取项目资格，经行业监管部门查证属实的。

4.因人力、物力、资金不到位等合作企业原因，项目拆迁或者施工滞后约定工期2个月以上，区政府或其指定的部门对合作企业限期整改，在规定时间内仍不整改或整改未达要求的。

5.合作企业与拟引入的产业企业签订引入协议，协议约定双方承担责任。合作企业不按照承诺在规定的时间内引入产业、教育、医疗等资源，或者引进产业竣工投产后，经区产业部门核实产出效益指标未达到监管协议约定要求的，或者引入的教育、医疗等资源经区教育、卫生健康部门核实未达到监管协议约定要求的。

6.如届时广东省广州市______区关于城市更新改造合作企业退出有新规定的，按照新规定执行。

合作企业若存在上述除第6项以外的其它情形，未自行整改或未能按照交易发起人、政府部门要求完成整改的，交易发起人经成员代表大会表决通过，有权取消其竞得资格或解除《合作协议》，合作企业的履约保证金交易发起人不予退还，因此产生的一切费用和损失由合作企业承担，合作企业应当按照交易发起人、政府部门通知的时点退出本项目；区政府或其指定的部门根据监管协议约定条款和合作企业违约的情况，可启动银行保函索赔程序，将结果通报市住房城乡建设、规划和自然资源部门，并按照《广州市公共信用信息管理规定》（市政府令第166号）规定予以处理。合作企业退出后改造工作尚未完成的，区政府指导交易发起人启动新的合作企业遴选工作；合作企业对本项目已经投入的费用支出符合《广州市旧村全面改造成本核算办法》关于改造成本规定的，改造成本由本项目后接手的合作企业承担，不符合《广州市旧村全面改造成本核算办法》关于改造成本规定的费用支出由合作企业自行承担。

第八条　保密条款

本协议及其附件，以及甲乙双方在谈判、合作过程中所涉及的一切资料、信息和文件均属双方应恪守保密原则之秘密，双方应当采取必要措施对上述商业秘密予以保密，非经双方同意，任一方不得将上述商业秘密用于本项目之外的用途，不得以任何形式向任何第三方披露该上述商业秘密。

第九条　协议的框架性和完整性

1.本协议是甲乙双方就本项目合作开发所订立的框架性协议。为保证本项目顺利完成，甲方可根据实际情况或批复的项目实施方案要求乙方另行签署本项目的具体合作协议或补充协议，乙方应配合签署。

2.甲乙双方在履行本协议过程中形成的下列文件均为本协议的附件，与本协议具有同等法律效力：

（1）政府有关部门的批复、批准书及附图；

（2）经协议各方确认的设计、规划、建设等图纸和相关标准；

（3）甲乙双方签订的其他协议或补充协议，协议应以书面形式签订；

（4）经政府部门批准的实施方案（含拆迁补偿方案）；

（5）公开引入合作企业的项目招商文件；

（6）经双方确认的往来书面文件；

（7）本项目的其他法律文件。

第十条　协议的生效及其他

1.本协议由甲方于______年______月______日召开会议表决通过，自甲乙双方盖章签字之日起生效。

2.本协议未尽事宜，甲乙双方可根据本项目的具体进展情况和甲乙双方确定的进度计划，及时协商签订相关合作协议和补充协议。补充合同、协议签订后，应当自签订之日起 30 日内抄送______区住房和建设局、属地街道各一份。

3.本协议在______签订。在本协议履行过程中，如有争议，甲乙双方应及时协商解决；协商不成的，甲乙双方同意选择以下第______项作为争议解决方式：

（1）向______仲裁委员会申请仲裁；

（2）向______市______区人民法院提起诉讼。

4.本协议壹式______份，甲乙双方各执______份，报送______区住房和建设局、属地街道各壹份存档，具有同等法律效力。

第十一条　文件送达

1.甲乙双方确认，本协议约定的各方通信地址为有效地址。一方变更通信地址应以书面形式通知其他方，否则通知地址仍以本协议约定为准，且视为通知已有效送达，变更方自行承担送达不能的后果。

2. 任何一方发送给对方的通知、文件或函件等均以书面形式送达。直接送交的，以对方签收视为送达，任何一方无正当理由不得拒绝签收，退还视为送达；采取挂号信或特快专递等方式送达的，以挂号信或特快专递回执上所载邮戳之日视为送达。

第十二条　其他约定

其他约定:（根据实际情况进行补充）

附件1：平面界址图

附件2:《______村全面改造项目基础数据调查成果》

（以下无正文，为签字页）

甲方（盖章）：

法定代表人或签约代表：

乙方（盖章）：

法定代表人或签约代表：

签订日期：　　年　　月　　日

协议七　项目公司章程

第一章　总则

第一条　根据《中华人民共和国公司法》（以下简称《公司法》）和有关法律、法规的规定，维护公司、股东和债权人的合法权益，规范公司的组织和行为，由______村集体经济组织出资方代表（以下简称村集体出资方）、______有限公司（以下简称______公司）共同出资设立______公司（以下简称公司），特制定本章程。

第二条　本章程中的各项条款与法律、法规、规章不符的，以法律、法规、规章的规定为准。

第三条　公司系依照《公司法》和其他有关规定成立的有限责任公司，在______区（县）工商行政管理局注册登记，取得企业法人营业执照。

第四条　股东以其认缴的出资额为限对公司承担责任，公司以其全部财产对公司的债务承担责任。

第五条　公司章程自生效之日起对公司组织、行为以及相关人员具有法律约束力，相关人员包括但不限于股东、董事、监事、高级管理人员、其他公司员工。

第六条　本章程所称高级管理人员是指公司经营管理机构的组成人员，包括但不限于总经理、常务副总经理、副总经理、财务经理等。

第二章　公司名称和住所

第七条　公司名称：______

第八条　公司住所：______

第三章　经营宗旨、经营范围和期限

第九条　公司经营宗旨：公司为投资建设______市______区______村旧村改造项目（以下简称“本项目”）而设立，合法经营，依法规范运行。

第十条　公司经营范围：______

公司的经营范围，依法律、法规及规范性文件的规定须审批、核准、备案的，公司应在办理审批、核准、备案手续后向工商部门办理登记。

（最终以工商部门登记为准）

第十一条　前款规定的公司经营范围，根据公司发展需要和市场情形，经公司股东决定可以改变。公司变更经营范围，应按法定程序修改章程，并到工商部门办理变更登记。

第十二条　公司经营期限：______

第四章　注册资本及股东出资

第十三条　公司的注册资本为人民币______元。其中村集体出资方（参股方）出资人民币______元，持有公司______%股权；______公司（控股方）出资人民币______元，持有公司______%股权。

第十四条　注册资本出资方式和期限：

（一）以现金形式出资。

（二）股东应当足额缴纳公司章程中规定的各自所认缴的出资额。股东以货币出资的，应当将货币出资足额汇入指定账户。其余项目资金应根据项目进度到位，确保项目工作顺利实施。

第十五条　出资证明书

股东缴付注册资本后，公司应向出资方出具相应的《出资证明书》。《出资证明书》应载明公司名称、公司成立日期、注册资本、出资人名称及其出资额、出资日期、签发证书的日期及证书编号，并由公司董事长签署和公司盖章。

第十六条　公司增加或减少注册资本，应当自作出决议之日起十日内通知债权人，并于30日内在报纸上公告。

第五章　股东和股东会

第十七条　公司股东享有下列权利：

（一）股东享有投资受益权，即红利分配权和剩余财产权；

（二）参加或委托代表参加股东会并按照出资比例行使表决权；

（三）股东有选举和被选举为公司董事长、监事的权利；

（四）股东有参与公司重大决策和选择管理者的权利；

（五）股东有权查阅、复制本章程、股东名册、公司债券存根、董事会会议决议、监事工作报告和财务会计报告；

（六）股东有新增资本优先认购权；

（七）本章程规定的其他权利。

第十八条　公司股东承担下列义务：

（一）遵守法律、行政法规和本章程的规定；

（二）以其所认缴的出资额按时缴付出资；

（三）以其所认缴的全部出资额为限对公司的债务承担责任；

（四）在公司登记后，不得抽逃出资；

（五）保守公司的商业秘密；

（六）本章程规定的其他义务。

第十九条　公司设股东会，股东会由全体股东组成，是公司的最高权力机构，股东会职权如下：

（一）决定公司的经营方针和投资计划；

（二）选举和更换非由职工代表担任的董事、监事，决定有关董事、监事的报酬事项；

（三）审议批准董事会的报告；

（四）审议批准监事会或者监事的报告；

（五）审议批准公司的年度财务预算方案、决算方案；

（六）审议批准公司的利润分配方案和弥补亏损方案；

（七）对公司增加或者减少注册资本作出决议；

（八）批准公司的投资、质量、进度、安全等任务指标；

（九）批准本项目总承包合同；

（十）决定项目复建房建设中的重大事宜；

（十一）审议批准公司对外融资方案；

（十二）审议批准股东就对外融资提供的股权质押；

（十三）审议批准公司向任何第三方提供任何形式的担保；

（十四）对发行公司债券作出决议；

（十五）对公司合并、分立、解散、清算或者变更公司形式作出决议；

（十六）对公司聘用进行年度财务审计的会计师事务所作出决议；

（十七）对公司增加或减少注册资本作出决议；

（十八）对股东转让股权作出决议；

（十九）修改公司章程；

（二十）决定清算委员会成员；

（二十一）法律法规、本章程规定的应由股东会行使的其他职权。

第二十条　股东会会议

股东会会议分为定期会议和临时会议。股东会的首次会议由股东各方协商确定。召开股东会会议，应当于会议召开15日以前通知全体股东。定期会议每年召开______次，其后每年的会议原则上在______召开。

任何一方股东、1/3以上的董事、监事会提议召开临时会议的，应当召开临时会议。首次会议时间由股东各方协商确定。

第二十一条　首次股东会由股东各方协商确定，以后的股东会会议由董事会召集。董事会召集股东会会议，应于会议召开15日前书面通知股东双方（经股东双方书面同意，提前发出书面通知的时间可以临时变更）。该通知应载明股东会会议召开的时间、地点、会议讨论的事项和会议的议程，并应附拟提交股东会审议的提案及相关材料。

董事会不能履行或者不履行召集股东会会议职责的，由监事会召集和主持；监事会不召集和主持的，代表1/10以上表决权的股东可以自行召集和主持。

股东会会议由董事长主持。董事长因特殊原因不能履行职务时，由副董事长主持；副董事长不能履行职务或者不履行职务的，由半数以上董事共同推举一名董事主持。

第二十二条　股东会决议

股东会会议由股东按照出资比例行使表决权。

股东会采取记名投票表决方式。股东会会议作出的决议，应由全体股东一致同意方可通过。

第二十三条　股东会会议的记录

股东会应对所议事项的决定、股东意见等作出会议记录，出席会议的股东代表应当在会议记录上签名。

第六章　董事会

第二十四条　董事会的成立与组成

公司设董事会，董事会由______名董事组成，其中，村集体出资方委派或推荐______名，______公司委派或推荐______名。

董事会设董事长一名，由______方提名；设副董事长一名，由参股方提名。公司法定代表人由董事长担任。董事会改选期间，新董事到任前，原董事应继续留任履职。

董事长、副董事长及董事每届任期三年，任期届满可连选连任。董事会成员如有变更，由原推荐股东书面向董事会提出，由董事会提交股东会决定。董事会有权对候任董事的任职资格和职业操守进行必要的审查，向股东会作出是否同意其任职的建议报告。

第二十五条　董事会是股东会的常设执行机构，向股东会负责并报告工作。董事会作出任何决议，均应遵循依法平等保护股东合法权益的原则，董事会职权如下：

（一）负责召集股东会，并向股东会报告工作。

（二）执行股东会的决议。

（三）制定项目的投资、质量、进度、安全等任务指标并提交股东会确认。

（四）对项目施工过程中发生的一般设计变更、重大设计变更审查论证并作出决议；对特别重大设计变更进行审查论证并提交股东会确认。

（五）审议批准公司就修改项目年度施工进度计划签署的意见书。

（六）审议批准征地拆迁实施方案。

（七）制订重大资产的处置（包括捐赠）方案并提交股东会审议批准。

（八）制订公司对外投融资方案。

（九）决定聘任或者解聘公司总经理、常务副总经理、副总经理、财务经理并决定其报酬事项；批准员工的薪酬方案。

（十）批准总经理工作规则。

（十一）对公司总经理、常务副总经理、副总经理等高级管理人员和财务经理的工作进行质询、检查、考核和评价，审议财务工作报告。

（十二）向股东会提请聘任或更换为公司提供审计服务的会计师事务所。

（十三）决定公司内部管理机构的设置和制定公司的基本管理制度。

（十四）制订公司增加或者减少注册资本的方案。

（十五）拟订公司合并、分立、变更公司形式、解散的方案。

（十六）拟订公司章程修改草案。

（十七）股东会授予或本章程规定的其他职权。

第二十六条　董事长行使下列职权：

（一）主持股东会会议，保证股东行使知情权，确定召开董事会的时间和议题，召集、主持董事会会议。

（二）督促、检查股东会和董事会决议的执行。

（三）签署出资证明书、董事会形成的各项决议以及应由公司法定代表人签署的相关文件，审批董事会工作经费。

（四）行使法定代表人的职权。

（五）保管或授权他人保管公司公章、合同、营业执照。

（六）在董事会闭会期间，代表董事会行使下列职权：

1.按照法律法规、章程的规定及股东要求，代表董事会履行公司重大事项的管理与决策职责，并代表董事会对其决议执行情况和重要经营管理履行监督职责。

2.董事会授予的其他职权。

董事长行使上述职权时，不应导致增加公司投资总额或本项目建设工期延长，且必须及时向股东报告，并及时向董事会报告，由董事会追认。

董事长有权将上述职权授予他人行使。副董事长协助董事长工作。董事长不能履行职权或不履行职务时，由董事长委托副董事长履行职务；副董事长不能履行职权或不履行职务的，由半数以上董事共同推举一名董事履行职务。

第二十七条　董事会会议的召集与主持

董事会定期会议每______至少召开一次。任何一方股东、董事长、半数以上的董事、监事会、总经理提议召开临时会议的，应当召开临时会议。每次会议应当于会议召开10日以前通知全体董事。

董事会会议由董事长召集和主持；董事长因特殊原因不能履行职务时，由副董事长或董事长指定的其他董事召集和主持。股东代表、监事、总经理、常务副总经理、副总经理和财务经理等可列席董事会会议。

第二十八条　公司制定董事会议事规则，报股东会批准后实施。

第二十九条　董事会的决议

董事会会议须全体董事出席方能举行，否则所通过的决议无效。但如董事会会议未达上述法定出席人数，经董事会书面通知达两次，仍有董事拒绝出席董事会又不委托其他董事代为参加会议的，董事会会议在______名以上董事出席的情况下即可如期召开，所通过的决议有效。

董事会决议的表决实行一人一票制。董事会决议经出席会议______名以上的董事同意方可有效。

第三十条　董事会会议，应由董事本人出席；董事因故不能出席，可以书面委托其他董事代为出席，受托出席会议的董事应当在授权范围内履行职责。董事未出席董事会会议，亦未委托代表出席的，视为放弃在该次会议上的表决权。

第三十一条　董事会应当对会议所议事项的决定作出会议记录，出席会议的董事应当在会议记录上签名。董事对会议记录有不同意见的，可以在签字时作出书面说明。

第七章　监事会

第三十二条　公司设监事会，由______名监事组成。其中，股东双方各委派或推荐______名监事，另一名职工代表监事由参股方提名并通过公司职工代表大会以民主选举的方式产生。监事会主席由______方提名，并由全体监事过半数选举产生。监事的任期为三年，监事任期届满时，可连选连任。

第三十三条　董事、高级管理人员不得兼任公司监事。

第三十四条　监事会向股东会负责并报告工作，监事会行使下列职权：

（一）检查公司财务状况；

（二）对董事和高级管理人员执行公司职务时的行为进行监督，对违反法律法规、公司章程或股东决议的董事、高级管理人员提出罢免、解聘的建议；

（三）当董事和高级管理人员的任何行为损害公司利益时，要求其予以纠正；

（四）提议召开临时股东会会议，并在董事会不按本章程规定履行其召集股东会会议的职责而且董事长、副董事长或由多数董事推举的董事均不主持股东会会议时，召集和主持股东会会议；

（五）发现公司经营情况异常，可以进行调查，必要时可以聘请会计师事务所等协助其工作，费用由公司承担；

（六）列席董事会会议；

（七）法律法规及公司章程规定或者股东会授予的其他职权。

第三十五条　监事会会议召开

监事会会议的召开应当符合以下程序：

（一）监事会会议应于会议召开至少10日前以书面形式，经专人送达、电传、电报、传真或挂号邮寄中的一种方式通知全体监事。会议通知的内容包括会议时间、地点、议程和含有详细内容的议案。

（二）在向监事会临时会议呈报紧急事宜或议案，或者事先征得______名以上监事书面同意的情况下，会议通知的时间期限可不受前款规定时间限制，已经确定的会议时间可予以更改。

（三）监事会会议由监事会主席主持。监事会主席不履行或不能履行职责时，由半数以上的监事共同推举一名监事主持。

（四）监事因故不能出席会议的，应书面委托其他监事代为出席并行使职权，委托书应载明授权范围。代为出席会议的监事应当在授权范围内行使监事的权利。监事未出席监事会会议，亦未委托代理人出席的，视为放弃在该次会议上的投票权。

第三十六条　监事会的决议

监事会的决议按以下规则议事表决：

（一）有______名以上的监事参加的监事会会议方为有效。如经书面通知，有监事无故缺席致使到会监事人数不符前述要求的，则监事会会议将顺延______日再次在同一时间、同一地点召开。

（二）每名监事表决一票。

（三）监事会作出决议须经到会监事______名以上通过方为有效。

第三十七条　监事会会议记录

监事会应对所议事项的决议作出会议记录，出席会议的监事或受托人应在会议记录上签名。

第八章　经营管理机构

第三十八条　经营管理机构的组成与任期

公司的日常经营管理实行总经理领导下的经营层负责制。经营层成员由总经理、副总经理（常务副总经理）、财务经理等组成。

由董事会对高级管理人员进行选聘。高级管理人员及特定管理人员的任期均为三年，可续聘连任。

第三十九条　高级管理人员及特定管理人员的推荐和聘任：

（一）总经理一名，由______方提名；

（二）副总经理______名（常务副总经理______名），由______方提名；

（三）财务经理一名，由______方提名。

上述高级管理人员及特定管理人员经董事会批准后由公司聘任，其余管理人员由股东双方提名后经由公司聘任。

第四十条　总经理的职权

总经理在董事会的领导下依据公司总经理工作规则行使职权。

（一）主持公司的日常经营管理工作，组织实施董事会决议。

（二）拟订公司内部管理机构设置方案，报董事会批准后实施。

（三）拟定公司的基本管理制度。

（四）制定公司的具体规章。

（五）聘任或者解聘除应由董事会聘任或者解聘外的人员。

（六）起草公司人员（由董事会决定其薪酬的人员除外）薪酬、福利和绩效考核方案，并提交董事会审批。

（七）组织审查和评估由董事会决定其薪酬人员以外的公司人员，按公司相关制度及规定等决定其薪酬、福利和奖惩等。

（八）组织审议项目安全、质量、进度、投资、成本控制方案并组织实施；监督、检查总承包方的质量、进度、安全执行情况，提出整改意见，对总承包方的违约行为进行处罚，对总承包方的支付及资金使用进行监管，并将上述情况及时上报公司董事会。

（九）负责项目建设管理工作。

（十）组织公司征地拆迁具体工作，拟订征地拆迁实施方案报董事会审批。

（十一）对勘察设计进行管理，督促施工图设计执行可行性研究报告、初设批复的设计标准并满足相关技术要求。

（十二）开展公司与政府各部门、监理公司、总承包单位以及外部协同机构的协调工作，做好在办理设计、建设相关审批登记手续时的工作。

（十三）起草薪酬方案提交董事会审批。

（十四）负责向董事会报告工作。

（十五）公司章程和董事会授予的其他职权。

常务副总经理（如有）协助总经理开展工作，总经理因故不能履行上述职权时，由常务副总经理代为履行。

第四十一条　财务经理的职权：

（一）负责监控公司日常的财务会计活动；

（二）参与公司重大经营决策行为并监督实施；

（三）监督项目建设资金的使用、支付控制；

（四）负责对总承包方项目部的财务监督；

（五）负责项目融资的落实；

（六）监督经董事会批准的各类建设计划的实施；

（七）负责组织编制年度预决算，执行向董事会的定期报告制度和重大事项的非定期报告制度；

（八）组织进行财务分析、研究，提出改善财务状况、优化财务结构、提高资金使用效率和效益的方案。

第九章　利润分配

第四十二条　利润分配

项目复建安置房与复建集体物业竣工验收后，______享有复建安置房与复建集体物业的接收、分配权。

其余公司利润，公司分配当年税后利润时，应当提取利润的百分之______列入公司法定公积金。公司法定公积金累计额为公司注册资本的百分之______以上的，可不再提取。公司的法定公积金不足以弥补上一年度亏损的，在依照前款规定提取法定公积金之前，应当先以当年利润弥补亏损。公司在从税后利润中提取法定公积金后，经股东会批准后，可以提取任意公积金。

公司弥补亏损和提取公积金后所余利润，按照股东实际出资的比例进行分配。

法定公积金用于弥补公司亏损、增加公司资本以及国家法律、法规规定的其他用途。

第四十三条　利润分配时间

公司原则上______进行利润分配。在财务处理能力允许的情况下，经股东会批准可以调整。

股东会有权根据具体情况对分配进行调整。

第十章　税务、财务、审计

第四十四条　公司依照法律、行政法规和国务院财政部门的规定，制定公司的财务、会计制度。

第四十五条　公司适用《企业会计准则》及其他相关的财务、税务和审计法律、法规的相关规定。公司的审计，必须按照有关法律法规的规定进行。

第四十六条　公司按照法律、行政法规和国务院财政部门规定，在每一个会计季度终了时编制《财务会计报告》，并按要求及时报送股东。

第十一章　终止、解散和清算

第四十七条　终止与解散的事由

有下述一项或多项情况，公司股东可以决定解散公司：

（一）股东一致认为提前解散公司符合股东的最大利益；

（二）公司经营期届满，股东各方不愿延长或延长的申请未获批准；

（三）公司经营宗旨无法实现；

（四）其他双方协商一致同意解散的。

第四十八条　公司因本章程第四十七条之规定或其他法定原因而解散的，股东会应当在解散事由出现之日起15日内，根据相关法律规定，确定清算程序和清算原则，并成立清算委员会。清算委员会由股东会确定的人员组成。

第四十九条　清算委员会在清理公司财产、编制资产负债表和财产清单后，应当制订清算方案，报股东会确认后实施。

第五十条　公司清算结束后，清算委员会应当制作清算报告，报股东会决议通过后报送公司登记机关，申请注销登记，公告公司终止。

第五十一条　剩余财产的分配

扣除公司须移交的资产以及用于支付清算费用和清偿债务后的剩余财产由股东按实际出资比例分配。可变卖的资产由清算委员会负责变卖；不能变卖或难以变卖的资产，由清算委员会委托具有法定资质的评估机构评估，确定其价值，由公司股东协商决定处理方式。

第十二章　股权转让

第五十二条　项目建设期内，未经村集体同意并报相关政府部门同意的，______公司不得转让其持有的公司股权。

股东的股权转让根据相关法律、法规的规定，需经有权机构进行批准的，从其规定。

任何一方依法转让其股权后，转让方应于五个工作日内向公司退回出资证明书。转让登记手续办理完毕后，公司应向受让人出具相应的出资证明书；在转让部分股权时，公司还应向转让人出具变更后的出资证明书或新的出资证明书。

第五十三条　股权质押

任何一方以其持有的部分或全部股权为其本身债务或者任何第三方债务等提供质押担保的，应书面通知其他股东并征得其书面同意。提供质押担保的一方应确保在质押担保文件中约定：质押权人不会因行使质押权而实施对公司不利的行为；质押权人在行使质押权时，其他股东有权在同等条件下优先受让该质押的股权。上述股权质押须征得相关政府部门书面同意后方可进行。

第十三章　章程的修改

第五十四条　有下列情形之一的，公司应当修改章程：

（一）国家有关法律、行政法规修改后，章程规定的事项与修改后的法律、行政法规的强制性或禁止性规定相抵触的；

（二）章程所记载的事项发生变化的；

（三）股东会决定修改章程的。

第五十五条　章程修改事项需经主管机关审批的，应报主管机关批准；涉及公司登记的，应依法办理变更登记。

第十四章　附则

第五十六条　本章程所称“以上”含本数。

第五十七条　本章程由公司董事会负责解释。

第五十八条　本章程自股东盖章之日起施行。

第五十九条　本章程原件一式______份，其中每个股东各持______份，报公司登记机关______份，公司留存______份。

股东（盖章）：

股东（盖章）：

年　　月　　日

协议八　旧村全面改造项目履约保证金账户监管协议

甲方：【镇人民政府/街道办事处】
法定代表人/负责人：
住所地：
电话：

乙方：【农村集体经济组织】
法定代表人/负责人：
住所地：
电话：

丙方：【合作企业】
法定代表人/负责人：
住所地：
电话：

丁方：【监控银行】
法定代表人/负责人：
住所地：
电话：

为加强对旧村庄更新改造项目合作改造的管理，规范履约保证金使用行为，根据《广州市住房和城乡建设局关于印发关于进一步规范旧村合作改造类项目选择合作企业有关事项的意见的通知》（穗建规字〔2020〕16号）等相关法律法规政策的要求，经甲、乙、丙、丁方协商，就______旧村改造项目，监管账号为______的履约保证金收存、使用以及监管订立如下协议共同遵守。

第一条　权利

1. 甲方负责对旧村庄更新合作改造项目履约保证金收存和使用的日常监督管理，并贯彻实施《广州市住房和城乡建设局关于印发关于进一步规范旧村合作改造类项目选择合作企业有关事项的意见的通知》(穗建规字〔2020〕16号)及相关法律法规政策。

2.乙方已使用上述监控账号为______的账户一次性收取丙方履约保证金______元人民币(现金)。

3.丁方在为乙方及丙方办理履约保证金拨付时,应要求乙方及丙方共同出具《履约保证金拨付批准书》。

4.进入监控账户的保证金,未经甲方同意拨付的,一律不准使用。

5.项目实施方案批复后,履约保证金(含利息,下同)全部转为复建安置资金,转入复建安置资金监管账户。

6.在履约保证金全部转为复建安置资金后,乙方向甲方申请办理监控账户销户手续。经甲方审核批准销户的,乙方持销户批准书向丁方办理账户取消监控手续。

第二条　义务

1.甲、乙、丙、丁四方必须严格按照《广州市住房和城乡建设局关于印发关于进一步规范旧村合作改造类项目选择合作企业有关事项的意见的通知》(穗建规字〔2020〕16号)等相关法律法规政策的具体要求开设监控专户及签订本协议。

2.甲方应在收到乙方及丙方使用履约保证金申请之日起五日内作出答复;对不同意使用的,应当以书面方式说明理由。

3.丁方应积极配合甲方开展监管工作,按甲方批准的支付金额给乙方及丙方办理履约保证金拨付。

4.乙方必须使用监控账户收存履约保证金。

5.乙方不得以监管资金向任何第三方提供担保。

6.履约保证金可按程序用于支付本项目的前期费用、集体物业停产停业损失补偿、集体物业收益保底、综合整治费用、拆迁补偿费用、拆卸费用及复建安置房建设费用等。履约保证金使用后,监控账户内的履约保证金应始终保持不得少于1亿元人民币现金。实施方案批复后履约保证金转为复建安置资金,转入复建安置资金监管账户。在履约保证金全部转为复建安置资金后,本协议即自动终止,各方应配合办理监控账户销户手续,经甲方审核批准销户的,乙方持销户批准书向丁方办理账户取消监控手续。

7.丙方按政府要求需缴纳本项目复建安置资金监管时,各方配合将监控账户内所有剩余资金转为复建安置资金予以监管,丙方可根据本项目建设进度会同乙方依法依规申请拨付使用。申请拨付将履约保证金先行作为复建安置资金使用的,则届时各方互相配合协调相关政府部门开展审计工作认定已使用的履约保证金为复建安置资金,且视为丙方已完成等额的复建安置资金缴存义务，并相应核减等额的复建安置资金缴存额度。

第三条　违约责任

1. 丁方应凭经甲方同意的《保证金拨付批准书》进行履约保证金的拨付。如丁方违反此规定或未履行监管义务，需对甲、乙、丙各方因此造成的一切损失承担赔偿责任。

2. 乙方违反规定直接收取履约保证金的，甲方应责令其改正。

第四条　管辖和争议解决

在本协议履行过程中，如有争议，甲、乙、丙、丁四方应及时协商解决；协商不成的，四方同意选择以下第______项作为争议解决方式：

（1）向广州仲裁委员会申请仲裁；

（2）向本项目所在地有管辖权的人民法院提起诉讼。

第五条　其他

本协议自各方法定代表人（负责人）或其授权代表签署并加盖公章之日起生效。本协议一式肆份，甲、乙、丙、丁四方各执壹份，具有同等法律效力。

（以下无正文，为签署页）

甲方：

法定代表人或签约代表：

乙方：

法定代表人或签约代表：

丙方：

法定代表人或签约代表：

丁方：

法定代表人或签约代表：

签订日期：　　年　　月　　日

签订地点：

协议九　复建安置资金监管协议

广州市______区______村更新改造项目复建安置资金监管协议[①]

编号：

甲方（区城市更新主管部门）：

负责人：

地址及邮编：

乙方（项目所在地镇人民政府/街道办事处）：

负责人：

地址及邮编：

丙方（村集体经济组织）：

负责人：

地址及邮编：

丁方（缴存人）：

负责人：

地址及邮编：

戊方（金融机构）：

负责人：

地址及邮编：

为加强______村更新改造项目复建安置资金的监管，根据《广州市住房和城乡建设局关于印发〈广州市旧村庄全面改造项目复建安置资金监管办法〉的通知》（穗建规

① 该版本来源于《广州市荔湾区旧村庄全面改造项目复建安置资金监管及拨付的工作指引》。

字〔2020〕21号）的相关规定和相关合作协议的约定，按照“专款专用、集中支付”的原则，甲、乙、丙、丁、戊五方经协商一致，就______村更新改造项目复建安置资金监管达成如下协议：

一、项目基本情况

1.项目名称：广州市______区______村更新改造项目（以下简称项目）。

2.项目范围：______区范围内，东临______、南接 ____、西至______、北至______。具体以政府批复的改造范围及最终核发的相关的《用地规划许可证》红线范围为准。

二、监管资金缴存人及缴存额度

1.经甲、丁双方约定，该项目的复建安置资金总额为人民币：______万元整（大写：人民币：______），采取分期支付形式存入复建安置资金账户，存入的现金总额度为人民币：______万元整（大写：人民币：______），同时丁方向甲方另外提供总额为人民币：______万元整（大写：人民币：______）的无条件银行履约保函。在使用无条件银行履约保函的资金时，该资金也须先存入监管账户。

2.项目复建安置资金，是指该改造项目成本核算中需要计入改造成本的复建物业（住宅或其他物业）及配套设施建设资金（包括但不限于复建物业建造费用、临时安置补助费用、停产停业补助费用、拆卸和搬迁补助费用、市政基础设施建设费用和公共配套设施建设费用等）。该项目复建安置资金人民币：______万元整（大写：人民币：______）应按本协议约定分期缴存入上述监管账户并按本协议约定使用。丁方分期缴存的复建安置资金，可以扣除本协议签订前丁方或丁方关联人已经投入、支付的纳入本监管协议管理的复建安置资金。

3.本协议中约定应存入监管账户的资金总额与《关于______区______村更新改造实施方案的批复》确定的复建安置面积相匹配，如复建安置面积因规划或其他原因经批准进行调整的，丁方按照调整后的面积计算存入监管账户的复建安置监管资金总额。

三、监管资金的缴存

1.丁方在戊方开立的资金监管账户（以下简称监管账户）：

户名：__________________

开户银行：__________________

账号：__________________

（备注：上述监管账户预留一枚丙方指定人员的名章，该名章由丙方保管）

2.根据项目实际情况选择分期实施或不分期实施

根据政府批复，______村更新改造项目实施不分期。该项目复建安置资金总额为人民币：______（¥______），在房屋拆卸前，丁方将复建安置资金总额的30%人民币：______（¥______）存入资金监管账户，其余复建安置资金总额的70%人民币：______（¥______）采用无条件银行履约保函足额缴存，无条件银行履约保函的有效期不得短于项目实施方案批复中复建安置工程竣工验收时间。

根据政府批复，结合项目实际情况，______村更新改造项目分期实施，丁方或丁方的指定公司足额支付各期改造资金和提供无条件银行保函后，甲方分别出具当期对应的《复建安置资金存入证明》。

丁方在首期改造房屋拆卸之前，向甲方提供总额为人民币：______（大写：人民币：______）的无条件银行履约保函，保函有效期暂定至______年______月______日（保函的有效期如早于项目实施方案批复中全部复建安置区建设竣工验收时间，应按要求及时办理延期；保函金额根据分期改造完成进度情况逐期核减）或向第3.1条规定的资金监管账户缴存人民币：______元整（¥______）的履约保证金（上述无条件银行履约保函或履约保证金不得低于项目安置资金总额的30%）。

第一期对应的复建安置资金额度为人民币：______（¥______），其中：存入监管账户人民币：______（¥______），同时提供人民币：______（¥______）的无条件银行履约保函。其中在第一期房屋拆卸前不得低于人民币：______（¥______）（第一期复建安置资金额度的30%），在第一期复建安置工程竣工前监管账户内备有人民币：______（¥______）（第一期复建安置资金额度的10%）的现金用于支付。

第二期对应的复建安置资金额度为人民币：______（¥______），其中：存入监管账户人民币：______（¥______），同时提供人民币：______（¥______）的无条件银行保函。在第二期房屋拆卸前不得低于人民币：______（¥______）（第二期复建安置资金额度的30%），在第二期复建安置工程竣工前监管账户内备有人民币：______（¥______）（第二期复建安置资金额度的10%）的现金用于支付。

第三期对应的复建安置资金额度为人民币：______（¥______），其中：存入监管账户人民币：______（¥______），同时提供人民币：______（¥______）的无条件银行保函。在第三期房屋拆卸前不得低于人民币：______（¥______）（第三期复建安置资金额度的30%）。在第三期复建安置工程竣工前监管账户内备有人民币：______（¥______）（第三期复建安置资金额度的10%）的现金用于支付。

经批准，丁方有权调整复建安置资金分期缴存资金计划，复建安置资金缴存分期金额以实际情况为准。

3. 丁方应于本协议生效之日起______个工作日内，将复建安置资金______元（大写：人民币：______整）存入监管账户。分期缴纳的，需签订补充协议，约定缴纳时间，丁方应在签订补充协议生效之日起10个工作日内将补充协议约定的复建安置资金存入监管账户。

4. 戊方在上述每笔资金存入监管账户之日起5个工作日内须分别向甲、乙、丙、丁方发出《资金到账通知书》。

5. 根据《广州市住房和城乡建设局关于印发〈广州市旧村庄全面改造项目复建安置资金监管办法〉的通知》（穗建规字〔2020〕21号）第十条的规定，当期复建安置资金足额存入后，甲方向丁方发出当期《复建安置资金存入证明》。

6. 如发生本协议第2.3条中发生复建安置面积调整的，甲方同意增加的复建安置面积参照第3.2条出具相应的《复建安置资金存入证明》。

四、监管资金使用程序

1. 监管账户的资金（包括利息等）依据本协议监管使用。经各方约定，本协议涉及的复建安置资金只能划转至如下指定账户，由丁方按要求使用，涉及本协议第8.2条约定事项的除外。

户名：______

开户银行：______

账号：______

本协议签订后，丁方需变更上述资金使用账户的，须经甲、乙、丙、戊四方一致同意并签订补充协议。

2. 丁方应根据复建项目进度计划制订资金使用计划，提前报甲、乙、丙方审批。丁方使用资金需严格按照审批后的资金使用计划执行。丁方使用资金须在两个工作日前，由丁方向丙方提出书面申请及资金拨付申请书并报送资金使用申请所需资料（含资金使用明细、项目工程进度），丙方于收到资料后两个工作日内对丁方提交的书面申请及资金拨付申请书、所附材料和资金的用途进行审核并盖章确认。

3. 经丙方审核确认后两个工作日内，甲、乙、丙方对丁方提交的书面申请或资金拨付申请书、所附材料和资金的用途、建设进度最终确认符合本协议约定的用途后向丁方出具审批意见（盖章确认，具体见以下预留印鉴样式），并向戊方发出审批通过的书面意见或资金拨付申请书。

4.戊方在收到审批通过后的书面意见或资金拨付申请书和规范支付结算凭证后两个工作日内须对甲、乙、丙、丁方在书面意见或资金拨付申请书中的印鉴进行核实，核实与以下预留印鉴样式相符后，凭监管账户的规范支付结算凭证按集中支付的形式划拨复建安置资金（戊方因划拨复建安置资金而依法收取的相关费用，均以该笔复建安置资金账户内资金支付）至第4.1条约定的账户。

甲方预留印鉴样式：

乙方预留印鉴样式：

丙方预留印鉴样式：

丁方预留印鉴样式：

5.甲方授权戊方根据甲方审批意见采取包括但不限于划款、冻结等监管措施。

6.本协议中的复建安置建设费用拨付不超过当期复建安置建设资金总额的90%；当期竣工验收及财务结算之后，由丁方按照本协议规定的方式申请拨付结算款及工程质量保证金。

五、资金监管的变更和解除

1.甲方同意如本协议第2.3条、第3.6条约定进入监管账户的资金总额增加的，则丁方或丁方的指定公司应按增加额度提供对应的改造监管资金和无条件银行履约保函，并由甲、乙、丙、丁、戊五方签订补充协议或重新签订资金监管协议。

2.复建安置工程竣工并经有关部门验收合格交付使用后6个月内，须办理竣工结算和财务决算。丁方在完成决算后，由丁方向甲方提出解除复建安置资金监管的书面申请。

3.经核实同意解除更新改造资金监管后，经甲、乙、丙方同意并向戊方发出《复建安置资金监管解除通知书》。

4.在收到甲、乙、丙方发出的《复建安置资金监管解除通知书》后，戊方解除对监管账户（账号：______）的监管，并向丁方返还监管账户结余的金额及利息。

5.项目改造过程中，复建安置资金额度发生调整的，甲、乙、丙、丁、戊五方同意按照批准后的复建安置资金额度进行监管。

六、资金收支明细的传送

每月第5个工作日前，戊方应将监管账户上月的资金收付明细分别送至甲方、乙方、丙方和丁方。

七、协议各方的权利和义务

根据相关规定，甲、乙、丙、丁、戊各方应履行相关的权利与义务。

1. 甲方的权利和义务

根据实际需要，甲方有权检查监管账户的资金使用及支出情况，戊方应给予配合，并向甲方人员出示监管账户的明细账单、原始凭证和银行对账单，并提供复印件。甲方在监督检查中发现不利于监管资金安全使用的情形，应及时采取措施，督请各方遵守合同义务。在丁方按时履行缴存义务后，甲方认同丁方缴存的复建安置资金纳入______村更新改造项目复建安置资金总额。此外，甲方还拥有本协议约定的其他权利和义务。

各方确认，监控账户内的资金属于丁方财产，丁方对该等资金享有财产权。

如戊方服务不能满足甲方合理要求和项目需求并经甲方提出后未能及时整改的，经甲方提议可以调整变更、撤换监管银行。甲方保留撤换和指定监管银行的权利。

2. 乙方的权利和义务

乙方负责对复建安置资金实施具体监管，并根据本协议的约定，将相关文件及时送甲方备案。乙方有权查看监管账户中的资金收支情况，对此戊方应给予配合。此外乙方还拥有本协议约定的其他权利和义务。

3. 丙方的权利和义务

丙方负责对复建安置资金实施具体监管，负责监督、协同、配合丁方开展改造范围内的房屋拆迁补偿安置、土地平整及复建地块的建设。

丙方应确保其以丙方名义对外签署的各项法律文件与本协议不相冲突。如上述文件与本协议不一致，以本协议为准。丙方有权了解监管账户中资金的进出情况，对此戊方应给予配合。丙方还拥有本协议约定的其他权利和义务。

4. 丁方的权利和义务

丁方作为______村更新改造实施主体，按照约定按时履行出资义务，负责复建安置资金具体使用，负责全村改造范围内的房屋拆迁补偿安置、土地平整及复建地块的建设。此外，丁方还拥有本协议约定的其他权利和义务。

丁方同意及保证，未经甲、乙、丙方的书面同意，丁方不得提取复建安置资金。此外，丁方还拥有本协议约定的其他权利和义务。

5. 戊方的权利和义务

戊方有权依本协议约定管理监管账户的资金。戊方应履行本协议约定的资金往来通知和对账义务、资金使用监管审核义务。但非因戊方原因划付不成功的，戊方不承担责任。

为保证本协议的履行，本协议各方知悉并同意戊方仅为监管账户开通网上银行查询功能，供丁方使用。

对本协议所指监管账户受执法机关、司法部门依法进行的查封、冻结、扣划或采取其他强制措施的，或因其他任何非戊方原因致使戊方无法履行本协议项下义务的，戊方不承担任何责任。且戊方对甲、乙、丙、丁方之间出现的任何纠纷不承担任何责任。

戊方根据本协议所承担的监管责任，不应被视为戊方对资金使用人的债务或行为提供保证或其他形式的担保。戊方对本协议中的预留印鉴仅承担审核义务，对于甲、乙、丙、丁四方对印鉴保管不善导致监管账户资金被划拨的，戊方不承担任何责任。此外，戊方还拥有本协议约定的其他权利和义务。

如因戊方不能满足甲方提出的合理服务要求并未能按甲方要求整改导致甲方要求撤换监管银行的，戊方应按甲方要求及时配合办理。

八、违约责任

1. 甲、乙、丙方监管不力，未依本协议约定的程序和要求对该项目的更新改造资金的使用、资金监管和解除进行审核、审批，出现资金挪为他用的行为，影响项目实施的，应承担相关法律责任。

2. 丁方未经有关部门批准，自行中止建设1个月以上或拖欠临迁费1个月以上的，甲、丙方有权决定使用监管账户内的资金或者动用无条件银行保函担保资金，由此产生的经济损失和相关法律责任由丁方承担。此时，甲、乙、丙方在资金拨付申请书意见栏中注明上述情形，戊方对甲、乙、丙方在资金拨付申请书中的印鉴进行核实，核实与本协议预留印鉴样式相符后划拨复建安置资金。

丁方不按政府的批复（批准）文件或违反相关规定组织建设的，甲方和丙方等有关部门均有权要求丁方整改，在整改期间产生的经济损失均由丁方承担。丁方拒不整改的或限期内未完成整改的，甲方或丙方单方有权决定使用监管账户内的复建安置资金或者动用无条件银行保函担保资金组织建设。此时，甲、乙、丙方在资金拨付申请书意见栏中注明上述情形、附送整改通知书或处罚决定书，戊方对甲、乙、丙方在资金拨付申请书中的印鉴进行核实，核实与本协议预留印鉴样式相符后划拨复建安置资金。

在监管资金中涉及违法行为的，行为人将承担相关法律责任。

3. 丁方未按约定按时履行出资义务，影响项目实施或造成损失的，丁方承担相关法律责任；丁方按本协议约定缴存监管资金和提供银行保函的，丙方承担项目拆迁复建相关责任。

4. 戊方未依本协议约定的程序和要求对该项目资金的使用、监管的解除进行审核，因此造成甲方、丁方经济损失的，戊方应承担相关法律责任。

九、通知送达

本协议项下的通知，通过专人递交、快递、邮寄、传真或电子邮件按下述地址送至或发至对方：

甲方：
地址：
邮编：
收件人：
电子信箱：

乙方：
地址：
邮编：
收件人：
电子信箱：

丙方：
地址：
邮编：
收件人：
电子信箱：

丁方：
地址：
邮编：
收件人：
电子信箱：

戊方：
地址：

邮编：

收件人：

电子信箱：

任一方的收件人地址、传真号码或电子邮箱若有变更应及时以书面形式通知另四方，未及时通知的，另四方向变更一方的上述联系方式发送通知的，视为送达，因此导致的损失由变更一方承担。下述情况应视为送达：①如用信件进行任何通信，在由专人递交、快递或邮寄方式（挂号、要求回执）发送至上述地址时；②如用传真或电子邮箱方式，在准确发送至上述传真号码或电子邮箱时。

十、协议生效及其他事宜

1.本协议自甲、乙、丙、丁、戊五方于签字盖章之日起生效。

2.本协议生效后，甲、乙、丙、丁、戊方任何一方不得擅自变更或解除本协议。需要变更或解除时，应经甲、乙、丙、丁、戊五方协商一致，并达成书面协议。

3.本协议在履行过程中发生争议时，相关方应及时协商解决。协商不成时，任何一方可向丙方所在地人民法院提起诉讼。

4.本协议未尽事宜，五方可协商解决，并签订补充协议。

5.本协议一式拾份，甲、乙、丙、丁、戊五方各执贰份，均具有同等法律效力。

（以下无条款）

甲方（盖章）：　　　　乙方（盖章）：

法定代表人（负责人）：　　　　法定代表人（负责人）：

授权代表：　　　　授权代表：

丙方（盖章）：　　　　丁方（盖章）：

法定代表人（负责人）：　　　　法定代表人（负责人）：

授权代表：　　　　授权代表：

戊方（盖章）：

法定代表人（负责人）：

授权代表：

签订时间：　　　　签订地址：广州市______区

协议十　拆迁补偿安置协议

甲方（公司，拆迁人）：

住所地：

法定代表人：

乙方（被拆迁人）：

身份证（或其他有效身份证件）号码：

通信地址：

联系电话：

电子邮箱：

乙方委托代理人：

身份证（或其他有效身份证件）号码：

通信地址：

联系电话：

电子邮箱：

为切实做好______区______村项目拆迁补偿安置工作，保障改造建设工程顺利进行，根据《广州市城市更新办法》（广州市人民政府令第134号）、《广州市人民政府办公厅关于加强农村住宅建设管理的实施意见》（穗府办规〔2020〕18号）、《______区人民政府关于旧村改造实施方案的批复》（具体以实施方案批复文件名称为准）、《广州市______区______村旧村改造拆迁安置补偿方案》（具体以拆迁补偿方案名称为准，以下简称《拆补方案》）等相关法律、政策文件，双方同意由甲方负责实施房屋拆迁补偿安置工作、审核及发放房屋拆迁补偿安置相关款项，并在完成全部拆迁工作后，按约定负责回迁安置房等城中村改造建设全部开发工作。

甲乙双方基于平等、自愿、合法原则协商一致，就乙方房屋拆迁补偿安置事宜达成以下协议条款，供双方共同遵照执行。

第一条　被拆迁房屋现状

（一）乙方系______旧村改造项目改造范围内被拆迁房屋的合法产权人。乙方同意将其坐落于______（产权证明载明地址）的房屋（以下简称被拆迁房屋）交由甲方组织拆迁。被拆迁房屋面积为______平方米，共______栋______层。

被拆迁房屋产权证号为______，产权证明详见附件二。

（二）被拆迁人信息：

家庭成员	关系（与户主）	身份证号码	备注
			户主

（三）______公司测量并出具的《房地产查丈原图（具体名称以实际为准）》（详见附件四）为房屋现状的确认依据。

（四）乙方保证合法拥有被拆迁房屋的全部产权，并向甲方承诺，不存在其他合法权利人（本协议另有说明的除外）。

如因上述纠纷影响甲方拆迁进度，乙方应当承担违约责任。

第二条　拆迁补偿及被拆迁房屋交付

（一）房屋拆迁补偿选择第______种方式：

1. 货币补偿；

2. 回迁安置。

（二）乙方指定以下银行账号为乙方收款账户：

开户行：

开户名：

账号：

乙方承诺以上账号信息真实、有效且为乙方在本合同履行过程中的唯一指定银行账号，本合同约定款项汇入乙方上述银行账户即为收讫。若乙方变更上述收款账户的，应向甲方提出书面申请并经甲方确认，如因乙方或银行原因导致甲方付款延迟或不能付款的，甲方无须承担违约责任。

（三）乙方同意甲方有权指定第三方代为向乙方付款，乙方收到该第三方支付的补偿款视为甲方已履行合同约定的付款义务。

（四）乙方应当在签订本协议后______个自然日内，向甲方移交被拆迁房屋的钥匙和有效产权证明原件（包括但不限于宅基地证、建房许可证、规划局规划审查批文、农村集体房产证、经政府部门审批且公示的文书，相关产权证明移交情况详见附件二）。

乙方应确保将被拆迁房屋整体清空后移交甲方，甲方在接收房屋后向乙方出具《______村“城中村”改造房屋移交确认表》（详见附件七），且不再就甲方房屋及房屋内任何遗留物品的丢失、损害等承担任何责任。

被拆迁房屋移交后，乙方不得以任何理由要求甲方返还房屋或解除本协议。

第三条　货币补偿的内容

（一）甲方根据乙方被拆迁房屋的现状情况、补偿及回迁面积、各项目的补偿标准及总额制作《______村“城中村”改造房屋拆迁补偿安置计算表》（以下简称《补偿计算表》，详见附件六），以此为依据向乙方支付房屋拆迁补偿款。甲乙双方确认《补偿计算表》所载的补偿计算方式及各项数据，并同意以该表确定的数据履行本协议的相关约定。

（二）被拆迁房屋补偿金（含土地使用权货币补偿、房屋装潢补偿、屋内设施等）：共计______元整（大写：______元）。

补偿款由甲方于______年______月______日前支付至本协议第二条第二款确定的乙方账户。

（三）乙方选择货币补偿的，甲方对乙方不再承担回迁安置责任。

第四条　回迁安置的内容

（一）乙方享有的回迁安置总建筑面积按照附件六《补偿计算表》确定。

（二）回迁房分配按公平、公正、公开的形式进行抽签选房。具体选房抽签程序及操作细则由甲方制定后另行公布。

乙方承诺按照甲方公布的规则选择回迁房，对具体选房抽签程序及操作细则不持异议。

（三）如出现乙方选择的回迁安置房建筑面积大于回迁安置总建筑面积的情况，村民可按照以下标准购买：

1.超出部分在______平方米以内（含______平方米）的，乙方以人民币______元/平方米价格购买。

2.超出部分在______平方米以上的，超出部分按当时同地段商品房市场价格购买，双方应就此签订相关协议。

（四）如出现回迁安置房建筑面积小于回迁安置总建筑面积的情况，由改造主体按______元/平方米标准给予购回。

（五）根据《拆补方案》，乙方具体可购权益面积以及乙方应向甲方支付的权益面积购置费（按______元/平方米计算）详见附件六《补偿计算表》。

（六）回迁时间暂定为______年______月______日。

（七）甲方交付回迁安置房需按国家相关建筑规范执行，且由有关政府部门验收合格。回迁安置房装修标准具体以《拆补方案》为准。

（八）临迁费。具体以本协议第五条的相关约定为准。

第五条　临迁费

（一）临迁费的计算标准

1.甲方每月应付临迁费为乙方回迁安置总建筑面积 × ______元/平方米，不足一个月的按______元 ÷ 30天 × 实际天数计算。

2.临迁费按自然季度计付，不足年（与合同履行年限一致）的按年计（乙方按______元/平方米的标准缴纳总额购买权益面积后，增加的权益面积可算临迁费）。

（二）临迁费的起止日期

1.临迁费自村民签约率达到80%（以栋为基准）且乙方按本协议约定移交被拆迁房屋之日起开始计算，按自然季度于每季第一个月内发放（签约率按照政府“三旧”改造相关政策制定）。

2.临迁费计算至回迁安置房达到交楼标准，甲方向乙方发出书面《收楼通知》后一个月止。临迁费发放累计不足年（与合同履行年限一致）的按年计算，临迁费自支付之日起，累计超出______年未能如期交楼的，第______年（填次年）开始以临迁费增加20%给予补偿，且该临迁费计算依据为未如期交楼部分的回迁安置面积。乙方应积极配合甲方开展与拆迁相关的一切工作，包括按照甲方要求积极参与选房等，因乙方原因导致甲方无法如期发出或送达《收楼通知》的，甲方有权停付临迁费用。

3.如乙方收楼时发现房屋存在结构裂缝、漏水等重大质量问题，经房屋质量鉴定机构确认，达不到验收标准的，则甲方继续发放临迁费至维修完好并书面通知乙方收楼后一个月止。

4.如乙方未能在合同约定的期限内交付被拆迁房屋的，则原应给予乙方的签约奖励取消，已经发放的奖励由乙方向甲方退回，已经支付的临迁费由乙方向甲方退回。

第六条　其他补偿及奖励

（一）一次性给予乙方______元搬家补贴。

（二）乙方户口簿在籍小学生共______人，每人每月补贴300元交通费，甲方每月应向乙方支付______元小学生交通补贴。小学生交通补贴按年计付，每年补贴月数扣除寒暑假按10个月计算。

上述补贴支付期间自乙方实际交付被拆迁房屋后支付至乙方接到《收楼通知》之日止。

（三）弃产补偿（如有）

乙方弃产面积（按核定安置面积计算）为______平方米，甲方应向乙方补偿______元。

若乙方全部弃产，甲方应当一次性支付乙方一年的额外补贴（含搬家补贴、临迁费、小学生交通补贴）。

（四）签约搬迁奖励（如有）

若乙方在本协议第二条第二款约定的时间内向甲方交付被拆迁房屋，甲方应按每栋/人/证______元的标准向乙方支付拆迁奖励。

（五）车位赠送或购置奖励（如有，第5.2.1条及第5.2.2条择一）

1.若乙方选择回迁安置的，可按照以下标准获得停车位指标：每套130平方米以下的安置房可获得1个停车位指标，130平方米以上的安置房可获得2个停车位指标。

2.乙方取得的停车位指标需以免费赠与或购买的方式实现。

（1）停车位指标的兑现（独栋独证或无证认定）

①乙方在______年______月______日之前按时签约并按约交付被拆迁房屋的，每栋的停车位指标兑现：______。

②乙方在______年______月______日至______年______月______日完成签约并按约交付被拆迁房屋的，每栋的停车位指标兑现：______。

③乙方在______年______月______日之后签约并按约交付被拆迁房屋的，每栋的停车位指标兑现：______。

（2）停车位指标的兑现（一栋多证）

①被拆迁房屋所有共有权属人均在______年______月______日之前按时签约并按约

交付被拆迁房屋的，每栋的停车位指标兑现：______。

②被拆迁房屋所有共有权属人在______年______月______日至______年______月______日全部完成签约并按约交付被拆迁房屋的，每栋的停车位指标兑现：______。

③被拆迁房屋所有共有权属人在______年______月______日之后签约并按约交付被拆迁房屋的，每栋的停车位指标兑现：______。

第七条　补偿款的支付

根据本协议约定除需按年或者按月支付给乙方的款项，其他款项自乙方按本协议约定移交被拆迁房屋并经甲方确认后，甲方于______个工作日之内一次性向乙方支付安置补偿费用，安置补偿费详见附件六《补偿计算表》。

第八条　甲方的权利和义务

（一）甲方负责按本协议及其附件六《补偿计算表》的约定审核、支付各项拆迁补偿款项，如发现乙方提供虚假产权证明，有权解除本协议并拒付相应的拆迁补偿款项，乙方已收款项应予全部退还，并承担违约责任。

（二）甲方负责按国家相关建筑规范建设回迁安置房，并做好回迁安置房屋的分配工作，确保整个改造项目顺利进行。

（三）甲方承诺负责本协议约定的开发、报建、安置房工程施工期间的所有相关项目及费用。

（四）甲方依据广州市有关"城中村"改造回迁房相关政策的规定，协助乙方办理产权证明。

办理房屋产权证明需补缴土地出让金的，由乙方承担。

第九条　乙方的权利和义务

（一）乙方有权按照本协议的约定获得房屋拆迁各项补偿费用。

（二）乙方保证在签订本协议时将房屋产权证明原件交给甲方，并承诺所提供的产权证明文件均属真实、合法、有效、完整。

（三）乙方承诺向甲方交付房屋时，对本协议项下的房屋拥有完全的所有权或使用权，该房屋未被司法、行政机关查封；未设置抵押等他项权利；房屋的水、电、煤气、网络、电话、电视等费用已全部结清并办理完毕报停销户等相关手续。如房屋因产权不明、转让、继承、分割（析产）、抵押等原因产生纠纷的，乙方应自行负责解决，如造成甲方损失的，乙方承担全部赔偿责任。

（四）乙方应按甲方要求及本协议约定清空房屋，在清空房屋时，不得自行拆除电线电表、水管龙头、水表、煤气表、煤气管道等固定的附着物和构筑物，否则因此致使甲方的拆迁或复建安置工作增加支出的，乙方应赔偿。

（五）乙方保证不因私利借故闹事，阻挠甲方正常开展工作，保证不出现影响本项目工程建设的行为，否则应对甲方造成的经济损失进行赔偿。

（六）乙方实际取得回迁安置房面积超出回迁安置总建筑面积的，乙方应在签订回迁安置房确认书______日内向甲方缴清超出部分所须缴纳的房款，逾期缴纳或不足额缴纳的，甲方有权延迟交付回迁安置房直至乙方缴清为止。

（七）乙方承诺若其有被认定为违章建筑及违章建筑附属设施的，应在______年______月______日前自行拆除，逾期不拆除的，甲方有权拆除，拆除费用甲方有权向乙方追偿。

（八）因被拆迁房屋与第三人发生的一切纠纷，包括但不限于物权、相邻权、合同、侵权纠纷，由乙方及时妥善处理。因此产生的一切经济损失，包括但不限于诉讼费、保全费、律师费、差旅费，均由乙方承担。甲方与第三人纠纷垫付相关费用的，乙方应当予以补偿并承担违约责任。

第十条　违约责任

（一）甲方违反本协议约定，逾期支付相应款项，每逾期一日，按本协议约定乙方应得补偿款项的万分之一向乙方支付违约金，违约金的总额不超过应付款项的5%。

（二）乙方违反本协议的约定，给甲方造成损失的，应向甲方承担赔偿责任。

（三）乙方违反本协议第九条第三项、第四项约定的，甲方有权拒绝向乙方发放本协议约定的补偿款项及迟延向乙方交付回迁安置房。

（四）乙方违反本协议第二条第四项约定的，逾期移交房屋的，每逾期一日，乙方须按每日______元人民币的标准向甲方支付延期搬迁违约金。乙方拒不将被拆迁房屋交付给甲方的，甲方有权自行拆除并清理物业内所有物品，由此造成的一切经济损失均由乙方承担。

（五）乙方违反本协议第九条第五项约定的，须按每次______元人民币的标准向甲方支付违约金。

（六）乙方承诺具有签订本协议的主体资格，保证对被拆迁房屋享有真实、合法、有效、无争议的受补偿权，并有权根据本协议处分被拆迁房屋。出现如下情况的，甲方有权单方面解除本协议，乙方应全额退还已收取的所有款项，并承担违约责任。

1. 如日后因他方对被拆迁房屋或其中部分房屋有权益并提出异议后经调查属实，或因国家机关或司法部门就具体个案作出判决认定乙方对被拆迁房屋或其中部分房屋不拥有或不完全拥有获补偿安置权利，或因其他任何原因，致使本协议被认定无效、难以履行或无法实现合同根本目的的。

2. 如因乙方与第三人之间就被拆迁房屋权属问题所发生的所有争议，或因乙方就被拆迁房屋签署本协议或领取本合同项下所有款项等所有争议，乙方未及时自行解决，致使本协议难以履行或无法实现合同根本目的的。

3. 其他因乙方原因致使本合同目的不能实现的。

（七）乙方因以上条款对甲方负有赔偿责任的，甲方书面通知乙方后，有权从乙方依约应得的款项中相应扣减乙方应承担的赔偿金额。不足以偿还的部分，乙方应向甲方另行支付。

（八）本协议约定的违约责任包括协议约定的违约金、实际损失以及为实现权利所支出的相关费用，包括但不限于诉讼费、保全费、律师费、差旅费。

第十一条　其他约定

（一）本协议的补偿标准计算方法和具体补偿的数据、金额，以《补偿计算表》为准。

（二）本协议项下涉及的纳税义务，由甲乙双方按照税收法律法规相关规定各自承担。

（三）甲方以实现村集体的整体利益为首要目标，有权根据具体情况组织实施改造工作，乙方有义务服从大局，积极配合开展城中村改造工作。甲乙双方在执行本协议时如产生纠纷，应协商解决，经协商不成的，双方有权向本协议签订地有管辖权的人民法院提起诉讼。

（四）本协议书的内容及甲乙双方在洽商、签订本协议的过程中从对方处所获得的资料、文件、信息均为商业秘密，双方均负有保密义务。除向政府相关部门提供必要的相关资料、文件、信息外，未经对方事先书面同意不得向任何第三方披露或以其他方式泄露。

（五）乙方本人应亲自签署本协议，如须委托代理人的，应出具经公证机关公证的《授权委托书》并提供乙方及代理人的有效身份证明。

第十二条　通知及送达

（一）乙方应确保本协议首页载明的通信地址、联系电话及电子邮箱的准确无误，如有变更，乙方保证及时书面通知甲方，否则视为未变更送达地址。

（二）甲方应采用书面形式通过直接送达、公告、邮寄或电子邮箱向乙方发送与本协议有关的通知。直接送达以乙方签收日为送达之日；邮寄送达以甲方投递日的第二日为送达之日；电子邮箱送达以甲方向乙方发出邮件日为送达之日。

第十三条　合同的生效

（一）本协议未详细约定之事项，均以《______村拆迁安置补偿方案》规定为准，或由双方另行协商后签订补充协议，补充协议与本协议具有同等法律效力。

（二）本协议附件构成本协议不可分割的组成部分，与本协议具有同等法律效力。

（三）本协议自双方签署之日起发生法律效力。协议一式肆份，甲方执叁份，乙方执壹份，每份具有同等法律效力。

（以下无正文，本页为签署页）

签约地点：广州市______区

甲方（盖章）：
法定代表人（签字或签章）：
签约日期：

乙方（签字按捺）：
乙方委托代理人（签字按捺）：
签约日期：

附件：

一、乙方及代理人（如有）身份证复印件

二、乙方产权证明文件

三、收款银行卡或存折复印件

四、《房地产查丈原图》

五、《______村拆迁安置补偿方案》

六、《______村“城中村”改造房屋拆迁补偿安置计算表》

七、《______村“城中村”改造房屋移交确认表》

八、《产权人承诺书》

九、《注销房产证授权委托书》

十、特殊材料清单（如有）

图 5-1　华瑞兴法律顾问单位：广州市天河区天河南街杨箕股份合作经济联社（城中村改造）

CHAPTER 6

第六章

城市更新融资模式

一、城市更新融资模式概述

城市更新是一项复杂的系统工程，是在我国深化经济转型发展时期的伴生品。过去，我国经济增长的方式主要是追求高增长率，但随着经济转型的深化，我国经济的增长方式变为追求高质量发展。伴随着经济增长的是，城市化进程也从过去的规模化扩张转变为以城市更新、存量盘活为核心的方式来提高城市化进程的质量。

在推进城市更新项目中，房地产商或者合作企业不可避免地面临包括拆迁补偿、地价、拆迁安置、开发建设成本等一系列问题，以上问题及环境都离不开资金的支持。可以说，资金是推进城市更新的最大驱动力，在前期项目尚未获得造血能力时，融资就是保障项目快速推进的重要外部输血手段。本文尝试从城市更新各个流程的资金需求和融资渠道进行剖析，并尝试提出城市更新项目的融资建议，以飨读者。

二、我国房地产行业的融资环境

房地产行业是与我们生活息息相关的产业，自2016年以来，银监会明令限制银行表内外资金进入土地市场；2017年12月到2018年6月，监管机构多次发文：全口径、多渠道限制资金投入房地产市场。房企经营性现金流占总资金比例自2015年的40%逐年提高至2019年的50%，这反映出了房地产行业已经由过去注重杠杆扩张逐渐转换为去负债科学发展。此次融资新规重点是控制房企的筹资现金流，尤其是有息负债规模。

严格控制房地产有息负债政策不断加强，2020年国家及地方密集出台政策强调“房子是用来住的，不是用来炒的”，同时，短期内房地产的调控政策“稳地价、稳房价、稳预期”的主要目标也不会出现大的变动，这就意味着房地产行业短期内限购、限贷、限售等调控政策不会出现明显的松动。

2020年8月，中国人民银行发文提出重点房地产企业资金监测和融资管理，其中提到房地产融资管理新规是将房企以“三条红线”（一是剔除预收款后的资产负债率大于70%；二是净负债率大于100%；三是现金短债比小于1）来进行划分为“红、橙、黄、绿”四档，处于不同颜色档内房企有息负债规模增速阈值不同。

2020年12月31日，中国人民银行、中国银行保险监督管理委员会公布《关于建立银行业金融机构房地产贷款集中度管理制度的通知》（以下简称《通知》）。《通知》明确了房地产贷款集中度管理制度的机构覆盖范围、管理要求及调整机制，分档设置房地产贷款余额占比和个人住房贷款余额占比两个上限。如果说此前的“三条红线”是在资金需求端的管理，而此次的“涉房贷”集中管理制度则是在资金供给端的收紧。华瑞兴团队认为，政策出台的大背景是“实施好房地产金融审慎管理制度”，此次央行出台的新规是从资金端对房地产信贷进行额度限制，是房地产市场长效机制的手段之一，主要目的是降低和防范房地产金融风险，推动房地产及金融与实体经济平衡发展。

2021年1月19日，深圳市住房和建设局对深圳市不动产登记中心下发了《关于明确〈关于进一步促进我市房地产市场平稳健康发展的通知〉若干问题的函》，对2020年深圳楼市调控文件中的三个问题的执行进行了细化；1月23日晚，深圳市住房和建设局继续发布《关于进一步加强我市商品住房购房资格审查和管理的通知》，对楼市调控持续打补丁并花式劝退投机客。2021年1月21日，上海市住房城乡建设管理委等八个部门联合发布了《关于促进本市房地产市场平稳健康发展的意见》，着力稳地价、稳房价、稳预期，坚持租购并举，增加住房供给，调节住房需求，强化市场监管。

房企主要资金来源为按揭贷款、定金和预付款、国内开发贷款和自筹资金4种方式，其中按揭贷款、定金和预付款作为房企的经营性现金流，国内开发贷款和自筹资金是房企的筹资和投资现金流。房地产融资主要资金来源于银行、基金、信托等渠道，其中银行资金占绝大部分，自全国金融工作会议以来，相关监管部门多次提出指导意见，限制各类资金投入房地产。

（一）银行业务

1.全面限制银行资金进入土地市场，加强银信类业务监管，对于银信业务穿透式管理，严禁银行表内外资金违规投入房地产市场，同时，将财产权信托纳入银信业务。

2.要求银行还原业务实质，不得利用信托通道规避监管或实现虚假出表，正式禁止具备贷款资质的机构作为委托人；正式禁止受托管理的他人资金作为委托方，委托资金不得进入土地市场。

3.禁止任何资产管理产品募集的资金进入土地市场。

（二）信托业务

1.明确信托公司不得接受委托方银行直接或间接提供的担保，不得与委托方银行签订抽屉协议，不得为委托方银行规避监管要求或第三方机构违法违规提供通道服务，严查资金违规进入房地产市场。

2.叫停夹层融资业务，禁止信托端通过结构化证券产品设计将资金违规投入房地产市场，防止信托通过结构化证券产品在设计过程中，通过夹层的设计突破结构化产品的限制违规投入房地产土地市场。

（三）证券资管业务

严禁集合资管参与贷款类业务，单一类也需要穿透识别资金来源。不得新增参与银行委托贷款、信托贷款等贷款类业务的集合资产管理计划（一对多），要求定向资产管理计划（一对一）和一对一基金子公司专户向上穿透识别委托人的资金来源，确保资金来源为委托人自有资金，禁止委托人使用募集资金违规投入房地产市场。

（四）基金业务

禁止私募基金做明股实债、明基实贷或直接作为出借人放款的渠道。任何基金产品都不能对投资者保底保收益，要求私募基金应回归本源，不能充当信贷资金通道，私募非标投资应受到限制。

综上所述，监管通过多次指导文件，完全封堵了当前很多资金渠道进入房地产市场，各类别金融机构已经暂停房地产类业务，对房地产企业来说严控房地产融资的环境对其资金实力的要求更为严苛。

三、城市更新融资政策环境

城市更新从更新方式来看属于房地产开发项目，但其实质与传统的房地产项目存在一定的差别。房地产开发项目，一般是对国有建设用地和地上建筑物进行的投资开发建设项目。依照《城市房地产管理法》的规定：房地产开发项目是指在依法取得土地使用权的国有土地上进行基础设施、房屋建设的项目。城市更新项目是对城市中某一衰落的区域进行拆迁、改造、投资和建设，以全新的城市功能替换功能性衰败的物质空间，使之重新发展和繁荣。根据广州市人民政府令第134号《广州市城市更新办法》规定，城市更新是指由政府部门、土地权属人或者其他符合规定的主体，按照“三旧”改造政策、棚户区改造政策、危破旧房改造政策等，在城市更新规划范围内，对低效存量建设用地进行盘活利用以及对危破旧房进行整治、改善、重建、活化、提升的活动。

通过定义可以看出，城市更新项目较传统的房地产项目开发的程序更多，涉及的利益关系更为复杂，开发商参与的工作更深入。在传统房地产开发市场中，虽然土地开发一二级联动的方式也存在，但随着我国近年来对土地市场监管力度的加强，传统的房地产开发项目更多的是以招拍挂取得一手净地或者通过收并购的方式获取二手土地，因此，在房地产获取土地开发权之前，土地已完成包括调整规划、征拆工作、土地收储、土地变性等一系列工作。而城市更新项目中，虽然合作企业未必会参与片区策划方案等前期工作，但前期费用最终在确定合作企业后实际都是由合作企业来承担的，这对于合作企业包括自有资金实力及融资能力都要求极高。

近年来，城市更新越来越受关注，也由点到面，特别在2020年11月党的十九届五中全会通过的《中共中央关于制定国民经济和社会发展第十四个五年规划和二〇三五年远景目标的建议》中明确提出：推进以人为核心的新型城镇化。实施城市更新行动，推进城市生态修复、功能完善工程，统筹城市规划、建设、管理，合理确定城市规模、人口密度、空间结构，促进大中小城市和小城镇协调发展。强化历史文化保护、塑造城市风貌，加强城镇老旧小区改造和社区建设，增强城市防洪排涝能力，建设海绵城市、韧性城市。提高城市治理水平，加强特大城市治理中的风险防控。坚持房子是用来住的、不是用来炒的定位，租购并举、因城施策，促进房地产市场平稳健康发展。有效增加保障性住房供给，完善土地出让收入分配机制，探索支持利用集体建设用地按照规划建设租赁住房，完善长租房政策，扩大保障性租赁住房供给。深化户籍制度改革，完善财政转移支付和城镇新增建设用地规模与农业转移人口市民化挂钩政策，强化基本公共服务保障，加快农业转移人口市民化。优化行政区划设置，发挥中心城市和城市群带动作用，建设现代化都市圈。推进成渝地区双城经济圈建设。推进以县城为重要载体的城镇化建设。

在中国人民银行、中国银行保险监督管理委员会于2020年12月28日发布《关于建立银行业金融机构房地产贷款集中度管理制度的通知》（银发〔2020〕322号）之后，大部分银行的开发贷都面临没有额度或者额度不足的问题，唯有城市更新方向的拆迁贷、更新贷等业务依旧火热。从国家层面、地区政府层面的政策来看，城市更新项目已成为主流，并将得以更大力度地推行。

在融资方面，近两年国家针对城市更新项目一直在持续加大财政支持力度，不少省市可以通过上报项目申请财政支持。另外，很多国企、央企都设立了专门的城市更新或旧改部门，一方面国央、企介入能加快深化我国城市更新的工作，另一方面国企、央企也背负着一定的资金投资的指标任务，通过国央、企双GP的合作为更大规模的城市更新项目提供大规模的前端融资资金，这往往能给城市更新项目带来更大规模操作的提速。

四、旧村改造项目各融资阶段的常规融资方式

（一）旧村改造的项目阶段

城市更新项目往往周期长、工作流程多，对于以高周转为主要开发模式的房地产来说，资金压力更大。我们以广州的旧村改造项目为例，一般来说主要有以下几个阶段：

1.前期阶段：包括标图建库、确定改造范围、改造意愿表决、引入合作意向企业、纳入年度更新计划、基础数据调查、选择合作企业。

2.中期阶段：包括编制片区策划方案及详细规划修改方案、编制项目实施方案并征求区各部门意见、征求市各部门意见、村民表决实施方案形成表决稿、区市政府审定方案、历史用地完善手续同步报批、市批复方案、三年内村民表决批复方案后生效、土壤环境调查评估、签订拆迁补偿协议、启动拆迁工作。

3.后期阶段：包括进行征地拆迁、供地报批、土地出让、复建地块建设、村民回迁安置、融资地块建设、项目验收运营。

（二）各融资阶段的常规融资方式

1.城市更新意愿征集阶段

集团拆借资金。一般参与前期工作项目公司的集团公司为项目公司资源和资金主要扶持单位，项目公司开发项目所涉的前期费用主要由集团提供资金。

引入战略投资合作方。一般以提供专业服务为主的前期服务公司，通过引入资金实力强大的合作伙伴（往往是有意愿开展后期城市更新项目的大型房地产开发商）作为战略合作伙伴，双方优势互补。

引入前期运作和投资公司。市场上还存在一些专门从事城市更新项目前期运作操盘方和前期投资公司，这类主体作为项目的前期投资人一般通过资金投入项目，后期通过项目二次转让获取高额的收益或者通过收取固定的收益比例获取回报。

2.签订前期服务协议

一般签订前期服务协议即可申请城市更新企融贷，城市更新企融贷一般由银行配资80%用于支付前期包括但不限于基础数据摸查、片区策划方案编制、项目实施方案编制等费用。

3.选择合作企业

城市更新家园贷：通过公开招商确定合作企业身份后，合作企业可以申请城市更新

家园贷等用于支付履约保证金或归还因缴纳保证金等费用；

地方性省级担保公司：主要是针对国有企业开展的、以债权形式发放资金的融资方式；

资产管理公司、国有金控平台：融资要求较传统金融机构低，但融资成本较高。

4. 项目实施方案审定

区、市政府审定项目实施方案后，合作企业可以正式上报“三旧”改造贷款审批，用于支付政府认定的拆迁补偿费、复建费（具体贷款额度以缴款通知书为准）。

5. 拆迁安置补偿协议签订阶段

拆迁贷、城市更新贷、“三旧”改造贷等：项目完成拆迁安置补偿协议率达到100%，部分金融机构还要求签约面积和签约户数达到双90%方可放款；

信托基金等：信托机构、基金机构以股权投资的方式进入城市更新项目的，后期通过股权退出、收并购、股东利润分配等方式获取收益。

6. 缴纳土地出让金阶段

对于融资地块来说，一般在金融机构常认定为涉房项目，故按照房地产项目的融资政策开展融资活动。因目前国内前端融资环境准入监管条件严格，该阶段通常以合作企业自有资金或短期拆借的方式筹资。利用自有资金则对现金流要求较高，利用短期拆借则融资资金成本较高。因此，合作企业往往选择在满足“四证”后通过较低融资成本的常规融资进行置换。

7. 取得国有土地使用权证

项目取得国有土地使用权后，可通过“带放款条件”的方式提前获取国内部分信托公司的贷款批复，待“四证”齐全后再放款。但近几年我国对信托机构的监管政策逐渐严格，未获得“四证”前的融资限制越来越多。

8. 取得“四证”阶段

项目进入开发阶段，并取得融资地块国有土地使用权证、建设用地规划许可证、建设工程规划许可证和建设工程开工许可证后即可申请开发贷，贷款额度一般为建安总成本的70%，融资成本低。

9. 施工阶段

本阶段主要通过垫资的方式融资，包括正向垫资、反向垫资的融资方式。

10. 达到预售条件阶段

项目达到预售条件后，可以通过在建工程保理，或者开展应收账款ABS、购房尾款ABS、购房尾款收益权等方式融资，以及包销融资等。

11. 物业交付及管理阶段

物业交付及管理阶段，通常采用物业费ABS的方式进行融资。

12. 物业自持运营阶段

如项目存在物业支持运营的情况，一般可以通过银行经营性物业贷款、银行抵押贷款、租金类ABS/CMBS对支持物业进行融资。

五、城市更新融资模式架构

我国城市更新项目目前为“一城一政、一区一策”，不同城市和地区都有出台与当地的城市更新环境相匹配的政策，因此在城市更新项目的模式上存在一定的差别。改造模式不同，融资模式也存在差异。但总体来讲，城市更新项目一般分为市场主导项目、政府主导项目以及政府主导、市场参与的项目。

（一）市场主导或市场参与的城市更新项目

以市场主导的项目以及政府主导、市场参与的项目主要由市场主体为主要实施主体，对土地进行一级开发整理，包括对原有权利人的安置补偿、对原有建筑的拆除、重建或者对片区进行功能置换等，广州的全面改造和功能变更、深圳拆除重建及功能改变、上海的拆除重建和改建扩建等项目都属于这一类项目。这类项目主要由市场参与主体进行筹集资金，对市场参与主体的筹资能力要求很高。

1. 融资产品或模式设计的逻辑

（1）分段设计

鉴于城市更新项目往往复杂程度高、建设周期长、不确定因素多，因此，对于城市更新项目来说，政府对融资环境持鼓励态度。但城市更新项目常涉及房地产开发，其很难规避涉房因素，受国家房地产金融政策的监管，在涉房部分的融资审批上，金融机构又持严格审慎的态度。因此，市场主体在拆迁补偿、前期开发、安置房及商品房建设阶段的融资环境较为宽松，但在土地使用权转让阶段、取得“四证”前（即房地产行业传统的前融阶段）传统的融资方式仍然按照现在融资政策进行严格管控。为防止市场主体将融资款用于支付土地转让款，在当前的融资环境中，一般依据每个阶段的融资特殊性涉及融资产品或融资模式，采取分段融资的方式规避前融审批风险，并为其他阶段提供融资途径。

（2）多模式组合

城市更新项目因为周期长、程序多，参与主体复杂而多变，对于传统的融资模式来说，在合作企业拿到正式身份之前，很难在现有的融资框架下设计具有一定安全性的债权融资产品；在合作企业拿到正式身份之后，未取得融资地块“四证”前，也主要是针对复建安置部分在政策导向的逻辑下设计合规性的融资产品。只有在拿到“四证”后，传统的融资机构在融资方面才能发挥较大的作用，而在这之前，传统的融资机构很难通过债权融资、资产证券化融资等融资方式进行融资，更多的是通过股权融资的方式进行融资。因此，在整个城市更新项目中，需要设计多种融资模式进行组合，配合各个阶段的工作，最终完成项目实施。

2.具体的融资模式

（1）城市更新专项贷款

一般来说，最常见的融资渠道是传统金融机构的贷款方式。但由于城市更新项目周期长的特点，要满足“四证”齐备的时间不能与传统的房地产项目相比，因此难以参照传统房地产开发项目向银行申请房地产开发贷款。目前来说，商业银行往往会为具体的城市更新项目设计专项贷款产品，推出各种“城市更新专项贷款”。此外，该阶段通常由信托、基金、资管公司等根据项目实际情况和可利用的增信及管控措施设计个性化的融资方案提供融资。2020年年底，江阴高新区白屈港区域11.8亿元城市更新融资项目通过建设银行省行审批，成为无锡首例“城市更新贷”落地项目，也是建设银行在江苏全省发放的第一笔城市更新贷款，该更新单元面积599.9亩，总投资11.22亿元。城市更新贷交易结构如下：

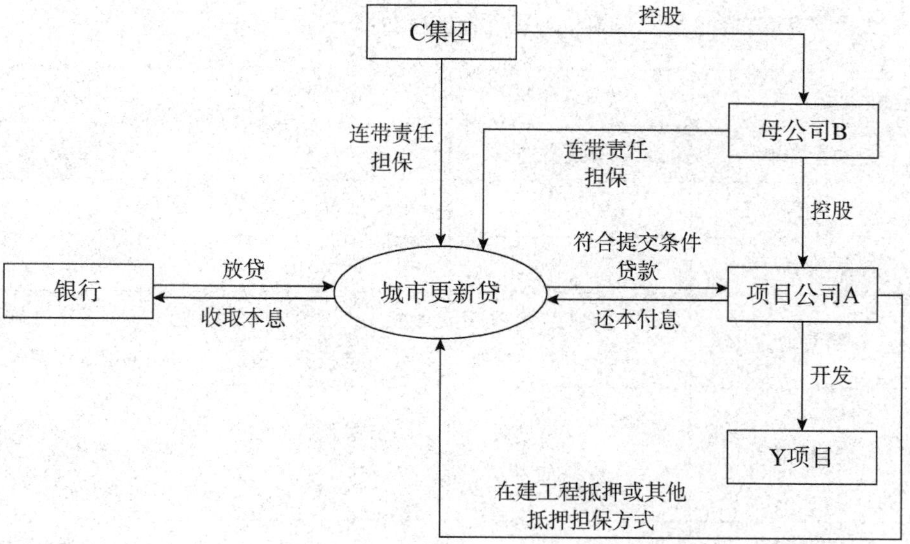

图6-1　城市更新贷交易结构

（2）城市更新投资基金

城市更新项目采用私募基金的方式融资，在实务界，一般称为城市更新基金。城市更新基金是在基金业协会的监管体系下进行的，通过股权投资的方式进入，属于股权投资基金类。城市更新基金的管理人（GP）需要取得基金业协会的管理登记备案，同时，股权投资基金也需要在基金业协会系统进行产品备案。鉴于目前信托监管政策更为严格，城市更新基金准入门槛低、退出机制灵活等方面具有优势，成为目前城市更新融资中最常见的融资方式之一。城市更新基金与传统融资模式（银行贷款、信托）的对比如下：

融资模式	基金	银行贷款	信托
项目标准	一般	高	较高
融资时间	短	长	短
融资难度	容易	难	难
融资成本	≤ 20%	≤ 7%	≤ 16%
政策风险	相对较小	大	大
资金监管	相对宽松	严格	严格
退出机制	灵活	固定	存在一定风险

城市更新基金通常采用委托贷款或股权+委托贷款的方式进行投资。城市更新的组织形式通常有有限合伙制、信托制及公司制，区分如下：

组织形式	有限合伙制	信托制	公司制
法律依据	合伙企业法	信托法	公司法
法人资格	无	无	具有法人资格
发行凭证	基金单位	信托单位	股份
投资者地位	有限合伙人，不参与基金运作与投资决策	委托人，不参与信托运作与投资决策	股东，对重大决策行使股东权利
经营期限	一定的经营期限（一般 3—5 年）	一定的经营期限（一般 1—3 年）	永续经营（破产、清算或协商一致解散的除外）
管理人	普通合伙人	信托公司	董事会任命的管理层
税收优惠	无双重征税	无双重征税	双重征税

以公司制基金投资的城市更新项目为例，交易结构如下：

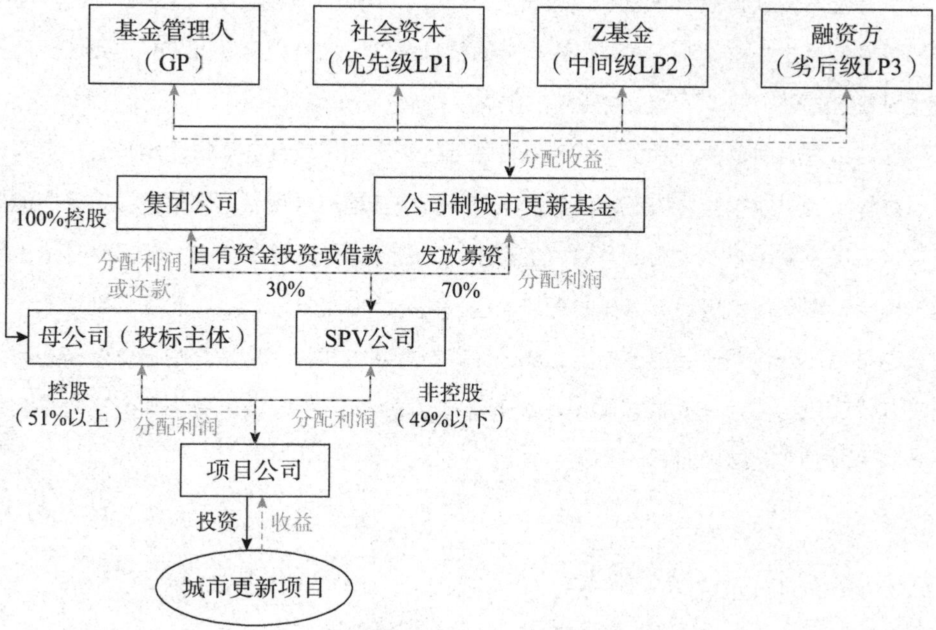

图6-2　以公司制基金投资的城市更新项目交易结构

在该交易结构中，项目公司的实际控制人（集团公司）自有资金入股SPV公司，该私募基金通过SPV公司投入项目公司，基金管理人以人民币认缴出资。私募基金投资人设置为三级，社会资本通过现金认购基金份额为优先级，Z基金通过现金认购基金份额为中间级，融资方以其持有的SPV的股权出资认购基金份额为劣后级，且在未经基金管理人同意的情况下，劣后级融资方不得转让基金份额。

就本次交易结构而言，为规避监管风险，私募基金全部资金通过股权方式进入，未设置股东借款或贷款部分。就合法性而言，该交易结构不违反法律、行政法规的强制性规定。在实务中，私募基金相比信托融资来说社会融资难度更大，通常会以“股权+债权”嵌套的方式设置资金进入通道。因此，在实务中应尽量避免委托贷款等贷款类资金进入方式，可以通过部分嵌套股东借款设置债务性融资通道，但需要注意的是，股东借款应当以真实股东身份为前提，避免被认定“明股实债”从而违反《关于加强私募投资基金监管的若干规定》第八条的规定。

（3）房地产信托

房地产信托融资的方式一般有两种：一种为债权类，另一种为股权类。通过债权方式融资的，根据银监会监管要求，需满足“432条件”：（1）向房地产项目进行债性融资时“开发商或其控股股东具备二级资质”；（2）“项目资本金不低于30%”（保障性住房和普通商品住房项目维持20%不变，其他项目由30%调整为25%）；（3）“四证齐全”，通过股权方式融资的，不受上述规定的限制。

在城市更新项目中，对城市更新项目是否属于房地产项目各地银监局具有一定的认定自主权，若当地银监局认定城市更新项目不属于房地产类项目，则信托公司采用债权投资实质上不受银监会“432”条件的限制。但若当地银监局将城市更新项目界定为房地产项目，则需借鉴房地产信托的管理经验，对还款路径灵活设置，且需特别注意信托资金不得用于合作企业缴纳土地出让金，如以结构化方式设计房地产集合资金信托计划的，其优先级与劣后级受益权配比比例不得高于3∶1。以××城市更新基金集合资金信托计划为例，交易结构如下：

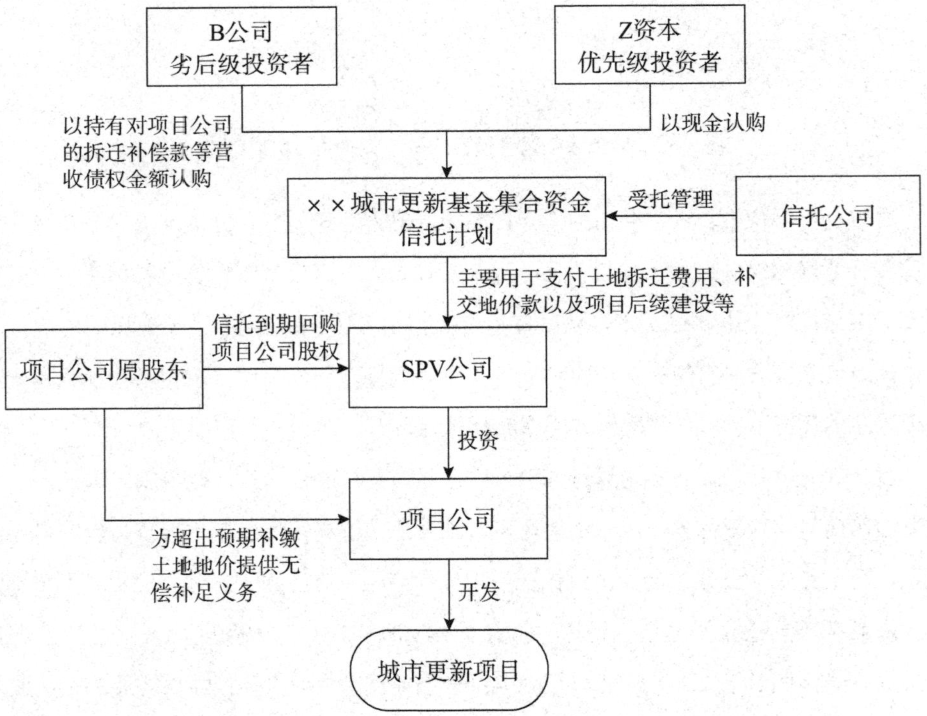

图6-3 ××城市更新基金集合资金信托交易结构

在该交易结构中，信托公司设立城市更新基金集合资金信托计划（以下简称信托计划），其中优先级为以现金认购的Z社会资本，B公司作为劣后级投资者以其持有对项目公司的拆迁补偿款等营收债权金额认购，信托计划通过发放并购贷款的方式进入SPV公司，并指定并购贷主要用于支付土地拆迁费用、补交地价款以及项目后续建设等。SPV公司通过收购项目公司原股东的股权，最终通过投资款的方式进入项目，成为项目公司的股东。项目公司原股东须对信托到期后回购股权做承诺。

本次交易存在被认定为违规发放房地产信托贷款的风险，虽然上层结构是通过发放并购贷的方式进入SPV公司，且SPV公司进入项目公司的路径设置全部为股权投资，但因发放的并购贷实质上用于土地拆迁费用、补交地价款以及项目后续建设等，且项目公司原股东实质上承诺回购SPV公司股权，这些条件容易被界定为“明股实债”且资金用于房地产前端融资，存在被认定为违规发放房地产信托贷款的风险。另外，在实务中须提前做好项目公司股权架构及资金退出路径。特别是项目公司未来通常需要通过开发贷的方式置换前期贷款，SPV公司往往是为了融资而新设立的公司，不具有二级资质。因此，可选择两种方式提前规划：①SPV公司不控股项目公司，一般这种形式不会影响项目公司后期的融资，但融资规模较小（与股权比例相匹配）；②通过提前设置回购股权的时间节点保证开发贷及时融资。

（4）资产证券化

资产证券化是指以基础资产未来所产生的现金流为偿付支持，通过结构化设计进行信用增级，在此基础上发行资产支持证券（Asset-backed Securities，ABS）的过程。房地产企业涉及的ABS主要有四种：供应链ABS（上游供应商因提供货物或服务、承包工程等对核心房企形成的应收账款债权）、购房尾款ABS（由房地产开发商发起，以应收购房者的购房尾款为底层资产）、物业收费权ABS（由物业公司发起，以物业费收入为底层资产）、租金类ABS（以酒店、办公楼宇或商铺的收入为底层资产）。

交易结构主要有两种，涉及标的物业股权转让的类REITs（由私募基金持有物业股权，构建过程中涉及私募基金份额的投资和转让，表现出REITs权益投资的特征）和以信托受益权等为基础资产的CMBS（质押未来物业收入、抵押商业物业，来增强债权债务属性，部分地弥补在底层资产控制上的不足）。国内现阶段交易所已为CMBS、私募REITs提供了成熟的证券化融资和退出途径。随着广州城市更新项目越来越注重产业的导入，未来，这些产品在城市更新中必然能够有效盘活资产、提高流动性、实现退出收益，从而构建“资本+产业”的完整轮动和闭环流通。

以CMBS为例，CMBS是通过结构化来处理未来现金流的，CMBS可以获得权益人本身更高的信用等级。交易结构图如下：

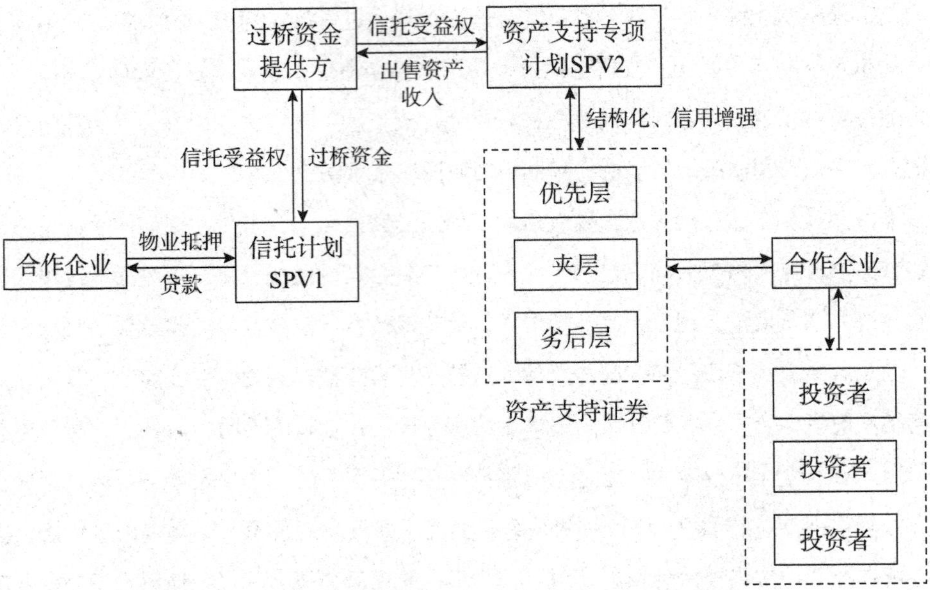

图 6-4　某酒店 CMBS 案例交易结构

在本交易结构中，主要是通过双SPV公司的方式来进行，过桥资金提供方形成信托计划（SPV1）向合作企业（借款人）发放信托贷款，合作企业获得资金并向信托计划抵押物业。过桥资金提供方为信托计划的受益人。资产支持专项计划通过支付对价给过桥资金方取得信托受益权，间接获取物业的未来收益。在本交易中，合作企业本质上并未做基础资产抵押，而是保留了合作企业对资产的所有权，因此享有未来地产的价值升值空间。在本交易结构中存在一定的基础资产集中度风险，CMBS资产差异化严重，且资产包中资产数量少。单一资产的违约对投资人会产生明显的影响。因此，在CMBS的风险评估中，对资产的尽调是很重要的。

（二）由政府主导的公益性城市更新项目

政府主导的项目，主要是指由政府为主要实施主体开展的不涉及土地开发或土地权属变更，对原建筑进行修缮改造的项目。例如，广州不包括功能置换的微改造、深圳综合治理、上海风貌保护等项目属于此类。由于这类项目具有公益属性，没有足够的项目经营性收益，通过市场融资机构进行融资难度较大，因此，主要资金来源为财政资金或以政府财政支出作为还款来源申请的应收账款质押贷款。一般采取的投融资模式有：

1. 打包操作模式

政府主导的公益性城市更新项目一般单体规模不大，因为其公益属性较高，在国家鼓励成片、连片开发的大背景下，可以通过与周边的棚改项目、旧城改造项目进行总体规划，打包一起操作。整合棚改类、旧城改造类项目主体资源、土地资源等，利用其商业属性开展整体融资工作。

2. 发行专项债模式

国务院于2020年4月3日举行的联防联控机制新闻发布会上，财政部表示，根据中央经济工作会议"加强城市更新和存量住房改造提升、做好城镇老旧小区改造"的要求，将城镇老旧小区改造纳入专项债券支持范围。由于项目发债额度也是按照地方专项债务限额进行管理和分配的，融资规模有限；同时，由于用于旧改的专项债较为依赖土地出让收入和财政补贴等方式进行债券本息偿付，旧改项目本身形成经营性收入及现金流有限，也很难撬动更多的市场化融资资源，实际上，通过发行专项债的方式远远不能满足城市更新项目实际的资金需求。

3.PPP模式

2020年7月，国务院办公厅印发《关于全面推进城镇老旧小区改造工作的指导意见》，提出推进城市更新和开发建设方式转型，建立改造资金政府与居民、社会力量合理共担机制。老旧小区改造PPP模式方案如下：由政府（提供公益性设施部分的建设资金）、实施主体（利用政府支付资金为质押申请融资）、专业服务提供方（对水、电、燃气、通信、广电、环卫等相关项目改造提供资金）、业主共同出资，后期由社会专业经营主体或物业公司出资建设服务收费，配套经营性设施，并授予其停车场、广告牌、商铺等特许经营权获得经营收益，遵循"谁收益、谁出资，谁使用、谁付费"的原则缴纳相关费用，并运营项目。

（三）城市更新项目融资建议

1. 出台鼓励政策

城市更新项目是一个漫长的过程，特别是旧村全面改造项目、拆除重建项目从前期改造准备开始，到整个项目的改造完成需要3—7年甚至更长的时间，虽然项目天然与房地产项目不可完全分割，但其也天然具有社会资源整合更新的公益属性。因此，建议未来公募REITs向城市更新领域和商业地产放开，另外，在政策的监管上，应当适度给城市更新项目创造一定的宽松环境。同时，针对城市更新项目出台对应的专项贷款、专项债产品，为城市更新项目探索新的融资模式提供鼓励政策依据，进一步加快提升城市更新的步伐，为城市更新项目提供充足的资金支持。

2. 多模式组合融资

城市更新项目的“战线”比较长，每个阶段对资金的需求都较大。通常仅采用一种融资模式对于需求方来说，很难满足资金需求；对于资金方来说，资金回笼周期长，加大了资金成本。同时，鉴于城市更新存在涉及房地产项目的认定可能，在我国涉房融资政策严格的大环境下，需要通过组合多种融资方式，相互配合和补充，从而满足城市更新项目的融资需求。

3. 探索新的融资模式

对于政府主导项目，应增加多渠道融资项目。国开行、农发行等政策性银行可针对收益能够平衡的项目设计有针对性的专项贷款；对于自身收益不足的城市更新项目，通过加大财政转移支付力度、给予专项补助等。探索“专项债+银行贷款”的方式进行融资，探索多渠道融资方式，鼓励居民通过自筹捐资、房屋维修基金等渠道筹集部分改造资金，同时积极引进社会资本参与改造，建立由政府、市场运营单位、居民、组织实施主体及其他社会资本共同参与的多元化资金筹措机制。

对于市场主导或政府主导、市场参与的项目，在满足现有监管政策的条件下在信托基金、私募基金、基础建设资产证券化等方式中探索更多的交易模式；探索以项目未来现金流提供融资增信的信贷支持方式；探索多个项目整体打包涉及融资组合的融资模式，利用规模收入和多元化收入整体提供融资资金。

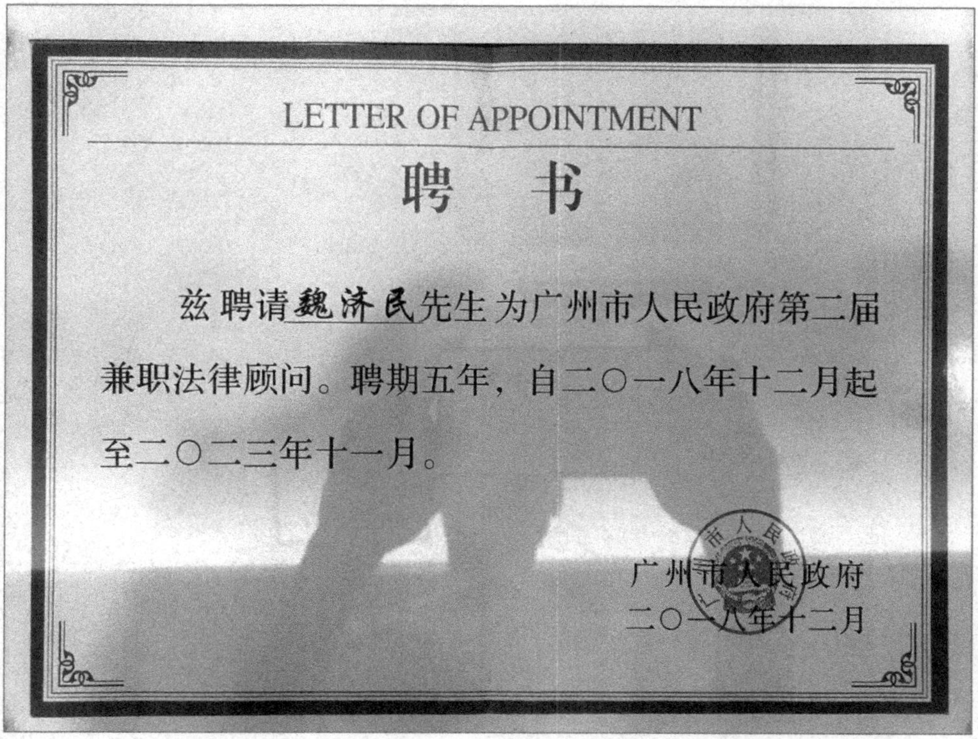

图 6-5　华瑞兴管委会主任魏济民律师为广州市人民政府兼职法律顾问

7

CHAPTER

第七章

城市更新政策热点研究

一、论城市更新关于城中村改造表决的适格主体

2020年9月9日，广州市委市政府颁布的《中共广州市委广州市人民政府关于深化城市更新工作推进高质量发展的实施意见》（穗字〔2020〕10号）提出广州市“老城市新活力”城市更新目标，即三年83条村、五年183条村，十年400条村改造计划，涉及广州大约600平方公里的城中村改造面积。紧接着2020年11月，中共中央关于国民经济和社会发展第十四个五年规划和2035年远景目标，其中提出了推进以人为核心的新型城镇化，实施城市更新行动。中共中央将城市更新纳入十四五规划标志着广东省各地区城市更新（“三旧”改造）的先试先行经验得到了国家层面的认可，并向全中国推广和借鉴广东城市更新的经验和政策，说明城市更新不是一个短期与局部的地方政策，而是中国城乡发展的历史性改革之一。

2021年城市更新已经全国实行，本文重点介绍广州城中村案例。2010年杨箕村作为广州市政府纳入重点改造的九条“城中村”之一，2012年8月华瑞兴律师事务所接受广州市天河区天河南街股份合作经济联社委托，成为城中村改造专项法律顾问，参与了杨箕村涉及拆迁补偿法律服务工作。笔者作为广州市越秀区人大代表、“三旧”改造专业律师，曾撰写一篇《杨箕村改造安置中拒迁户涉诉之法律点评》文章，并发表在广东房地产协会旗下的《南方房地产》杂志上，主要观点：通过本案中杨箕合作社诉拒迁户的宅基地纠纷案件，城中村改造应当依法依规地进行，但目前我国城中村集体土地的征地拆迁相关法律太宽泛，无法适应城市化发展的新形势，建议出台相关法律法规具体规范城中村改造，比如涉及城中村改造表决主体是村集体经济组织，还是村民委员会自治组织？本文抛砖引玉希望引起政府和社会的重视。

华瑞兴参与广州城市更新的城中村改造法律服务工作已经近10年，累计参与了十多条城中村改造项目工作，发现城中村改造中《村民委员会组织法》与《广东省农村集体经济组织管理规定》、村委会与经济合作社、村民与社员（股东）关于重大事项投票表决的适格主体问题，主要表现为三种情况：

第一，仅有村委会无经济合作社的，由村委会代行经济合作社的城中村改造表决，根据2021年1月1日生效的《民法典》第一百零一条，居民委员会、村民委员会具有基层群众性自治组织法人资格，可以从事为履行职能所需要的民事活动。未设立村集体经济组织的，村民委员会可以依法代行村集体经济组织的职能。

第二，仅有经济合作社无村委会的，由经济合作社履行的城中村改造表决。这种情况出现在许多经济发达的沿海城市，根据2002年5月24日中共广州市委办公厅广州市人民政府办公厅《关于“城中村”改制工作的若干意见》，由于广州“村改居”后许多村委会取消，原村民委员会经批准改制为经济合作社，该村民委员会的权利义务应由改制后的经济合作社承受。根据《农业法》第十一条规定，集体所有的土地依照法律属于村农民集体所有，由村农业集体经济组织或者村民委员会经营、管理。2006年8月9日，广东省人民政府以粤府令第109号公布《广东省农村集体经济组织管理规定》，第六条规定，农村集体经济组织依法经营管理本组织集体所有的资产，任何公民、法人和其他组织不得侵犯。

广州杨箕村城中村改造的表决就是“村改居”后，广州市天河区天河南街股份合作经济联社作为唯一集体主体，实践证明虽然杨箕村城中村改造是成功完成了，但是需要立法完善城中村改造中经济合作社表决程序，依据《村民委员会组织法》第二十四条涉及村民利益的下列事项，经村民会议讨论决定方可办理。按照《广东省农村集体经济组织管理规定》第九条第一款规定，农村集体经济组织的最高权力机构是成员大会。凡涉及成员切身利益的重大事项，必须提交成员大会讨论决定。第十条规定，农村集体经济组织成员大会，应当有本组织具有选举权的成员的半数以上参加，或者有本组织2/3以上的户的代表参加，所作决定应当经到会人员的半数以上通过。因此，建议城中村改造涉及村民切身利益的事项应当进行股东成员大会表决。

华瑞兴团队认为：城中村改造是涉及每一个村民或社员（股东）切身利益的重大事项，必须提交村民或社员（股东）大会讨论决定，这样作出的城中村改造决定才能得到广泛社员（股东）支持，降低和减少城中村改造中征地拆迁的困难和矛盾。

第三，既有村委会又有经济合作社的，城中村改造涉及村民切身利益由村委会表决，其他事项由经济合作社表决，本文重点讨论这种情况。

华瑞兴团队认为，既有村委会又有经济合作社的，涉及全体村民切身利益的城中村改造意愿表决、拆迁补偿安置方案，应当由村委会作为城中村改造表决适格主体。

目前中国既有村委会又有经济合作社的两种组织并存的情况比较普遍，根据2019年统计，我国依法登记的有533194个村委会和220.7万家农村合作社，数据显示一个村委会平均支持和配合四家农民合作社经济工作，笔者建议，在城市更新既有村委会又有经济合作社的情况下，城中村改造涉及村民切身利益的由村委会表决决定，理由如下：

1.城中村改造涉及公共利益、村集体利益、村民利益时，更适合采用《村民委员会组织法》的村委会表决形式，经济合作社主要处理的是涉及村集体经济利益的表决事项，而村委会村民会议涉及村集体或村民利益的全部事项均可表决决定。

城中村改造，特别是整村改造并且与开发商合作改造的项目涉及的核心利益就是村民或社员（股东）宅基地房屋拆补方案，其并不在经济合作社的经营范围内，因为经济合作社主要负责村集体土地和资产，不包括公建配套和宅基地房屋拆补安置处理。

城中村改造中涉及旧村改造3个利益：村公共利益、村集体利益、村民个人利益。关于集体土地的公共利益法律规定，1986年《土地管理法》第四十五条规定，为了公共利益的需要，有下列情形之一，确需征收农民集体所有的土地的，可以依法实施征收：

①军事和外交需要用地的；

②由政府组织实施的能源、交通、水利、通信、邮政等基础设施建设需要用地的；

③由政府组织实施的科技、教育、文化、卫生、体育、生态环境和资源保护、防灾减灾、文物保护、社区综合服务、社会福利、市政公用、优抚安置、英烈保护等公共事业需要用地的；

④由政府组织实施的扶贫搬迁、保障性安居工程建设需要用地的；

⑤在土地利用总体规划确定的城镇建设用地范围内，经省级以上人民政府批准由县级以上地方人民政府组织实施的成片开发建设需要用地的；

⑥法律规定为公共利益需要可以征收农民集体所有的土地的其他情形。

现有城中村改造符合公共利益主要是具备扶贫搬迁、保障性安居工程建设、成片开发建设需要用地三种条件，过去某些司法案例中判决认为，城中村整体改造，将极大地改善村内外环境，使村民私有财产增值并增加集体积累，同时也将使现代化城市面貌得到显著提升，符合公益事业建设的目的。华瑞兴团队认为，除非村委会的村规民约或经济合作社的股东章程明确规定城中村改造作为本村公益事业，否则，除国家法律规定公共利益的情况外，简单认为城中村改造属于国家法律规定的公共利益值得商榷。

根据《农业法》《广东省农村集体经济组织管理规定》的规定，村经济合作社主要负责村集体土地和资产的管理，保护村集体财产利益，对涉及学校、医院、村道路、养老院等公建配套的公共利益及村民或社员（股民）宅基地房屋的个人利益，国家法律没有授权经济合作社负责，其根据是《村民委员会组织法》第二条，村民委员会是村民自我管理、自我教育、自我服务的基层群众性自治组织，实行民主选举、民主决策、民主管理、民主监督。村民委员会办理本村的公共事务和公益事业。第八条第二款规定，村民委员会依照法律规定，管理本村属于村农民集体所有的土地和其他财产，引导村民合理利用自然资源，保护和改善生态环境。第二十四条规定，涉及村民利益的下列事项，经村民会议讨论决定方可办理……（六）宅基地的使用方案；（七）征地补偿费的使用、分配方案。所以村委会依法享有涉及旧村改造中村公共利益、村集体利益、村民个人利益三方面工作都有法定管理权。

另外，村委会村民会议中村民人数也比经济合作社的股东人数更广泛，根据2002年5月24日中共广州市委办公厅广州市人民政府办公厅《关于"城中村"改制工作的若干意见》规定，固化股份制企业（公司）股权。固化股权的村民个人持股的股份制企业（公司），原村民股东迁出或死亡，其股份可以转让、继承和赠与。但股份固化后年满18岁或部队返乡或结婚成家等新村民约20%不是经济合作社股东，无法通过经济合作社代表新村民的切身利益，也需要村委会通过村民会议讨论解决新村民宅基地拆补问题。

2.在城中村改造涉及七次表决中，决定改造成败的关键就是涉及村民核心利益的宅基地房屋拆迁补偿安置方案表决，经济合作社股东或股东代表代行村民表决权，没有法律依据。

城中村改造包括标图建库、年度计划、改造意愿、片区策划方案、改造实施方案、拆迁补偿安置方案、融资地块开发方案、公建配套建设方案、村集体物业返还与补偿方案等改造工作，广州城中村改造涉及村民表决七个事项如下：改造意愿表决（含改造方式和模式，80%以上）；引入合作意向企业表决；引入合作企业招商文件表决；中标合作企业表决；改造实施方案表决（含拆迁补偿安置方案）；政府批复的改造实施方案再次表决（三年内80%以上）；每期拆迁协议签约80%启动拆迁。

广州市城中村改造表决现状是五花八门、形式多样，比如广州番禺区某村的改造意愿表决、实施方案表决（含拆迁补偿安置方案）是村委会组织村民表决，但招商文件和中标合作企业是经济合作社股东代表表决；广州增城区某村改造意愿是村委会组织村民表决，实施方案表决（含拆迁补偿安置方案）是村委会组织村民代表表决；广州花都区某村改造意愿表决、实施方案表决（含拆迁补偿安置方案）、招商文件和中标合作企业均是村委会组织村民代表表决，同时加盖经济合作社公章确定。

参考广州市住房和城乡建设局于2020年9月17日发布的《广州市城中村改造村集体经济组织决策事项表决指引》（征求意见稿），笔者建议：城中村改造意愿表决和拆迁补偿安置方案涉及全体村民的切身利益，应当由村委会组织村民按照《村民委员会组织法》程序表决，获得80%以上村民同意后，村委会支持和组织经济合作社方可执行。对意向合作企业、招商文件、中标合作企业及村集体土地转国有土地应当由村委会选择可以按照村民大会或村民代表大会，也可以经济合作社股东大会或股东代表大会表决，但是选择采取村民代表大会或股东代表大会表决后，村民代表大会或股东代表大会表决通过后应当公示 5 天，如果1/10 以上有选举权的村民或社员（股民）提出异议的，应当提交村民大会或股东大会重新表决确定。但若村委会的村规民约或村经济合作社依法制定的章程已有明确表决程序规定的，应按村规民约或章程进行表决。

为提高城中村改造村民表决效率，2021年2月笔者作为广州市越秀区人大代表提出人大建议《越秀区城中村改造合并村民表决，加快推进城市更新的步伐》，七次村民表决可以合并四次表决：

1.改造意愿与引入合作意向企业表决；

2.引入合作企业招商文件表决；

3.中标合作企业表决；

4.改造实施方案（含拆迁补偿安置方案）；政府批复的改造实施方案（三年内80%以上）；每期拆迁协议签约80%启动拆迁后统一合并表决。

华瑞兴团队认为，涉及村民或社名（股东）最关心的表决重点是拆迁补偿安置方案，只有政府和开发商重视和理解城中村改造村民投票表决的核心利益，城中村改造才能实现合作共赢的美好目标。

3.根据《立法法》规定，广东省政府规章《广东省农村集体经济组织管理规定》与全国人大法律《村民委员会组织法》发生立法职能交叉重复时，应当优先适用《村民委员会组织法》。

根据《农业法》第十一条规定，集体所有的土地依照法律属于村农民集体所有，由村农业集体经济组织或者村民委员会经营、管理。根据2018年《村民委员会组织法》第八条第二款规定，村民委员会依照法律规定，管理本村属于村农民集体所有的土地和其他财产，引导村民合理利用自然资源，保护和改善生态环境。从法律来讲，村委会与经济合作社都有平行管理村集体土地和财产的权利，但村委会作为中国特色的基层自治组织，与作为村经济组织经济合作社比较，村委会组织层次更高，职能更加全面，主要法律依据是《村民委员会组织法》第八条第一款和第三款，村民委员会应当支持和组织村民依法发展各种形式的合作经济和其他经济，承担本村生产的服务和协调工作，促进农村生产建设和经济发展。村民委员会应当尊重并支持集体经济组织依法独立进行经济活动的自主权，维护以家庭承包经营为基础、统分结合的双层经营体制，保障集体经济组织和村民、承包经营户、联户或者合伙的合法财产权和其他合法权益。该条两个条款用了村委会“支持和组织”和“尊重并支持”经济合作社的关系语言，表明农村基层自治工作应以村委会为主导的立法精神，并且《农业法》是一般法，《村民委员会组织法》是特殊法，特殊法优先于一般法。

但广东省政府规章《广东省农村集体经济组织管理规定》第九条规定，农村集体经济组织的最高权力机构是成员大会。凡涉及成员切身利益的重大事项，必须提交成员大会讨论决定。该条规定与《村民委员会组织法》第二十四条，涉及村民利益的下列事项，经村民会议讨论决定方可办理的规定交叉重复，特别是许多城中村改造涉及村民切身利益的事项，未依法按照村民会议表决。笔者建议：按照《立法法》第八十八条，法律的效力高于行政法规、地方性法规、规章。行政法规的效力高于地方性法规、规章。第八十九条，地方性法规的效力高于本级和下级地方政府规章。省、自治区的人民政府制定的规章的效力高于本行政区域内的较大的市的人民政府制定的规章。需要广东省人大监督广东省政府《广东省农村集体经济组织管理规定》规章执行问题，广东省政府尽快修改完善《广东省农村集体经济组织管理规定》第九条，建议明确如有村委会组织，城中村改造涉及村民切身利益的事项表决，应当采取村民大会形式的规定，否则，城市更新中城中村改造涉及重大事项表决，容易出现适格主体矛盾和重复的法律问题，从而影响全国范围加快推广城中村改造工作的进度与效果。

作为一名城市更新（“三旧”改造）专业律师，为了又好又快地发展完善中国城市更新的法制进程，笔者提出如下立法建议：

1.建议全国人大出台《村集体经济合作社法》或国务院出台《村集体经济合作社条例》，明确村委会与经济合作社职能交叉重合时，解决村委会与经济合作社的如何分工合作。

2.建议全国人大修改《村民委员会组织法》，明确城中村改造中既有村委会又有经济合作社的，城中村改造涉及村民切身利益由村委会表决，其他事项由经济合作社表决。

3.建议《村民委员会组织法》立法规定，全国各地的村级经济合作社符合条件的转为股份公司，按照《公司法》的职能管理集体土地及财产，其他涉及村民或社员（股东）切身利益的重大事项，应当按照《村民委员会组织法》的村民（代表）会议表决，恢复村民当家做主的基层自治组织村委会作用。

最后，中国新型城镇化改革不断到了深水区，中共中央城市更新的道路是漫长曲折的，但未来新农村建设是前途光明的。

二、“三旧”改造拆迁补偿纠纷中政府裁决的探索

自2009年以来，广东在全国率先开展“三旧”改造工作，广州、深圳、佛山等一批城市先行先试，在盘活存量土地资源、保障经济社会发展方面大胆探索，为国家建立城镇低效用地再开发制度提供了经验。尽管“三旧”改造工作开展得如火如荼，但也逐渐暴露出许多问题。由于“三旧”改造涉及多方利益，在无法协调一致的情形下往往导致部分旧改项目久拖不决，特别是涉及人数众多、利益复杂的征地拆迁问题。

为了有效解决“三旧”改造中多方利益纠纷久拖不决，拒迁户漫天要价，拒绝协商，极端行为，少数住户拒绝搬迁导致“三旧”改造项目无法推进等问题，2019年9月4日，广东省人民政府发布了《关于深化改革加快推动“三旧”改造促进高质量发展的指导意见》(粤府〔2019〕71号)(以下简称《指导意见》)。《指导意见》强调要强化“三旧”改造中的行政司法保障，实行政府裁决和司法裁判。《指导意见》指出，“三旧”改造项目，多数原权利主体同意改造，少数原权利主体不同意改造的，按照《土地管理法》及其实施条例、《国有土地上房屋征收与补偿条例》相关规定处理；法律法规没有规定的，可积极探索政府裁决。对由市场主体实施且“三旧”改造方案已经批准的拆除重建类改造项目，特别是原有建筑物存在不符合安全生产、城乡规划、生态环保、建筑结构安全、消防安全要求或妨害公共卫生、社会治安、公共安全、公共交通等情况，原权利主体对搬迁补偿安置协议不能达成一致意见，符合以下分类情形的，原权利主体均可向项目所在地县级以上人民政府申请裁决搬迁补偿安置协议的合理性，并要求限期搬迁。

· 土地或地上建筑物为多个权利主体按份共有的，占份额不少于2/3的按份共有人已签订搬迁补偿安置协议；

· 建筑物区分所有权的，专有部分占建筑物总面积不少于2/3且占总人数不少于2/3的权利主体已签订搬迁补偿安置协议；

· 拆除范围内用地包含多个地块的，符合上述规定的地块总用地面积应当不少于拆除范围用地面积的80%；

· 属于旧村庄改造用地，农村集体经济组织以及不少于2/3的村民或户代表已签订搬迁补偿安置协议。

对政府裁决不服的，可依法申请行政复议或提起行政诉讼。当事人在法定期限内不

申请行政复议或提起行政诉讼且不履行裁决的，由作出裁决的人民政府申请人民法院强制执行。

县级以上人民政府进行裁决前，应当先进行调解。

《指导意见》一出，便引起众人关注和议论，也引起很多业内学者的研究，特别是对政府裁决具体流程的操作及可能产生结果的关注。笔者作为一个法律从业者，也在“三旧”的前沿地广东工作，一直关注“三旧”改造，对于《指导意见》提及的政府裁决探索也颇为兴趣，借此从“多数决是否侵犯少数人利益、政府裁决是否具备上位法依据、政府裁决的操作流程”作简要探索。

（一）“多数决”模式政府裁决的渊源

关于以“多数决”为基础，创造性地提出探索“政府裁决、司法裁判”解决“钉子户”的模式，这是否属于多数人的暴政问题，最先提出“多数人暴政”的是法国人托克维尔，以多数人名义行使的无限权力称为“多数人暴政”。多数人和少数人从来不是对立的，而是要在有机协调的前提下统筹兼顾，并不是简单地通过民主程序将多数人的意志体现即可。

从民事法律利益状态上看，多数决的法律利益状态是法律行为中的决议，集中体现在表决权（投票权）上，迪特尔·施瓦布、卡尔·拉伦茨等法学家均是将法律行为分为单方行为、合同行为和决议。决议是法律行为的一种，当然也有意思自治的适用，但少数服从多数，对少数人讲怎么能称为意思自治而不是意思他治呢，还是充其量只能称为意思民主呢（即多数人通过民主表决程序表达意思表示）。

决议是集体意思形成的一般性制度，适用于公司、社团、业主大会、村民委员会等利益的特殊集合体，多数决适用最广的领域在于股东会决议制度，《公司法》第四十二条第二款规定出席会议的股东应当在会议记录上签名。签字视为股东对决议最终妥协并认可，应推定为遵从了意思自治，正如乌尔比安说，团体中多数人所为任何事情，都是全体人的行为；拒签则属于对意思自治的违反，拒签股东可以提起股东异议之诉。

因征地拆迁涉及人数众多，基本上都有少数反对者、拒迁者或者漫天要价者，如果不实施多数决模式，较大可能存在旧改工作停滞不前。尽管从理论或实践来看，多数人裁决本质上是无视少数人的意志，侵犯了少数人的意识自治，这也是政府裁决遭质疑和讨论的根源，但多数决模式无疑是推进项目有序开展的重要保障。从整体利益出发，笔者认可这种“多数决”模式，但华瑞兴团队认为可以通过设置多数比例，尽可能少地剥夺部分人的意识自治，以及通过履行程序来保障所有人的利益。

（二）政府裁决是否具备上位法依据

目前，尚未有完全一致的上位法依据予以支撑，仅有部分类似的参考，具体如下：

《指导意见》提及的四种情形中的第一种情形，《民法典》第三百零一条规定提供了一定的法律参考，“处分共有的不动产或者动产以及对共有的不动产或者动产作重大修缮、变更性质或者用途的，应当经占份额三分之二以上的按份共有人或者全体共同共有人同意，但是共有人之间另有约定的除外”，《指导意见》规定土地或地上建筑物为多个权利主体按份共有的，占份额不少于2/3的按份共有人已签订搬迁补偿安置协议，但是第九十七条属于任意性规范，共有人之间可以特别约定予以排除，并且占份额2/3以上的共有人同意处分共有物的，实际上是处分各个共有人份额的总和，若属于交易的情况下，不同意处分的共有人对同意处分的共有人所持份额，享有优先购买权，以上情况发生时，省政府的《指导意见》并不能优于物权法的规定而被适用。

《指导意见》提及的四种情形中的第二种情形，《民法典》第二百七十八条规定提供了一定的法律参考，“下列事项由业主共同决定：

（一）制定和修改业主大会议事规则；

（二）制定和修改管理规约；

（三）选举业主委员会或者更换业主委员会成员；

（四）选聘和解聘物业服务企业或者其他管理人；

（五）使用建筑物及其附属设施的维修资金；

（六）筹集建筑物及其附属设施的维修资金；

（七）改建、重建建筑物及其附属设施；

（八）改变共有部分的用途或者利用共有部分从事经营活动；

（九）有关共有和共同管理权利的其他重大事项。

业主共同决定事项，应当由专有部分面积占比三分之二以上的业主且人数占比三分之二以上的业主参与表决。决定前款第六项至第八项规定的事项，应当经参与表决专有部分面积四分之三以上的业主且参与表决人数四分之三以上的业主同意。决定前款其他事项，应当经参与表决专有部分面积过半数的业主且参与表决人数过半数的业主同意”。但是依然与《指导意见》规定的第二种情形存在差异，表决人数与比例也不一致。

《指导意见》提及的四种情形中的第三种情形，是对多个地块的特殊情形所作的特殊要求，目前笔者尚未找到法律参考依据。

《指导意见》提及的四种情形中的第四种情形，《村民委员会组织法》第二十二条、第二十四条提供了一定的法律参考，即“召开村民会议，应当有本村十八周岁以上村民的过半数，或者本村三分之二以上的户的代表参加，村民会议所作决定应当经到会人员的过半数通过。法律对召开村民会议及作出决定另有规定的，依照其规定。召开村民会议，根据需要可以邀请驻本村的企业、事业单位和群众组织派代表列席”。

“涉及村民利益的下列事项，经村民会议讨论决定方可办理：

（一）本村享受误工补贴的人员及补贴标准；

（二）从村集体经济所得收益的使用；

（三）本村公益事业的兴办和筹资筹劳方案及建设承包方案；

（四）土地承包经营方案；

（五）村集体经济项目的立项、承包方案；

（六）宅基地的使用方案；

（七）征地补偿费的使用、分配方案；

（八）以借贷、租赁或者其他方式处分村集体财产；

（九）村民会议认为应当由村民会议讨论决定的涉及村民利益的其他事项。

村民会议可以授权村民代表会议讨论决定前款规定的事项。

法律对讨论决定村集体经济组织财产和成员权益的事项另有规定的，依照其规定。”

（三）政府裁决的操作流程

1.提出政府裁决的主体

按照《指导意见》的规定，政府裁决提出的主体为原权利主体。

2.政府裁决主体

按照《指导意见》的规定，项目所在地县级以上人民政府为政府裁决主体。县级以上人民政府进行裁决前，应当先进行调解。

3.申请政府裁决的条件

对由市场主体实施且“三旧”改造方案已经批准的拆除重建类改造项目，特别是原有建筑物存在不符合安全生产、城乡规划、生态环保、建筑结构安全、消防安全要求或妨害公共卫生、社会治安、公共安全、公共交通等情况，原权利主体对搬迁补偿安置协议不能达成一致意见，符合以下分类情形的，原权利主体均可向项目所在地县级以上人民政府申请裁决搬迁补偿安置协议的合理性，并要求限期搬迁。

土地或地上建筑物为多个权利主体按份共有的，占份额不少于2/3的按份共有人已签订搬迁补偿安置协议；

建筑物区分所有权的，专有部分占建筑物总面积不少于2/3且占总人数不少于2/3的权利主体已签订搬迁补偿安置协议；

拆除范围内用地包含多个地块的，符合上述规定的地块总用地面积应当不少于拆除范围用地面积的80%；

属于旧村庄改造用地，农村集体经济组织以及不少于2/3的村民或户代表已签订搬迁补偿安置协议。

4.政府裁决的救济路径

对政府裁决不服的，可依法申请行政复议或提起行政诉讼。当事人在法定期限内不申请行政复议或提起行政诉讼且不履行裁决的，由作出裁决的人民政府申请人民法院强制执行。

（四）总结

《指导意见》中提出在“三旧”改造中少数原权利主体不同意改造时，政府对搬迁补偿安置协议的合理性进行裁决虽然并无明确的法律依据，但是属于解决当下旧改僵局的积极探索。行政裁决是指行政机关或法定授权的组织，依照法律授权，对当事人之间发生的、与行政管理活动密切相关的、与合同无关的民事纠纷进行审查，并作出裁决的具体行政行为。行政裁决的主体是法律法规授权的行政机关，行政机关实行行政裁决要遵循依法依规原则，只有法律法规对行政机关做出授权，行政机关才具有行政裁决的职权。2001年公布的《城市房屋拆迁管理条例》第十三条中曾规定，“拆迁人与被拆迁人对补偿形式和补偿金额、安置用房面积和安置地点、搬迁过渡方式和过渡期限，经协商达不成协议，由批准拆迁的房屋拆迁主管部门裁决”。随着2011年1月《国有土地上房屋征收与补偿条例》的公布，《城市房屋拆迁管理条例》也随之废止。《国有土地上房屋征收与补偿条例》删去了政府裁决相关条文，仅在第十四条中规定“被征收人对市、县级人民政府作出的房屋征收决定不服的，可以依法申请行政复议，也可以依法提起行政诉讼”。目前，国家法律法规还未对民事主体之间发生的集体土地拆迁补偿安置争议解决渠道做出具体规定，但针对政府征收集体土地的情形，《土地管理法实施条例》第二十五条规定，“对补偿标准有争议的，由县级以上地方人民政府协调；协调不成的，由批准征收土地的人民政府裁决。征地补偿、安置争议不影响征收土地方案的实施”。因此，《指导意见》参照上述法条的规定，明确提出了在“三旧”改造中可以适用政府裁决机制，是建立在目前法律框架体系基础上的一种延伸和探索。

政府行政裁决应当依法依规进行，在探索开展政府裁决时也应注意其合法合规性，在政府裁决制度探索中应当完善相关法律法规制定工作，并对政府裁决的各类实质和程序性细节制定相应配套措施。中共中央办公厅、国务院办公厅于2019年6月2日印发的《关于健全行政裁决制度加强行政裁决工作的意见》中提到，行政机关开展行政裁决工作要遵循依法依规原则，即只有法律法规授权行政机关可以进行行政裁决的，行政机关才有行政裁决的职权，并要将行政裁决事项纳入权力清单向社会公开。法律法规规定行政裁决职责的，国务院有关部门、省级政府应当参照民事诉讼法、行政诉讼法以及相关司法解释的规定，以规章的形式出台具体程序性规定，逐步完善符合本部门本地区实际的行政裁决程序。

广东省政府发布《指导意见》的初衷在于打破当前“三旧”改造进展缓慢、项目停滞不前、拒签户无法协商沟通解决的僵局，更好地实现公共利益。在实际操作中，应当结合广东省的实际情况，制定符合本地区实际的具体行程裁决程序和操作办法，加强政府行政裁决与司法裁判程序之间的衔接，确保生效的行政裁决能够合法有序地转入人民法院的强制执行程序，以实现更有效率地解决争议，从而推进“三旧”改造的有序开展。

三、广州旧村改造项目合作改造模式的税务筹划

城市更新是一个复杂的过程，整个项目投资规模大，特别是广州、深圳、上海等一线城市的城市更新项目，往往需要上百亿元的投资规模。对于如此大规模的投资项目来说，税务问题是无法忽视的问题。在城市更新项目中，提前筹划税务工作是很关键的，往往好的税务筹划对项目的整个运营收入的影响是很可观的。2019年，国家税务总局广东省税务局、广东省财政厅、广东省自然资源厅关于印发《广东省“三旧”改造税收指引（2019年版）》的通知就分别针对政府主导模式、市场方主导模式各改造环节涉及的税收问题进行了明确，并辅之案例说明，给众多城市更新项目税务工作提供了指引。

2020年12月25日，国家税务总局广东省税务局、广东省自然资源厅向国家税务总局、广州各地级市、珠海市横琴新区税务局、广州市南沙区税务局，各地级以上市自然资源主管部门印发关于《顺德区村镇工业集聚区升级改造税收指引》的通知。通知指出：“为进一步支持佛山市顺德区率先建设广东省高质量发展体制机制改革实验区，加速推

进我省村镇工业集聚区升级改造，不断盘活存量土地资源，助推产业加快转型升级，促进我省经济社会高质量发展，国家税务总局广东省税务局、广东省自然资源厅组织编写了《顺德区村镇工业集聚区升级改造税收指引》，现印发给你们。”该文件虽为顺德区政策，但实际上各单位可参考执行。

（一）概述

1.税筹基础

合理设计交易结构。税务筹划工作应当提前筹划，对于参与主体来讲，在进入旧村改造前就应当根据项目的特点，提前设计交易结构，并对实施主体做好规划，以便最终参与项目的实施主体能够合法合理地开展税务工作。

科学配置成本、收入。城市更新项目有其特殊的改造阶段和操作流程，在旧村改造前期阶段，需要完成片区策划方案、实施方案等工作。因此，在进入旧村改造实施阶段之前，项目的大部分成本是可以预见的，这对于税务筹划工作具有重要意义。

依法利用税负“洼地”。我国因为经济发展情况不同、各地引入企业的政策条件不同等因素，导致个别区域有其特殊的区域性税收优惠、行业性税收优惠、核定征收、税收返还政策等。一般来讲，在这些区域或行业设立的公司，可以直接享受当地的税收优惠政策。有些区域的税收优惠政策还间接辐射当地区域或行业的企业进行交易。

依法享受税收优惠政策。我国《减免税政策代码表》上的相关科目可以依法申请税收优惠。另外，在国家积极推进城市更新的大趋势下，个别区域针对城市更新项目出台了税费减免政策，如对于城市基础设施配套费的减免政策等。

2.主要涉税税种

契税。根据《契税暂行条例》第一条规定，在中华人民共和国境内转移土地、房屋权属，承受的单位和个人为契税的纳税人，应当依照本条例的规定缴纳契税。

土地增值税。根据《土地增值税暂行条例》第二条规定，转让国有土地使用权、地上的建筑物及其附着物并取得收入的单位和个人，为土地增值税的纳税义务人，应当依照本条例的规定缴纳土地增值税。

增值税。根据《增值税暂行条例》第一条规定，在中华人民共和国境内销售货物或者加工、修理修配劳务（以下简称劳务），销售服务、无形资产、不动产以及进口货物的单位和个人，为增值税的纳税人，应当依照本条例缴纳增值税。

企业所得税。根据《企业所得税法》第一条规定，在中华人民共和国境内，企业和其他取得收入的组织（以下统称企业）为企业所得税的纳税人，依照本法的规定缴纳企业所得税。个人独资企业、合伙企业不适用本法。第五条规定，企业每一纳税年度的收入总额，减除不征税收入、免税收入、各项扣除以及允许弥补的以前年度亏损后的余额，为应纳税所得额。在实务中，企业所得税的缴纳金额，应当具体问题具体分析。

（二）不同改造模式的税筹

广州的旧村改造分为自主改造、合作改造、政府收储3种模式，3种改造模式实施主体、操作流程有所区别。政府主导的旧村改造与市场主导（自主改造、合作改造）中最大的差别在于，政府主导的旧村改造项目是收储模式，即通过政府征收（含征收农村集体土地及收回国有土地使用权等情况）、收购储备土地并完成拆迁平整后出让，由受让人开发建设的情形。而自主改造、合作改造则是拆迁人与被拆迁人平等主体之间通过签订拆迁安置补偿协议的方式，对原有建筑拆除重建，并通过公开出让给合作企业或者协议出让给村集体相关主体的改造方式。

不同的改造模式、不同的项目用地的税务基础、筹划方面是存在差异的。在实务中，应当根据不同的改造模式、项目地块进行有区别的税务筹划工作。

1.通过政府征收模式的，被拆迁主体能够享受增值税、土地增值税、个人所得税的免税优惠和企业所得税的延期缴纳的特殊政策。拆迁主体能按照土地的公允价值入账，并作为后期计算企业所得税、增值税和土地增值税的成本。

2.被拆迁主体自行改造的，不能享受税收优惠，土地溢价部分难以入账，需承担的销售环节税费较高。实务中，被拆迁主体一般采用另行成立公司的方式参与项目改造，并以新成立公司作为拆迁主体从而享受相关的税收优惠政策。

（三）广州市合作改造模式的税筹思路

合作改造模式暂无税收优惠政策，因此，对于合作改造模式来说，合法合理的税务筹划尤为重要。实务中，按照《广州市城市更新办法》的规定，将合作改造模式中的地块分为“复建安置地块”（最终确权给集体经济组织），“融资地块”[通过公开出让的方式出让给合作企业（合作改造）或通过协议出让的方式出让给村集体经济组织、村全资子公司或原农村集体经济组织与按规定公开选择的市场主体组成的合作企业（自主改造）]。因“复建安置地块”“融资地块”的出让方式不同，所以旧改流程及开发流程也有所差异。

1. **“复建安置地块”“融资地块”流程差异**

“复建安置地块”“融资地块”在旧村改造项目前期阶段是作为一个项目统一实施的。作为旧村改造，整体进行包括标图建库、确定改造范围、改造意愿表决、引入合作意向企业（如需）、纳入年度更新计划、基础数据摸查、选择合作企业、编制片区策划方案、编制实施方案（含差补方案）。之后合作企业按照差补方案启动拆迁补偿协议签订工作，并按照相关规定达到拆迁补偿协议签订比例后启动拆迁工作。

二者流程的主要差异在于“复建安置地块”主要是通过划拨的方式确权给村集体经济组织，而“融资地块”需要通过招拍挂的方式公开出让。“复建安置地块”的权属由村集体经济组织所有到村集体经济组织所有（集转国的除外），“融资地块”的权属由村集体经济组织所有到国有，再将土地使用权出让给合作企业，基于确权流程上的差异，不同地块的税筹也有所区别。

2. **税务处理思路**

鉴于“复建安置地块”最终权属为村集体，“融资地块”在销售前确权给合作企业。基于权属主体不同的特点，“复建安置地块”与“融资地块”模式的税务处理与其他模式有较大差异。

（1）被征收方

增值税。根据财政部国家税务总局《关于全面推开营业税改征增值税试点的通知》附件3《营业税改征增值税试点过渡政策的规定》第一条“下列项目免征增值税”第三十七款“土地所有者出让土地使用权和土地使用者将土地使用权归还给土地所有者”，村集体取得复建地块建筑免征增值税。

个人所得税。根据《财政部国家税务总局关于城镇房屋拆迁有关税收政策的通知》规定，对被拆迁人按照国家有关规定的标准取得的拆迁补偿款，免征个人所得税。

企业所得税。符合政策性搬迁规定情形的，根据《国家税务总局关于发布〈企业政策性搬迁所得税管理办法〉的公告》和《国家税务总局关于企业政策性搬迁所得税有关问题的公告》规定处理：企业应当就政策性搬迁过程中涉及的搬迁收入、搬迁支出、搬迁资产税务处理、搬迁所得等所得税征收管理事项，单独进行税务管理和核算。不符合政策性搬迁规定情形的，按照《企业所得税法》及其实施条例的相关规定处理：取得的拆迁补偿收入（含货币或非货币），应计入企业所得税收入总额，发生与取得收入有关的、合理的支出，可在计算应纳税所得额时扣除。

土地增值税。根据《土地增值税暂行条例》第二条规定，土地增值税的纳税义务人应当为转让国有土地使用权、地上的建筑物及其附着物并取得收入的单位和个人。因此，“复建安置地块”在没有集转国的情况下，并不是土地增值税的纳税主体。

契税。根据《契税暂行条例》相关规定，“复建安置地块”在没有集转国的情况下转让房屋的，不是缴纳契税的主体。

（2）“融资地块”的受让方

旧村改造合作改造模式中，“融资地块”的受让方在公开引入合作企业后便确定了，合作企业取得“融资地块”土地使用权，并以建造“复建安置地块”房产为代价补偿农村集体经济组织或村民。因此“复建安置地块”的拆迁人就是“融资地块”的受让方。受让方税务筹划如下：

契税。根据《财政部国家税务总局关于国有土地使用权出让等有关契税问题的通知》规定，出让国有土地使用权的，其契税计税价格为承受人为取得该土地使用权而支付的全部经济利益。

增值税。开发销售环节增值税：合作企业取得融资地块土地使用权并向政府部门支付土地价款，按《国家税务总局关于发布〈房地产开发企业销售自行开发的房地产项目增值税征收管理暂行办法〉的公告》的相关规定，按照取得的全部价款和价外费用，扣除当期销售房地产项目对应的土地价款后的余额计算销售额，土地价款可在计算增值税时按销售比例在未来销售额中逐步扣除。

拆迁补偿费用的扣除：根据《财政部国家税务总局关于明确金融、房地产开发、教育辅助服务等增值税政策的通知》第七条规定，房地产开发企业中的一般纳税人销售其开发的房地产项目（选择简易计税方法的房地产老项目除外），在取得土地时向其他单位或个人支付的拆迁补偿费用也允许在计算销售额时扣除。纳税人按上述规定扣除拆迁补偿费用时，应提供拆迁协议、拆迁双方支付和取得拆迁补偿费用凭证等能够证明拆迁补偿费用真实性的材料。

复建地块建筑移交过程中的增值税：开发企业承担复建地块物业建造及河涌整治、打通消防通道等事项，且复建地块土地使用权与地上物业权属始终在农村集体经济组织名下，属于无偿提供建筑服务，应按照视同销售的相关规定缴纳增值税。

土地增值税。根据《国家税务总局广东省税务局土地增值税管理规程》第二十九条规定，开发企业承担，复建地块的土地征用及拆迁补偿费，复建物业的设计、建造、安装、装修装饰和竣工验收工作及河涌整治、打通消防通道等实际发生并取得合法有效凭证的成本，确认为房地产项目的土地征用及拆迁补偿费扣除。

企业所得税。根据《国家税务总局关于印发〈房地产开发经营业务企业所得税处理办法〉的通知》的规定，取得土地使用权所发生的支出（包括复建地块相关支出）作为土地开发成本进行税务处理。

（四）案例分析

1.项目简介

A村集体经济组织通过公开招商的方式选取合作企业（B公司），B公司负责完成原有土地上的房屋拆迁，并承担“复建安置地块”的安置房建造，复建地块上的安置房建设完成后，由政府划拨给A村集体经济组织，A村集体经济组织按照之前的拆迁安置补偿协议将安置房过户到村民名下，如果涉及村民补差价的，村民直接支付给B公司。同时，B公司根据相关管理规定协助办理了“融资地块”的国有建设用地手续。Y市政府通过公开招拍挂的方式将“融资地块”出让给B公司。

2.税费缴纳方式

根据上述分析，B公司应缴纳增值税、土地增值税、企业所得税、契税。A村集体经济组织应缴纳增值税、企业所得税，如A村集体经济组织进一步将土地办理集转国手续后，还应当缴纳土地增值税、契税。另外，除本文着重论述的税种外，通常来说，双方还应当根据相关规定承担印花税、城镇土地使用税等其他相关税费。

四、关于旧村改造中土地“集转国”问题的研究

我国土地的性质只有农民集体所有和国家所有两种形式。集体土地是指农村集体所有的土地，也叫作劳动群众集体所有的土地。这里的集体，是专指乡（镇）、村、村民小组等类同性质的农业集体经济组织对土地的所有权，其他任何集体对土地没有所有权，农村的土地（包括城市郊区），除法律规定属于国家所有或已依法征收的外，均属于集体所有，农民使用的宅基地、自留地、自留山等都属于集体所有。集体土地是中国土地所有制的一种形式。农村集体土地的所有权主体是农民集体，而不是集体经济组织。与国有土地相比，集体所有土地的所有权不具有完全性，所有人实际上只拥有占用职能，使用权和处分权都受到法律法规的严格限制。在使用权能方面，集体土地只能用于与集体相关的项目中，如农业生产、宅基地、村企业及公益事业设施等。在处分权能方面，集体所有土地不得对外流通，只能出租，并且不能对抗国家的征收行为，因此不具有所有权的完全属性。

根据土地相关法律法规的规定，只有村民自建房、本村企业或公益事业用地才可以使用农民集体所有的土地，其他项目的建设必须使用国有建设用地。旧村改造的原

土地大多为集体所有，那么是否需要将集体土地转为国有用地后，再进行改造、开发呢？这个问题比较复杂，不可一概而论，需要综合考虑村民的意愿、改造模式、村庄的类型、地理位置等多个因素来作决定。本文将从旧村改造中集体土地转为国有土地的利弊、办理程序、补缴出让金的计收标准、村集体的表决程序、补办出让手续等方面来阐述。

（一）旧村庄改造中农民集体所有土地转为国有土地的利弊分析

对于地理位置偏远，只是对村庄进行局部改造，比如重建一些老旧的村民住宅、扩建部分村镇道路和配套设施，或虽进行整村大规模改造但该村地价较低，房地产市场不活跃，改造好的房屋和配套设施主要用于村民自住，而非经营或买卖，这种情形下可考虑保持集体所有的土地性质，而无须将集体土地转换为国有，因为转换为国有用地需补缴土地出让金。

对于地理位置较好，地价较高，房地产市场较活跃，且改造模式为村与房地产开发商合作改造的村庄，开发商势必会将多余的土地用于建设商品房进行销售，对于这部分用于建设商品房的土地必须转成国有建设用地，否则无法在市场上进行售卖。而对于村民的复建安置地块是否有必要转为国有用地呢？这取决于村民的意愿。复建安置房主要用于村民自住，如村民想像以前的宅基地一样无偿使用，可保留集体所有的土地性质或转为国有划拨用地，但在这种情形下该复建房只能用于自住、出租或在村集体成员内部买卖，不得对外出售。如村民想实现复建安置房对外流通，则需将土地性质转成国有建设用地，补缴相应的土地出让金。对于土地性质为集体所有的安置房如需在市场上流通，需按商品房开发的用地相关政策补缴土地出让金。对于国有划拨用地性质的安置房如需在市场上进行流通，则需先经政府相关部门的批准，再根据经济适用房交易的有关政策规定补缴土地出让金。2018年3月，广州市政府、广州市国土资源和规划委员会颁布了《关于加强土地管理的实施意见》（穗府办规〔2018〕7号）、《关于明确我市国有建设用地使用权出让金计收标准的通知》（穗国土规划规字〔2018〕2号），对土地出让金的计收作出了明确的规定。

现实中，有很多村民在旧村改造中取得的安置房面积多于实际居住需要，他们往往会把这些多出来的房屋用于出租。如果安置房位置处于城市中心位置，同地段商品房价格很高，比如杨箕村，现商品房价格已达到10万元/平方米，如果在改造时将复建安置地块与融资地块统一征为国有建设用地，对于这些安置房，村民就能取得房地权证，进而对外进行流通。否则，如复建安置房的土地性质仍保留集体所有，就不能办理房地权证，无法在市场上进行交易，只能用于出租或在村集体内部销售，但在村集体内部销售的价格一般会远远低于同地段商品房价格，一方面村集体内部成员大多都有房屋居住，需要购买的人较少，另一方面因房屋无法在市场上对外交易而竞买者少。根据有关数据的统计分析，像杨箕村的房子，十年内的租金上涨幅度远远低于商品房销售价格的上涨幅度。村民不愿将安置地块转为国有建设用地的原因一方面是担心土地集转国后，最终会失去永久使用权。因为国有建设住宅用地的使用年限为70年，而集体土地的使用年限为无限期。另一方面是担心如果遇到征收得不到补偿。对于村民第一个方面的担心，《民法典》已经明确住宅用地使用年限到期后，可自动续期，只需按相关法律法规缴纳或减免续期费即可。村民对房屋的所有权是永久的，土地到期可续期，所以像杨箕村这种地段的村民大可不必因担心失去房屋的永久使用权，而放弃将集体土地转为国有用地。如不将复建地块的集体土地转为国有建设用地，那么村民的安置房便无法转换为可以变现的资产，只能成为有价无市的出租房或自住房。而对于村民第二个方面的担心即如遇征收是否能获得补偿，根据《广州市国有土地上房屋征收与补偿实施办法》第二十条规定，对被征收房屋价值的补偿，不得低于房屋征收决定公告之日被征收房屋类似房地产的市场价格，即征收补偿金额不受土地性质的影响。另外，还能获得搬迁费等。

综上，对于复建安置地块的土地可以保留农村集体所有土地，也可以转为国有土地，转为国有土地的既可以转为国有划拨用地，也可以转为国有建设用地，其中转为国有划拨用地的无须补缴土地出让金，而转为国有建设用地的需补缴土地出让金。另外，复建安置地块可以部分保留集体土地性质，部分转为国有土地，也可以全部保留集体所有土地或全部转为国有用地。转为国有建设用地的优势是安置房可在市场上流通，劣势是需要补缴土地出让金且土地使用期限为70年。保留集体所有土地性质的优势是无须补缴土地出让金，土地使用期限为无限期，劣势是不可在市场上流通。

（二）旧村改造中农民集体所有土地转为国有用地的办理流程

根据《转发省国土资源厅〈关于“三旧”改造工作实施意见（试行）〉的通知》（粤府办〔2009〕122号）、《广东省人民政府委托“三旧”改造涉及土地征收审批职权实施方案》，旧村改造中的农民集体所有土地，符合下列条件的，可由村（居）集体经济组织申请转为国有建设用地：

· 已认定为区城市更新项目并已纳入省“三旧”改造地块标图建库范围；

· 土地权属清晰，无争议，已取得集体土地所有权证；

· 该建设用地已办理合法用地手续；

· 符合土地利用总体规划和城乡规划；

· 经本集体经济组织成员大会（经济联合社一级集体经济组织的，也可由成员代表会议）2/3以上表决同意。

符合上述条件的集体土地，按以下程序办理转为国有建设用地手续：

1. 提交申请

土地所有权人，即申请人（村集体经济组织），按要求向国土部门提交报批申请材料。所需材料如下：

· 农村集体经济组织的申请表及申请材料（包括：申请书、表决材料、示意图）；

· 建设用地来源合法的证明材料（用地批文/土地登记卡、集体土地使用证）；

· 土地权属证明（集体土地所有权证及权属情况汇总表）；

· 申请用地已纳入“三旧”改造规划、年度实施计划的相关材料及认定批复（含改造方案及批复）；

· 区规划部门意见；

· 房产证明或声明（有房产证的须提供房产证，若宗地上的建筑物产权人与申请人不一致的，必须取得建筑物产权人的书面同意）；

· 申请人组织机构代码证、法定代表人证明书（或任职证明）、法定代表人身份证等；

· 勘测定界报告及勘测定界图；

· 标图建库地块示意图；

· 最新的1：10000分幅土地利用现状图；

· 土地利用总体规划图；

· 报批红线图；

· 数据光盘。

2. 区国土部门审核

区国土部门对申报材料进行审核，逐级上报至省政府审批。

3. 发布公告

省政府审批后，以区人民政府名义对外发布公告，分别在地方主要新闻报纸、区国土部门网站、土地现场、土地所在村委、村小组及镇政府（街道办事处）宣传栏中公告，公告期限为7日。公告期满，由所在地国土部门出具相关证明，连同刊登公告的报纸，公告初始日及公告截止日的相关证明材料送区国土部门。公告期间，有异议的土地所在农村集体经济组织及相关权利人可以按照法律法规规定，自公告期限届满之日起60日内向上级审批部门申请行政复议。

4.颁发批复

区国土部门办理转批复手续后，向申请人颁发集体建设用地转为国有建设用地批复。

5.供地

申请人领取用地批复后，拟通过收回出让的形式实施改造的，按国有土地收回的规定和要求办理收回手续；拟自行改造的，按照原用途补办出让手续；原用途属符合划拨目录的公益性用途的，可按划拨方式供地。

（三）土地出让金的计收标准

国有土地使用权出让金又称国有土地使用权出让收入，简称土地出让金或者土地出让的收入，是政府用出让土地的方式，再对国有土地使用权进行配置获得的全部土地价款，包括土地出让受益、土地前期开发费用和受让人支付的拆迁和征地补偿费用等。因土地地类、性质、地价等级，还有取得方式、转成国有土地性质类型等不同，价格也会不同。

根据《广州市旧村庄更新实施办法》第四十条，融资地块由政府储备公开出让的，土地出让金以实际成交价格为准，融资地块按照合作改造和自主改造以协议方式出让的，按申请办理土地出让手续时点市场评估价20%计收土地出让金。村集体经济组织或个人依法将集体建设用地转为国有建设用地的，发生出售、交换、赠与（不含继承）或自行申请补办土地出让时，按申请时点相应土地用途市场评估地价的20%或房屋市场评估价的5%计收土地出让金。

（四）旧村改造中农民集体所有土地转为国有土地的表决程序

旧村改造中农村集体土地转国有土地需经本集体经济组织成员大会（经济联合社一级集体经济组织的，也可由成员代表会议）2/3以上表决同意。表决前应通过规范表决公示材料，完善群众反馈渠道，召开村民答疑会等，让村民清晰了解项目，以促使活动公开、透明、公平地进行，一些村集体会邀请公证处对当日举办的经济社集体用地转为国有用地表决和公示活动进行保全证据公证。

（五）旧村改造中农民集体所有土地转为国有土地补办出让手续

办理国有土地使用权补办出让手续，需准备以下相关资料后，到区规划自然资源局办理初审，取得《初审意见》后，报市规划自然资源局便民服务窗口审批，市规划自然资源局签发国有土地使用权补办出让批复后，会通知申请人及时缴纳土地出让金及其他税费，申请人凭土地出让金及其他税费缴讫凭证，到窗口领取划拨土地补办出让批文和其他有关材料。上报市规划自然资源局便民服务窗口审批需提供的材料如下：1.土地补办出让的申请；2.出让国有土地使用权申报表；3.土地估价报告及地价确认批复文件；4.原土地使用证及复印件；5.房产转移证明和房产证及复印件；6.法人证明书（营业执照复印件）；7.法定代表人身份证明书和身份证及复印件；8.拟补办出让宗地图三份；9.新上项目的用地，须提供建设项目立项批复、《环境影响评价书》和《建设用地规划许可证》。

改造模式为自行改造的，按照土地原用途补办出让手续。众所周知，国有土地使用权需实行“净地”出让，禁止“毛地”出让。但旧村改造中以“补办土地出让手续”“补缴出让金”形式出让的土地，却不同于上述传统国有土地使用权的出让。因采取自行改造模式的旧村改造，改造主体为原土地使用权人，改造前后土地使有权人并不发生变更。签署土地出让合同明显不同于传统的国有土地使用权出让，其目的仅在于遵循《城镇国有土地使用权出让和转让暂行条例》《闲置土地处置办法》等法律法规的规定，单纯完成“补办出让手续”和“补缴地价”的程序，不需要实际的土地交付行为，因此无须满足“净地”的条件。

旧村改造能改善农村居民的居住环境，提升生活质量，加快农村的城市化进程，有利于实现城乡一体化，增加土地资源利用率，缓解目前我国城市土地资源紧张的问题，是新农村建设的一项重要举措。旧村改造的核心问题是要处理好土地问题，拆迁补偿、商品房的开发建设、公益配套设施的建设等都离不开土地问题。要想妥善解决好土地问题，必须要妥善处理土地利益的分配问题。村集体组织及相关政府部门应尽可能监督好土地的利益分配，尽量做到程序合法、结果公正，平衡好各方利益。各地政府部门也应当从各区的实际情况出发，积极探索，规范和完善旧村改造中的各项政策，指导村民解决好土地相关问题，协助推进旧村改造工作的顺利进行。

五、浅谈旧村改造选择合作企业范围的界定

（一）“三旧”改造的背景

2008年3月，时任国家总理温家宝在参加十一届全国人大第一次会议广东代表团审议政府工作报告时提出，希望广东成为全国节约集约利用土地的示范省。同年12月，根

据《国土资源部关于与广东省共同推进节约集约用地试点示范省建设工作的函》，国土资源部与广东省人民政府签署了《共同建设节约集约用地试点示范省合作协议》，启动部省合作建设节约集约用地试点示范省工作，拉开“三旧”改造工作序幕。“三旧”改造是广东省特有的改造模式，分别是旧村庄、旧厂房、旧城镇改造。

2015年9月28日，广州市人民政府第14届第182次常务会议讨论通过《广州市城市更新办法》。2016年1月1日，该办法正式实施。此后，征地拆迁、“三旧”改造（即旧村、旧厂房、旧城镇）、棚户区改造等概念全部被归纳到“城市更新”大概念里面，因此，城市更新包含了多种模式。2015年12月11日，广州市人民政府在《广州市城市更新办法》的基础上，由广州市人民政府办公厅印发了《关于广州市城市更新办法配套文件的通知》，将《广州市旧村庄更新实施办法》《广州市旧厂房更新实施办法》和《广州市旧城镇更新实施办法》配套印发，更好地对改造过程进行规范化的指引，以常态化有序地推进更新改造。本文着重对旧村庄改造过程中选定合作企业后，被选定的合作企业的子公司参与到旧改中的合法性、合规性、合理性进行探讨。在旧村庄的改造过程中，村集体为解决前期的资金投入问题，常选择用合作改造的改造模式对旧村进行改造。而合作改造不可避免地需要村集体选择合作企业参与到改造中。该合作企业的范围及要求该如何去界定，主体上是否有限制，合作企业选定以后，子公司是否能够在合作企业的带动下参与到改造中去，子公司的加入是否符合现有政策法规的规定。本文重点就上述问题进行一些探索。

（二）选定合作企业相关的法规及政策相关规定

《广州市旧村庄更新实施办法》（穗府办〔2015〕56号，已失效）第四条规定，由村集体经济组织根据批复的项目实施方案和制定的拆迁补偿安置方案，通过市公共资源交易中心公开招标引进开发企业合作参与改造，村集体经济组织可申请将融资地块协议出让给原农村集体经济组织与市场主体组成的合作企业；或者通过融资地块公开出让引入合作企业进行改造。

《广州市深入推进城市更新工作实施细则》（穗府办规〔2019〕5号）第三条第六款规定，对采用自主改造、与有关单位合作改造的旧村，可由村集体经济组织或由其成立的全资子公司、村集体经济组织与公开选择的市场主体成立的合作公司或者村集体经济组织与公开选择的合作主体约定作为开发建设单位的一方作为改造主体，参照本细则第五条的规定实施收购补偿。收购价由改造主体委托第三方机构评估，报区政府（广州空港经济区管委会）研究后确定。村集体经济组织需按规定将改造范围内的集体建设用地全部申请转为国有建设用地。

《广州市住房和城乡建设局关于印发关于进一步规范旧村合作改造类项目选择合作企业有关事项的意见的通知》（穗建规字〔2020〕16号）第八条第六项规定，村集体经济组织与选中合作企业签订合作协议，并于合作协议签订之日起30日内，将招商结果在区政府、市住房和城乡建设局官方网站上公布。

近日（2021年1月11日），为进一步明确合作企业的引入及退出，《广州市住房和城乡建设局关于印发广州市城中村改造合作企业引入及退出指引的通知》（穗建规字〔2021〕1号）正式印发，该通知第三条规定，各区政府指导村集体开展城中村改造合作企业引入工作，具体的工作流程按照《广州市住房和城乡建设局关于印发关于进一步规范旧村合作改造类项目选择合作企业有关事项的意见的通知》（穗建规字〔2020〕16号）执行，同时对引入合作企业应当满足的条件进行了详细的规定。

（三）选定合作企业实际操作部分

虽然旧村改造中为解决前期的资金问题会引入合作企业参与开发，但是就合作企业而言，他们也希望以最少的资金完成旧村改造。因此，在实际操作中，合作企业在改造初期就作为意向合作企业参与到旧村改造中来，为后续的工作进行有利于自己作铺垫。具体表现为，在村集体编制《招商文件》选择合作企业的时候施加正面的影响，在《招商文件》中设置选定合作企业之后，被选中成为合作企业的子公司是实际的改造主体。在华瑞兴律师团队参与过的一些改造实例中就常见上述情况。

在华瑞兴律师团队参与的B公司成功被选为合作企业参与改造某A村的案例中，选定合作企业时，《招商文件》对合作企业要求之一如下，《招商文件》第十五条：申请企业如获得合作企业资格的，应在《合作协议》签订之日起30 日内，以竞得人身份或以其为从事本项目的开发建设所成立的全资子公司或控股子公司（控股比例不低于60%）与某村分别成立项目合作公司（持股比例由双方约定），作为本项目改造实施主体。上述子公司及项目合作公司的工商注册地须在某区某街。在项目完成改造前，上述子公司及项目合作公司未经村集体经济组织和区政府同意，不得变更股东、转让股权。上述子公司在征得村集体经济组织和区政府同意变更股东、转让股权后，竞得人所持有的子公司股权比例始终不得低于60%。上述子公司、项目合作公司履行《合作协议》及其他与本项目相关合同的所有行为均视同为竞得人的行为，竞得人为上述子公司、项目合作公司的所有行为承担无限连带责任。

结合上述政策文件，在目前省级以上的指导旧村改造的所有文件中，尚未有明确的规定子公司能否在选定合作企业后直接参与旧村改造。即既未明确子公司可以参与改造中，也未明确禁止。因此，本文对该问题作出一些浅显的探索。

（四）观点、探索及风险提示

1. 子公司参与改造的主要依据来源于《招商文件》。假设在现有政策及《招商文件》皆没有规定的情况下，选定合作企业以后，子公司直接参与到改造中，该行为从根源上没有政策支撑，从实践上没有文件或约定支撑，显然是违规行为。所以，笔者探究的重点是在政策文件没有直接规定的情况下，《招商文件》中直接规定子公司可以参与旧村改造是否合规。上述华瑞兴律师团队参与过的旧村改造案例，便是比较典型的实例，本文的分析也主要以上述案例为例。

2. 从众多实际操作中我们可以看出，子公司在母公司选定为合作企业后，参与旧村改造是大势所趋，具有现实的可能性。原因有如下几点：

（1）《招商文件》在公布之前，程序合法，内容已经经过了层层把关。《招商文件》经过了各级政府的审批以及村民的投票表决通过予以确认，可操作性有一定的保证。

（2）实践中，子公司参与改造的操作成为常态，目前极少甚至尚未出现严重后果，因而未能引起各方的重视。特别是大型的上市公司，它们多会在被选中成为合作企业后，根据《招商文件》的规定，将子公司引入旧村改造中。因此，已有成功的案例提供参考，并且到目前为止未有对相关行为予以纠正、整改或者处罚的消息传出。既有成功的案例予以参考，又未见相关行为的处罚，可见安全性及可操作性都在可控范围内。

（3）从责任主体上看，即便最终是由子公司参与改造，但母公司仍对子公司或组成的项目公司的所有行为承担无限连带责任。既然担责主体与是否由子公司参与改造并无明显不同，则无须对此有过多的担忧。上述B公司改造A村的《招商文件》中也作出了类似的规定，即“上述子公司、项目合作公司履行《合作协议》及其他与本项目相关合同的所有行为均视同为竞得人的行为，竞得人为上述子公司、项目合作公司的所有行为承担无限连带责任”。可见，担责主体在法律层面上得以保障。

3. 虽然子公司参与旧村改造存在操作上的可能性，但仍应注意如下几项风险：

（1）政策规定并不明确。《广州市住房和城乡建设局关于印发关于进一步规范旧村合作改造类项目选择合作企业有关事项的意见的通知》（穗建规字〔2020〕16号）规定，村集体经济组织与选中合作企业签订合作协议对旧村进行合作改造。由此可见，通过招商，符合招商条件要求的是母公司，因此应当被选中为合作企业的是母公司而不是其子公司，子公司并不在被选中的合作企业范围之内。是子公司利用母公司的资质、资本、名誉、信誉等外在条件，成为最终的合作企业。

（2）从主体上看，全资子公司或控股子公司的设定超越了合作企业的初始范围。根据《公司法》第十四条第二款规定，公司可以设立子公司，子公司具有法人资格，依法独立承担民事责任。可见，即便加入合作改造的是由B公司全资投资或者控股的子公司，但从法律主体上说，子公司是一个独立的主体，而非B公司的附庸、隶属或者与B公司是必然联系体。子公司在法律上有着自己的独立的人格及命运，人们常将母公司与子公司比喻成父与子的关系，这样的关系当然是恰当的。但重要的是，我们关注父子关系亲密性的同时，不应当忽视父与子归根结底是两个不同的独立主体，他们之间的关系具有独立性。结合上述案例，村集体仅对外招商一个合作企业共同开发，B公司中标之后，却瞬间变成有两个乃至多个企业实际参与到合作开发之中，显然违背了选择合作企业的初衷。

（3）从《招商文件》的内容上看，子公司并不完全具备成为合作企业的资格。通过中标合作企业引入的子公司，无论是资质上，还是资本、规模、业绩等方面，其实不完全符合《招商文件》的某些要求。就上述案例而言，《招商文件》在设置合作企业参选条件基本要求部分如下：

具有独立法人资格和房地产开发企业一级资质（以国家住房和城乡建设部颁布的资质证书为准）。

实缴注册资本不低于 8 亿元人民币（含8亿元），以验资报告为准，银行信用记录良好。

总资产不低于2000亿元人民币（以第三方审计机构出具的资产审计报告为准，如申请人为上市公司的，以其最近一期经审计的合并资产负债表为准）。

企业信誉好，社会责任感强，且在本公告发布之日前5年所开发的房地产项目不存在工程“烂尾”，未被列入严重违法失信企业名单。

具备房地产开发经验，近5年房屋建筑面积累计竣工100万平方米以上，且工程质量合格率达100%（含其全资子公司、直接或间接持股60%以上的控股公司）。

申请企业在广州市内以正式合作企业身份参与的旧村改造合作项目不得少于1个，且项目改造方案均已获批准并实施建设。

对应来看，B公司的子公司注册资本并未达到8亿元（不符合上述第二项要求）；总资产并未高于2000亿元（不符合上述第三项要求）；在广州市内以正式合作企业身份参与的旧村改造合作项目也不得少于1个（不符合上述第六项要求）等，这些只是个案，子公司的硬性条件存在诸多瑕疵和不符合《招商文件》要求之处。从直观上来说，不能在要求符合方面将母公司搬上台面，最终选中的却是另一家公司。

（五）原因分析

母公司被选定为合作企业后，子公司之所以会实际参与旧村改造，华瑞兴律师团队认为有如下几点原因：

1.融资目的。旧村改造是一项艰巨而浩大的工程，它需要经历一个较为漫长的过程，包括大量的时间、精力、资金的投入。而无论资本多么雄厚、资历多么浑厚的企业，在这样浩大的工程面前，现金流的压力都是巨大的。因此，之所以会形成子公司实际参与改造这样的安排，主要是出于解决融资这一目的性的考虑。而目前政策未明确禁止这一做法，也是考虑到市场的实际情况。

2.子公司虽不完全符合《招商文件》中所有的要求，但也绝不是毫无实力的空壳公司，且担责主体明确，母公司及子公司为改造中所有的行为承担无限连带责任。子公司成为实际的改造主体并最终能够安然无恙，依然有母公司作为坚强的后盾与坚实的基础，而且子公司的专业人员、经验、业绩、综合实力也有一定的要求保障［如上述案例《招商文件》要求“具备房地产开发经验，近5年房屋建筑面积累计竣工100万平方米以上，且工程质量合格率达100%（含其全资子公司、直接或间接持股60%以上的控股公司）］，也对子公司作出了条件限制，并非浑水摸鱼便能随意参与旧村改造。

3.政策法规未能适应市场需求及时更新。对于村集体及村民来说，他们存在法规、政策意识薄弱的特点。由于自身法律知识、意识局限性，村集体很难具备完备有关旧村改造的法规政策知识与意识。政策法规及《招商文件》的内容，特别是细节内容，很少有村民有能力去问津和细究。

（六）建议

1.上级政府部门对市场需求引起重视，结合已有案例深入分析和论证合作企业引入子公司的可行性、合规性及合理性。只有将旧改过程中出现的实务问题和难题摆上台面去正视它，才有可能获得彻底解决的办法。

2.鉴于上述分析，子公司实际参与旧村改造，总体来说利大于弊，而现阶段几乎所有的风险，都仅仅是来源于政策的未明确。有鉴于此，华瑞兴律师团队倾向于通过“疏导”而不是“堵死”的思路去解决该问题，即只要在政策上更新、完善，将子公司以一种合规的方式引入，便能沟通《招商文件》与法规政策之间的“最后一级台阶”。

3.因此，华瑞兴律师团队认为政策法规应当与时俱进，上级政府部门可以通过更新政策法规的规定，系统地对合作企业引入子公司参与旧村改造的行为在根源上予以规范和完善，在关键的问题上，明确规定，排除争议。值得一提的是，海珠区在政策指导方面思想上走在了前沿。在《广州市海珠区旧村庄更新改造项目公开引入合作企业及合作意向企业工作指引》第二条中对合作企业的范围作出了明确的界定，即企业联合体成员数量原则上不得超过3个，且须由具备上述资格条件的主体企业在联合体中占有不低于51%份额，其余联合体成员条件可根据项目实际需要设定其他要求。这样的设定，既解决了主体企业现金流的压力，又解决了子公司成为合作企业中的一部分有了政策基础。虽然目前该征求意见稿尚未实际通过生效，但是海珠区在政策层面显然已经意识到子公司参与改造是当前阶段的大势所趋，进而配套更新政策对实操进行指引，完善政策体系，做到有据可依。这是旧村改造中一个明显的进步。

六、广州市城市更新旧村改造村集体表决制度浅析

2019年9月4日，广东省人民政府颁布《关于深化改革加快推动“三旧”改造促进高质量发展的指导意见》。2020年9月9日，中共广州市委、市政府联合发布《关于深化城市更新工作推进高质量发展的实施意见》（穗字〔2020〕10号，以下简称10号文）。2020年9月17日，广州市政府办公厅发布《广州市深化城市更新工作推进高质量发展的工作方案》（穗府办函〔2020〕66号，以下简称66号文）。新一轮的城市更新（“三旧”改造）以及立法、政策编撰工作正在如火如荼地开展。城市更新项目涉及村集体、村民众多权利，更新改造的多个环节都需要经过村民或村民代表的表决通过。但是，在广州市现有的城市更新政策中，尤其是旧村庄全面改造的政策中，重大事项决议权限的分配规则不明，表决比例也存在表述不清之处。针对成片连片改造所需的多村联合表决，法律法规也未作明确的规定。广州市城市更新若要达到“打破行政村界，推进连片策划和成片规划”的更新的目标仍有许多问题尚需解决。本文结合我国现行的《村民委员会组织法》、省市关于村民组织的相关规定以及城市更新相关政策文件中对于村民表决事项的规定，浅析城市更新项目中的村集体表决规则及政策完善建议。

（一）村民议事规则的法律法规及政策规定

1.行政村“两级三层”的基本组织形式

村民会议是村集体的最高权力机关。《村民委员会组织法》第二条第三款规定“村民委员会向村民会议、村民代表会议负责并报告工作”，第二十四条第二款规定“村民

会议可以授权村民代表会议讨论决定前款规定的事项”。由此可知，村民委员会需对村民会议、村民代表会议负责，村民代表会议的权利来源于村民会议。因此，村民会议系村集体的最高权力机关，构成了“两级”中的第一级，通过村民会议选举产生的村民委员会，系“三层”中的第一层。村民代表由村民选出组成村民代表会议，系“两级”中的第二级。根据村居住状况、集体土地所有权关系设立村民小组的，村民小组为“三层”中的第二层，村民为“三层”中的第三层。

《广东省农村集体经济组织管理规定》(以下简称省经济组织管理规定)、《广州市人民政府关于加强农村集体经济组织管理的指导意见》(以下简称市经济组织指导意见)中的规定与《村民委员会组织法》基本一致。

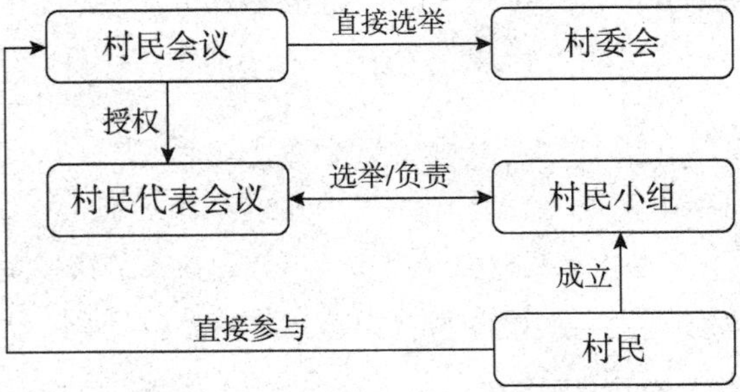

图 7-1 行政村“两级三层”的基本组织形式

2. 城市更新相关法规、政策关于村民议事规则的规范

城市更新政策法规中关于村集体表决的表述有如下几种方式：

(1) 城市更新政策中关于村集体投票的多数规定系援引其他相关规定，如《广州市城市更新办法》第三十条，“由区城市更新部门按照规定组织开展，表决、公示符合相关规定的，由区政府送市城市更新部门审核”;《广州市旧村庄更新实施办法(修订征求意见稿)》第二十一条，“方案表决稿须按照《广东省农村集体经济组织管理规定》或村集体经济组织章程规定表决通过，表决内容应包括拆迁安置总量、补偿方案原则和标准等相关内容”，第三十四条第三款，“合作改造、自主改造项目，经村集体经济组织成员大会或成员代表会议依法表决，由村集体经济组织自愿申请将集体建设用地转为国有建设用地的”，第四十八条第一款，“微改造项目实施方案按照《广东省农村集体经济组织管理规定》中涉及村民切身利益的重大事项相关规定进行表决，表决同意后，方可上报区政府审查”。

(2) 少部分条文直接明确规定了表决事项的决议机构或者表决比例，如根据《广州市旧村庄更新实施办法（修订征求意见稿）》第二十九条第三款规定，负责开展自主改造的村集体经济组织全资子公司，转让全部股权的，按《广东省农村集体经济组织管理规定》，股权转让由村集体经济组织成员大会表决通过后，应当按照《广州市农村集体资产交易管理办法》，在市公共资源交易中心或所在区‘三资’交易平台公开挂牌转让。第四十八条第三款，“旧村庄微改造项目实施方案涉及房屋拆迁补偿安置等重大事项的，由区政府牵头组织村民委员会或村集体经济组织按规定表决通过后启动实施。自批复之日起2年内，涉及的重大事项未能取得80%以上村集体经济组织成员同意的，批复自行失效”。

（3）部分事项直接突破现有的村集体表决制度，作出了创设性规定，如《广州市旧村庄更新实施办法（修订征求意见稿）》第二十三条规定，“实施方案和拆迁安置补偿方案应在3 年内经村民（含村改居后的居民）和世居祖屋权属人总人数的80%以上表决通过，且补偿安置协议应达到80%以上权属人签约比例”。

（二）旧村改造村民表决制度的立法瑕疵及实践困境

1.城市更新政策中村集体表决制度的立法瑕疵

（1）村民表决事项的规定过于笼统，政策执行的过程中易出现衍生问题。

现行城市更新政策中的决议事项多数按照“城市更新政策规定决议事项—决议比例及程序援引《村民委员会组织法》、省经济组织管理规定、市经济组织指导意见—基本议事规则或参照章程的规定”（见图7–2），村集体的基本议事规则即上文所述的“村民大会—村民代表大会”两级权力机构，重大事项由村民大会表决或通过章程授权村民代表大会表决。

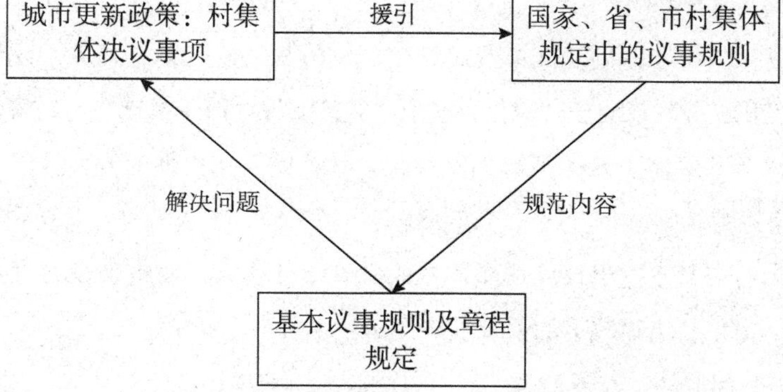

图7–2　现行城市更新政策决议流程

城市更新涉及的决议事项众多。不同的决议事项牵涉的利益大小、权利主体不能一概而论。虽然城市更新政策通过援引的方式避免了直接规定决议机构及决议比例所产生的法律冲突。但是，这种直接重复上位法原则性条文而不是把原则性条文具体细化的立法模式仍未区分、明确城市更新中应当由村民大会决议的“重大事项”、可以由村民大会授权村民代表会议决定的事项，无须通过授权即可由村民代表大会直接作出决议的事项以及村委会决议事项等诸多权力分配问题。

（2）部分条文解释上存在瑕疵。

《广州市旧村庄更新实施办法（征求意见稿）》第四十八条第三款的规定存在解释上的歧义。如果对该条款中的“未能取得80%以上村集体经济组织成员同意”做严格的文义解释，该条款应当理解为相关事项应当在成员大会中由80%以上的村集体经济组织成员同意，如果做目的性解释，代表该村80%以上集体经济组织成员的成员代表以成员代表会决议的方式同样可能表决通过相关事项。以上两种解释上的可能造成了上述条文在实际执行过程中理解上的多种方式，不利于政策的有效执行。当然从实际执行情况看，各改造主体均是遵循文义解释进行操作，如从化区的岭南村旧改表决，白云区的江夏村旧改表决等等。

（3）部分政策突破村民组织形式的基本架构，无上位法支撑，亦无系统性的规定。

农村集体经济组织的基本权力构成的设置是“村民大会—村民代表大会”的两级权力机构。无论是村民资格，还是村民代表资格，村民身份均为其合法权利来源的身份基础。然而，《广州市旧村庄更新实施办法（修订征求意见稿）》第二十三条规定了“村民（含村改居后的居民）和世居祖屋权属人总人数的80%以上表决通过”，该条款突破了旧村改造中村集体表决制度的基本结构，将享有财产权的主体纳入决议主体的范围内，这意味着决定旧村改造中表决资格的基础不再是身份权的单一权利基础，而是财产权、身份权结合的双重权利基础。

诚然，我国农村集体制度改革的过程中，经济制度的改革一直属于改革的重点问题。但是，综观经济改革的全过程，农村集体经济制度的改革并未突破村集体组织结构的基本框架以及“集体土地—国有土地”这一基本的二元土地制度。虽然广东省的城市更新属于全国性探索城市发展的试点，这并不意味着，上述政策就具备合理的法理基础。如此重大的变革不应当仅仅是孤零零的一条政策条文，而应当是考虑到农村经济制度、组织结构以及土地政策的系统性规定。

2.村民表决制度的实践困境

（1）具有表决权的主体资格无明确标准，众多人员利益无法平衡。

《村民委员会组织法》第十条、《广东省农村集体经济组织管理规定》第十三条均规定了村民主体资格应当以户籍为标准确定集体成员，居住在村集体的居民需要经村民大会或村民代表大会确定集体成员资格。然而，城市更新项目中涉及的人员身份远不止村户口在本村的或居住在本村的两种情况，如保留本村户籍的外嫁女、购买取得宅地基上房屋的权利人、长期租赁村内房屋并居住在村内的租客以及改造范围内国有土地的权利人等。以上所列情形，并未穷尽旧村改造项目所涉利益主体的复杂身份情况。

（2）村民小组作用未受重视。

《村民委员会组织法》第二十八条第三款规定，村民小组对本小组所有的土地、企业和其他财产的经营管理以及公益事项的办理享有处分权。然而，在广州市城市更新的政策中并未对村民小组的决议事项作出规定。旧村改造的整个过程中所涉事项众多，并非所有事项均需通过村一级的村民大会或村民代表会议进行表决。如果在项目推进的过程中针对村民小组对其享有的财产具有独立的处分权作出针对性规定，根据村民小组决议的进度分片实施拆迁补偿，无疑会大大增加旧改推进的效率。

（3）多行政村联合进行旧改存在制度壁垒。

在村集体发展的过程中，人员互动频繁，边界犬牙交错。单一行政村进行的旧村改造，因其边界的不规则性，项目本身很难进行整体规划。因此，多个行政村联合进行旧改更符合也更便于进行现有的国土空间统一规划。如在笔者所经办的广州市花都区某姓一村、二村改造项目；天河区前进村某三条村改造项目均有该多行政村联合改造的需求。因历史上邻近村庄人员交流频繁，边界情况复杂，甚至存在许多宅基地、承包经营用地、集体建设用地等类型土地的交换。联合改造既有利于征集改造意愿推进改造进度，更符合我国现行国土空间统一规划的政策要求。

然而，在现行村集体制度中并没有多行政村联合表决的制度规定对联合表决进行指引。实践中，有该需求的村集体的做法也不尽相同。笔者经办的案例中出现过以下几种情况：①村民大会2/3以上做出决议，决议与其他村联合进行旧村改造，此后凡涉及联合改造的表决事宜均按相关法律法规以及政策规定的决议机构与通过比例与其他村集体联合表决。②村民大会2/3以上决议通过签署《联合改造协议》的决定后，村委代表村集体与其他村集体签订该份协议，并约定此后涉及联合改造项目表决事宜的，两村进行联合表决。③村民代表大会做出上述第1、2项的决议内容，并签订相关协议。以上情况是几种比较具有理论研究价值的典型案例，实践中各种五花八门的决议在此便不一一列举。

以上所列的三种典型情形，即便会议的召开程序、表决比例符合相关规定，其决议内容在现有村集体组织结构的框架下也存在制度壁垒。首先，上述第3种情况，由村民代表会议做出相关决议的，不合规风险最大。在旧村庄改造项目中，多数涉及村集体表决的事项均由村民代表会议做出决议。治理规范的村会在村集体的章程中概括性地授权村民代表会议对重大事项进行表决，然后在多行政村联合表决的情况下由村民代表会议通过相关决议。治理不规范的村则无该授权程序。需要指出的是，通过村民代表会表决决定进行联合表决存在该表决事项是否属于可授权范围存疑的风险。《村民委员会组织法》第二十四条以“列举+兜底”的方式规定了村民大会可以授权村民代表会议事项范围。另,《村民委员会组织法》第二十七条规定村民大会可以制定和修改村民自治章程、村规民约。由此可知，可授权村民代表大会表决的事项除修改村民自治章程村规民约外的事项系与第二十四条所规定的事项相当。在旧村联合改造的项目中，改造完成后集体土地的财产形式、村民的生活范围将发生不可逆的变化，其重要程度与修改章程、村规民约相当。因此，从重要性判断，旧村改造所涉事项的重要程度要远高于第二十四条所列事项，村民大会授权村民代表会议进行表决的授权范围值得慎重研究。其次，上述3种情况存在突破村民组织基本框架的法律风险。如前文所述“两级三层”的基本结构系村民组织的基本组织形式。这一组织形式的核心在于村民大会享有决定村集体自治事项的最高权力。然而，在多村联合表决中，共同表决共同计票的做法相当于突破了《村民委员会组织法》的根本性规定。通过联合决议的事项之后，原本各行政村可以表决本村范围内的相关事项的决议，受制于更大范围、人数更多的“村民大会”的决议制约。表面上虽然约定为联合表决旧村联合改造的相关事项，但实质上是对村集体最高权力机关进行了变更及限制，突破了行政村地理及成员的界限。

（4）村集体成员流动性强且财产权流转广泛存在。

城市更新中所涉及改造村庄不同于传统意义上以第一产业为主的自然村。在改革开放后劳动力输出、第二产业兴起的趋势下，中心城区周边的村庄逐渐转型为非农村庄。与传统农村相比，非农村庄具有成员流动性强、财产权利流转频繁的特点。在城市更新的相关法规政策中，前者，即村民资格，具有相对比较明确的确定程序。后者，即发生流转后的财产权利如何处理，则成为旧村改造中急需解决的问题。需要指出的是，这里想要讨论的不是村民资格如何确定以及财产权如何处理的具体问题，相关文章已经有不少从业人员著书立说予以探讨，而是在现有的村集体组织结构下，旧改政策背后更宏观的原则分歧问题。

站在前者的视角下，旧村改造的推行是具有成员资格的村民意愿的集合，最大限度尊重村集体对集体财产权，尤其是集体土地所有权的处分。站在后者的视角下，旧村改造是旧村范围内不动产的更新，是村民财产权、村集体财产权以及改造范围内其他主体财产权利的集合。如果政治高度再高一些，我们完全可以说，前者改的是村，后者就是新一轮的房地产开发政策。这一分歧最直接的体现就是《广州市旧村庄更新实施办法（修订征求意见稿）》第二十三条中“村民（含村改居后的居民）和世居祖屋权属人总人数的80%以上表决通过”的规定。由上述分析可知，这一规定背后的立法意旨是断裂的。本文提出这一问题，并不企图解决该问题，其背后的复杂程度较高。这里想要说明的是，这一断裂不仅仅是《广州市旧村庄更新实施办法（修订征求意见稿）》第二十三条规定的个别性，而是普遍存在于旧村改造所涉及的村民表决事项之中，即成员资格的相对稳定性与具体财产权利主体不确定性之间的冲突。当然，本文观点所述也并非完全适用于每个村庄，在人员流动性相对较低的村庄，前后两者重合度高，便不存在上述问题。

（三）立法政策完善及建议

1. 明确规定以财产权为主，辅助以户为单位进行表决的身份权基础

为解决第二节第4点所提出的身份权与财产权的冲突问题。我们应当明确规定旧改范围内享有合法财产权的权利主体为适格的表决主体，同时为享有合法财产权的权利主体增设“新村民”的身份确认程序，最终再由“新村民”及以户为单位的村民就旧村改造中所涉事项进行表决。具体理由如下：

（1）城市更新过程中应当直面历史上存在的不动产权流转问题，不应回避问题，将历史问题处理的压力下移。以村民身份权为基础的立法与以改造时的实际财产状况为基础的立法如下图所示：

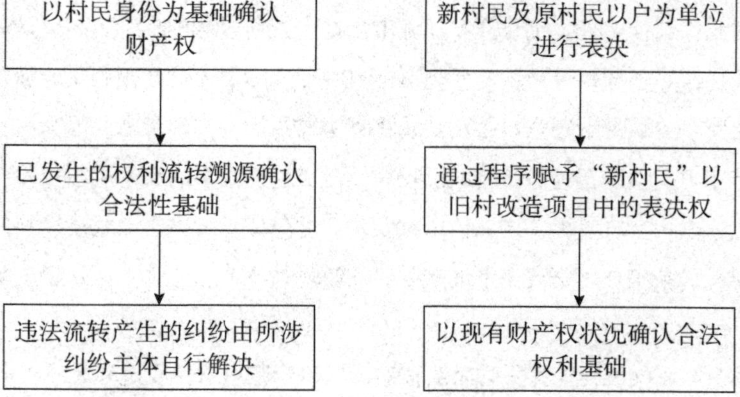

图7-3 村民身份权为基础的立法与以改造时的实际财产状况为基础的立法

若以村民身份权为基础确认财产权，即现有的财产状况的合法性基础便不能得到确认。这样的立法导向相当于将产权流转中所形成历史遗留问题的处理导向了出卖人与现有权利人之间进行解决。如此做法虽然从法律上无甚纰漏，但因补偿主体与不动产实际使用主体不一致的问题必将导致旧改项目推进受阻，甚至导致项目烂尾。以现有权利状况确认权利基础则有利于一次性解决旧改项目中集体性质不动产产权流转的历史问题。

（2）已存在离婚以及分家析产纠纷的判决对集体土地不动产的使用权进行确认，若再以所有权源头对其合法性进行确认，则处理所涉纠纷的司法判决无异于形同虚设。在公开途径能够检索到的离婚判决中，法院在分割共同财产为集体土地上不动产时，已经有判决使用权归属的司法判例。在此类离婚案件以及分家析产案件中，存在大部分的当事人户籍已经迁出原村集体，但仍为使用权主体的情况。如果经判决确认的合法使用权不能成为旧改中拆补合法的权利基础，则已经判决处理的纠纷便需再次解决。同样，在集体土地上的不动产流转过程中，经合法的买卖行为取得的房屋所有权不能得到确认，因历史问题造成的权利瑕疵则会导致历史积压的矛盾在改造推进过程中爆发，阻碍项目推进。

（3）旧村改造说到底是财产问题，而非身份问题。在我国早期城市化的扩张过程中，走的是粗放型的路线，往往遇到拆迁成本较高的农村宅基地就选择性地绕开。在一次次的绕开之后，城市发展的不平衡、不协调、不充分就凸显出来了，城市包围农村的局面就形成了，城中村尴尬的现象就此产生。理论上讲，城市更新所要处理的就是改变城中村土地的负价值，对此类村庄进行改造。城市更新的根本目的就是要解决城市发展过程中，原有的土地二元政策下以及城市化发展过程中所导致的城乡接合部土地利用不充分的问题。因此，在针对城乡接合部以及城市化程度较高的村庄制定旧改政策时，就应当考虑到发展过程中土地政策环境的变化对历史中形成的集体财产权利流转加以确认。至于“失地农民”的顾虑，完全不必在城镇化程度较高的村庄中考虑。因为在其与中心城区长期的劳动力交换以及经济交流的过程中，此类村庄经济活动的底层规律已经并非二元土地政策下以第一产业为基础的传统型农村。村集体对集体土地性质转换的表决在于其象征性意义，在符合历史规律下的欢呼，欢呼着村集体从土地上，从根上被接纳为城市的一分子。

2.明确以村民代表会议为主的表决程序，同时规范村民代表选举及授权程序

旧改中除与其他行政村联合表决、联合改造的事项外应当统一规定由村民代表会议进行表决，同时规定所代表村民的比例。村民大会决议的最大问题在于其表决效率问题。旧村改造过程中涉及的表决事项众多，从最初的改造意愿征集到最终的实施方案确认，如果每一环节均由村民大会作出决议，则整个旧改的过程将被拖延得十分冗长，项目价值也会因为其改造时间的延长而大幅降低。

当然，关于村民代表可能损害集体利益的事宜同样应当在旧改政策中予以关注，关注的重点应当转移到村民代表的选举以及章程授权村民代表会议的合法性问题上。只要保证了村民代表系经被代表村民真实意愿选举且程序合法，以及村民代表会议的决议权限通过村集体章程的授权，就能够兼顾旧改推进过程中村民代表会议表决所涉事项的效率及公正。

3.重视“村民小组”一层的组织架构，利用村民小组独立的财产处分权进行旧改政策设计，提高旧改效率

2020年11月2日，广州市住建局出台的《关于优化城中村全面改造项目审批流程的实施细则（征求意见稿）》中提出了“签一片、拆一片、供一片、批一片、建一片”的旧改推进思路。这一“化整为零”的思路更符合提高旧改效率的基本要求。在探索分片拆建的过程中，同时不应当忘记为高效推进拆补寻找上位法支持。第一，以村民小组为单位对拆补方案进行表决，同时规定可以拆建的拆补方案表决及拆补协议签署比例。《村民委员会组织法》第二十八条第三款规定“属于村民小组的集体所有的土地、企业和其他财产的经营管理以及公益事项的办理，由村民小组会议依照有关法律的规定讨论决定，所作决定及实施情况应当及时向本村民小组的村民公布”。第二十八条第三款村民小组对其所有土地的独立处分权的规定，赋予了以村民小组为单位“表决一片、签一片、拆一片”政策设计思路的合法性基础。第二，根据片区策划方案或实施方案项目分期的要求按地理区域设置村民小组。历史中所形成的村民小组，其所在的地域范围不一定符合片策方案或实施方案中划定的分期开发范围。《村民委员会组织法》第三条第三款规定“村民委员会可以根据村民居住状况、集体土地所有权关系等分设若干村民小组”。如果根据该条款规定在片区策划方案或实施方案确定时，根据分期开发的范围改组村民小组，同时结合上述第一点要求，就可以在旧改项目推进过程中极大地推进拆建效率。如果能够通过指引性的规定，指引改造主体或合作企业在旧村改造项目中以“村民小组”为单位推进项目拆迁建设将极大地推进旧改效率。

4.探索村集体行政区划的变更程序，为多村联合改造赋能

10号文第三条第一款第一项明确指出“在国土空间总体规划下，打破行政村界，推进连片策划和成片规划”。同时，如前文所述，在广州市各区均有多村庄联合改造的实际需求。因此，在旧村改造中应当积极探索“打破行政村界”的做法，避免多村各自表决效率低下的问题。

《村民委员会组织法》第三条第二款规定“村民委员会的设立、撤销、范围调整，由乡、民族乡、镇的人民政府提出，经村民会议讨论同意，报县级人民政府批准”。如果多行政村存在联合改造的需要可以依据该条规定在旧改前期阶段由镇人民政府提出，经各村村民大会决议通过，报区级政府同意变更行政村界。打破村界的程序不难理解，但需要特别指出的是，在集体财产较多村的合并过程中，合并所涉事宜并不亚于一起公司的投资并购案，如何做到合并过程中的财产隔离或者利益分配才是“打破村界”的关键问题。此外，不愿集体财产发生混同的村是否可以仅就联合改造事宜所涉及的不动产以及集体土地使用权进行联合表决并经县（区）政府同意。该条建议仅为尚未成熟的想法，未充分考虑实践中的复杂情况，旨在抛砖引玉，引起各位读者的思考。

5.清理政策文件中关于表决事项的规定，进行集中、系统性的立法或出台政策

2020年9月28日，广州市人民政府举办广州市深化城市更新推进高质量发展专题新闻发布会，会议指出由市住房城乡建设局牵头制定村集体经济组织决策的规范。这一消息无疑符合本文中一直坚持的，应当对城市更新中所涉村集体表决制度进行集中制定政策的观点。但需要指出的是，村民表决制度并不仅仅是决议程序及决议比例的问题，其背后包含了更为复杂的土地历史遗留问题、城乡发展问题、土地政策与司法衔接问题等。如果这次政策的出台符合了笔者上文所述的“压力下移”的立法思路，无疑会在旧改项目的推行过程中造成诸多问题。同时，也希望政府能对表决制度背后的诸多问题进行研究、调查并系统性地制定相应的配套政策。

七、关于外嫁女分红权益问题的研究

（一）前言

随着国家城镇化建设的加快、集体收益的猛增，外嫁女权益纠纷愈演愈烈，具有普遍性，已经成为严重影响农村社会稳定、制约新农村建设的突出难题。外嫁女问题一直难以解决，因为其不仅是法律问题，还是一个重要的社会和文化制度问题。实践中，绝大部分的村规民约均规定外嫁女不能参与村民股权分红，按照传统习俗，双女户或纯女户家庭中仅一个女儿招的上门女婿才能得到村集体认可，因此外嫁女为了能获得股权分红，会进行一系列的行政、民事诉讼程序并获得胜诉，但后续落实问题却遭遇重重阻力，仍然存在很多村拒不履行判决或只给外嫁女分一元钱，导致外嫁女只能重复诉讼和执行程序，最终未实质享受到分红权益的情形。且股权收益分红并不是一次性的，而是持续性的，村集体每隔一段时间就会发放新的一批分红款，外嫁女想要获得这种持续性分红，就不得不每次分配时向人民法院申请一次强制执行，这种无休止的执行程序，不仅增加了当事人寻求救济的时间成本，也浪费了人民法院的司法资源。外嫁女的权益问题长期得不到有效解决，有些已成为历史遗留问题，给社会稳定、基层政府公信力和司法公平公正性维护等都造成了严重的负面影响。

（二）产生原因

1.法律原因

《农村土地承包法》明确了农村集体经济组织成员享有土地承包、集体收益分配、参与集体表决等权利，该法第六十九条规定："确认农村集体经济组织成员身份的原则、程序等，由法律、法规规定。"但由于村集体成员身份确定的复杂性，截至目前，我国尚未存在关于确认村民资格的明确规定，法律的缺位，导致相关地方政府在现实生活中不能针对因村民资格身份问题所产生的利益分配纠纷予以及时回应，并制定行之有效的政策，而将涉及集体资源的分配权彻底交给村集体或村委会。同时，也导致人民法院对此类纠纷有时以"村民自治""成员资格问题尚无法律规定""不属于人民法院受案范围"等为由，驳回起诉或驳回诉讼请求。最终导致实践中绝大部分村规民约完全不遵循宪法、法律规定和男女平等的国策，以所谓"少数服从多数"这种表面合法的集体表决方式，剥夺或侵害少数外嫁女村民的合法利益。

根据《村民委员会组织法》第三十六条的第一款、第二款规定："村民委员会或者村民委员会成员作出的决定侵害村民合法权益的，受侵害的村民可以申请人民法院予以撤销，责任人依法承担法律责任。村民委员会不依照法律、法规的规定履行法定义务的，由乡、民族乡、镇的人民政府责令改正。"虽然上述法律规定赋予了法院撤销村集体不向外嫁女分配股权收益决定的权利，但法院只能撤销村集体的分配决定，外嫁女无法申请强制执行，且村集体仍然可以重新作出针对外嫁女不平等份额的分红决定，或者下期分红又拒绝向外嫁女分红或只给一元钱的象征性分红，外嫁女不可能每次分配时都走一次申请撤销程序，导致其很难实质性享受到分红权益。

根据《村民委员会组织法》第二十七条第二款、第三款："村民自治章程、村规民约以及村民会议或者村民代表会议的决定不得与宪法、法律、法规和国家的政策相抵触，不得有侵犯村民的人身权利、民主权利和合法财产权利的内容。村民自治章程、村规民约以及村民会议或者村民代表会议的决定违反前款规定的，由乡、民族乡、镇的人民政府责令改正。"虽然村规民约和执行过程中村民会议的决定均侵犯外嫁女的权益，违反《宪法》《妇女权益保障法》等维护妇女权益的精神，与判决、法律法规相抵触，但根据上述规定，针对此行为，政府只有监督和劝导指导的权利，没有可直接介入的机制和手段，且尚未存在明确的关于村民委员会的负责人员、干部对拒不执行法院裁决行为负有任何责任的法律，因此很多村集体拒不履行该裁决，采取消极的态度等着法院每次上门来执行。

2.制度原因

（1）我国实施"一村一策"的村民自治制度，政府和法院也不方便过多干涉，因此在处理外嫁女土地和股权权益的问题时，拥有高度自治权的村集体会过分强调村民自治，在投票中将外嫁女的权益阻断。

（2）在村民自治的过程中，有的村委干部或村民过多考虑个人利益，如有的村委干部恐怕自己同意外嫁女的分红请求后面临村民选举落选或出于为了多数人而牺牲少数外嫁女村民利益的考虑，于是不担当、不作为，宁可让不公平、不合理的事情发生，也不愿承担责任去改变现状。

（三）解决办法及建议

1.完善相关法律法规和政策

（1）建议全国人大针对《农村土地承包法》第六十九条以及因缺乏农村集体经济组织成员资格的法律规定，导致农村妇女集体经济收益、分配权益等遭受侵害难以解决的问题，尽快作出立法解释，或者制定出台专门法律，明确成员身份的确认基本条件、工作程序和原则等关键性问题。地方政府和人民法院也可以积极作为，共同探索制定当地的相关文件、政策或指导意见，明确集体经济组织成员资格的认定标准。

（2）建议完善《村民委员会组织法》，当村集体作出的决定侵害某村民合法权益时，增加司法的介入，如法院不仅有权撤销该决定，还可以直接根据实事求是的原则更改此决定。

（3）建议针对外嫁女土地权益纠纷的案件，研究出台相应的法规规章或指导意见，使法院不仅有权撤销村集体侵害外嫁女的决定，还有权作出“要求村集体应按正常村民全额的比例向外嫁女分配股东收益”的裁决。

（4）建议农业、民政、妇联等部门制定和出台关于维护外嫁女合法权益的规定和范本，如村民大会在涉及女性权益分配时，应有一定比例的女性村民代表参加，反映女性呼声。并加大监管力度，如将外嫁女权益保障工作成效列入镇、街和村两级干部的绩效考核，确保各项规定、制度落实到位。

2. 对有义务履行判决、裁定的当事人适用拒不执行判决裁定罪

外嫁女胜诉后，在强制执行过程中，如果遇到政府工作人员或村集体不配合，可先向同级人民政府和上级有关部门投诉和反映情况，若村集体仍然拒不履行，外嫁女可考虑尝试以“拒不执行判决裁定罪”去公安进行报案或去法院提起刑事自诉，但该罪对于农村股权执行方面的问题也并没有很好地适用，现实中能被定罪的难度非常大。华瑞兴团队认为若能对村集体的行为查证确实是有能力履行而拒不执行，则应适用“拒不执行判决、裁定罪”予以惩处，否则将是一种“有法不依”的境地，这不仅无法对外嫁妇女权益进行保障，对行政司法资源产生极大的浪费，同时也不利于我国社会主义法治化的建设。

3. 加大宣传，提高维权意识

加大消除性别歧视和落后婚姻习俗的宣传力度，加大规章制度执行力度，提高农村妇女的权利意识和维权能力。

（四）结语

虽然村集体组织依法享有自主决定自治范围内事项的权利，但是必须符合法律、法规以及合法有效规章、规范性文件的规定，因为自治本来就是在法律法规允许的范围内给予的一种政策和制度。首先，村里的分红福利等也是属于农村集体经济收益而取得的，为全体村民共同共有，享受集体收益分配是每一位村民的一项法定权利，不是约定权利，而是农民生存的基本权利。其次，“保障妇女的合法权益、促进男女平等”是我国《妇女权益保障法》中明确规定的，妇女权益的保护并不能因为妇女“外嫁”而区别对待，对外嫁女的合法权益应当依法保护。村集体不能忽视了《宪法》《妇女权益保障法》和《农村土地承包法》等维护妇女权益的精神，不得以任何借口剥夺或限制外嫁女应当依法享有的村民基本权利。

外嫁女土地和股权权益纠纷问题一直困扰着村居和谐，是实现村居法治化迫在眉睫需要解决的问题，国家政府和各村集体应响应中央一号文件《中共中央国务院关于坚持农业农村优先发展做好“三农”工作的若干意见》的规定，在深入推进农村集体产权制度改革中，注重保护外嫁女等特殊人群的合法权利，贯彻落实男女平等基本国策。既要坚持少数服从多数，又要防止多数人侵犯少数人权益，推动农村社会和谐稳定和农村城镇化的建设。

图 7-4　华瑞兴管委会主任魏济民律师为广东省三旧协会的法治委员会副主任委员

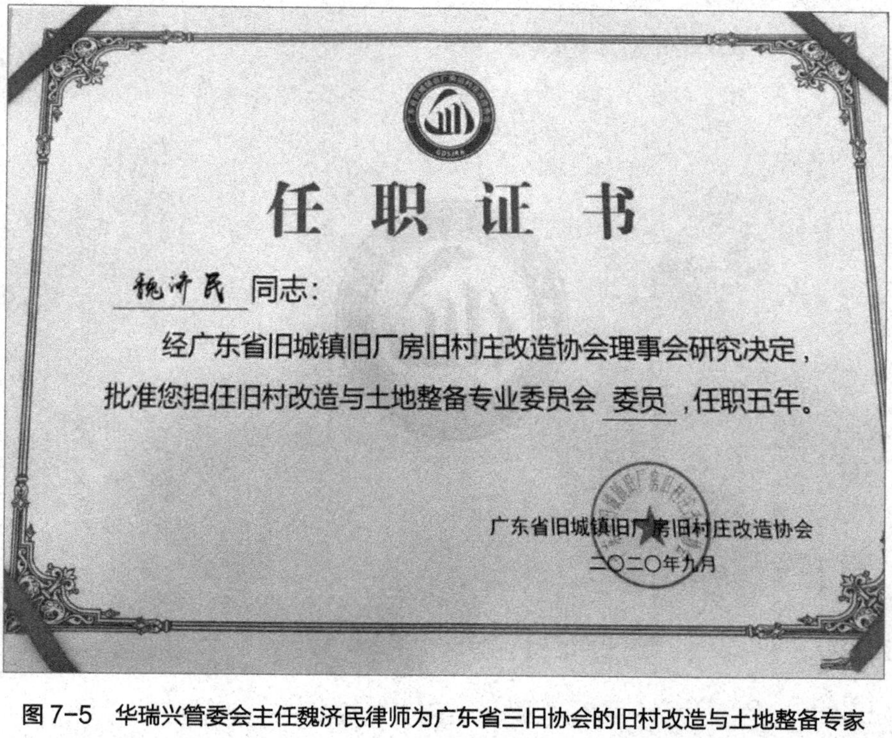

图 7-5　华瑞兴管委会主任魏济民律师为广东省三旧协会的旧村改造与土地整备专家

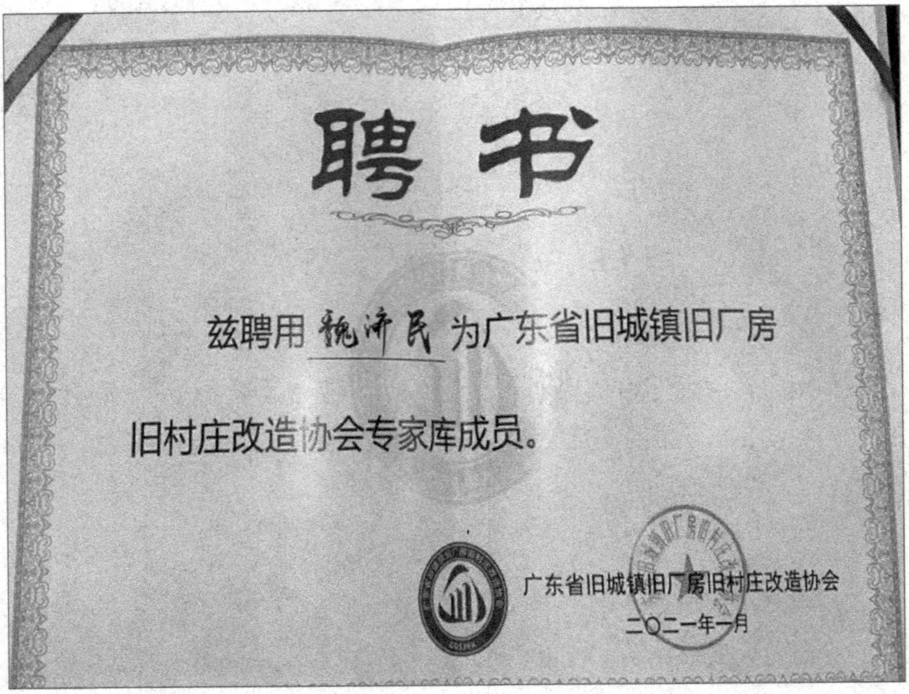

图 7-6　华瑞兴管委会主任魏济民律师为广东省三旧协会的旧村庄改造专家

附录1　华瑞兴城市更新（三旧改造）中心简介

一、华瑞兴律师事务所简介

华瑞兴律师事务所成立于2002年，是一家以公司化管理的综合性律师事务所。华瑞兴律师事务所现有中国执业律师三十余人，大部分律师可用普通话、英文与客户进行交流，部分律师兼具海外律师执业资格。华瑞兴律师事务所办公地点设在中国广东省广州市天河区黄埔大道159号富星商贸大厦西塔26层（人民日报广东分社）。本所自有办公面积近千平方米，位于珠江新城金融商业中心，交通便利、环境优美、设备先进、风格雅致。

华瑞兴律师事务所在提供建设工程、房地产、三旧改造、城市更新、PPP项目、特色小镇、海外基础设施等法律服务方面成绩卓著，深受客户信赖，多次获得褒奖。现集揽“广东建筑业最佳合作律师事务所”、“广东省建筑业协会法律顾问”、“2015ENR/建筑时报最值得推荐的中国工程法律10家专业事务所”、“2015年度市政基础PPP项目首选律师事务所”、广州市人民政府法制办PPP法律咨询专家律所、最高检《方圆律政》年度房地产律师律所、CCTV城市中国PPP专业律师律所、国家财政部PPP中心专家律所等诸多荣誉。

图1　华瑞兴律师事务所

二、华瑞兴城市更新（三旧改造）中心成立

2019年9月9日，华瑞兴城市更新（三旧改造）中心成立。

魏济民为中心主任，下设非诉工作组、诉讼工作组、理论工作组、宣传工作组，对城市更新（三旧改造）相关领域的法律法规政策及法律服务与实操进行探讨与研究。

（一）魏济民

华瑞兴律师事务所创始高级合伙人魏济民兼管委会主任律师，执业20年。华瑞兴城市更新（三旧改造）中心主任。广州市越秀区人大代表、广州/武汉/泉州仲裁员、广州人民政府兼职法律顾问、广州铁路投资建设集团外部董事、深圳证交所独立董事、广东国资委法律专家、广东三旧改造协会政策与法律专委会副主任、华南师范大学/广东外语外贸大学兼职教授、《南方周末》"年度关注人物"、CCTV《新闻周刊》"民工讨薪"点评律师、《方圆律政》年度房地产律师、美国ENR与《建筑时报》年度中国工程律师、中国采购与招标网PPP金牌律师、人民日报广东分社法律顾问、国家财政部PPP中心专家。

（二）华瑞兴城市更新（三旧改造）中心团队

姓名		职务	电话	邮箱
魏济民		主任	13922122918	weijimin@gdhrx.com
姓名	部门	职务	电话	邮箱
周礼仙	非诉工作组	组员	18520596198	zhoulixian@gdhrx.com
周光福	诉讼工作组	组员	18565178980	zhouguangfu@gdhrx.com
李东璧	诉讼工作组	组员	18565035380	lidongbi@gdrx.com
李斐	宣传工作组	组员	18565035395	lifei@gdhrx.com
罗沁竹	诉讼工作组	组员	18565035356	luoqinzhu@gdhrx.com
李雪	非诉工作组	组员	18565035368	Lixue@gdhrx.com
靳义洛	非诉工作组	组员	18565355537	jinyiluo@gdhrx.com
瞿翠颜	非诉工作组	组员	18565035355	qucuiyan@gdhrx.com
谢文涵	宣传工作组	组员	18588938276	xiewenhan@gdhrx.com
曾梅丽	非诉工作组	组员	18588938272	zengmeili@gdhrx.com
罗吉鸿	宣传工作组	组员	18680526897	luojihong@gdhrx.com
李武远	非诉工作组	组员	18565355538	liwuyuan@gdhrx.com

三、华瑞兴业界荣誉

广州市人民政府兼职法律顾问

中共广州市花都区委员会、广州市花都区人民政府、广州市花都区司法局的常年法律顾问

广东省三旧改造协会政策与法律专业委员会副主任委员单位

广东省三旧改造协会旧村改造与土地整备专业委员会委员单位

广东省三旧改造协会专家库成员

广东省旧城镇旧厂房旧村庄改造协会理事单位

广东省国资委国有资产评估法律专家

广东建筑业最佳合作律师事务所

广东省特色小镇发展促进会监事长单位

中国市政基础设施PPP项目首选律师事务所

美国ENR/建筑时报最值得推荐的中国工程法律10家专业事务所

四、华瑞兴经办城市更新（三旧改造）案例

广州市天河区天河南街杨箕股份合作经济联社旧村改造项目

广州市花都区新华街新街村布心、望岗经济合作社全面改造项目

广州市花都区花城街杨一村、杨二村旧村全面改造项目

广州市番禺区沙头街大平村改造项目

广州市从化区太平镇太平村旧村改造项目

广州市从化区太平镇菜地塱村旧村改造项目

广州市南沙新区东涌镇旧厂房改造项目

广州市从化区街口街赤草村改造项目

广州市黄埔区南岗街云埔工业区南岗片50号地块西侧土地合作项目

广州市黄埔区南岗街南岗旧村改造项目明彩公司拆迁专项

广州市白云区石井街红星经济联合社合作开发项目

广州市南沙区平稳村旧村改造项目

广州市海珠区南洲街东风第五经济合作社土地承包合同纠纷

佛山市禅城区祖庙街道镇农民公寓改造项目

惠州市惠城区机床附件厂旧厂房改造项目

深圳市福田区英达利旧厂房改造项目

云浮市新兴县共成镇大朗村土地确权纠纷

五、华瑞兴城市更新（三旧改造）沙龙

（一）华瑞兴城市更新（三旧改造）沙龙第1期

2018年6月30日，建泓投资咨询有限公司联合华瑞兴律师事务所联手打造的专业培训第二期“城市更新政策解读与实务操作”暨华瑞兴城市更新（三旧改造）沙龙第1期在华瑞兴大会议室圆满举行。

培训当日上午，我们特邀城市更新专家授课，课题为“广州市城市更新理论与实践”。本次培训课题通过对城市更新理论、广州城市更新实践、广州城市更新主要政策、城市更新的未来展望这四个方面及实践经验的分享、典型案例解读等，大家进一步熟悉城市更新的相关政策，提升城市更新项目全过程的实际操作能力。讲课氛围热烈。最后，专家们对在座嘉宾所提的问题进行解答与讨论。

培训当日下午，华瑞兴律师事务所管委会主任、建泓咨询首席顾问魏济民律师为学员们作

“城市更新过程中的法律实务”培训，培训内容为城市更新法规政策与城市更新法律实务这两个方面。魏律师并根据华瑞兴所做过的六个三旧改造项目为大家做了案例解析。

图2 华瑞兴城市更新（三旧改造）沙龙第1期

（二）华瑞兴城市更新（三旧改造）沙龙第2期

2019年9月20日，在华瑞兴大会议室举办华瑞兴城镇化投融资论坛第28期暨城市更新沙龙第2期，本次沙龙以“三旧改造和城市更新项目的发展规划、地产开发及法律服务”为主题。方圆控股湾区智慧城市更新集团、广东省珠江发展规划院、中国邮政储蓄银行广州海珠支行、建泓投资咨询公司、华瑞兴律师事务所为组办单位，方圆控股湾区智慧城市更新集团副总裁、广东省珠江发展规划院总规划师、华瑞兴律师事务所公司事业部部长等嘉宾进行了主题演讲。

（三）华瑞兴城市更新（三旧改造）沙龙第3期

2019年12月13日，华瑞兴律师事务所联合广州银行股份有限公司海珠支行、广州市城市规划勘测设计研究院、杨箕股份合作经济联社、建泓投资咨询公司共同举办的华瑞兴城镇化投融资论坛第29期暨城市更新沙龙第3期“旧村改造实务及法律服务”在华瑞兴律师事务所举行。来自各地的近80名来宾参加了此次沙龙。

图3 华瑞兴城市更新（三旧改造）沙龙第3期

本次沙龙邀请了广州银行股份有限公司海珠支行行长曾涛、广州市城市规划勘测设计研究院规划四所总工，高级工程师，注册规划师肖翊，华瑞兴律师事务所公司事业部部长周礼仙律师就广州三旧改造融资、政策、流程、规划及法律服务等主题进行了专业介绍与操作讲解，现场参与沙龙的建设单位代表、房地产与金融企业代表以及律师同行等也围绕三旧改造和城市更新相关内容进行了探讨交流。

（四）华瑞兴城市更新（三旧改造）沙龙第4期

2021年3月26日，华瑞兴法律实务高端论坛第34期暨城市更新沙龙第4期“广州城市更新理论与实务”在华瑞兴律师事务所举行。来自各地建设地产单位、村委、律师等行业近100位来宾近参加了此次沙龙。

随着广州市委市政府2020年9月9日《中共广州市委广州市人民政府关于深化城市更新工作推进高质量发展的实施意见》（穗字〔2020〕10号）提出广州市城市更新目标：三年83条村，五年183条村，十年400条村改造计划，涉及广州大约600平方公里的城中村改造面积，实现市委市政府提出的广州“老城市新活力”。特别是2020年11月中共中央关于国民经济和社会发展第十四个五年规划和二〇三五年远景目标，其中提出了：推进以人为核心的新型城镇化，实施城市更新行动。中共中央涉及城市更新的会议精神标志着，广东省城市更新（三旧改造）的先试先行得到了国家层面的认可，并向全国推广和借鉴广东城市更新（三旧改造）的政策和经验，这说明城市更新发展不是一个短期与局部的地方政策，而是中国城乡二元经济结构向现代经济结构发展的历史性改革之一。

本次沙龙以“广州城市更新理论与实务”为主题，特邀普华永道咨询（深圳）有限公司广州分公司、广东省旧城镇旧厂房旧村庄改造协会、广州市城市更新协会、时代地产、龙光地产、广州市工程造价协会、广东建设报和大家共同探讨相关问题。

图4　华瑞兴城市更新（三旧改造）沙龙第4期

六、华瑞兴城市更新（三旧改造）交流活动

2018年10月19日，广东省三旧改造协会领导莅临华瑞兴参观交流。华瑞兴团队带领来宾参观了华瑞兴新办公场所并介绍了律所十六年来的发展历程、主要法律产品和三旧改造项目经验等，三旧改造协会就三旧改造项目相关问题对华瑞兴律所进行了调研，双方就三旧改造项目建立战略合作的事宜进行了洽谈。

2018年11月12日，华瑞兴律师事务所管委会主任、建泓投资咨询公司首席咨询顾问魏济民律师等受邀前往广东省三旧改造协会参观交流。三旧协会相关领导热情接待了华瑞兴一行。

2019年4月12日—13日，2019中国第九届三旧改造、棚户区改造与城市更新高端总裁峰会在广东广州日航酒店举办。本次峰会由广东兴广城科技有限公司主办，在广东省“三旧”改造协会指导下，联合华远地行集团、土地资源网、地合网、地合云图等企事业单位，城市更新产业链各路精英齐聚广州，共商城市更新的发展大计！华瑞兴律师事务所管委会主任、建泓投资咨询公司首席咨询顾问魏济民律师受邀为各届精英人士作《城市更新（三旧改造）法律实务》及《土地储备管理、棚户区改造和土地一级开发政策与实务》的课题演讲。

图5　2019中国第九届三旧改造、棚户区改造与城市更新高端总裁峰会

七、华瑞兴城市更新（三旧改造）法律产品

《城市更新法律服务操作指引》

《三旧改造法律服务操作指引》

《房地产开发法律服务操作指引》

《房地产涉税法律服务操作指引》

《房地产项目交易法律服务操作指引》

《土地一级开发法律服务操作指引》
《土地一级开发项目经典案例及服务方案》

八、华瑞兴城市更新（三旧改造）课程产品

《城中村改造过程中的法律法规解读》
《房地产合作项目、三旧改造及房地产涉税》
《房地产开发法律实务九篇》
《土地一级开发法律法规与操作实务》
《土地储备管理、棚户区改造及PPP模式下的土地一级开发政策与实务》
《房地产行业常用合同法律风险防范》

九、华瑞兴旧村庄改造法律服务

（一）前期准备阶段

1. 研究、分析项目所在地旧村改造政策；
2. 就拟改造项目是否符合当地旧村改造政策提供法律意见；
3. 协助理清拟改造项目相关主体的责任承担；
4. 调查拟改造项目相关主体的相关信息；
5. 调查拟改造项目土地房产权属等基本情况；
6. 对拟改造项目改造模式提供法律意见；
7. 委托人在本阶段需要的其他法律服务。

（二）项目申报阶段

1. 提供拟改造项目是否符合标图建库申报标准提供法律咨询或法律意见；
2. 指导旧村庄改造项目改造意愿和改造模式的村集体决议程序和相关书面文件的草拟；
3. 提供拟改造项目申请标图建库、纳入年度更新计划手续所涉问题的法律咨询；
4. 协助拟改造项目填报申报材料中所涉法律内容；
5. 审查拟改造项目申报材料的合法合规性；
6. 梳理拟改造项目申报审批的程序指引；
7. 委托人在本阶段需要的其他法律服务。

（三）选择合作意向企业阶段（如需）

1. 基于项目所在地政策，对于选择合作意向企业的资格条件提供法律意见；
2. 对公开选择合作意向企业的流程、招标文件、投标文件等提供法律意见；
3. 对旧村改造项目中关于合作意向企业选择的村集体决议流程和决议文件提供法律意见；

4. 对合作意向企业的最终确认结果及签订合作协议提供法律意见；
5. 如改造项目需设立项目公司，就项目公司成立事宜提供法律服务；
6. 委托人在本阶段需要的其他法律服务。

（四）选择合作企业阶段

1. 基于项目所在地政策，对于选择合作企业的资格条件提供法律意见；
2. 对公开选择合作企业的流程、招商文件、投标文件等提供法律意见；
3. 对旧村庄改造项目中关于合作企业选择的村集体决议流程和决议文件提供法律意见；
4. 对合作企业的最终确认结果及签订合作改造协议提供法律意见；
5. 如改造项目需设立项目公司，就项目公司成立事宜提供法律服务；
6. 委托人在本阶段需要的其他法律服务。

（五）三个方案的编制与审批阶段

1. 三个方案是指片区策划方案、改造实施方案（含拆迁补偿方案）、控制性详细规划方案；
2. 审核三个方案的合法合规性，对三个方案所涉法律问题提出意见；
3. 参与片区策划方案、改造实施方案（含拆迁补偿方案）的社会风险评估论证（如需）；
4. 为委托人办理方案审批手续所涉法律问题提供咨询；
5. 对旧村庄改造项目中关于改造方案内容的村集体决议流程和决议文件提供法律意见；
6. 应委托人要求，参与改造项目相关合作方或关联方、政府部门的磋商、谈判；
7. 就政府部门对三个方案提出的修改意见中涉及的法律问题提出意见；
8. 委托人在本阶段需要的其他法律服务。

（六）完善历史用地手续

1. 协助调查项目所在地历史用地手续缺失情况；
2. 协助办理土地转性相关报批手续；
3. 根据相关法规、政策，整理完善历史用地手续指引；
4. 协助审查完善历史用地手续材料合法合规性；
5. 协助审查完善历史用地手续材料的完备性；
6. 协助完善历史用地手续补充材料；
7. 委托人在本阶段需要的其他法律服务。

（七）征地拆迁阶段

1. 起草、修改《拆迁补偿协议》；
2. 对《拆迁补偿方案》出具法律风险分析及法律意见；
3. 对旧村改造项目中关于拆迁补偿方案的村集体决议流程和决议文件提供法律意见；

4. 协助签署《拆迁补偿协议》；

5. 参与委托人在拆迁过程中的磋商、谈判，参与调处未形成诉讼的纠纷；

6. 派驻法律服务人员跟踪整个征地拆迁，及时提供相关法律问题咨询；

7. 委托人在本阶段需要的其他法律服务。

（八）土地权属取得阶段

1. 就土地权属取得方式提供法律意见；

2. 在土地以协议出让方式获取时，协助委托人签署《土地出让协议》，为出让事宜提供法律意见；

3. 在土地以公开出让方式获取时，协助委托人参与土地招拍挂，签订《土地出让协议》，为出让事宜提供法律意见；

4. 协助委托人办理土地权属证明，就其中涉及的法律问题提供意见；

5. 委托人在本阶段需要的其他法律服务。

（九）融资建设阶段

1. 为项目融资方案提供法律意见；

2. 与贷款银行或其他金融机构谈判、草拟或审核、修改融资、贷款合同及相关法律文件；

3. 跟踪融资协议的履行，提供法律意见；

4. 协助委托人跟踪拆迁补偿安置相关费用的支付情况；

5. 建设工程合同草拟、审查法律服务，包括草拟、修改建设工程合同；合同关键条款提示与建议；分包合同的审查与建议；重要材料、设备采购合同的审查与建议；

6. 为建设工程合同履行过程提供法律服务，包括：质量、安全履约情况跟踪与风险提示，应委托人要求出席相关协调和谈判会议；施工方履约情况跟踪与风险提示；合同节点工期与总工期履约情况跟踪与风险提示；协调处理因项目停建、缓建，施工方逾期竣工、设计变更、工程量增减等发生的纠纷；

7. 建设工程竣工、保修阶段法律服务，包括工程竣工验收过程合法性审查和证据收集指导；竣工结（决）算过程合法性、合约性提示与审核及法律风险防范；

8. 委托人在本阶段需要的其他法律服务。

（十）回迁安置阶段

1. 参与拆迁安置物业移交的洽谈、谈判活动；

2. 协助委托人制定拆迁安置物业移交方案；

3. 就拆迁安置物业移交相关事项的协商、调整提供法律咨询；

4. 协助委托人办理项目安置房房屋权属证；

5. 就签订《前期物业管理合同》提供法律咨询；

6. 委托人在本阶段需要的其他法律服务。

（十一）物业租售阶段

1. 协助开发商获取预售、销售批准；

2. 参与委托销售事宜的谈判，起草委托销售合同，并调查、审核销售公司的资质、资信等情况；

3. 对销售人员进行房地产销售、租赁的法律知识培训，指导销售人员签订租售合同；

4. 起草审查租赁、抵押等法律文件，协助办理相关登记手续；

5. 审查房地产广告内容的合法性；

6. 审查商品房预售合同、销售合同和租赁合同；

7. 及时向委托人介绍新颁布的房地产相关法律、法规、政策，并结合项目实际状况，提供相关法律意见；

8. 委托人在本阶段需要的其他法律服务。

（十二）诉讼仲裁服务

代理委托人在上述各个阶段中发生的仲裁、诉讼。

十、华瑞兴旧厂房改造法律服务

（一）前期准备阶段

1. 研究、分析项目所在地旧厂改造政策；

2. 就拟改造项目是否符合当地旧厂改造政策提供法律意见；

3. 协助理清拟改造项目相关主体的责任承担；

4. 调查拟改造项目相关主体的相关信息；

5. 调查拟改造项目土地房产权属等基本情况；

6. 对拟改造项目改造模式提供法律意见；

7. 委托人在本阶段需要的其他法律服务。

（二）项目申报阶段

1. 提供拟改造项目是否符合标图建库申报标准提供法律咨询或法律意见；

2. 提供拟改造项目申请标图建库、纳入年度更新计划手续所涉问题的法律咨询；

4. 协助拟改造项目填报申报材料中所涉法律内容；

5. 审查拟改造项目申报材料的合法合规性；

6. 梳理拟改造项目申报审批的程序指引；

7. 委托人在本阶段需要的其他法律服务。

（三）设立项目公司（如需）

1. 为项目公司的出资比例、出资形式、股权构架、组织架构等相关问题提供的方案设计、法律意见及法律论证；

2. 分析及设计项目公司中的各方股东的经营管理架构、项目收益分配及监管等方案，并提供法律意见书；

3. 起草、审查、修改项目公司设立过程中的公司章程、股东协议等各项法律文件并提供公司设立的有关法律政策信息，出具书面法律意见书；

4. 为项目公司论证税务问题、进行税务策划并提供法律意见书；

5. 协助办理公司登记设立登记手续；

6. 协助办理设立公司中的其他法律事务。

（四）三个方案的编制与审批阶段

1. 三个方案是指片区策划方案、改造实施方案（含拆迁补偿方案）、控制性详细规划方案；

2. 审核三个方案的合法合规性，对改造方案所涉法律问题提出意见；

3. 参与区策划方案、改造实施方案（含拆迁补偿方案）的社会风险评估论证（如需）；

4. 为委托人办理方案审批手续所涉法律问题提供咨询；

5. 应委托人要求，参与改造项目相关合作方或关联方、政府部门的磋商、谈判；

6. 就政府部门对改造方案提出的修改意见中涉及的法律问题提出意见；

7. 委托人在本阶段需要的其他法律服务。

（五）完善历史用地手续

1. 协助调查项目所在地历史用地手续缺失情况；

2. 协助办理土地转性相关报批手续；

3. 根据相关法规、政策，整理完善历史用地手续指引；

4. 协助审查完善历史用地手续材料合法合规性；

5. 协助审查完善历史用地手续材料的完备性；

6. 协助完善历史用地手续补充材料；

7. 委托人在本阶段需要的其他法律服务。

（六）征地拆迁阶段

1. 起草、修改《拆迁补偿协议》；

2. 对《拆迁补偿方案》出具风险分析和法律意见；

3. 协助签署《拆迁补偿协议》；

4. 参与委托人在拆迁过程中的磋商、谈判，参与调处未形成诉讼的纠纷；

5. 就征地拆迁过程中所涉法律问题提供咨询；

6. 委托人在本阶段需要的其他法律服务。

（七）土地权属取得阶段

1. 就土地权属取得方式提供法律意见；

2. 在土地以协议出让方式获取时，协助委托人签署《土地出让协议》，为出让事宜提供法律意见；

3. 在土地以公开出让方式获取时，协助委托人参与土地招拍挂，签订《土地出让协议》，为出让事宜提供法律意见；

4. 协助委托人办理土地权属证明，就其中涉及的法律问题提供意见；

5. 委托人在本阶段需要的其他法律服务。

（八）融资建设阶段

1. 为项目融资方案提供法律意见；

2. 与贷款银行或其他金融机构谈判、草拟或审核、修改融资、贷款合同及相关法律文件；

3. 跟踪融资协议的履行，提供法律意见；

4. 协助委托人跟踪拆迁补偿安置费用的支付情况；

5. 建设工程合同草拟、审查法律服务，包括草拟、修改建设工程合同；合同关键条款提示与建议；分包合同的审查与建议；重要材料、设备采购合同的审查与建议；

6. 为建设工程合同履行过程提供法律服务，包括：质量、安全履约情况跟踪与风险提示，应委托人要求出席相关协调和谈判会议；施工方履约情况跟踪与风险提示；合同节点工期与总工期履约情况跟踪与风险提示；协调处理因项目停建、缓建，施工方逾期竣工、设计变更、工程量增减等发生的纠纷；

7. 建设工程竣工、保修阶段法律服务，包括工程竣工验收过程合法性审查和证据收集指导；竣工结（决）算过程合法性、合约性提示与审核及法律风险防范；

8. 委托人在本阶段需要的其他法律服务。

（九）回迁安置阶段

1. 参与拆迁安置物业移交的洽谈、谈判活动；

2. 协助委托人制定拆迁安置物业移交方案；

3. 就拆迁安置物业移交相关事项的协商、调整提供法律咨询；

4. 协助委托人办理项目安置房房屋权属证；

5. 就签订《前期物业管理合同》提供法律咨询；

6. 委托人在本阶段需要的其他法律服务。

（十）物业租售阶段

1. 协助开发商获取预售、销售批准；

2. 参与委托销售事宜的谈判，起草委托销售合同，并调查、审核销售公司的资质、资信等情况；

3. 对销售人员进行房地产销售、租赁的法律知识培训，指导销售人员签订租售合同；

4. 起草审查租赁、抵押等法律文件，协助办理相关登记手续；

5. 审查房地产广告内容的合法性；

6. 审查商品房预售合同、销售合同和租赁合同；

7. 及时向委托人介绍新颁布的房地产相关法律、法规、政策，并结合项目实际状况，提供相关法律意见；

8. 委托人在本阶段需要的其他法律服务。

（十一）诉讼仲裁服务

代理委托人在上述各个阶段中发生的仲裁、诉讼。

十一、华瑞兴旧城镇改造法律服务

（一）前期准备阶段

1. 研究、分析项目所在地旧城改造政策；

2. 就拟改造项目是否符合当地旧城改造政策提供法律意见；

3. 协助理清拟改造项目相关主体的责任承担；

4. 调查拟改造项目相关主体的相关信息；

5. 调查拟改造项目土地房产权属等基本情况；

6. 对拟改造项目改造模式提供法律意见；

7. 委托人在本阶段需要的其他法律服务。

（二）项目申报阶段

1. 提供拟改造项目是否符合标图建库申报标准提供法律咨询或法律意见；

2. 指导旧城改造项目改造意愿和改造模式的居民决议程序和相关书面文件的草拟；

3. 提供拟改造项目申请标图建库、纳入年度更新计划手续所涉问题的法律咨询；

4. 协助拟改造项目填报申报材料中所涉法律内容；

5. 审查拟改造项目申报材料的合法合规性；

6. 梳理拟改造项目申报审批的程序指引；

7. 指导旧城镇改造项目改造意愿和改造模式的居民决议程序和相关书面文件的草拟；

8. 委托人在本阶段需要的其他法律服务。

（三）三个方案的编制与审批阶段

1. 三个方案是指片区策划方案、改造实施方案（含拆迁补偿方案）、控制性详细规划方案；

2. 审核三个方案的合法合规性，对改造方案所涉法律问题提出意见；

3. 参与区策划方案、改造实施方案（含拆迁补偿方案）的社会风险评估论证（如需）；

4. 为委托人办理方案审批手续所涉法律问题提供咨询；
5. 对旧城镇改造项目中关于改造方案内容的居民决议流程和决议文件提供法律意见；
6. 应委托人要求，参与改造项目相关合作方或关联方、政府部门的磋商、谈判；
7. 就政府部门对改造方案提出的修改意见中涉及的法律问题提出意见；
8. 委托人在本阶段需要的其他法律服务。

（四）完善历史用地手续

1. 协助调查项目所在地历史用地手续缺失情况；
2. 协助办理土地转性相关报批手续；
3. 根据相关法规、政策，整理完善历史用地手续指引；
4. 协助审查完善历史用地手续材料合法合规性；
5. 协助审查完善历史用地手续材料的完备性；
6. 协助完善历史用地手续补充材料；
7. 委托人在本阶段需要的其他法律服务。

（五）征地拆迁阶段

1. 协助公开招标选择投资主体实施拆迁补偿安置和土地整理（如需）；
2. 起草、修改《拆迁补偿协议》；
3. 对《拆迁补偿方案》出具法律风险分析和法律意见；
4. 对旧城改造项目中关于拆迁补偿方案的旧居民决议流程和决议文件提供法律意见；
5. 协助签署《拆迁补偿协议》；
6. 参与委托人在拆迁过程中的磋商、谈判，参与调处未形成诉讼的纠纷；
7. 就征地拆迁过程中所涉法律问题提供咨询；
8. 委托人在本阶段需要的其他法律服务。

（六）土地权属取得阶段

1. 就土地权属取得方式提供法律意见；
2. 在土地以协议出让方式获取时，协助委托人签署《土地出让协议》，为出让事宜提供法律意见；
3. 在土地以公开出让方式获取时，协助委托人参与土地招拍挂，签订《土地出让协议》，为出让事宜提供法律意见；
4. 协助委托人办理土地权属证明，就其中涉及的法律问题提供意见；
5. 委托人在本阶段需要的其他法律服务。

（七）融资建设阶段

1. 为项目融资方案提供法律意见；

2. 与贷款银行或其他金融机构谈判、草拟或审核、修改融资、贷款合同及相关法律文件；

3. 跟踪融资协议的履行，提供法律意见；

4. 协助委托人跟踪拆迁补偿安置费用的支付情况；

5. 建设工程合同草拟、审查法律服务，包括草拟、修改建设工程合同；合同关键条款提示与建议；分包合同的审查与建议；重要材料、设备采购合同的审查与建议；

6. 为建设工程合同履行过程提供法律服务，包括：质量、安全履约情况跟踪与风险提示，应委托人要求出席相关协调和谈判会议；施工方履约情况跟踪与风险提示；合同节点工期与总工期履约情况跟踪与风险提示；协调处理因项目停建、缓建，施工方逾期竣工、设计变更、工程量增减等发生的纠纷；

7. 建设工程竣工、保修阶段法律服务，包括工程竣工验收过程合法性审查和证据收集指导；竣工结（决）算过程合法性、合约性提示与审核及法律风险防范；

8. 委托人在本阶段需要的其他法律服务。

（八）回迁安置阶段

1. 参与拆迁安置物业移交的洽谈、谈判活动；

2. 协助委托人制定拆迁安置物业移交方案；

3. 就拆迁安置物业移交相关事项的协商、调整提供法律咨询；

4. 协助委托人办理项目安置房房屋权属证；

5. 就签订《前期物业管理合同》提供法律咨询；

6. 委托人在本阶段需要的其他法律服务。

（九）物业租售阶段

1. 协助开发商获取预售、销售批准；

2. 参与委托销售事宜的谈判，起草委托销售合同，并调查、审核销售公司的资质、资信等情况；

3. 对销售人员进行房地产销售、租赁的法律知识培训，指导销售人员签订租售合同；

4. 起草审查租赁、抵押等法律文件，协助办理相关登记手续；

5. 审查房地产广告内容的合法性；

6. 审查商品房预售合同、销售合同和租赁合同；

7. 及时向委托人介绍新颁布的房地产相关法律、法规、政策，并结合项目实际状况，提供相关法律意见；

8. 委托人在本阶段需要的其他法律服务。

（十）诉讼仲裁服务

代理委托人在上述各个阶段中发生的仲裁、诉讼。

附录 2　城市更新专项法律服务合同

城市更新专项法律服务合同

（××区××街道××村旧村改造项目）

HRX-ZXH-WJM-ZLX-2021022101

甲方：村集体经济组织

通讯地址：

电话：

乙方：广东华瑞兴律师事务所

通讯地址：广州市天河区黄埔大道159号富星商贸大厦西塔26层

电话：020-38250681

甲方因广州市××区××街道××村旧村全面改造项目需要和利益保护（以下简称“本项目”），根据《中华人民共和国律师法》《中华人民共和国民法典》等有关法律规定，聘请乙方提供专项法律顾问服务。

甲、乙双方于签订本合同之前，已充分了解并认可了对方的资质、背景、能力以及与履行本合同相关的其他资讯信息，双方本着平等、互利、诚信的原则，在充分地表达各自意愿的基础上，经过友好协商，就甲方聘请乙方提供专项法律服务相关事宜达成本合同，以资共同遵行。

第一条　本项目基本情况

本项目位于广州市××区××街××村（四至范围），总用地面积约××公顷，改造范围内现状建筑总量约××万平方米，本项目拟采取全面改造模式。本项目相关情况、具体规划指标等均以最终相关有效公告、批文、批复等为准。

第二条　法律服务内容

乙方根据甲方要求就本项目提供如下专项法律服务。

（一）应甲方要求，乙方为甲方提供城市更新政策咨询、城市更新政策解读；

（二）应甲方要求，乙方为甲方提供城市更新法律实务培训；

（三）应甲方要求，乙方为甲方提供城市更新实务经验分享及法律咨询；

（四）应甲方要求，以口头、书面或现场咨询方式，向甲方解答改造过程中城市更新流程及相关法律问题；

（五）应甲方要求，论证本项目的可行性和风险点，包括：改造模式、合作模式、成立项目公司方案、就组建项目团队、税务筹划（另行委托）等提供意见；

（六）应甲方要求，提供本项目框架设计及整体思路；

（七）应甲方要求，提供招商流程、招商文件等相关的法律咨询；

（八）应甲方要求，制定、修改、审核引入合作企业的招商文件、合作协议及其他相关法律文件；

（九）应甲方要求，就招商文件资格条件部分提供法律咨询、出具法律意见或建议；

（十）应甲方要求，就招商文件交易保证金及履约保证金部分提供法律咨询、出具法律意见或建议；

（十一）应甲方要求，就招商文件产业引进部分提供法律咨询、出具法律意见或建议；

（十二）应甲方要求，就招商文件基础设施和公共服务部分提供法律咨询、出具法律意见或建议；

（十三）应甲方要求，就招商文件前期费用承担部分提供法律咨询、出具法律意见或建议；

（十四）应甲方要求，就招商文件集体物业承担部分提供法律咨询、出具法律意见或建议；

（十五）应甲方要求，就招商文件改造时间节点部分提供法律咨询、出具法律意见或建议；

（十六）应甲方要求，就招商文件合作企业退出部分提供法律咨询、出具法律意见或建议；

（十七）应甲方要求，整理甲方与合作企业、政府等磋商、洽谈会议纪要；

（十八）应甲方要求，制定招商文件的表决程序；

（十九）应甲方要求，协助招商文件的表决，包括“四议两公开”及成员大会或成员代表大会的表决；

（二十）应甲方要求，对招商结果进行法律审查，并出具法律审核意见；

（二十一）应甲方要求，对候选合作企业表决等提供法律咨询；

（二十二）应甲方要求，参与甲方与政府、合作企业等相关方的表决事项谈判、合作磋商及工作会议；

（二十三）应甲方要求，审核、修改各类沟通协商会议形成的会议纪要、会议决议等文件；

（二十四）应甲方要求，指导并协助开展表决大会，对表决流程提供法律指导，并对表决结果进行法律审查、提供法律意见；

（二十五）应甲方要求，参与合作协议相关会议；

（二十六）应甲方要求，修改合作协议；

（二十七）应甲方要求，根据甲方的要求，参与甲方与开发商、政府、改造合作方的项目谈判、合作细节的磋商及工作会议；

（二十八）应甲方要求，审核、修改各类沟通协调会议形成的会议纪要、会议决议等文件；

（二十九）应甲方要求，对本项目合作、具体实施方面重大决策的合法性、可行性及风险进行评估和把控；

（三十）应甲方要求，起草、审核、修改各类需签订的合作协议、函件、通知等文件，为甲方利益最大化提供切实可行的法律依据；

（三十一）应甲方要求，审核、修改本项目的片区策划方案；

（三十二）应甲方要求，解读本项目的片区策划方案；

（三十三）应甲方要求，出具片区策划方案法律意见；

（三十四）应甲方要求，审核、修改本项目的实施方案；

（三十五）应甲方要求，制定实施方案表决程序；

（三十六）应甲方要求，协助召开实施方案表决及完成实施方案表决；

（三十七）应甲方要求，审核、修改拆迁补偿安置方案（包括村民、集体物业）及实施细则；

（三十八）应甲方要求，制定拆迁补偿安置方案表决程序；

（三十九）应甲方要求，协助拆迁补偿安置方案表决会议召开及完成拆补方案表决；

（四十）应甲方要求，起草、审核、修改片区策划方案、改造实施方案、拆迁补偿安置方案的相关通知文件、会议纪要、协议等；

（四十一）应甲方要求，查询拆迁补偿安置对象的认定法规依据；

（四十二）应甲方要求，审查拆迁补偿安置对象的标准及合规性，提供法律咨询；

（四十三）应甲方要求，审查拆迁补偿安置计算方法，提供法律咨询；

（四十四）应甲方要求，审查拆迁涉补偿安置集体物业补偿计算方法，提供法律咨询；

（四十五）应甲方要求，根据已表决通过的改造实施方案、拆迁补偿安置方案，审核拆迁补偿安置协议；

（四十六）应甲方要求，审核拆迁补偿安置签约过程中涉及的其他法律文件（包括承诺书、具结书等）；

（四十七）应甲方要求，查询拆迁补偿安置对象的认定法规依据；

（四十八）应甲方要求，派驻律师进村协助拆迁补偿实务；

（四十九）应甲方要求，向甲方和被拆迁方讲解拆补方案；

（五十）应甲方要求，向甲方和被拆迁方讲解拆补方案；

（五十一）应甲方要求，协助拆迁补偿安置相关签约流程，促进签约工作顺利开展；

（五十二）应甲方要求，协助处理拆迁过程中可能拒绝拆迁村民，提供合法的解决路径；

（五十三）应甲方要求，协助处理动迁、平整场地过程中涉及的房屋权属纠纷法律问题；

（五十四）应甲方要求，协助处理动迁、平整场地过程中涉及的合建房纠纷法律问题；

（五十五）应甲方要求，协助处理动迁、平整场地过程中涉及的析产纠纷法律问题；

（五十六）应甲方要求，协助处理动迁、平整场地过程中涉及的集体物业清退法律问题；

（五十七）应甲方要求，协助处理动迁、平整场地过程中涉及的外嫁女分红法律问题；

（五十八）应甲方要求，协助处理动迁、平整场地过程中涉及的宅基地使用权纠纷法律问题；

（五十九）应甲方要求，协助处理动迁、平整场地过程中涉及的其他改造补偿安置协议纠纷法律问题；

（六十）应甲方要求，根据本项目各方协商的资金监管模式，协助审核、修改本项目的《资金监管协议》及相关补充协议、函件等；

（六十一）应甲方要求，根据本项目各方协商的复建安置资金监管模式，协助审核、修改本项目的《复建安置资金协议》及相关补充协议、函件等；

（六十二）应甲方要求，就成立改造项目公司股权架构事宜提供策略建议；

（六十三）应甲方要求，结合相关法律法规、城市更新政策，对成立改造项目公司的流程、运作等事宜提供法律建议；

（六十四）应甲方要求，审阅、修改项目公司成立方案；

（六十五）应甲方要求，审阅、修改项目公司章程；

（六十六）应甲方要求，审阅、修改项目公司股东协议；

（六十七）应甲方要求，审阅、修改项目公司其他有关的法律文件；

（六十八）应甲方要求，协助处理本项目复建安置地块土地集体转国有性质事宜法律服务；

（六十九）应甲方要求，针对改造范围内的复建安置地块转性问题，依据相关法律法规及城市更新政策要求，制定相关表决流程、方案；

（六十九）应甲方要求，针对改造范围内的复建安置地块转性问题，起草、审核相关通知文件、会议纪要、表决文件；

（七十）应甲方要求，协助整理改造范围内的复建安置地块转性申报所需材料；

（七十一）应甲方要求，提供复建安置房的回迁分房法律服务；

（七十二）应甲方要求，根据项目的实际情况，协助分房流程，审核、修改相关通知文件、会议纪要、表决文件；

（七十三）应甲方要求，根据项目的实际情况，协助处理在分房过程中涉及的继承、析产等问题。

（七十四）应甲方要求，为本项目确权登记及产权分割、产权转让提供法律咨询及建议，审查、修改相关的申请、报告及呈批文件；

（七十五）应甲方要求，本项目涉及的土地使用权、房屋所有权、相关设施设备使用权、知识产权、债权债务确认等事项进行规范并提出法律意见；

（七十六）应甲方要求，就项目公司股权转让方案、流程提供法律意见；

（七十七）应甲方要求，起草、审核股权转让合同；

（七十八）应甲方要求，起草项目公司股权转让相关会议纪要及表决文件，协助完成股权转让手续；

（七十九）应甲方要求，协助处理本项目在更新改造过程的其他法律事务，起草、审核本项目其他相关的法律文件；

（八十）应甲方要求，就城市更新出现的最新政策及时向甲方汇报，并对新政策对项目的影响提供法律咨询，法律风险分析，必要时出具法律意见；

（八十一）应甲方要求，定期向甲方报告工作、召开工作会议；

（八十二）另行委托，代理上述各流程中发生的仲裁、诉讼纠纷。

第三条　专项法律服务团队

为完成本合同项下法律服务，乙方指派固定主办律师、团队成员及联系人作为本项目的法律服务团队，乙方更换上述成员前应取得甲方书面认可。乙方确保本项目法律服务全程均由负责人指导、把关，重大法律事项应由负责人讨论后决定；针对疑难、复杂及新型法律问题，应由负责人亲自参与、决定。

第四条　法律服务期限及费用

（一）本专项法律服务费用合计______万元，服务期限为5年（自甲方合作企业招商中标通知书发出之日起计算5年止），具体支付方式如下：

在甲方合作企业招商中标通知书发出之日起10个工作日内，甲方支付第一年度的法律服务费人民币______万元（大写：人民币______万元整）；后续每年度的法律服务费，甲方应在后续各年度（以甲方合作企业招商中标通知书发出之日起每12个月为1个年度）的第一个月内支付当年度的法律服务费人民币______万元（大写：人民币______万元整）。

本合同服务期限届满前30日内，甲乙双方应当就续聘事宜另行协商，确定续聘的，另行重新签订《专项法律服务合同》。如甲乙双方未能在本合同约定的服务期限内就续聘事宜达成一致，则服务期限届满时，双方专项法律服务关系即终止。

（二）乙方指定的收款账户为：

账号：36×× ×××× ×××× ×××× ×××

户名：广东华瑞兴律师事务所

开户行：中国工商银行股份有限公司广州××支行

在甲方付款的同时，乙方应当向甲方开具符合甲方要求的等额、合法、有效的增值税专用发票，否则甲方有权顺延支付且不视为违约。本协议律师费用如由甲方指定的第三方或中标的合作企业代为支付，则乙方同意在收到费用时视为甲方已经支付。

（三）乙方在办理甲方委托事项所发生的下列工作费用（如有），应由甲方另行承担支付，不包括在年度法律服务费内：

（1）相关行政、司法、鉴定、评估、公证等部门收取的费用；

（2）广州市区域以外发生的差旅费、食宿费；

（3）征得甲方同意后支出的其它费用。乙方律师应当本着节俭的原则合理使用工作费用。

就本款上述工作费用，由乙方向甲方出具费用账单及相关凭证，经甲方确认后由甲方在20个工作日内向乙方支付。乙方应在收款的同时向甲方开具符合甲方要求的等额、合法、有效的增值税专用发票，否则甲方有权顺延支付且不视为违约。

第五条　专项法律服务方式

（一）乙方提供法律服务主要通过电话、电子邮件、传真、电子通讯、现场办公等方式进行沟通。在必要的情况下，乙方可以应甲方要求到甲方或其指定的场所提供专项法律服务。

（二）在甲方提前合理时间通知的情况下，乙方应根据甲方的通知按时处理甲方委托之事项。

如系紧急事件，乙方应根据甲方的通知，尽可能第一时间处理甲方委托之事项。

第六条　乙方的义务

（一）乙方应当忠诚于甲方的利益和事业，本着对甲方高度负责的精神恪尽职守，及时、有效地维护甲方的合法权益，并使之最大化。甲方有权对乙方主办律师、律师团队与辅助人员进行监督，发现不称职时，有权要求更换。为完成专项法律服务，乙方应指派主办律师作为总协调律师，就法律事务服务与甲方指派的联系人进行沟通，协调法律事务工作；

（二）乙方应当勤勉、尽责地完成约定的法律服务事务工作，保证工作时间，并应甲方要求通报工作过程，及时与甲方进行沟通、反馈，完成委托服务事项；甲方应给予乙方开展工作提供合理的必要的提前通知；

（三）乙方应当以其依据法律法规做出的判断，尽最大努力维护甲方合法利益，不得为甲方提供不利于甲方的咨询意见；

（四）乙方应当妥善保管留存甲方提供的文件资料，对涉及甲方的原始证据、法律文件和财物（如有）应当妥善保管；

（五）乙方及乙方律师在本合同履行过程中，在涉及甲方的对抗性案件或者交易活动中，未经甲方同意，不得为与甲方具有法律上利益冲突的另一方就本案件或本次交易提供法律意见或代理；

（六）未经甲方授权，不得擅自对外以甲方或本项目合作企业名义发布本项目相关事宜的处理意见。

第七条　甲方的义务

（一）甲方应当全面、客观和及时地向乙方提供与委托事务有关的各种情况、文件、资料。甲方向乙方提供资料有虚假、误导、隐瞒、重大遗漏及其他违规行为造成的损失由甲方承担；

（二）甲方应当依照本合同约定，按时、足额向乙方支付法律顾问费和工作费用；

（三）甲方应给予乙方律师开展工作提供合理的必要的提前通知。

第八条　保密条款

双方承诺，无论本合同是否已终止，任何一方对于本合同之签署、履行及合同内容以及一方在合作过程中因签署及履行本合同而知悉或收到的有关协议、其他方的商业秘密、专有信息、客户信息（合称“保密信息”）均负有保密义务。任何一方仅可就其履行其在本合同项下义务之目的而使用该类保密信息。未经对方书面许可，任何一方均不得向任何第三方泄露上述保密信息，否则应承担违约责任并赔偿损失，但是根据法律法规的规定应予披露及按照政府主管部门、证券交易所、法院等有权机关要求、规则予以披露的除外。

第九条　合同解除

（一）甲乙双方协商一致的，可解除本合同。

（二）因不可抗力致使本合同目的不能实现的，双方任何一方均有权解除本合同。

（三）甲方有下列情形之一的，乙方有权暂停工作直至甲方自行纠正时止，甲方在乙方书面通知后合理期限内拒不纠正的，乙方有权解除合同：

1. 甲方的委托事项违反法律或者违反律师职业规范的；

2. 甲方向乙方提供的资料有虚假、误导、隐瞒、重大遗漏及其他违规行为，致使乙方律师不能提供有效的法律服务的；

3. 甲方逾期20日仍不向乙方支付法律服务费或者工作费用的；

4. 甲方因其他原因单方解除本合同或导致本合同无法继续履行的。

（四）乙方有下列情形之一的，乙方在甲方书面通知后合理期限内拒不纠正的，甲方单方有权解除本合同：

1. 乙方无正当理由不提供本合同约定的法律服务或者本合同约定的义务；

2. 未经甲方同意，乙方擅自更换律师团队成员、主办律师的；

3. 因乙方律师严重工作延误、失职、失误导致甲方蒙受损失的；

4. 因乙方及乙方律师为其他单位提供法律服务，导致与本项目相关工作存在利益冲突的，但为政府机构提供法律服务的除外（如该类情况涉及的相关法律服务与本项目有关的，乙方应提前告知甲方）；

5. 乙方及乙方律师的行为违背职业道德损害甲方合法权益的，甲方单方有权终止本合同。

（五）本合同解除或终止后，乙方不再向甲方提供本项目专项法律服务，甲方不再向乙方支付任何法律服务费及工作费用。

第十条　违约责任

（一）乙方违约不提供本合同约定的法律服务的，甲方有权视乙方已实际提供服务的实际时间要求乙方退还部分或者全部已付的法律顾问费。

（二）如乙方违反法律或本合同约定、职业道德造成甲方经济或名誉损失，乙方应赔偿由此给甲方造成的全部损失。甲方应当全面、客观向乙方提供相关资料、陈述相关情况，如因甲方提供的资料信息有重大虚假、误导、遗漏导致损失和责任的，由甲方自行承担。

（三）甲方无正当理由不按时支付法律服务费或者工作费用，每逾期一日，应按照应付未付款的万分之一向乙方支付违约金，该违约金计算至未付款支付完毕为止。如果甲方逾期30个工作日未支付本合同约定法律服务费的，乙方有权中止或单方解除本合同、拒绝为甲方提供法律服务，并向甲方追索其应付费用。

（四）本合同解除或终止的，双方根据乙方依据本合同提供服务的实际时间据实结算法律服务费、据实报销未付的工作费用。如甲方已付法律服务费超过据实结算金额的，乙方需在甲方通知的时间内一次性退回多付的费用，本合同剩余的法律服务费甲方无需支付。

（五）除本合同另有约定外，如甲方无故单方终止本合同，或无故单方解除对乙方的委托的，甲方除按本合同约定结算支付未付款项外，还应另行向乙方支付等于一年的法律服务费作为违约金。

第十一条　争议解决

因本合同引起的或与本合同有关的争议，甲乙双方应协商处理。协商解决不成时，双方同意提请中国广州仲裁委员会按照该会仲裁规则进行仲裁，仲裁地为广州市，仲裁裁决是终局的，对双方均有约束力。

第十二条　其他

本合同自双方加盖公章之日起成立，自甲方成为本项目合作企业之日起生效。本合同一式肆份，双方各执贰份，各份具同等法律效力。

（以下无正文，为签署页）

甲方：

签约代表：

乙方：广东华瑞兴律师事务所

签约代表：

签约地点：广州市

签约日期：

附录 3　广州市城市更新政策汇编

序号	效力范围	文件名称
1	国家级文件	《中华人民共和国民法典》
2		《中华人民共和国土地管理法》
3		《中华人民共和国村民委员会组织法》
4		《中华人民共和国城市居民委员会组织法》
5		《中华人民共和国招标投标法》
6		《中华人民共和国城乡规划法》
7		《中共中央国务院关于建立国土空间规划体系并监督实施的若干意见》
8		《中共中央关于制定国民经济和社会发展第十四个五年规划和二〇三五年远景目标的建议》 （二〇二〇年十月二十九日中国共产党第十九届中央委员会第五次全体会议通过）
9		《国务院关于促进节约集约用地的通知》 （国发〔2008〕3 号）
10		《国务院办公厅关于全面推进城镇老旧小区改造工作的指导意见》 （国办发〔2020〕23 号）
11		《关于调整完善土地出让收入使用范围优先支持乡村振兴的意见》 （中共中央办公厅 国务院办公厅 2020 年 9 月）
12		《2020 年新型城镇化建设和城乡融合发展重点任务》 （发改规划〔2020〕532 号）
13		《国土资源部关于印发〈关于深入推进城镇低效用地再开发的指导意见（试行）〉的通知》 （国土资发〔2016〕147 号）
14		《土地征收成片开发标准（试行）》 （自然资规〔2020〕5 号）
15		《国家发展改革委关于印发〈2021 年新型城镇化和城乡融合发展重点任务〉的通知》 （发改规划〔2021〕493 号）

续表

序号	效力范围	文件名称
16	省级文件	《广东省人民政府关于推进“三旧”改造促进节约集约用地的若干意见》 （粤府〔2009〕78号）
17		《广东省人民政府关于提升“三旧”改造水平促进节约集约用地的通知》 （粤府〔2016〕96号）
18		《广东省国土资源厅关于印发深入推进”三旧”改造工作实施意见的通知》 （粤国土资规字〔2018〕3号）
19		《广东省国土资源厅关于进一步做好“三旧”改造地块数据库管理工作的通知》 （粤国土资三旧发〔2018〕99号）
20		《广东省人民政府关于深化改革加快推动“三旧”改造促进高质量发展的指导意见》 （粤府〔2019〕71号）
21		《广东省深入推进“三旧”改造三年行动方案（2019–2021年）》
22		《广东省旧城镇旧厂房旧村庄改造管理办法》 （粤府令第279号）
23		《广东省实施〈中华人民共和国土地管理法〉办法（修订草案）》（公开征求意见稿）
24		《广东省自然资源厅印发关于加强和改进控制性详细规划管理若干指导意见（暂行）的通知》 （粤自然资发〔2021〕3号）
25		《广东省自然资源厅关于印发〈省管权限建设用地审批监督管理办法〉的通知》 （粤自然资发〔2021〕4号）
26		《广东省自然资源厅关于向社会公开征求〈关于明确土地征收成片开发有关要求的通知（征求意见稿）〉意见的公告》
27		《广东省人民政府关于印发〈广东省国民经济和社会发展第十四个五年规划和2035年远景目标纲要〉的通知》 （粤府〔2021〕28号）
28		《广东省“三旧”改造标图入库和用地报批工作指引》（征求意见稿）
29		《广东省“房地一体”农村不动产权籍调查首件成果质量检查问题汇编》
30	广州市文件	《广州市城市更新办法》 （广州市人民政府令第134号）
31		《广州市人民政府办公厅关于印发广州市城市更新办法配套文件的通知》 穗府办〔2015〕56号（现已失效）
32		《广州市住房和城乡建设局关于公开征求〈广州市城市更新办法配套文件（修订征求意见稿）〉意见的公告》 (广州市住房和城乡建设局公告87号)

续表

序号	效力范围	文件名称
33	广州市文件	《广州市人民政府关于提升城市更新水平促进节约集约用地的实施意见》 （穗府规〔2017〕6 号）
34		《广州市城市更新更新部门关于印发调整由区实施的市级行政职权事项交接工作方案的通知》 （穗更新函〔2018〕197 号）
35		《关于公开征求〈关于深入推进村级工业园更新改造的实施意见（征求意见稿）〉意见的公告》 （穗更新函〔2018〕677 号）
36		《广州市人民政府办公厅关于印发广州市提高工业用地利用效率实施办法的通知》 （穗府办规〔2019〕4 号）
37		《广州市人民政府办公厅关于印发广州市深入推进城市更新工作实施细则的通知》 （穗府办规〔2019〕5 号）
38		《广州市人民政府办公厅关于加强农村住宅建设管理的实施意见》 （穗府办规〔2020〕18 号）
39		《广州市住房和城乡建设局关于印发〈广州市城市更新三年行动计划（2019-2021年〉的通知》 （穗建前期〔2019〕1802 号）
40		《广州市住房和城乡建设局关于印发〈广州市旧村庄全面改造成本核算办法〉的通知》 （穗建规字〔2019〕13 号）
41		《广州市住房和城乡建设局关于印发广州市城市更新安置房管理办法的通知》 （穗建规字〔2020〕14 号）
42		《广州市住房和城乡建设局关于印发广州市城市更新项目监督管理实施细则的通知》 （穗建规字〔2020〕15 号）
43		《广州市住房和城乡建设局关于印发广州市城市更新基础数据调查和管理办法的通知》 （穗建规字〔2020〕19 号）
44		《广州市住房和城乡建设局关于印发广州市旧村庄全面改造项目复建安置资金监管办法的通知》 （穗建规字〔2020〕21 号）
45		《广州市住房和城乡建设局关于印发广州市城中村全面改造大型市政配套设施及公共服务设施专项评估成本估算编制指引的通知》 （穗建计〔2020〕315 号）
46		《广州市规划和自然资源局关于印发〈广州市“房地一体”农村宅基地和集体建设用地确权登记发证工作方案〉的通知》 （穗规划资源字〔2020〕22 号）

续表

序号	效力范围	文件名称
47	广州市文件	《广州市住房和城乡建设局关于印发关于进一步规范旧村合作改造类项目选择合作企业有关事项的意见的通知》 （穗建规字〔2020〕16号）
48		《广州市住房和城乡建设局关于印发广州市城中村改造合作企业引入及退出指引的通知》 （穗建规字〔2021〕1号）
49		《广州市城市更新实现产城融合职住平衡的操作指引》 （穗规划资源字〔2020〕33号）
50		《广州市城市更新单元设施配建指引》 （穗规划资源字〔2020〕33号）
51		《广州市城市更新单元详细规划报批指引》 （穗规划资源字〔2020〕33号）
52		《广州市城市更新单元详细规划编制指引》 （穗规划资源字〔2020〕33号）
53		《广州市关于深入推进城市更新促进历史文化名城保护利用的工作指引》 （穗规划资源字〔2020〕33号）
54		《广州市规划和自然资源局关于印发广州市旧村全面改造项目涉及成片连片整合土地及异地平衡工作指引的通知》 （穗规划资源规字〔2020〕4号）
55		《广州市工业和信息化局 广州市规划和自然资源局关于印发广州市工业产业区块管理办法的通知》 （穗工信规字〔2020〕8号）
56		《广州市住房和城乡建设局关于印发广州市城中村改造村集体经济组织决策事项表决指引的通知》 （穗建规字〔2021〕5号）
57		《广州市工业和信息化局 广州市规划和自然资源局关于印发广州市工业用地产业监管工作指引的通知》 （穗工信规字〔2021〕1号）
58		《广州市人民政府办公厅关于完善我市房地产市场平稳健康发展政策的通知》 （穗府办函〔2021〕30号）
59		《广州市人民政府办公厅关于印发广州市老旧小区改造工作实施方案的通知》 （穗府办函〔2021〕33号）

续表

序号	效力范围		文件名称
60	区级文件	海珠区	《关于印发〈海珠区承接城市更新相关审定事权委托下放工作方案〉的通知》 （海更新组办〔2020〕1号）
61			《关于印发〈海珠区城市更新基础数据调查及核查工作指引〉的通知》 （海更新组办〔2020〕2号）
62			《海珠区住房和建设局关于印发〈广州市海珠区旧村庄更新改造项目公开引入合作企业及合作意向企业工作指引〉的通知》 海建局规字〔2021〕1号
63			《海珠区城市更新项目产业引进工作指导意见》（征求意见稿）
64		荔湾区	《广州市荔湾区人民政府办公室关于印发实施〈广州市旧村庄更新实施办法〉意见的通知》 （荔府办〔2017〕39号）
65			《广州市荔湾区住房和建设局关于印发广州市荔湾区旧村庄更新改造项目公开引入合作企业工作指引的通知》 （荔住建〔2020〕535号）
66			《广州市荔湾区住房和建设局关于印发广州市荔湾区旧村改造项目基础数据调查（核查）工作指引的通知》 （荔住建〔2020〕536号）
67			《关于征求荔湾区旧村改造产业招商准入指导建议相关意见的函》 （荔商投函〔2021〕94号）
68			《荔湾区城中村产业升级发展规划和导入准则》（征求意见稿）
69			《广州市荔湾区旧村庄全面改造项目复建安置资金监管及拨付的工作指引》（征求意见稿）
70		白云区	《广州市白云区人民政府办公室关于印发广州市旧村庄更新实施办法的实施意见（试行）的通知》 （云府办规〔2018〕11号）
71			《广州市白云区人民政府办公室关于印发进一步加强农村集体土地利用管理意见（试行）的通知》 （云府办规〔2018〕10号）
72			《广州市白云区人民政府办公室关于印发广州市白云区集体建设用地使用权流转管理办法（试行）的通知》 （云府办规〔2018〕6号）
73			《白云区旧村庄全面改造程序指引（试行）》 （穗规划资源云函〔2019〕1952号）

续表

序号	效力范围		文件名称
74	区级文件	白云区	《广州市白云区人民政府办公室关于印发白云区加快推进旧村庄全面改造深化城市更新高质量发展的实施意见（试行）的通知》 （云府办〔2021〕43 号）
75			《白云区旧村改造 2021 工作实施方案》
76		黄埔区（广州开发区）	《广州市黄埔区人民政府广州开发区管委会关于印发广州市黄埔区广州开发区加快省“三旧”改造改革创新试点工作若干措施的通知》 （穗埔府〔2019〕10 号）
77			《广州开发区规划和自然资源局广州市规划和自然资源局黄埔区分局关于推动城市更新工作的若干措施》
78			《广州开发区规划和自然资源局广州市规划和自然资源局黄埔区分局关于推动城市更新工作的若干措施》配套操作指引
79			《广州市黄埔区广州开发区城市更新工作领导小组关于印发〈广州市黄埔区广州开发区旧村全面改造项目政府产业用房、用地管理规定〉的通知》 （穗开更新〔2020〕11 号）
80			《关于明确旧村改造项目整合国有用地旧厂房有关问题的通知》 （穗开更新〔2019〕41 号）
81			《广州市黄埔区广州开发区关于进一步深化城市更新工作推进高质量发展若干措施的通知》 （穗埔府〔2020〕6 号）
82			《广州市黄埔区广州开发区城市更新全面改造项目实施审批“流程再造”工作指引（试行）》 （穗开更新〔2020〕7 号）
83			《广州开发区城市更新局关于印发〈广州市黄埔区广州开发区旧村改造项目村民住宅测量分类工作指引〉的通知》 （穗开更新〔2020〕13 号）
84			《广州市黄埔区广州开发区旧村改造项目土地置换操作指引》 （穗开更新〔2020〕15 号）
85			《广州开发区城市更新局关于印发广州市黄埔区广州开发区旧村合作改造类项目公开引入合作企业工作指引（试行）的通知》 （穗开更新规字〔2020〕2 号）
86			《广州开发区城市更新局关于发布广州市黄埔区、广州开发区 2020 年城市更新区片土地市场评估价的公告》
87			《广州市黄埔区广州开发区旧村改造合作企业公开引入和退出工作指引（征求意见稿）》

续表

序号	效力范围		文件名称
88	区级文件	番禺区	《广州市番禺区人民政府办公室关于印发番禺区城市更新基础数据调查工作规程的通知》 （番府办〔2018〕56号）
89			《广州市番禺区人民政府关于印发进一步加强番禺区城市更新改造项目管理意见的通知》 ((番府〔2018〕31号))
90			《广州市番禺区人民政府关于印发广州市番禺区旧村庄更新改造公开引入合作企业指导意见的通知》 （番府规〔2020〕4号）
91			《广州市番禺区人民政府关于印发番禺区旧村庄全面改造项目住宅房屋补偿安置指引的通知》 （番府规〔2020〕1号）
92			《广州市番禺区人民政府关于印发番禺区旧村庄更新改造方案住宅复建总量核算技术规范的通知》 （番府〔2020〕19号）
93			《番禺区深化城市更新工作推进高质量发展的工作方案》 （番更新领办〔2021〕1号）
94			《关于明确旧村改造项目整合国有用地旧厂房有关问题的通知》 （穗开更新〔2019〕41号）
95			《番禺区城市更新工作领导小组关于印发番禺区旧村改造项目产业引进工作指导意见（试行）的通知》 （番城领通〔2019〕8号）
96			《番禺区旧村改造项目集体物业解租解约补偿指导意见》 （番更新局〔2019〕2号）
97			《关于印发番禺区承接城市更新方案审定事权工作方案的通知》
98		南沙区	《关于印发〈南沙区旧村庄更新改造项目公开引入合作企业工作指引（试行）〉的通知》 （穗南更新函〔2018〕65号）
99			《关于南沙区开展"货币加物业"兑现村留用地推进旧村庄更新改造工作的通知》 （穗南更新函〔2018〕52号）
100			《关于进一步加快南沙区旧村庄改造工作的指导意见（试行）》 （穗规划资源南规字〔2019〕1号）

续表

序号	效力范围		文件名称
101	区级文件	南沙区	《广州市南沙区人民政府关于印发〈广州市南沙区旧村庄更新改造项目补偿安置标准指引（试行）〉的通知》 （穗南府〔2020〕2号）
102			《广州市南沙区人民政府办公室关于印发南沙区加快旧村更新改造推进高质量发展的工作方案的通知》 （穗南府办函〔2021〕8号）
103			《南沙区旧村改造储备项目管理工作指引（试行）》 （穗规划资源南〔2021〕256号）
104			《关于进一步加强南沙区旧村庄改造项目产业导入的工作指引》 （穗规划资源南〔2021〕256号）
105		增城区	《广州市规划和自然资源局增城区分局关于印发〈增城区旧村改造项目公开招标选择合作意向企业试行办法〉的通知》 （穗规划资源增规〔2019〕1号）
106			《增城区城市更新工作领导小组办公室关于印发〈增城区旧村庄全面改造项目实施指引〉的通知》 （增更组办〔2019〕1号）
107			《广州市规划和自然资源局增城区分局关于进一步加强市场主体参与我区旧村改造监管工作的函》 （穗规划资源增函〔2019〕2844号）
108			《市规划和自然资源局增城区分局关于进一步规范旧村全面改造项目基础数据调查的通知》 （穗规划资源增函〔2020〕350号）
109			《广州市增城区人民政府办公室关于印发增城区加快推进旧村全面改造工作的实施意见（试行）的通知》 （增府办规〔2020〕6号）
110			《增城区关于深化城市更新工作推进高质量发展的实施细则（征求意见稿）》
111		天河区	《天河区全面改造类旧村改造工作实施细则》（征求意见稿）
112		越秀区	《广州市越秀区旧村庄更新改造项目引入合作企业工作指引（试行）》（征求意见稿）

续表

序号	效力范围		文件名称
113	区级文件	从化区	《广州市从化区旧村庄全面类项目公开引入合作企业的指导意见》（征求意见稿）
114			《广州市从化区关于进一步规范旧村庄全面改造类项目管理的指导意见》（征求意见稿）
115			《从化区人民政府关于印发〈从化区关于新型产业用地准入退出工作指引（试行）〉的通知》 （从府规〔2020〕17号）
116			《广州市从化区村级工业园整治提升实施细则》 （从府规〔2020〕1号）
117		花都区	《广州市花都区人民政府办公室关于印发〈花都区旧村庄合作改造类项目公开引入合作企业的指导意见（试行）〉的通知》 （花府办规〔2018〕8号）
118			《中共广州市花都区委广州市花都区人民政府关于深化城市更新工作推进高质量发展的实施意见》 （花发〔2020〕18号）
119			《广州市花都区人民政府办公室关于印发广州市花都区深化城市更新工作推进高质量发展的工作方案的通知》 （〔2020〕—434）
120			《广州市花都区住房和城乡建设局关于印发〈广州市花都区旧村庄更新改造项目复建量核算工作指引〉的通知》 （花建〔2020〕217号）
121			《花都区农民集体所有土地上房屋征收安置补偿办法》（征求意见稿）
122			《广州市花都区人民政府办公室关于印发花都区村级工业园整治提升实施细则（试行）的通知》 （花府办规〔2020〕5号）

具体政策文件详见华瑞兴官方网站www.gdhrx.com及本书封面微信公众号。

跋

自进入律师行业以来，本人一直专注于非诉业务。对于律师来说，非诉业务除了需要扎实的法律功底之外，对政策的敏感性亦是不可或缺的。华瑞兴的工程地产非诉法律服务主线也是紧跟国家和地区的主旋律，不论是早期的一二级联动开发、政府平台公司投融资、PPP、特色小镇业务，还是当下热门的基础设施REITs、片区开发、乡村振兴及火遍全广东的城市更新。华瑞兴作为城市更新最早"吃螃蟹"的法律服务参与者，早在2012年就为广州市标杆式旧村改造——杨箕村改造提供法律服务，积累了法律人"进村"服务的丰富经验。随着"三旧"改造向"城市更新"理念的转变，对旧村庄、旧厂房、旧城镇改造质量提出了更高的要求，华瑞兴亦于2019年9月9日成立了城市更新法律服务中心，进一步加强华瑞兴城市更新法律服务团队和服务质量，形成以魏济民主任为带头人的城市更新全流程法律服务超10人的专业律师团队，涉及城市更新政策研究、城市更新全流程法律服务、财税分析、城市更新法律服务产品标准化等。

言归正传，本书的编写其实早在2020年年初就已经有规划，并着手研究提纲，由于政策的不断出台和更新，书籍也在不断地做调整。在城市更新业内流传着一句非常经典的话，即"无政策不城更"，如今广州市的城市更新政策已经比较系统和完整，华瑞兴团队也陆陆续续参与到城市更新的各项实务中，本书的诞生可以说是"久旱恰逢及时雨，行船向西起东风"。本书分为七章，介绍了城市更新概况，梳理了城市更新流程，提供了城市更新法律服务，分析了城市更新案例，整理了城市更新十大协议范本，探索了城市更新融资模式，研究了城市更新热点话题，汇编了城市更新重要政策，如此系统完整的书籍，华瑞兴团队将其定位为一本实务书，实为谦逊，它更像是一本工具书。"工欲善其事，必先利其器"，本书不论是对想要踏入"城更门"的新生，还是长期征战在旧村的"城更人"都是一个好帮手。

最后，本书是华瑞兴团队共同努力的成果，感谢参与本书编写的所有华瑞兴团队成员，在2021年春节期间还在为本书"加班加点"，让人颇为感动；也感谢百忙之中抽出时间为本书作序的行业大咖们，为本书"锦上添花"，正因为你们的付出，本书才如期而至。本书因成稿仓促及受眼界、学识、上位法不明朗等多重因素的限制，本书尚存在一些不足，望读者多多指正。本书所涉所有观点仅代表华瑞兴团队研究观点，不作为任何直接法律意见或建议。

华瑞兴律师事务所

周礼仙

2021 年 4 月 5 日

图书在版编目 (CIP) 数据

城市更新法律实务与政策研究 / 魏济民主编. —北京：中国法制出版社，2021.7（2025.1 重印）

ISBN 978-7-5216-1940-9

Ⅰ.①城… Ⅱ.①魏… Ⅲ.①城市建设–法律–研究–中国 Ⅳ.① D922.297.5

中国版本图书馆 CIP 数据核字（2021）第 106157 号

策划编辑：刘　悦（editor_liuyue@163.com）

责任编辑：刘　悦（editor_liuyue@163.com）

封面设计：汪要军

城市更新法律实务与政策研究

CHENGSHI GENGXIN FALÜ SHIWU YU ZHENGCE YANJIU

主编 / 魏济民

经销 / 新华书店

印刷 / 北京虎彩文化传播有限公司

开本 / 730 毫米 ×1030 毫米　16 开

印张 / 22　字数 / 415 千

版次 / 2021 年 7 月第 1 版

2025 年 1 月第 3 次印刷

中国法制出版社出版

书号 ISBN 978-7-5216-1940-9

定价：79.80 元

北京市西城区西便门西里甲16号西便门办公区

邮政编码：100053

传真：010-63141600

网址：http://www.zgfzs.com

编辑部电话：010-63141819

市场营销部电话：010-63141612

印务部电话：010-63141606

（如有印装质量问题，请与本社印务部联系。）